BIBLIOTHÈQUE CHINOISE

Collection dirigée

par

ANNE CHENG

Professeur titulaire de la Chaire d'histoire intellectuelle de la Chine au Collège de France

MARC KALINOWSKI

Directeur d'études à l'École pratique des Hautes Études

SU SHI

COMMÉMORATIONS

蘇軾 東坡記

BIBLIOTHÈQUE CHINOISE

Collection dirigée par
Anne Cheng et Marc Kalinowski

Édition bilingue
(texte et traduction)

à paraître

Le Compendium des cinq agents (Wuxing dayi) (dynastie Sui), traduction révisée avec une introduction nouvelle par Marc Kalinowski.

Correspondance entre Zhu Xi et Lu Jiuyuan (dynastie Song), traduction par Roger Darrobers et Guillaume Dutournier.

Écrits de maître Lie (Liezi) (époque Han), traduction par Jean Levi.

Écrits de maître Wen (Wenzi) (époque Han ?), traduction par Jean Levi.

Le Livre de la grande paix (Taiping jing) (époque Han-Six dynasties), traduction partielle par Grégoire Espesset.

Liu Zhiji, *Traité de l'historien parfait (Shitong)* (dynastie Tang), traduction par Damien Chaussende.

Les Quatre Traités sur « l'Art de l'esprit » recueillis dans les « Écrits de Maître Guan » (Guanzi) (fin des Royaumes combattants ou époque Han), traduction par Romain Graziani.

Le « Traité des figures célestes » dans les « Écrits du Prince de Huainan » (Huainanzi) (époque Han), traduction par Marc Kalinowski.

Wang Chong, *Les Traités sur la divination, la providence et le destin dans la « Balance des discours » (Lunheng)* (époque Han), traduction par Marc Kalinowski.

Yi I, nom de plume de Yulgok (1536-1584), *Les Classiques du néoconfucianisme. Corée xvie siècle. Principes essentiels pour éduquer les jeunes gens*, traduction par Isabelle Sancho.

BIBLIOTHÈQUE CHINOISE

SU SHI

COMMÉMORATIONS

蘇軾 東坡記

Texte établi, traduit et annoté
par
Stéphane FEUILLAS

PARIS
LES BELLES LETTRES
2010

La traduction de ce volume a été revue par Anne Cheng.
Cet ouvrage a été mis en page par Rudy Nimsguerns.
Les éditeurs tiennent à remercier Marie-José D'Hoop pour son concours en vue de cette édition.

Ouvrage publié avec le soutien du Centre national du livre

95 bd Raspail 75006 Paris
www.lesbelleslettres.com

ISBN : 978-2-251-10004-3

INTRODUCTION

Ouvrons au sommaire les œuvres d'un auteur de la dynastie des Song (960-1279). Apparaît immédiatement repérable un premier massif qui n'a rien de surprenant, compte tenu des épreuves nécessaires à la préparation des concours mandarinaux : les poèmes avec leur classement traditionnel, en style ancien, penta- et heptasyllabiques, les huitains réguliers composés dans les mêmes mètres et aux contraintes formelles strictes, les quatrains enfin, miniature des précédents. Ensuite, il y a… tout le reste qui ne correspond pas exactement à la prose et qui se décline dans une multitude de genres : rhapsodies, forme hybride, rythmée mais différente de la poésie ; petits traités ; commentaires brefs de formules extraites des classiques confucéens ; dissertations sur des thèmes imposés ; postfaces ; commémorations ; biographies succinctes ; épitaphes ; notices nécrologiques ; stèles ; inscriptions ; éloges ; lettres officielles de remerciement après l'assignation à un nouveau poste ou l'octroi d'un titre ; mémoires au trône sur des thèmes de politique générale ou locale ; lettres de recommandation ; édits ; proclamations ; documents administratifs ; prières ; stances bouddhiques ou taoïstes ; correspondance ; billets écrits à la hâte ; oraisons ; colophons et codicilles, liste non exhaustive qui se clôt généralement par des textes divers.

Les auteurs ne pratiquent évidemment pas tous ces genres et les situations varient selon qu'un lettré embrasse ou non la carrière de fonctionnaire. Toutefois on retrouvera dans ce que les bibliographes chinois désignent comme les « œuvres littéraires » ces différentes formes, brèves pour la plus grande partie d'entre elles, parfois même fragmentaires et ne dépassant pas quelques caractères. Hormis son étrangeté, cette liste a un intérêt immédiat : elle permet statistiquement de repérer dans quel « genre » un auteur s'est senti le plus à l'aise, quel type d'écriture, parmi les formes reconnues par la tradition, il choisit d'adopter ; c'est aussi dans ces choix que se signalent le plus remarquablement le travail, la recréation et l'invention littéraires.

De la masse considérable de ces textes, qui, insistons, définissent le champ de la littérature, au moins jusqu'à la dynastie des Song, l'essentiel est peut-être amené à demeurer inconnu à un public occidental, tant ils cadrent mal avec notre conception moderne, post-romantique de la littérature et de ses fonctions.

L'expression de soi et d'un rapport au monde, l'agrément et le plaisir de la lecture, s'ils ne sont pas absents de la pratique scripturaire, loin de là, sont cependant subordonnés à une mission plus haute et encadrés pas les conditions spécifiques de l'écriture.

Premièrement en effet, le texte littéraire ne doit pas être normativement conçu comme la création d'un esprit inspiré mais dans le prolongement de l'œuvre de la nature, laquelle transforme, influence, nourrit et enseigne par ses productions mêmes. Dans sa forme idéale – l'œuvre du sage –, le texte chinois opère de la même manière et civilise selon le paradigme naturel de la transformation : discrètement, imperceptiblement, sans appuyer ni « forcer » la conscience, mais plutôt en exerçant une influence d'autant plus prégnante qu'elle n'est pas immédiatement assignable. Contre tous ceux qui voudraient par excès d'ornementation, d'originalité, voire de narcissisme ou désir de gloire faire de l'écriture un art autonome, une formule de Zhou Dunyi 周敦頤 (1012-1073), grand lecteur du *Classique du changement* et auteur de textes fondamentaux dans la reconstruction de la pensée confucéenne sous les Song, aura toujours servi de rappel à l'ordre et de mission : « L'écriture sert à véhiculer le Tao » [*wen yi zai dao* 文以載道], à le transmettre et à surseoir à son effacement des préoccupations quotidiennes, à le porter plus loin aussi et à l'ouvrir à de nouvelles potentialités.

Même si ce slogan laisse une marge assez grande à la nouveauté de l'expression – du moins tant que la Voie elle-même n'est pas prédéfinie, stéréotypée et réduite à un avatar idéologique –, même si le texte littéraire contribue largement à en redessiner les contours, il n'en demeure pas moins que la visée éducative et civilisatrice est au cœur des pratiques de l'époque impériale et que tout acte « littéraire », à quelque degré que ce soit, est motivé par ce caractère ancillaire et le critère de l'utile. De ce point de vue, les genres les plus prestigieux en Chine ancienne sont précisément ceux qui nous paraissent les moins littéraires : traités sur l'art de gouverner [*lun* 論], décrets et mémoires adressés au trône [*zouyi* 奏議], relecture de faits historiques, toute une littérature politique et administrative dans laquelle le style, le vocabulaire, les références font l'objet d'un soin minutieux et d'un art savant de la composition.

Le second point qui différencie le plus significativement les pratiques scripturaires lettrées de la conception moderne de la littérature touche à la nature même de l'acte d'écrire en Chine ancienne. Pour dire les choses brutalement, toute la littérature impériale est *de circonstance*.

La poésie tout d'abord qui, sous les Song, a une fonction sociale essentielle, sert à initier un commerce amical, à l'approfondir, à créer des réseaux et joue souvent le rôle dévolu à la correspondance, est une réaction à une occasion. Celle-ci peut prendre des formes multiples : le sentiment suscité par la nature ou un objet (peinture, pierre, fleur, épée ou encrier mais aussi olives, moustiques, grues ou daims des jardins) ; des jeux dans les banquets, des envois ou adieux festifs. La qualité des œuvres n'est pas diminuée par ce conditionnement ; il implique cependant un certain nombre de conséquences. Il permet de mesurer l'écart entre la singularité de l'occasion indiquée dans un long titre qui sert de préface et l'ampleur du décrochement par rapport à cette temporalité souvent minuscule ; le poème, d'autre part, est toujours plus ou moins adressé à quelqu'un d'identifiable et doit se lire en tenant compte des conditions sociales et culturelles de l'échange.

Cette nature circonstancielle, déjà surprenante pour la poésie, est encore plus nette en prose. Les textes qui nous sont parvenus sont essentiellement réactifs. Quatre groupes peuvent être distingués, qui ne sont pas exclusifs les uns des autres. Dans le premier, on peut classer les pièces qui répondent à une situation le plus souvent contemporaine pour en noter les caractéristiques, les comparer à des précédents historiques et critiquer ou apporter des solutions ; leur visée est clairement politique.

Un deuxième ensemble concerne les textes qui tendent à réévaluer le champ du savoir ; ils peuvent prendre la forme de dissertations, de commentaires ou de courts traités ; leur motivation n'est pas principalement « philosophique » – même si cette dimension n'est pas absente – mais plutôt axée sur la redéfinition des valeurs qui devraient fonder le bon gouvernement et structurer la bureaucratie impériale, déterminer les critères de son recrutement et la formation des gentilshommes.

Un troisième groupe se compose d'une masse considérable de petits textes d'éloges, de colophons, de postfaces, de propos incidents suscitées par des œuvres et des personnes, d'autant plus délicats à lire que les supports (poèmes, peintures, calligraphies) ont souvent disparu. Cette littérature d'appréciation contient les ferments d'une esthétique lettrée mais celle-ci ne se fige jamais dans une théorie, préférant la remarque significative et le détail concret à la formulation de canons artistiques.

Le dernier ensemble ressortit aux œuvres de commande : épitaphes, oraisons funèbres, pierres tombales, notices nécrologiques sont majoritairement écrites à la demande d'un membre de la famille du défunt et servent de base aux biographies qui sont ultérieurement insérées dans les histoires dynastiques ; les postfaces sont commandées à l'occasion de la confection d'un recueil d'œuvres ; les inscriptions composées lors de la nomination par un gentilhomme d'une pièce, d'une salle ou d'un objet, et en expliquent le sens comme les circonstances. Cette littérature n'est pas loin d'être mercenaire, si l'on entend par là qu'elle est souvent rétribuée sous forme de dons mais aussi en argent ou en soieries.

Dans ce cadre extrêmement socialisé de la production scripturaire, la plupart des genres se définissent ainsi par ce qu'ils obligent à dire, et l'art littéraire doit être compris comme un jeu avec la contrainte, comme une intériorisation si grande des règles qu'elles semblent s'effacer.

Ces remarques préliminaires sur les formes littéraires pratiquées sous la dynastie des Song n'ont en réalité qu'un but : mettre en garde contre les effets de distorsion que ne manquent pas de produire – à bon droit et à leur insu – les traductions en langue occidentale de la littérature chinoise. De manière générale, les traducteurs privilégient une approche « anthologique » des auteurs, sélectionnant dans leur production protéiforme les textes les plus « libres », les moins asservis au genre, ceux dont la portée paraît universelle, délaissant ainsi cette littérature jugée obsolète, peu conforme à nos attentes en la matière et abandonnée aux historiens.

Soit Ouyang Xiu 歐陽修 (1007-1072), l'un des huit grands prosateurs de la dynastie des Tang (618-907) et des Song, l'un des lettrés surtout qui, le premier, s'engage, sous cette dynastie, dans une relecture systématique de la tradition, tente de refonder la pensée confucéenne jugée à son époque « creuse » et décevante face à l'outillage théorique du bouddhisme et du taoïsme, le promoteur d'un retour à l'antique et d'une renaissance intellectuelle et stylistique. De lui sont disponibles en traduction française[1] quelques pièces courtes, extrêmement célèbres en Chine, qui brossent le portrait d'un homme fasciné par la fuite du temps, l'impermanence, la vanité des œuvres humaines et, en contrepoint, tout entier dans l'instant présent et soucieux d'une harmonie entre le monde des hommes et les forces de la nature. Cette image n'est pas irréelle, les traductions sont belles et justes ; elles oublient – peut-être ne peut-il en être autrement – les conditions de la rédaction, l'exil souvent ou le loisir, plus propices à dire l'intime ; sont effacées aussi les marques génériques (commémorations, traités, rhapsodies) qui rendraient possibles la mesure d'un écart. Ces traductions proposent une image, un peu fantasmatique, d'une sagesse chinoise, douce, à demi résignée, sensiblement différente de l'homme que fut Ouyang Xiu, de son travail et de son art d'écrire.

Ses œuvres complètes font apparaître en revanche, pour ne donner qu'un exemple, une importante collection dans un genre majeur sous les Song du Nord (960-1127) : les inscriptions tombales [*muzhiming* 墓誌銘], œuvres de commande comportant une longue notice biographique (généalogie du défunt, postes occupés, mesures remarquables et exemplaires qu'il prit, caractère) et un panégyrique généralement rimé et réclamant autant de soin que l'écriture poétique. De ces cent dix épitaphes, dont une bonne vingtaine composée pour des amis proches, aucune n'est traduite ; elles ne suscitent plus guère que l'intérêt des historiens qui y glanent des renseignements biographiques et des données factuelles, là où Ouyang Xiu comme ses contemporains voyaient les marques les plus sûres de son art. Certes, dira-t-on, nul n'est contraint d'adopter le point de vue de l'époque ; Voltaire, après tout, ne s'est-il pas leurré en plaçant sa postérité dans ses tragédies ? Pourtant, à y regarder de plus près, les épitaphes font apparaître en creux

---

1. Voir en particulier Pierre Brière, *Ouyang Xiu, La salle du discernement du vrai et du faux et autres textes*.

une conception subtile de l'œuvre humaine, de ses missions, un rapport à la mort et à la survie, de fines études de caractères et un art du récit et de l'anecdote exemplaire qui sont autant de « montages littéraires » et déterminent, si l'on prend ce corpus pour ce qu'il est, une *morale en acte*, où la description des personnes, nuancée, parfois critique, très souvent personnelle et touchante, donne à lire le portrait d'un homme de bien confucéen et un *lettré au travail*.

Tel est l'objectif des traductions proposées : suivre, dans un genre donné et chez un auteur majeur de la dynastie des Song du Nord, Su Shi 蘇軾 (1037-1101), comment est conçue, évolue et se renouvelle une pratique scripturaire, comment en définitive, au travers d'une forme, de ses contraintes et de leur dépassement, s'invente une *vie de lettré*.

Le Genre commémoratif

Lorsque Su Shi commence en 1063 à écrire la première de ses soixante et une « commémorations » (*ji* 記), le genre a déjà considérablement évolué. Cette forme brève – rarement plus d'une page de caractères chinois – apparaît dans le courant des Six Dynasties (220-589) après la dislocation de l'empire des Han. Il ne s'agit à l'origine que de stèles destinées à rappeler au visiteur ou au curieux les motivations qui ont présidé à l'érection d'un bâtiment le plus souvent administratif dans les provinces ou à la capitale. Très factuellement et objectivement, ces textes écrits pour être gravés sur pierre consignent la date de la construction, en décrivent les matériaux et l'architecture, indiquent le coût et le financement et font l'éloge du maître d'œuvre. Ils répondent ordinairement à des commandes et contribuent à une édification morale autant que spatiale. Le nom du bâtiment fait l'objet d'un soin particulier et se trouve explicité minutieusement puisqu'il est censé traduire l'intention du constructeur.

Dire un idéal

Absent de la première *Anthologie des textes littéraires* [Wenxuan 文選] composée entre 526 et 531 par Xiao Tong 蕭統, fils de l'empereur Wu des Liang 梁武帝, ce genre ne semble avoir produit pendant le Haut Moyen-Âge chinois qu'une œuvre majeure, « La Source aux fleurs de pêcher » [*Taohua yuan ji* 桃花源記] de Tao Yuanming 陶淵明 (365-427), sur laquelle nous reviendrons et dont la postérité est surtout poétique.

Les traités de poétique anciens sont relativement discrets et succincts sur le genre. C'est dans le monumental – par l'ampleur et la puissance théorique – ouvrage de Liu Xie 劉勰 (*ca* 465-522), *Esprit des lettres et dragon ciselé* [Wenxin diaolong 文心彫龍] qu'apparaît la première mention de cette forme. Le chapitre 2 intitulé « Lettres et mémorandums » [*shuji* 書記] passe en revue les nombreux sous-genres dont le champ, très large, couvre la correspondance, les mémoires présentés à l'empereur ou à un supérieur [*zouji* 奏記] ou les notes. À cette occasion, il propose une définition et une glose du terme :

> Un mémoire exprime l'aspiration, c'est-à-dire que [l'auteur] présente son aspiration personnelle[2].

Pour brève et incidente qu'elle soit, cette remarque est capitale. Tout d'abord parce qu'elle fait pendant à une autre célèbre formule célèbre : « Un poème exprime l'aspiration. » Cette forme est, à ce titre, la traduction en prose du rôle dévolu à la poésie dans son ensemble. D'autre part, elle fait appel à une notion très délicate de la pensée chinoise, et en particulier

2. In Vincent Yu-chung Shih, *The Literary Mind and the Carving of Dragons*, p. 282-283.

des œuvres confucéennes : *zhi* 志. Très instable, le terme a été diversement traduit : détermination, projet, idéal, aspiration, ambition ; il peut prendre selon les contextes une connotation plus volontariste ou au contraire renvoyer à une dimension plus désirante.

Il faut se reporter, pour tenter de cerner le mot aux *Entretiens* de Confucius (551-479 av. J.-C.), où elle apparaît à deux reprises dans un contexte de détente et de conversation à bâtons rompus entre le maître et ses disciples.

> Un jour que Yan Hui et Zilu se tiennent auprès de lui, le Maître leur demande : Dites un peu quel serait votre idéal [*zhi*] à chacun ?
>
> Zilu : J'aimerais posséder chevaux, voitures et manteaux de belles fourrures pour les partager avec mes amis et trouver normal qu'ils me les rendent usés.
>
> Yan Hui : Je souhaiterais ne pas me vanter de mes propres qualités et ne pas faire étalage de mes mérites.
>
> Zilu : Et vous Maître, quel est votre idéal ?
>
> Le Maître : C'est d'inspirer aux vieux la sérénité, aux amis la confiance, aux jeunes l'affection[3].

Zilu (542-480) et Yan Hui (521-481) incarnent deux modèles : le premier est vif, de nature brusque, plein de bravoure et riche ; le second, le plus avancé des disciples, est pauvre, modeste et développe intérieurement la pensée du Maître au point de paraître parfois hébété. Comme tous les commentateurs l'ont noté, l'ambition qu'ils expriment est d'abord morale : partager ses biens pour Zilu en se délivrant d'un sentiment paralysant de possession ou de rancune ; rendre discrète ses qualités (c'est-à-dire le bien qu'il fait à autrui) au point qu'elles paraissent naturelles pour Yan Hui. Dans les deux cas, ils sont mus par un sens du don et par la recherche d'un bien qui dépasse leur propre personne, par un élan communautaire.

3. *Entretiens*, V, 25. Traduction d'Anne Cheng, p. 54.

La propre aspiration du Maître renforce cette dimension et la porte à son comble : il forme le vœu de créer une intimité avec les anciens (que l'on respecte), les amis (pour lesquels les différences hiérarchiques de rang et de préséance sont secondaires) et les plus jeunes (qui doivent, eux, le respect). L'aspiration n'est au fond plus du tout personnelle, tant et si bien que les commentateurs des Song ont pu dans un même mouvement comprendre que Confucius inspirait autant qu'on lui inspirait sérénité, confiance et affection[4]. Elle se dépasse dans un sentiment de solidarité, l'humanité confucéenne [*ren* 仁] que Zilu cherche à atteindre, dont Yan Hui signale l'absence d'égoïsme et qu'incarne le Maître.

Le second texte, sans doute l'un des plus beaux des *Entretiens* (XI, 24), pose plus clairement les conditions dans lesquelles les ambitions peuvent s'énoncer :

> Un jour que Zilu, Zeng Xi, Ran Qiu et Zihua sont assis auprès du Maître, celui-ci leur dit : Oubliez un instant que je suis plus âgé que vous. Vous êtes à présent sans emploi et vous dites : « Personne ne reconnaît nos mérites. » Et si quelqu'un les reconnaissait, que feriez-vous ?

Zilu, toujours aussi impétueux, commence et garantit que si on lui donnait un vaste État, il serait capable en trois ans de rendre son peuple courageux et de lui faire connaître la direction du bien. Sourire moqueur du Maître. Ran Qiu, à qui la mimique n'a pas échappé, se montre plus modeste, ne réclame qu'un territoire de cinquante ou soixante *lis* et promet en trois ans de satisfaire les besoins de la population tout en s'avouant incapable de leur inspirer le sens des rites et de la musique. Zihua, plus humble encore en apparence, souhaite seulement participer aux grandes cérémonies de l'État ou dans

4. Voir Zhu Xi (1130-1200), *Lunyu jizhu* 論語集注, *juan* 5, in *Sishu zhangju jizhu* 四書章句集注, p. 82.

les rassemblements des vassaux, « comme petit officiant en tunique droite et coiffe noire ».

Chacun espère jouer un rôle politique à la mesure de son énergie et de ses forces : Zilu en restaurant le moral de son peuple et en assurant la puissance de son pays par la seule force de la vertu ; Ran Qiu en garantissant le bien-être économique des populations dont il aurait la charge ; Zihua en gardien du rituel, fondement de la paix dans l'ancienne dynastie des Zhou. Ces trois aspirations évoquent trois piliers du bon gouvernement : le courage et la force de la vertu, la suffisance matérielle qui en est la condition première ; le rituel qui, en assignant à chacun une place et un rôle, différencie et harmonise à la fois.

> Enfin, le Maître sc tourne vers Zeng Xi. Celui-ci, pendant tout ce temps, a joué doucement sur la cithare dont les notes s'éteignent peu à peu. Il la pose et se lève : J'ai bien peur que mon choix soit très différent.
>
> Le Maître : Quel mal y a-t-il à cela ? Nous sommes ici pour dire chacun notre ambition [*zhi*].
>
> Zeng Xi : Mon plus grand désir est d'aller, à la fin du printemps, lorsque les vêtements de fête sont prêts, en compagnie de cinq ou six jeunes gens en âge de porter la coiffe et de six ou sept jeunes garçons, me purifier dans les yeux de la Yi, jouir de la brise aux Autels de la pluie, puis rentrer en chantant.
>
> Le Maître, avec un profond soupir : Je suis d'accord avec Zeng Xi[5].

Si Confucius consent aux trois aspirations précédentes, il approuve nettement celle de Zeng Xi. Il semble en apparence que l'idéal exprimé sorte du champ de la politique pour se confondre avec un moment de pure présence au monde, joyeux

5. Traduction Anne Cheng, p. 93. Je remplace « projet » par « ambition ».

(d'où la mention des enfants), à un instant où le monde social s'ouvre (les adolescents qui viennent de prendre le bonnet viril sont en âge de se marier et d'entrer dans le commerce social), au printemps quand les souffles de la nature s'épanouissent, et près des Autels où l'on sacrifie en cas de sécheresse au Ciel, dans un hommage muet aux puissances naturelles. D'autres éléments renforcent ce sentiment de plénitude : le vent léger, les notes qui s'égrènent sur la cithare et le chant entrent en résonance, comme si la musique des hommes et celle de la nature composaient de communes harmoniques.

Or, ce moment idéal n'est pas moins politique. La seule différence est que Zeng Xi comme le Maître ne l'envisagent plus sous l'angle des mesures à prendre ou de la gestion, mais se placent d'emblée dans un monde où le politique est accompli, à une échelle où le plan humain s'intègre dans l'ordre de la nature.

À la lumière de ces deux passages des *Entretiens*, l'aspiration peut donc être comprise comme un élan naturel de la conscience – ce vers quoi elle tend spontanément –, plus ou moins ouvert selon les qualités et les limitations de la sensibilité, qui tend à dépasser la personne pour s'attacher au bien commun. Profondément orientée moralement, elle est en ce sens, comme les néo-confucéens de la fin du XIe siècle ne cesseront de l'affirmer, opposée à l'intention [*yi* 意] qui, elle, est tout entière tendue vers un but, fabriquée et prise dans une dialectique des moyens et des fins.

Exprimer son aspiration, c'est dire ce désir qui me dépasse et dans lequel je m'allie à la communauté.

Deux textes fondateurs

La formule de Liu Xie définissant le genre ne sera pas véritablement exploitée avant le milieu du XIe siècle. Deux textes auront auparavant marqué l'écriture des commémorations.

Dans *La source aux fleurs de pêchers*, qui n'est sans doute à l'origine qu'une préface à un poème, Tao Yuanming, dont Su Shi pensera être, mi-sérieux mi-amusé, la réincarnation, évoque la remontée d'un cours d'eau par un pêcheur jusqu'à une forêt de pêchers qui bordent la rivière ; le parfum et la beauté des pétales qui jonchent le sol le ravissent au point qu'il décide de remonter jusqu'à la source. Là il découvre une colline avec une petite ouverture d'où semble venir une lueur. Il s'engage dans le boyau d'abord étroit, mais après quelques dizaines de pas, il débouche sur un espace ouvert, vaste, rempli de demeures imposantes, aménagé de champs et de bassins. Là, les coqs chantent et les chiens jappent ; les anciens et les enfants jouent gaiement, tandis que les femmes et les hommes travaillent. Un dialogue s'engage entre les villageois et le pêcheur qui apprend que leurs ancêtres ont fui les troubles et la tyrannie du premier empereur des Qin (r. 221-208 av. J.-C.) et sont depuis coupés du monde. Après être resté quelques jours, il repart non sans qu'ils l'aient prié de ne rien dévoiler à son retour. Aussitôt parvenu à la commanderie, le pêcheur demande à être reçu par le préfet qui, dès la fin du récit, le renvoie avec un de ses acolytes retrouver les lieux. Les deux hommes cependant s'égarent. Et Tao Yuanming de conclure :

> Liu Ziqi de Nanyang, qui était un lettré aux nobles et hautes aspirations [un ermite], eut vent de cette affaire et projeta de se mettre en route. Peu de temps après, avant que son plan ne se réalisât, il tomba malade et mourut. Depuis, plus personne ne demanda comment passer le gué[6].

Cette commémoration en apparence très éloignée de la définition de Liu Xie, enrichit considérablement la forme : elle l'ouvre au récit, dimension qui sera largement mobilisée

6. « Taohua yuan ji » 桃花源記, in *Tao Yuanming ji* 陶淵明集, *juan* 6, p. 166.

ultérieurement, et en tant que préface à un poème, elle rend possible une plasticité générique dont Su Shi tirera tout le parti possible. C'est toutefois thématiquement que ce texte aura le plus grand retentissement. *La Source* évoque un espace affranchi des structures hiérarchiques qui fondent la société bureaucratique, un autre monde dans le monde lui-même, en retrait, dans lequel une communauté semble vivre selon le régime même de la nature et de la simplicité. Moins une utopie, un pays de nulle part qu'une *allotopie*, l'inscription dans ce monde même d'espaces idéaux auxquels on accède, comme l'indique le texte, à la faveur d'un sentiment de surprise inédit devant la beauté et l'exubérance de la nature. La fin du texte en prose est significative : l'égarement du pêcheur et du fonctionnaire n'est que la résultante d'un mensonge et d'un défaut de sincérité. Cet espace est ainsi tout aussi géographique que mental. « Passer le gué », selon la formule que Tao Yuanming reprend aux *Entretiens* (XVIII, 6) ne signifie pas seulement factuellement trouver le chemin, mais aussi et surtout passer à l'autre rive, entrer dans un espace autre où la conscience s'est libérée de ses motivations ordinaires (la recherche du renom pour le pêcheur, le quadrillage par le pouvoir des territoires) pour jouir de la pure présence au monde.

Un second pas décisif dans l'élargissement des perspectives du genre est accompli avec les « promenades » [*youji* 遊記] de Liu Zongyuan 柳宗元 (773-819). Dans huit textes composés lors de son bannissement au Hunan, il fait l'arpentage précis des territoires de l'exil. À cette occasion, se dégagent une nouvelle individualité et la redéfinition d'une place singulière hors des cadres sociaux habituels. Dans la première, Liu, dont le cœur est constamment oppressé et accablé depuis qu'il est assigné à résidence, profite d'un moment de loisir pour se mettre en route, « sans but et insouciant » :

> Parfois, mes compagnons et moi, nous gravissons une haute montagne, entrons dans une forêt profonde, remontons le

> cours sinueux d'un torrent. Sources secrètes, rochers bizarres, aussi loin soient-ils, nous y allons. Arrivés, nous écartons l'herbe et nous asseyons ; nous nous versons à boire et nous enivrons ; ivres, nous nous allongeons, nous servant l'un à l'autre d'oreiller ; allongés, nous rêvons, et nos rêves nous mènent au lieu de nos désirs ; au réveil, nous nous relevons et nous rentrons[7].

On mesure mal, sans doute aujourd'hui, le caractère « scandaleux » d'un tel moment d'abandon. Qu'un fonctionnaire aussi considérable que Liu Zongyuan, certes banni mais toujours membre du personnel administratif, puisse évoquer aussi simplement et spontanément (la suite des mouvements et des postures se faisant sans heurt et au hasard) l'errance et le désordre des corps enivrés, traduit bien l'émergence, qui prend corps dans la seconde moitié du VIIIe siècle, d'une sphère privée, l'affirmation d'une conscience qui se dégage dans un paysage de ses assignations habituelles, qui entrevoit une scission entre un moi fabriqué par les fonctions, les rites ou les conventions et une autre possibilité de soi, une identité nue, débarrassée de ses conditionnements sociaux.

Cette première promenade – la première en fait, ajoute Liu, qu'il ait jamais faite de sa vie – ouvre sur un sentiment de plénitude de soi à soi que ne vont cesser de creuser les sept autres. Je n'en donnerai qu'un second exemple :

> Des gens habitent au-dessus [du gouffre du brasero], et comme je vais souvent me promener par là, un matin, ils se sont présentés. Ne pouvant plus faire face aux impôts, aux corvées et aux fermages, ils ont défriché la montagne et sont venus s'y installer. Ils espèrent vendre le produit de leurs champs pour adoucir leur malheur [...]. J'ai surélevé

7. « Shi de xishan yanyou ji » 始得西山宴游集, in *Liu Hedong ji* 柳河東集, *juan* 29, SKQS reprint, p. 262. Traduction de Martine Vallette-Hémery, p. 31.

> la terrasse et prolongé la balustrade pour suivre la cascade jusqu'à la hauteur d'où elle se jette dans le gouffre. Le bruit des eaux qui s'unissent s'accorde si bien à l'image de la lune à la mi-automne. On voit alors comme le ciel est haut, comme le souffle cosmique est infini. Qu'est-ce donc qui me rend si heureux de vivre dans cette contrée barbare, oubliant mon pays natal, sinon ce gouffre ?[8]

Comme l'indiquait la réflexion sur l'élan et l'aspiration, la déprise d'un moi ancien, la découverte d'une nouvelle identité, presque « barbare » puisqu'elle n'est plus enracinée dans la terre natale, n'est pas séparée de la référence à une communauté qui, elle-même, s'affranchit de l'arraisonnement économique et politique. La synesthésie généralisée (bruit de la cascade et brillance de la lune, profondeur du gouffre et infini de l'espace) signale le passage de la conscience à un stade où les oppositions communes qui la structurent habituellement (le haut et le bas, la perception limitée de chaque organe sensoriel) se sont abolies au profit d'une étendue vide, à l'unisson des forces énergétiques naturelles. Au cours de ses promenades, Liu Zongyuan va même jusqu'à affirmer l'existence d'un créateur [*zaohuazhe* 造化者], grand ordonnateur des beautés naturelles, transcendance inscrite dans le paysage mais inassignable.

La *Source aux fleurs de pêchers* comme les *Huit randonnées de Yongzhou* reconfigurent l'ancienne notion d'ambition en la détachant plus nettement de la seule sphère politique. Ces commémorations inventent certes un rapport à soi et au monde, mais dans des conditions exceptionnelles et contingentes : l'exclusion temporaire de la vie de cour pour Liu, le refus de servir pour Tao. Le monde qui s'ouvre est un monde séparé dont la plénitude et l'exubérance ne sont peut-être que l'envers d'une mélancolie et de la perte d'un lien avec le pouvoir.

8. « Gumu tan ji » 鈷鉧潭記, *ibid.*, p. 262 ; Martine Vallette-Hémery, p. 32-33.

À ce titre, la découverte d'une nouvelle identité et d'un univers « personnel » est incomplète ; sa vertu est thérapeutique : elle soigne les blessures de l'exil. Le monde qui apparaît et les conditions de la vie sociale sont antinomiques ; sphères publique et privée s'excluent mutuellement.

Variations dans la première moitié du XIe siècle

Il revient à la dynastie des Song de reposer la question d'un équilibre entre une identité sociale et une singularité privée. Or, tout à fait symptomatiquement, c'est dans le genre de la commémoration – du moins en prose – que les lettrés vont tenter de définir une nouvelle articulation. C'est sans doute à cette période qu'est pleinement assumée la définition de Liu Xie et que les textes exploitent frontalement la tension entre un élan communautaire et les servitudes de la fonction administrative.

La situation historique a changé. Tandis que la seconde moitié de la dynastie des Tang (618-907) ne s'est jamais remise de la rébellion d'An Lushan 安祿山 (705-757) qui mit à sac la capitale et pava le chemin à l'affaiblissement croissant du pouvoir central, ne laissant guère d'autre choix aux fonctionnaires que la veulerie du courtisan ou le bannissement de l'homme intègre, celle des Song a, dès la fin du IXe siècle, renforcé le centralisme et résolument empêché la constitution de potentats militaires dans les provinces. Le prix fut lourd, puisque la dynastie se maintient en achetant, dès 1004, le royaume voisin des Khitan au Nord, puis en 1044, celui des Tangouts au Nord-Ouest. La pression fiscale créée par le paiement de lourds tributs rend très vite nécessaires des mouvements de réformes de la bureaucratie. Mais dans un premier temps, la consolidation du pouvoir ne put se faire sans le recours à une nouvelle élite définie non plus par les privilèges aristocratiques, laminés à la fin des Tang et sous les Cinq Dynasties (907-960), mais par un savoir qui est testé dans le système des examens préfectoraux, provinciaux et métropolitains. Nul peut-être mieux que Zhang Fangping 張方平 (1007-1091) n'a exprimé cette fierté nouvelle du lettré, lorsque s'adressant à l'empereur Renzong en 1040, il soutient : « L'Empire ne peut être dirigé par votre Majesté seule, mais seulement par votre Majesté *collaborant* avec les fonctionnaires-lettrés (*shi* 士)[9]. »

Ce mot circonscrit l'autorité impériale en même temps qu'il révèle une indépendance d'esprit et une estime de soi remarquables parmi les lettrés. Il interdit aussi une coupure radicale avec le pouvoir. Certes, des fonctionnaires continuent d'être bannis, déchus de leur titre, mais, fait remarquable, en cas de désaccord avec les ministres et la politique impériale, ils ne sont jamais mis à mort sous les Song du Nord. Les crimes de lèse-majesté sont l'objet de débats contradictoires tranchés par l'empereur qui commue le plus souvent la peine capitale en exil. Parallèlement, l'éloignement de la cour, sauf cas exceptionnels, n'interdit pas aux lettrés de rédiger des mémoires au trône, de critiquer ouvertement les mesures politiques décidées à la capitale ; le bannissement n'est pas une exclusion de la titulature bureaucratique.

En retour, cette collaboration entre le souverain et la nouvelle élite induit un sens des responsabilités et de la mission que Fan Zhongyan 范仲淹 (989-1052) a sans doute le mieux exprimé. Éloigné de la cour après le désintérêt de plus en plus grand de l'empereur pour les réformes qu'il avait initiées en 1043 et en butte à une opposition de factions, il compose en 1046 une commémoration intitulée *La Tour de Yueyang* (perchée sur les remparts au bord du lac Dongting). Après avoir mentionné le sentiment de désolation ou au contraire d'exaltation que provoque le panorama, l'allégresse des uns et la tristesse des autres, il conclut :

9. Cité par Winston Lo, p. 24. Nous soulignons.

> J'ai tenté de connaître quel était l'esprit des anciens sages épris d'humanité. Pourquoi ne se comportèrent-ils ni comme les uns ni comme les autres ? Parce qu'ils ne trouvaient pas leur joie dans les réalités extérieures et ne s'affligeaient pas pour eux-mêmes. En faveur à la cour, ils s'inquiétaient pour le peuple ; résidant dans les lointaines provinces des rivières et des lacs, ils s'inquiétaient pour leur prince. En service ou retirés, ils n'étaient que souci, où auraient-ils trouvé le temps d'être joyeux ? Je n'ai qu'une réponse : *Ils s'inquiétaient des malheurs de l'empire avant tous les autres, et ne se réjouissaient du bonheur de l'empire qu'après tous les autres*. Las ! Qui suivrai-je désormais si de tels hommes n'existent plus ?[10]

La formule que nous soulignons traduit au XIe siècle l'ambition de la nouvelle élite culturelle, moins préoccupée d'une carrière administrative, d'avancement et de reconnaissance que soucieuse du monde, c'est-à-dire du bien-être des populations dans les provinces (et donc de la qualité morale des fonctionnaires chargés de les administrer) et inquiète des manœuvres qui pourraient circonvenir à la cour le souverain et l'éloigner de ses responsabilités de monarque. Telle est la mission de l'homme de bien, ce noble de cœur [*junzi* 君子], nouveau type idéal d'homme que Confucius avait proposé pour remplacer l'aristocratie héréditaire de la dynastie des Zhou déclinante et dont la vertu première est le sens de la solidarité, « l'humanité » [*ren* 仁]. Dans la haute image que s'en fait Fan Zhongyan, horizon de sagesse dont il espère se rapprocher par l'étude, la subjectivité s'est effacée : les joies ne dépendent plus des circonstances pas plus que la tristesse n'est liée à une déception personnelle. Il y a deux conséquences à cette conception de *l'élan lettré*. La première renvoie à l'équanimité de l'homme de bien, lequel n'est plus perturbé par le caractère

10. Lü Zuqian 呂祖謙, *Song wenjian* 宋文鑒, vol. 3, *juan* 77, p. 1117 ; Martine Vallette-Hémery, p. 47, traduction légèrement modifiée.

adventice des circonstances ou limité par d'idiosyncrasiques particularités. Fermement campé dans la vertu d'humanité, le sage confucéen est animé d'une paix intérieure. Second corollaire : les émotions d'un tel homme – tristesse et joie –, sans être annulées, ne sont plus que le reflet d'une situation, préoccupante ou heureuse, hors de lui et pourtant pleinement siennes.

Cette formulation évidemment ambiguë contient, en un sens, tout le programme de la culture lettrée, ses difficultés et ses incertitudes pratiques. Tant que l'on n'est pas devenu *ce* sage, comment faire la part entre le personnel et l'interpersonnel, le partage entre le moi et le monde ?

Il n'est pas indifférent que Fan Zhongyan choisisse la forme de la commémoration pour énoncer la vocation du lettré. La thématique de l'ambition morale qui est au cœur de cette forme littéraire tend au dépassement de soi et oblige à tenir ensemble le moi et son effacement au profit du monde. En réalité, le genre est devenu dans la première moitié du XIe siècle un champ de force et d'expression entre le subjectif et l'intersubjectif. Fan s'appuie sur le travail et le renouvellement de cette forme qu'avait entrepris Ouyang Xiu. Nul en effet avant Su Shi n'est allé aussi loin dans l'exploration des tensions inhérentes à la mission des fonctionnaires-lettrés.

Thématiquement tout d'abord, en ne se contentant pas d'écrire des stèles pour de nouveaux bâtiments, mais en composant des textes sur des objets personnels (ses trois cithares, une peinture des Sept Sages de la forêt de bambous, les pivoines) dans lesquels il est plus attentif à l'effet produit sur sa sensibilité qu'à la description ; théoriquement ensuite, parce que la chose ou l'édifice à commémorer est souvent le prétexte à une problématisation et une tentative de justification de ses préférences ; stylistiquement enfin, parce qu'il en exploite la discontinuité possible comme la dimension allégorique.

Je me contenterai d'en donner quatre exemples. Les deux premiers sont écrits à Luoyang lorsque le jeune Ouyang – il a vingt-quatre ans quand il prend son poste de vice-gouverneur –, est relativement oisif, se juge inutile et réunit autour de lui un cercle de jeunes auteurs. La pièce intitulée *De l'abattage des arbres* est une méditation sur l'utilité de l'inutile, thème du chapitre 4 du *Zhuangzi* :

> Les jardins situés à l'est du bâtiment administratif étaient depuis longtemps envahis par les herbes et négligés. Après mon arrivée, on commença à sarcler le terrain, fumer le sol et arroser les racines desséchées pour en faire un potager d'une dizaine d'arpents ; on planta aussi environ une centaine de pieds, des fleurs, des arbres fruitiers, des paulownias et des bambous. C'était le printemps ; les souffles tièdes gagnaient le sol et les pousses allaient revivre.
>
> « Dans le jardin, suggéra le gardien du parc, pousse un cédrèle à l'imposante ramure, dont les racines vigoureuses bouchent les veines de la terre, épuisent l'air doux et empêchent les nouveaux plants de croître. Son feuillage fait la nuit dans le jour, et son ombre réduit l'influence du soleil. Et puis, il est bossu, tordu, boursouflé, ses rameaux sont fragiles et cassants, inutiles à entretenir. Il faudrait l'abattre. » On le réduisit donc en stères de bois.
>
> Le lendemain, ce fut le tour du jardinier : « Au sud du potager, il y a un abricotier. Ses racines couvrent à peu près six à sept pieds. Or, la terre dans laquelle il pousse est très fertile. À cause de lui, on ne peut cultiver de primeurs. Il faudrait aussi en faire des bûches.
>
> – C'est le printemps, soufflai-je. Cet arbre est bientôt en fleurs. Attendons qu'il porte ses fruits. Pourquoi ne pourriez-vous pas réserver quelques arpents de terre à cet abricotier ? » On interdit alors de l'abattre.
>
> C'est plus tard que j'eus cet éclair de pensée et ce soupir : « Las ! Selon la doctrine de Zhuang Zhou, les ailantes, les cédrèles atteignent leur terme parce qu'ils n'ont aucune qualité, et les canneliers comme les arbres à laque sont taillés et meurent prématurément, car ils sont utiles. Or, ce cédrèle qui n'est vraiment bon à rien, en un matin, n'est plus

qu'un tas de rameaux morts. Et cet abricotier, dont le bois est robuste, serré, beau et utile, a, lui, été épargné. Faut-il en plus que les dispositions naturelles soient opportunes ? » Je n'en savais rien.

Un autre jour, un ami passa chez moi. Comme un domestique traînait le bois en bas de la salle, je le lui montrai et lui fis part de ma perplexité. « De quoi vous étonnez-vous ? me répondit-il. La grandeur de Zhuang Zhou, c'est d'avoir fait un sort à l'inutile par l'inutile. Mais quand l'inutile nuit à l'utile, peut-il en être autrement ? Si cet abricotier porte fleurs et fruits, c'est parce qu'il dispose des conditions requises à son existence et étend ses racines ; voilà pourquoi il a échappé à l'abattage. Les canneliers et les sumacs, s'ils ne peuvent se soustraire aux haches et aux scies, c'est parce qu'il y a tout intérêt à les faire mourir. Leur situation ne leur permet pas de vivre. Cela n'a vraiment rien à voir avec le cas de l'abricotier. Quant au cédrèle, bossu et sans qualité, il était nuisible par sa vigueur et sa taille. Quoi de plus normal qu'il soit coupé ! La théorie selon laquelle les qualités entraînent la mort et leur absence la continuité de la vie ne s'applique pas non plus en l'espèce. De manière générale, pour déterminer le destin d'une chose, il suffit de considérer la place qu'elle occupe. »

Après son départ, j'appréciai ses propos et les consignai par écrit[11].

Cette commémoration rappelle moins l'aménagement d'un jardin qu'elle ne sert de réflexion sur les conditions d'épanouissement du talent – *cai* 才, terme qui désigne en chinois la qualité du bois et le bois dont on est fait. Elle supporte une lecture littérale et, indirectement, symbolique en mettant l'accent sur le moment opportun et la place, deux critères essentiels de l'action.

Une année plus tard en 1032, à l'occasion de la construction d'un studio de travail, il propose cette méditation sur la perception du vrai et la parole de l'homme de bien :

11. « Fa shu ji » 伐樹記, in *Ouyang Xiu wenxuan* 歐陽修文選, p. 13-16.

La Salle de la critique des erreurs

Tant que la balance n'est pas stable, le poids des choses reste approximatif : quand le fléau est immobile, la mesure est précise.

Tant que l'eau est agitée, le reflet des choses échappe au regard ; quand elle est immobile, les détails se dessinent.

Les oreilles et les yeux des hommes gouvernent l'ouïe et la vue qui sont perturbées et manquent de finesse tant qu'elles ne se fixent pas sur les choses. Quand ces sens sont sereins, les perceptions sont claires.

Si les éblouissements du dehors n'égarent pas le dedans, le souffle du cœur est calme ; ainsi les connaissances sont distinctes, et la reconnaissance du vrai comme la critique des erreurs sont toujours opportunes et justes comme les flèches décochées touchent leur cible. Or, la reconnaissance du vrai tombe facilement dans la flatterie, tandis que la critique des erreurs n'est pas toujours très éloignée de la calomnie. Si, par malheur, on doit tomber dans l'une de ces fautes, on préférera habituellement la calomnie à la flatterie. Le vrai, en effet, est l'ordinaire de l'homme noble de cœur ; quel intérêt y a-t-il à le réaffirmer ? D'un mot, on fera de la critique des erreurs le critère du juste.

La deuxième année de mon service à Luoyang, après avoir restauré les bâtiments administratifs et fait graver une inscription sur la paroi du fond, j'ai fait construire une salle autour du mur de l'ouest, percer l'entrée au nord, planter des bosquets de bambous, et pratiquer une ouverture sur la paroi sud pour accueillir la clarté du soleil et de la lune. J'ai fait installer une table basse et une banquette tressée, des étagères avec quelques centaines de rouleaux, et m'y retire de l'aube au crépuscule. Tranquille, là je ferme les yeux, je lave mon esprit, éclaire le présent le long du chemin lumineux du passé, et mes pensées vagabondent sans s'interdire aucune direction.

J'ai donc nommé ce lieu la salle de la critique des erreurs…[12]

12. « Feifei tang ji » 非非堂記, *ibid.*, p. 21-23.

Comme on le voit, ces deux textes contribuent à la formation du jeune lettré qu'est Ouyang Xiu et à l'élaboration d'une éthique. Les données factuelles sont ici réduites et ces pièces se rapprochent par leur forme des petits traités.

Cette transgression générique est l'une des marques de l'écriture d'Ouyang, comme ce sera bientôt le cas de son disciple Su Shi. On peut la mesurer avec cette autre commémoration datant de son premier exil en 1035, mélange assez curieux d'autobiographie et d'historiographie :

La Salle du plaisir d'être là

Yiling[13] est le chef-lieu de la province de Xia. Le Fleuve Bleu mouille ses terres. Le poivre, la laque, le papier ont beau attirer quelques marchands, ses gens, économes et frustes, se suffisent ordinairement à eux-mêmes et n'espèrent rien de nulle part. Les colporteurs vendent du poisson séché ou en saumure, seule convoitise de ces hommes ; le grand commerce n'a aucun intérêt à y venir. L'endroit est retiré et pauvre. Yiling est donc une préfecture de dernier rang et Xia une moindre province.

Les faubourgs n'ont pas de remparts. Les routes ne sont pas assez larges pour les voitures et les chariots. Pas beaucoup d'étalages au marché et les nombreuses boutiques de saumure empestent au point qu'il n'est pas rare que les fonctionnaires locaux qui passent en ville descendent de monture en se bouchant le nez et filent au pas de course. Dans les habitations, foyer, grenier, commodités et puits sont en même place et dans la seule pièce, les hommes vivent à l'étage et en bas on élève les bêtes et les porcs. Yiling est à la frontière ouest de l'ancien pays de Chu et les *Annales de Lu* écrivent indifféremment « gens de Jing » et « Barbares du Nord », tandis que les poètes des *Odes* en font des Man du Sud. Bel exemple d'antiques mœurs grossières !

En 1036, le seigneur Zhu, sous-directeur au département des transports du Secrétariat impérial, vint administrer la

13. Au Hubei 湖北 actuel.

province. On commença alors à planter des arbres, à renforcer les remparts et les palissades, à paver l'axe nord-sud, à dresser des portes et à délimiter les quartiers. Fut aussi enseigné pour changer les mœurs comment construire en brique, cloisonner les foyers et les greniers, séparer les bêtes et les hommes. Puis fut nommé le préfet Liu Guangyi qui fit ériger des pavillons pour les édits impériaux, restaurer les salles d'audience, rénover les appartements des fonctionnaires. L'année suivante, en été, les travaux furent terminés dans la préfecture.

Quand mes fautes me conduisirent dans cette contrée, le Seigneur Zhu m'était déjà lié depuis longtemps. Navré de mon bannissement, il se rendit dans les bâtiments administratifs, choisit les bureaux situés à l'est et fit construire cette salle, projetant d'en faire un espace de détente, propre, élevé et clair sur le versant sud et de m'y loger pour apaiser mon esprit. Depuis qu'elle est achevée, il y vient encore souvent passer du temps avec des hôtes.

Les personnes fautives, il est normal qu'elles soient condamnées à l'exil sur des terres médiocres et qu'elles vivent en des lieux pauvres et dangereux où elles s'affligent, s'alarment, reconnaissent et regrettent leurs erreurs. Or, grâce au Seigneur Zhu, j'ai trouvé un endroit agréable où voler des moments de loisir, où je persiste dans les plaisirs et l'oubli de mes fautes au mépris des intentions avec lesquelles j'étais venu.

Ceci dit, Yiling est si retiré qu'il faut pour rejoindre la capitale, par voie de terre, traverser vingt-huit relais de poste depuis Jingmen et Xiangyang, et par voie d'eau, suivre le Fleuve Bleu, couper par la Huai et parcourir 5590 *lis* pour toucher les écluses à l'est de la métropole. En conséquence, les fonctionnaires ne souhaitent pas aller si loin et les personnes en charge ont des difficultés à trouver des successeurs, ne renouvellent pas leur poste ou démissionnent. Ils ignorent pourtant que les mœurs de Yiling sont simples et frustes, que rares sont les vols et les conflits, que la nourriture quotidienne du préfet ne manque jamais de riz ni de poisson, ni, selon les saisons, des saveurs des mandarines, des pamplemousses, du thé et des pousses de bambou, que les beautés du Fleuve et des

> Monts enfin, comme les maisons bien restaurées sont pleines de charme. Ainsi ce ne sont pas seulement les condamnés qui oublient leurs soucis mais tous les fonctionnaires qui troquent leur mécontentement initial contre la joie d'être venu. J'ai ainsi composé cette Salle du plaisir d'être là et après l'avoir fait graver, j'ai enchâssé la pierre dans le mur.
>
> Malgré la bassesse de son rang, un préfet a charge de terres et de gens ; son aspiration doit être de renforcer les qualités et de corriger les coutumes locales pour que ses successeurs s'en inspirent[14].

Ici la mission civilisatrice est évoquée à la fin comme pour s'en débarrasser. L'essentiel n'est pas là, mais plutôt dans le thème du bonheur et du lieu, fréquent dans les commémorations et lié pour partie aux mutations plus ou moins hasardeuses ou comme ici au bannissement.

Le dernier texte d'Ouyang Xiu, plus tardif (1059), propose une réflexion sur les agréments respectifs de la ville et des paysages naturels, avant de faire l'éloge de Hangzhou qui deviendra au XIe siècle la capitale des Song du Sud (1127-1279) et dont le Lac de l'Ouest comme les collines bouddhiques qui l'environnent sont un des sites les plus appréciés et fréquentés. Une commémoration « classique » n'aurait conservé de ce texte que le premier et le dernier paragraphes. L'amplification est assez subtile, puisqu'elle évoque, sans insister ni même le dire, un monde où perfections naturelles et humaines seraient enfin compatibles, où l'ordre du Ciel et celui du politique (représenté par le poème auquel est consacrée la salle), où prospérité et recueillement, jouissance et détachement coopéreraient :

14. « Yiling xian zhixi tang ji » 夷陵縣至喜堂記, in *Ouyang Yongshu ji* 歐陽永叔集, vol. 9, « jushi ji » 居士集, *juan* 39, p. 217-218.

La Salle de la beauté

La 2e année de l'ère Jiayou, l'académicien du Pavillon des diagrammes du dragon et directeur du ministère public, Messire Mei, quitta la capitale pour administrer Qiantang [Hangzhou]. Avant son départ, le Fils du Ciel lui fit don d'un poème. Ce fut l'origine de cette salle de la beauté construite par Mei. Il la nomma en effet, en mettant en valeur l'expression de la première strophe du poème qu'il avait reçu, considérant que c'était là une gloire pour les gens de Hangzhou. L'attachement de Messire pour cette salle n'a pas disparu après son départ. Cette année même, depuis Jinling [Nankin], il a dépêché un homme à la capitale, m'enjoignant de rédiger une stèle commémorative. Comme, à six ou sept reprises, il a renouvelé sa demande sans se laisser rebuter, j'ai composé ceci :

Il est ordinairement impossible de concilier dans le monde les plus grandes perfections et les plus grandes joies. Voilà pourquoi ceux qui poursuivent les beautés des monts et des eaux dans les randonnées ne les trouveront qu'après s'être rendus dans de vastes steppes et des terres désertes ; ceux qui évoluent parmi les splendeurs de la culture et se glorifient de la puissance et de la richesse de la société ne se satisferont qu'après s'être installés au cœur des grandes agglomérations, sur les nœuds de communication routiers et fluviaux. Car les uns délivrent leur esprit des réalités matérielles et les autres se plaisent à leur goût du luxe. Certes chacun peut satisfaire ses penchants mais ces deux joies ne sauraient être compatibles.

Ce qu'on appelle les merveilles et les sites extraordinaires du Sud-Est, les Monts Luofu, Tiantai, Heng, Lufu, le Lac Dongting si vaste et les Trois Gorges si dangereuses, sont tous situés dans des bourgades de provinces mineures, dans des régions reculées et incultes. Là trouvent leur joie les lettrés encore inconnus et les serviteurs bannis et au comble de la mélancolie.

Deux cités seulement peuvent combiner les beautés du paysage d'une part et les qualités des villes d'autre part, où sont amassés des produits venus des quatre orients, où s'échangent toutes les marchandises, où les choses sont aussi nombreuses que la population est dense, en un mot les métropoles. Deux seulement peuvent combler les riches et les nobles esprits. Ce sont Jinling et Qiantang. Or, toutes deux furent occupées par les rebelles pendant les guerres civiles. Comme Jinling s'est rendue tardivement [au nouveau pouvoir des Song], elle fut châtiée. Si, aujourd'hui, les monts qui surplombent le Fleuve Bleu demeurent, ses murailles écroulées, ses vestiges abandonnés sont tels que les voyageurs hésitent et s'affligent. Seule Qiantang fit, dès les Cinq dynasties, allégeance et se comporta en vassale. Sur le point de disparaître, elle sut attendre avec révérence les ordonnances impériales et ne connut pas les tristesses des batailles. Aujourd'hui, ses habitants jouissent par bonheur de la prospérité et de la sécurité. En outre, leurs mœurs en font d'habiles artisans. Dans la ville, on ne compte pas moins de cent mille demeures luxueusement décorées. Aux alentours, le lac et les monts qui se reflètent et s'entrelacent. Les marchands du Fujian comme ceux des mers, toutes voiles au vent et avec leurs grandes jonques sur la houle, entrent et sortent par le Fleuve et la mer illimitée, dans la brume et les épais brouillards. C'est bien là une cité magnifique, et ceux qui la visitent sont de grands ministres et d'illustres serviteurs de la cour, tels que les membres de la suite du Fils du Ciel ou encore les lettrés itinérants des quatre points cardinaux qui viennent s'y installer temporairement. Voilà pourquoi ils apprécient ces sites exceptionnels, y aménagent des pavillons et des belvédères et partagent les joies les plus hautes que procurent les randonnées.

Mais selon leurs goûts, ils seront ravis ici et déçus là. Seule la Salle de la beauté combine les perfections du paysage et les richesses des villes. Un seul regard suffit à satisfaire [cette double aspiration]. Qiantang, en effet, rassemble les beautés du monde et cette salle en est la quintessence. N'est-ce pas normal que Messire montre pour elle tant d'attachement et ne l'oublie pas ?

Messire Mei est pur et prudent, c'est un homme de bien dévoué à l'étude. Ses goûts en disent long sur sa personne.

Commémoré par Ouyang Xiu de Luling le jour *dinghai* de la 4e année (4 octobre 1059)[15].

Ouyang Xiu, dans sa pratique du genre et les quarante et un textes qu'il a écrits, parcourt le spectre qui va du plus intime au plus impersonnel. Tantôt il accentue la dimension de culture de soi, tire des remarques de faits souvent minuscules pouvant servir à sa propre édification morale et lui permettant d'« apprendre », dans une perspective confucéenne, « à devenir un homme » [*xue wei ren* 學爲人] ; tantôt il fait graver des stèles pour l'éducation du plus grand nombre, collationnant en esthète les beautés, les faits remarquables et les personnes éminentes. Incontestablement, le genre s'ouvre avec lui aux multiples dimensions de l'ambition lettrée.

Avant de présenter Su Shi et son travail, je voudrais donner à lire deux autres textes que l'écriture d'Ouyang Xiu a rendu possibles. Le premier est dû à Zeng Gong 曾鞏 (1019-1083), ami proche d'Ouyang, fervent confucéen, rigoriste et violemment anti-bouddhiste, dont la prose résonne souvent, par la force morale qui les anime, comme de hautains rappels à l'ordre, auteur quelque peu oublié aujourd'hui mais longtemps considéré comme l'un des huit grands prosateurs des Tang et des Song. La commémoration est le récit du meurtre d'un enfant, et dans les détours de la narration se lisent toute l'horreur de l'inhumanité, le délabrement moral du personnel administratif et la vraie mission du sage administrateur :

P'tit Tondu

P'tit tondu était l'enfant de Sun Qi, originaire de Gaomi, qui, parce qu'il avait quelques lumières sur les lois, obtint un poste de juge à Jiazhou. Qi avait épousé en premières noces une Dame Du qu'il laissa au logis, puis en la dupant,

15. « Youmei tang ji » 有美堂記, *ibid.*, *juan* 40, p. 412-413.

une Dame Zhou qu'il emmena au Sichuan oriental. Quand il eut fini son service et de retour à Gaomi, sa deuxième "première épouse", furieuse de son imposture, déposa plainte à la sous-préfecture. Qi acheta les enquêteurs et l'affaire s'en tint là. Il fut ensuite commissaire dans la ville de Xiuning, préfecture de She, où il prit ses fonctions, accompagné de Dame Du. Après deux années complètes, il obtint son congé et rentra au pays natal. Plus indignée que jamais, Dame Zhou voulait rompre le mariage. Qi, au plus fort de la crise, lâcha : « Pour toi, j'écarterai ma femme légitime. » Il se coupa une mèche de cheveux et ces gages suffirent à apaiser Dame Zhou.

À Xiuning, il se rendit seul et fit d'une courtisane, Dame Chen, sa concubine. En chemin vers un autre poste de juge à Fuzhou, il s'arrêta à Gaomi, tint à l'écart Dame Zhou, refusa de la voir et chargea un homme de s'emparer du fils auquel elle avait donné naissance. Qi, les Dames Du et Chen et l'enfant firent le voyage jusqu'à Fuzhou. Ce fut bientôt le premier de l'an 1033, pendant l'ère de la Voie lumineuse. Ce mois-là arrivèrent Dame Zhou et son jeune frère qui voulaient saisir le tribunal. Des greffiers les retinrent tandis qu'ils faisaient prévenir Sun Qi – qui, lui, collectait les impôts en grain au Temple de la précieuse rétribution. Toutes affaires cessantes, il rentra, empoigna Dame Zhou par la chevelure et la tira à l'abri des curieux le long des galeries du tribunal, produisit un faux certificat et lui dit : « Vois ! Tu n'es qu'une pauvre servante ! À quoi bon tenter quelque chose… » Elle se rendit à la préfecture pour entamer une procédure, sans succès ; elle s'en ouvrit à l'intendant des finances du Jiangxi qui n'entendit pas sa plainte. Longtemps après, on la vit mendier sa nourriture sur les routes : elle portait une pièce de tissu sur laquelle elle avait noté les lieux, les noms et ses griefs continuellement rejetés.

Lorsque Xiao Guan administra Raozhou, elle se hâta de l'informer. Bien que la juridiction de cette préfecture ne s'étendît pas jusqu'à l'est du Fleuve Bleu, et que la plainte fût de ce fait irrecevable, Xiao Guan n'y fit pas obstruction. L'intendant fiscal chargea d'abord un fonctionnaire subalterne

Zhu Yingyan d'enquêter. Dame Zhou mentionna la preuve que constituait son fils. Sun Qi, craignant alors que la découverte de l'enfant ne révélât toute l'affaire, le cacha d'abord à la hâte près des bâtiments administratifs, puis redoublant d'inquiétude, le ramena chez lui où il tenta de l'étrangler. L'enfant ne mourut pas. Dame Chen, à ses côtés, le prit par les pieds et lui plongea la tête dans une jarre. Il mourut : c'était P'tit Tondu. Sun Qi appela un serviteur, Deng Wang, lui fit creuser derrière les appartements privés au pied du mur une fosse profonde de quatre pieds où l'enfant fut enterré. On dit qu'il avait cinq ans. Lors du procès, Sun Qi fut une nouvelle fois remis de ses fautes, mais démis de la fonction publique. Il s'en alla à Haozhou. Huit mois s'étaient écoulés.

Le seize novembre 1043, pendant l'ère du Calendrier faste, le juge Zhang Yanbo fit restaurer les appartements désormais vétustes. En déblayant le terrain, il découvrit un enfant dans une fosse, enquêta auprès de ses informateurs et l'employé Xiong Jian rappela cette affaire. Il fit aussi subir un interrogatoire à Deng Wang. Sa déposition confirmait les minutes du procès, comme le firent tous ceux qui étaient demeurés à la préfecture. Seules les circonstances de la mort de P'tit Tondu ne furent pas totalement éclaircies. Zhang Yanbo me rapporta les faits, et rempli de tristesse, fit faire la toilette funèbre de l'enfant, l'habilla et le déposa dans un cercueil, lui présenta des offrandes en liqueurs et en viandes assaisonnées. Il confia de l'argent au moine Shenglun et acheta une dalle en terre cuite pour couvrir la tombe. Il l'enterra enfin, à cinq lis au sud de la ville, dans sa retraite campagnarde. Ce fut dix jours après avoir déblayé le terrain.

Las ! L'homme s'est élevé au-dessus des bêtes sauvages et des barbares. Pourtant, eux savent à l'égard de leur progéniture les élever sans leur nuire. Leurs espèces seraient sinon depuis longtemps disparues... Mais que faire et que dire de Sun Qi ? J'ai acheté une stèle sur laquelle j'ai fait graver ces faits et l'ai placée près de la tombe aussi bien pour rasséréner l'âme de P'tit Tondu que pour servir d'avertissement. Du début à la fin de toute cette affaire, seule Dame Du ne fit pas preuve de dissimulation.

Commémoré par Zeng Gong de Nanfeng, 29 jours après [la découverte du corps][16].

Le second texte est de Wang Anshi 王安石 (1021-1086) dont les mesures réformatrices mises en œuvre à partir de 1069, ébranlèrent le monde lettré et créèrent au sein de cette élite partageant le même idéal une scission irrémédiable. IL mérite d'être comparé aux promenades de Liu Zongyuan[17], au moins pour mesurer le chemin parcouru. Dans la randonnée ne se découvrent plus une identité nouvelle, ignorée, un moi plus authentique, mais un désir et une puissance d'agir qui doivent être cultivés, nourris, ainsi qu'une détermination au fondement de la vocation lettrée.

Promenade au Mont du maître du *dhyâna* Bao

Le Mont du maître du *dhyâna* Bao est aussi appelé le Mont Éclatant [*hua* 華]. Il tire son nom du fait que le moine des Tang Huibao s'est installé le premier en ces lieux et y fut enterré. La postérité l'appela donc maître Bao et ce qu'on nomme aujourd'hui le monastère de la vacuité et de la sagesse, ce sont l'ermitage et la sépulture de Bao. À cinq lieues à l'est du monastère, on tombe sur la caverne du Mont Éclatant ainsi désignée parce qu'elle s'ouvre sur le versant ensoleillé de la montagne. À une centaine de pas de la caverne, je trébuchai sur une stèle. La pierre en était arasée et illisible, les quelques caractères reconnaissables parlaient d'un Mont Fleuri. Si, aujourd'hui, on comprend le mot « éclat » comme la beauté des fleurs [*hua* 花], c'est sans doute dû à une faute de prononciation. En contrebas sur une étendue vaste et plane, une source qui coule de biais, bien relatée dans les récits de voyage : c'est la caverne antérieure. En remontant dans la

16. « Tutu ji » 禿禿記, in *Zeng Gong sanwen xuan* 曾鞏散文選, p. 106-113.

17. Les dernières lignes de la commémoration de Wang Anshi se modèlent sur la conclusion d'une des *Huit randonnées de Yongzhou*.

montagne, à cinq ou six lieues, une autre caverne longue, très froide ; ses profondeurs, aucun des amateurs de promenade n'a jamais pu les parcourir : c'est la grotte de derrière.

Nous étions cinq et, chacun une torche à la main, sommes entrés dans une caverne de plus en plus profonde où la progression devenait difficile et dont les spectacles ne cessaient de surprendre. Las de marcher, l'un d'entre nous se prononça pour le retour : « Sortons, dit-il, les torches vont s'éteindre » et nous sortîmes tous. Je n'ai sans doute parcouru qu'un dixième de la distance qu'auraient pu couvrir les promeneurs entraînés mais dans les relations de voyage, j'ai rarement lu la description des galeries que j'ai vues. La peur d'une profondeur toujours plus profonde les aura vraisemblablement éloignés. Je n'étais pas à bout de forces, le feu était encore alimenté. Comme nous venions juste de sortir, un autre incrimina celui qui avait manifesté le désir de rentrer ; aussitôt je regrettai d'avoir raté, en le suivant, les joies que procurent les excursions. Les Anciens, soupirai-je, tiraient souvent quelque leçon de l'observation de la nature, de ses paysages, sa flore, des insectes et des poissons, des oiseaux et des bêtes sauvages car, dans leurs pensées et leur quête, ils se montraient conséquents et ne négligeaient rien. Nombreux sont les promeneurs qui se contentent des proches plaines ; plus rares ceux qui s'aventurent sur des chemins difficiles et longs et comme les spectacles remarquables, étonnants et extraordinaires sont généralement situés dans des lieux périlleux et distants, peu les voient.

Sans le désir d'aller jusqu'au bout, ce sera impossible et même si ce désir ne se laisse pas fléchir, ni arrêter, il ne pourra rien si les forces viennent à manquer. Et encore, un désir et des forces intactes, qui ne seraient pas entamées par la lassitude, rebrousseront chemin quand ils tombent dans des ténèbres et des mystères que rien ne permet d'éclaircir. Ceci étant, quand les forces permettent de continuer et qu'on s'arrête, les gens ont beau jeu de se moquer et, en moi-même, il ne restait que du regret. Si, en revanche, j'avais suivi jusqu'au bout mon désir sans parvenir au but, je n'aurais rien eu à regretter et qui aurait osé rire de moi ? Voilà l'enseignement que j'ai tiré de cette excursion.

Je songeais encore tristement à la stèle couchée, aux livres anciens qui n'existent plus, dont la transmission se corrompt avec les générations et dont personne ne peut plus indiquer les fautes, textes dont on ne pourra jamais rien dire ! Telle est bien la raison des pensées soutenues et du choix attentif auxquels se consacrent ceux qui apprennent dans les livres.

Les quatre personnes qui m'accompagnaient étaient Xiao Jungui dit Junyu de Luling, Wang Hui dit Shenfu de Changle, mes frères cadets Anguo et Anshang dont les prénoms sociaux sont respectivement Pingfu et Chunfu.

Commémoré un jour du 7e mois de 1054 par Wang de Linchuan[18].

Les vies de Su Shi

Il y a quelque paradoxe à écrire une biographie de Su Shi. Non que le défi n'ait été relevé ; plusieurs ouvrages existent en chinois, certains traduits en anglais ; on dispose même en français d'un roman qui le prend pour personnage principal. Ces textes rassemblent dans d'épais volumes, les faits, les gestes, les vicissitudes et les gloires d'un homme dont la vie est incontestablement, pour la dynastie des Song, la mieux documentée. Sept chronologies majeures, sept éditions copieusement annotées de ses deux mille quatre cents poèmes, une édition partiellement commentée de ses œuvres en prose ou de ses cinq cent quatre-vingt-un poèmes à chanter, de nombreuses anecdotes rassemblées dans des recueils de notes au fil du pinceau, comme la bibliographie moderne considérable dans les langues asiatiques ou occidentales, ne laissent rien – ou presque – dissimulé des détails des rencontres, enregistrés quasiment jour après jour, de son quotidien, des grands jalons de cette vie incroyablement contrastée oscillant entre les

18. « You Bao chan shan ji » 有褒禪山記, in *Wang Lingchuan ji* 王臨川集, vol. 9, *juan* 83, p. 1-2.

charges les plus hautes un jour et la relégation ou l'exil le lendemain.

Tour à tour se sont dégagés un Su Shi artiste, poète, peintre et calligraphe, homme politique confucéen ou au contraire taoïste ou bouddhiste ; plus rarement philosophe, dernier chantier peut-être à ouvrir. Mais tout aussi bien, on pourrait accentuer en lui l'économiste qui se forme progressivement et acquiert un savoir et une compétence au cours de ses différents postes, l'herboriste et le distillateur d'alcools nouveaux – jugés exécrables par son dernier fils Guo 過 (1070-1123) –, le cuisinier, l'ethnographe des provinces intérieures ou sur les marches de l'empire, ou encore le lecteur toujours original et l'interprète de la tradition.

Première difficulté d'un projet biographique : que faire de cette curiosité tous azimuts, de cette plasticité talentueuse, comment surtout faire tenir ensemble ces différentes personnes sans amputer une vie ouverte aux occasions et audacieuse, sans l'embrigader dans des idéologies qu'il n'a cessé de reconfigurer et dont il dénonce les raidissements sectaires ?

De ces identités multiples, Su Shi a constamment joué. La langue chinoise le permet, qui attribue à la naissance un prénom, une appellation sociale vers dix-sept ans, lorsqu'un adolescent en âge de se marier entre dans le monde, et à la mort un nom posthume quand, à l'issue d'une procédure scrupuleuse, la cour décide de sanctifier l'œuvre remarquable d'un fonctionnaire. Ainsi notre homme est prénommé Shi [軾] « Barre d'appui » à l'avant d'un char d'où l'on salue, et porte l'appellation de Zizhan [子瞻] « Regardé de loin » de la même façon que son frère cadet est « Trace d'un char » [Zhe 轍] et « Origine » [Ziyou 子由]. Ainsi est-il désigné, dans les bibliographies anciennes, comme Duc des Lettres et de la loyauté [Wenzhong 文忠], nom qui évoque ses mérites de civilisateur et la fidélité à lui-même comme au souverain. Or, ces identités factuelles se doublent d'autres signatures : toutes celles des postes et des titres, les premiers déterminant les assignations effectives, les seconds le rang dans la titulature bureaucratique et le salaire. Signer, comme le fait Su Shi en 1078, une commémoration dans ces termes : « Vice-directeur du ministère des rites dépendant de la chancellerie, Auxiliaire de la cour d'histoire d'État et gouverneur de la commanderie de Xu », c'est assumer une identité purement sociale avec ce qu'elle comporte de servitudes et de prérogatives, en l'occurrence une compétence en matière historique qui lui permet de juger des précédents et de comparer avec la situation présente, une dignité qui lui permet d'écrire des mémoires au trône et de critiquer la politique gouvernementale et une mission civilisatrice.

Parallèlement à ces désignations, Su Shi a multiplié les masques : moi Untel, moi le sot qui le placent dans une position d'infériorité vis-à-vis de son prince ou de son interlocuteur. Il a surtout multiplié les hétéronymes. Le plus connu – celui par lequel les Chinois le nomment communément –, « l'ermite ou le dévot laïc de la Pente de l'Est » [Dongpo *jushi* 東坡居士] est le surnom qu'il se donne à partir de 1082 et dont il fera l'usage le plus constant. Il inscrit cette identité dans un lieu d'élection, le coteau où il réside et fait construire, pendant son premier exil, une Salle des neiges, lieu de recueillement, d'étude, de création mais aussi où il pensait « avoir trouvé sa place dans le monde »[19], binant, sarclant et cultivant le jour, écrivant, peignant et calligraphiant ou buvant dans ses loisirs.

Ce surnom n'est pourtant pas le seul ; il aura signé auparavant certains textes du nom de « vice-brigadier fou » [*kuang tuanlian fushi* 狂團練副使], appellation dérisoire puisque cette charge purement nominale signale son éviction du champ bureaucratique. Il est aussi à la fin de sa vie, lors de son exil à Huizhou 惠州, « le montagnard (c'est-à-dire l'ermite) de la vénérable source » [*Laoquan shanren* 老泉山人]. Dernière

19. Voir dans le volume *La Salle des neiges*.

désignation enfin : de nombreux textes évoquent un certain Maître Su [*Suzi* 蘇子], individu plutôt comique puisque sa pseudo-maîtrise est constamment battue en brèche par des interlocuteurs traquant sa suffisance ou des micro-événements qui lui révèlent l'inconsistance de sa fermeté d'âme.

Or, il n'y a pas lieu de distinguer pour tous ces noms une identité extérieure et contingente d'une identité plus personnelle où le moi, débarrassé de ses oripeaux sociaux, s'agrégerait autour de qualités constitutives et premières, et se trouverait une unité originelle. Le jeu avec les hétéronymes le montre, Su Shi n'a eu de cesse de secouer la poussière de ces identités d'emprunt, de constamment ébranler et ouvrir sa personne à des expériences qui le font sortir d'un moi claquemuré dans ses certitudes et son caractère. Toutes ces signatures se valent au sens où l'individu est pleinement là dans le nom qu'il se donne ou endosse, en même temps qu'il lui est irréductible. *Exit* donc la fiction d'un moi au profit de fantômes, de masques et d'identités multiples.

Cette première difficulté à écrire une esquisse biographique est renforcée par le propre regard de Su Shi sur sa vie même. Il n'y décèle aucune cohérence particulière, sinon l'errance et une forme de nomadisme. Quelques vers suffiront à dire le vertige et le consentement à l'inexplicable. Les premiers, écrits pour son frère, datent du début de l'année 1062, il est alors âgé de vingt-sept ans :

> La vie des hommes au fond, à quoi ressemble-t-elle ?
> Sans doute au vol d'une oie qui frôle de ses pattes une neige boueuse
> Et y laisse parfois l'empreinte de ses griffes
> Et qui a filé loin, à l'est ou bien à l'ouest ?[20]

20. In *Œuvres poétiques de Su Shi* [Su Shi shiji蘇軾詩集] (ci-après abrégé en SSSJ), vol. 1, *juan* 3, p. 97.

Puis en 1081, lorsqu'il déménage au Pavillon Lingao pendant son exil à Huangzhou 黄州:

> Je suis né en ce monde pour être
> Une fourmi lancée sur grande meule
> Qui toujours peu à peu vire du côté gauche
> Et jamais ne peut rien contre la roue contraire des vents[21].

En 1096 enfin, déplacé de demeure en demeure lors de son bannissement à Huizhou à l'est de Canton :

> Ma vie au fond est sans pourquoi,
> Je lève, baisse les yeux et je comprends ce monde.
> Instant après instant, s'en allant en *kalpas*,
> Poussière après poussière, chacune dans sa limite[22].

Belle constance dans le non-sens ! Difficile donc d'aller contre ce sentiment d'être livré au hasard des rencontres et d'orienter cette vie. Au fond, une biographie authentique de Su Shi devrait, plutôt que de construire un caractère, montrer comment, au contraire, il a tenté de se déprendre de lui-même, de se dés-individuer pour rejoindre un idéal dont Confucius avait posé les bases dans ces lignes : « Le Maître coupait court à quatre choses : pas d'intention, pas de contrainte, pas de rigidité, pas de moi. » (*Entretiens*, IX, 4)

Ces quelques mots, qui commencent réellement à faire sens au milieu du XIe siècle par un rapprochement avec la pensée bouddhique, définissent négativement l'esprit du sage : parce qu'il n'a pas d'intention ou d'arrière-pensée, il n'est pas obligé d'adopter une conduite particulière en fonction d'un but prédéfini ; son attitude n'est donc pas rigide, ni obtuse et son esprit ne se fige pas dans un moi ou une individualité qui, en

21. *Ibid.*, vol. 4, *juan* 20, p.1053.
22. « Qianju » 遷居, in SSSJ, vol. 7, *juan* 40, p. 2194-2196.

retour, susciterait de nouvelles intentions. Tel est l'horizon de conscience que les grands lettrés de la fin des Song du Nord (960-1127) s'efforcent d'approcher, même si les méthodes, les « voies » et les détours sont différents pour chacun ; tel est aussi, selon eux, la condition d'une réactivité jamais entravée et transformatrice.

Puisqu'il faut bien cependant situer Su Shi dans son siècle, je choisirai dans les pages qui suivent de placer les repères chronologiques nécessaires à la compréhension de son œuvre dans cette ligne de fuite.

Dans cette vie qui commence le 8 janvier 1037 et s'achève le 24 août 1101, trois grandes périodes peuvent être distinguées : des années de formation qui le mènent jusqu'en 1071, date de son premier éloignement de la cour au moment où les réformes de Wang Anshi deviennent effectives ; puis de 1071 à 1085, une période intense de maturation politique et intellectuelle qui culmine dans ses quatre années de bannissement à Huangzhou ; la dernière phase est, elle, marquée par une accélération des déplacements aussi bien dans les huit premières années de 1086 à 1094 entre les provinces et la cour que dans les six années qui suivent d'exil dans le Sud, toujours plus loin, sur des terres de moins en moins salubres. Dans cette période, Su Shi fait cependant un choix radical dont il paie le prix fort : refus de la partialité, du sectarisme et définition d'une voie politique, éthique et esthétique.

Formation

Su Shi naît dans la préfecture de Meishan 眉山, au sud-ouest du Sichuan actuel, dans une famille citadine impliquée dans le commerce local de la soie. La famille ne s'est, au début du XIe siècle, guère signalée : un grand-père excentrique aux tendances vaguement taoïsantes, un oncle, Su Huan 蘇渙 (1001-1062), le premier à obtenir le titre de docteur en 1024, dont la carrière est pâle et sans gloire. Son père, Su Xun 蘇洵 (1009-1066), qui ne semble s'intéresser à l'étude qu'avec la naissance de ses fils, Shi et Zhe (1039-1112), échoue aux examens provinciaux en 1038, puis en 1047 aux examens spéciaux destinés à découvrir les talents éminents [*maocai* 茂材] ; il se retire dès lors dans son pays natal où il élabore une doctrine politique où les notions de contingence, de circonstances et de profit à tirer des situations tranchent avec la morale rigoriste du confucianisme, programme qui lui vaudra la reconnaissance des lettrés de la capitale en 1056.

Dans l'intervalle, l'éducation des deux frères est laissée à leur mère, Dame Cheng, fervente bouddhiste qui, sans faire appel à son clan fortuné, ouvre une boutique de vêtements, emménage avec ses enfants et fait entrer le jeune Su Shi dans une école taoïste à l'âge de quatre ans[23]. Elle éveille aussi leurs ambitions politiques en leur faisant découvrir modèles et héros de l'histoire, particulièrement ceux dont la droiture et la fidélité aux idéaux eurent des conséquences tragiques. Su Shi, comme son frère, se réclameront toujours de leur enracinement au Sichuan ; ils tirent leur caractère de ce peuple aux mœurs antiques, « vif, clairvoyant, talentueux et sage, qui s'applique à l'essentiel et travaille avec ardeur, facile à gouverner et difficile à soumettre »[24], mais qui, si l'on ne se conforme pas à sa nature et à ses habitudes, « rappelle les devoirs, a recours aux lois et raille et critique ».

À partir de 1054, Su Xun a pratiquement terminé la rédaction de ses mémoires sur la politique et cherche un patronage à la cour. Par l'intermédiaire de Zhang Fangping alors en poste au Sichuan, il obtient des lettres de recommandation auprès d'Ouyang Xiu. Parallèlement, les deux fils sont en âge de se présenter aux examens de doctorat ou de « lettré

---

23. Su Shi se souvient de son maître d'alors dans *La Salle des mille merveilles*.

24. Voir *Le Belvédère du lointain panorama dans la province de Mei*.

présenté à l'empereur » [*jinshi* 進士]. Tous trois se rendent à la capitale et tandis que le programme réformateur de Su Xun (en particulier ses écrits bellicistes sur la pesée des circonstances[25]) impressionne la cour par sa force et son style, Su Shi et son frère passent en 1057 l'examen de docteur organisé par le ministère des rites et supervisé par Ouyang Xiu.

Ces examens sont restés célèbres dans l'histoire chinoise : ils marquent en effet la victoire définitive sous les Song de l'écriture ancienne [*guwen* 古文] sur la prose parallèle [*piantiwen* 駢體文] devenue sous les Sui (581-618) et les Tang la forme obligatoire de la rédaction des édits et des textes administratifs, le style unique accepté lors des examens et le critère de la compétence littéraire. Or, cette forme, faisant alterner syntagmes de quatre et de six caractères est un carcan pour la pensée, bride l'expression en la contraignant à un jeu subtil de références et de parallélismes. Ouyang Xiu entend réaffirmer les vertus éducatives, politiques et sociales que possédait la prose pré-impériale. Son objectif n'est pas uniquement littéraire. Il s'agit plutôt de reconstruire le lien défait entre l'écriture et le Voie, de subordonner la rédaction des textes à une conception de la réalité, de la politique et de la sagesse. Il énonce, de ce point de vue, trois critères de cette écriture ancienne : le recours à l'expérience commune [*chang* 常], la simplicité de la langue [*jian* 簡] et la fiabilité de l'argumentation [*xin* 信].

Sont reçus à cette session ceux qui ont fait le choix de cette écriture (Ouyang n'avait toutefois pas prévenu les candidats et les recalés battirent le pavé en guise de protestation). Su Shi est second sans que la première place soit attribuée[26], son

25. Sur ces textes, voir Stéphane Feuillas, « *Les Lettres sur la puissance* : Guerre et pouvoir dans la pensée de Su Xun (1009-1066) », p. 115-150.

26. À la lecture des manuscrits des candidats que des scribes ont recopiés pour préserver l'anonymat, Ouyang Xiu croit reconnaître le style de Zeng Gong, son ami. Pour ne pas être accusé de l'avantager, il ne lui accorde

frère est aussi classé comme Zeng Gong et deux pères du néo-confucianisme, Zhang Zai 張載 (1020-1078) et Cheng Hao 程顥 (1032-1085).

La gloire est immédiate pour les trois Su [*San Su* 三蘇] à la capitale et dans l'empire mais la mort de Dame Cheng les oblige à faire retour à Meishan pour s'acquitter du deuil de vingt-sept mois. Tous trois retournent à Kaifeng à la fin de l'année 1059, après quatre mois de voyage, confiants, sûrs de leurs talents et fiers. Les deux frères sont nommés conformément aux usages assistants d'un magistrat de préfecture [*zhubu* 主簿] mais n'occupent pas leur charge ; leur père reçoit un poste dans la Bibliothèque impériale avec pour mission de rédiger une histoire du rituel de cour depuis les débuts de la dynastie.

L'année suivante est organisé un examen spécial [*xianliang* 賢良] qui a pour but de découvrir et promouvoir les talents exceptionnels sans tenir compte de l'état de service et des diplômes antérieurs et qui permet, en cas de réussite, un avancement de dix ans dans la carrière administrative. Su Shi est patronné par Ouyang Xiu, Su Zhe par Sima Guang 司馬光 (1019-1086). Ils obtiennent respectivement le troisième et le quatrième rang des cinq possibles[27]. Les cinquante essais présentés lors de ces examens ont été conservés : tous tentent de réévaluer le rôle des circonstances et de la contingence dans la voie politique et de dialectiser les relations entre morale et conditionnement historique. D'une certaine façon, par le style comme pour la pensée, Su Shi est encore sous l'influence de son père et souscrit à cette formulation :

> Dans la voie de l'homme de bien, intelligence des situations et confiance sont délicates [à mettre en œuvre] : la confiance

---

que la seconde place. Lorsque les copies sont identifiées, il s'avére que les textes étaient de Su Shi.

27. Les deux premiers ne sont jamais attribués sous les Song. Seulement 39 candidats sont présentés à cet examen, chiffre à comparer avec les 18 000 docteurs sous la dynastie.

> permet de redresser l'intelligence qui, ordinairement, se déploie en faisant fi de la rectitude ; l'intelligence permet de communiquer [à autrui] la confiance qui souvent finit par être bloquée. Aussi l'homme de bien est-il très attentif. Par le seul recours à l'intelligence, disent les médiocres confucéens, il est possible de réussir ; et comme les gens voient que cet unique expédient assure le succès, ils abandonnent la confiance. Quant à moi, je dis qu'elle assure le succès mais ne permet pas de durer[28].

Immédiatement après cette réussite, les deux frères sont nommés vice-gouverneur au Shaanxi : Su Shi à Fengxiang 鳳翔, riche site historique et commanderie cruciale pour la sécurité de l'État depuis l'établissement en 1038 du royaume tangout à l'Ouest ; Su Zhe à Shangzhou 商州 à l'Est. L'aîné sert d'abord le gouverneur Song Xuan 宋選, ami proche de Sima Guang et de Shen Gou 沈遘 (1025-1067), puis à partir de 1063, Chen Xiliang 陳希亮 (999-1063), originaire de Meizhou et lié au clan Cheng avec lequel Su Xun avait rompu en 1053 toute relation. Les liens entre le gouverneur et Su Shi sont d'abord tendus, le premier se montrant agacé par la réputation dont jouit son jeune subordonné ; Su Shi lui-même n'hésite pas à critiquer l'étroitesse d'esprit de son supérieur[29], refuse à plusieurs reprises de se rendre à des convocations administratives et fait l'objet d'un mémoire adressé à la cour par Chen qui le taxe d'insubordination. Ses fonctions sont assez décevantes. Après une tournée des provinces pendant laquelle il écrit un cycle célèbre de poèmes sur les huit sites de Fengxiang, il est chargé de la collecte de présents pour la mort de l'empereur Renzong 仁宗 (r. 1023-1063), commence à se familiariser avec la culture populaire et se rapproche de son cousin Wen Tong 文同 (1018-1079), le plus célèbre peintre de bambous des Song.

28. *Quanshu* 權書, in Su Xun, *Jiayou ji*, p. 58.
29. Voir *La Terrasse ascendante*.

À la fin de 1064, après ses trois années de service, il est déchargé de ses fonctions et rappelé à la capitale dans l'attente de sa nouvelle assignation. Le nouvel empereur Yingzong 英宗 (r. 1063-1067), séduit par ses talents, souhaitait le garder auprès de lui comme académicien chargé de la rédaction des édits, mais Han Qi 韓琦 (1008-1075)[30], l'un des piliers de l'État, qui le juge trop jeune et inexpérimenté, lui confie une charge au bureau de l'historiographie en 1065. Cette même année meurt sa femme, Wang Fu 弗, qui lui a donné un fils Mai 邁 (né en 1059), décès suivi l'année suivante par la mort de son père qui laisse un commentaire du *Classique du changement* inachevé et que Su Shi et, dans une moindre mesure, son frère cadet, se chargeront de terminer.

Su Shi et Su Zhe retournent à Meishan pour y effectuer le deuil de vingt-sept mois de leur père et de Wang Fu, dans un bateau dont l'État leur a fait don et qui aurait servi, comme les accusations portées à la fin de 1079 ne manqueront pas de le rappeler, à transporter des biens pour un commerce illicite. À la fin de cette période, Su Shi épouse une cousine de sa femme, Wang Runzhi 王潤之. Les deux frères quittent leur pays natal pour ne plus jamais y revenir.

De retour à la capitale au début de 1060, ils doivent faire face à une situation nouvelle. Le nouvel empereur Shenzong 神宗 (r. 1067-1085) est soucieux de restaurer la gloire de la dynastie, désireux de récupérer les seize provinces perdues au Nord dans la guerre contre le royaume khitan des Liao 遼, perte avalisée par le traité de Shanyuan en 1004, et inquiet de la pression fiscale que font peser les lourds tributs que la dynastie paie d'abord aux Liao (révisé à la hausse en 1044), puis aux Xixia 西夏 au Nord-Ouest. Un premier train de réformes avait été lancé pendant l'ère Qingli (1043-1045) à l'instigation de Fan Zhongyan ; il visait essentiellement à asseoir les compétences et l'intégrité morale des fonctionnaires

30. Sur cet illustre serviteur de l'État, voir *La Salle de l'ivre Bai*.

qui, pour une large part, profitaient des hausses d'impôts, se livraient à la corruption ou tout simplement laissaient faire, suscitant la défiance du peuple et une perte de confiance envers le pouvoir central. Rapidement avorté (à cause de la lutte des factions qui s'ensuivit à la cour), ce programme mit cependant en lumière la nécessité de définir des compétences bureaucratiques strictes, de modifier pour plus d'efficacité le système de recrutement (en diminuant en particulier le rôle de la poésie comme test des capacités morales et de l'ambition) et d'abandonner le système ancien des corvées et de conscription qui, sous prétexte de travaux d'intérêt général, générait une main-d'œuvre peu motivée, éloignée des familles pour plusieurs années et largement inefficace.

Les mêmes difficultés sont patentes en 1068 mais la situation économique s'est aggravée. Le jeune empereur – il a dix-neuf ans lorsqu'il accède au trône –, sur la recommandation de son tuteur, Han Jiang 韓絳 (1012-1088), fait appel à Wang Anshi pour sécuriser les frontières, renforcer l'armée et rétablir l'autorité dynastique sur les provinces perdues.

Wang Anshi, docteur en 1042, jouit d'une réputation considérable comme poète, essayiste et interprète des *Classiques* confucéens. Il s'est surtout illustré comme administrateur dans la région du Bas-Yangzi et signalé en 1058 par un long mémoire adressé à l'empereur dans lequel il imputait la mauvaise gestion de l'État au manque de spécialisation des fonctionnaires, à une élite davantage préoccupée d'affermir sa réputation de lettrés au détriment du service public et aux salaires trop bas de la bureaucratie générant corruption, laxisme et ressentiment. Il proposait une refonte complète en quatre étapes : instruction, entretien, sélection et emploi d'un nouveau type de personnel motivé par la restauration des ambitions politiques des trois anciennes dynasties pré-impériales.

Sollicité par l'empereur, il accepte en 1069, à la condition expresse que le souverain se montre inébranlable dans sa volonté de réformer et ne se laisse pas atteindre par les critiques qui ne manqueront pas de s'exprimer. À partir de 1071, Wang est promu premier conseiller privé de l'empereur [*tong zhongshu menxia pingzhang shi* 同中書門下平章事] et a désormais toute latitude pour lancer les réformes.

Économiquement, Wang Anshi s'attache d'abord à accorder aux paysans des prêts (deux par an à 20 % contre les taux usuraires s'élevant parfois à 70 % !) pour acheter des semences et remboursables au moment des récoltes. De la même façon, il prête aux petits marchands à des taux réduits pour favoriser le commerce, stabiliser les prix et lutter contre le monopole des guildes, supprime le droit privé de gestion des monnaies, augmente en certaines occasions les liquidités de l'État en faisant frapper des sapèques et mettre sur le marché des « certificats de moine » [*dudie* 度牒], sorte d'assignats laissés en blanc, remplace par une taxe d'exemption l'ancien système des corvées dont l'argent est utilisé pour employer des vacataires et établit des taxes foncières en réorganisant le cadastre.

Il réorganise la défense du pays en groupant les habitants en unités de base de dix familles, créant ainsi des milices chargées de la maintenance locale de l'ordre public, institue une Direction des armes pour améliorer la qualité du matériel et, sur les provinces frontalières du Nord et du Nord-Ouest, un système pour accroître le nombre de chevaux dont manque cruellement la dynastie face à la très efficace cavalerie barbare. Ces mesures sont destinées à assurer la sécurité de l'empire et à permettre dans un avenir (qui, pour Wang Anshi, n'est pas immédiat) des guerres de reconquête.

Le troisième volet des réformes concerne la politique éducative et le recrutement des fonctionnaires. Un vaste programme de construction d'écoles est lancé à l'échelle du pays[31], en particulier dans les préfectures du Nord. Le

31. Su Shi s'en fait l'écho dans *L'École de la commanderie de Nan'an*.

système des examens est modifié, l'accent étant mis sur les essais, les dissertations sur les problèmes politiques contemporains, l'interprétation des *Classiques* pour lesquels Wang impose ses propres commentaires, le tout aux dépens de la poésie. L'assignation à un poste est soumise à un test sur les connaissances en matière pénale et fiscale pour les titulaires du doctorat, et des enseignements en stratégie, lois et médecine sont dispensés.

Un tel programme, mis en œuvre en si peu de temps et sans laisser à l'expérimentation locale des délais suffisants, ne pouvait qu'attiser l'opposition. Celle-ci commence en réalité dès 1069, lorsque Wang Anshi a progressivement, avec l'accord de l'empereur, éloigné de grands serviteurs comme Ouyang Xiu, Han Qi ou Wen Yanbo, puis Sima Guang. La résistance se structure autour de ce dernier à Luoyang quand Wang a définitivement placé à la tête de la Cour des remontrances et au Censorat, des hommes qui lui sont dévoués ou des membres de sa famille. Ceux que l'histoire a pris l'habitude d'appeler « conservateurs », dénomination trompeuse puisque Sima Guang et sa faction souhaitent aussi réformer l'État, font porter leurs critiques sur trois points : la confiscation du pouvoir, l'enrichissement de l'État alors qu'il devrait être au service du peuple, les réformes drastiques du système des examens qui négligent, selon eux, la moralité des fonctionnaires.

Dans cette lutte farouche et violente, accentuée par les nombreuses défections dans le camp même de Wang et le remplacement par des arrivistes moins scrupuleux, Su Shi est pris dans un jeu d'alliances qui le lie à Sima Guang, et les ardeurs réformistes qu'il avait manifestées dans les cinquante essais de 1060 laissent la place à une sévère condamnation de *toutes* les réformes. Deux points cependant radicalisent ses positions ; la tendance de Wang à faire taire les voix discordantes au sein de la bureaucratie et la suppression des épreuves poétiques aux examens. En réalité, Su Shi défend sa propre formation. Le long mémoire qu'il adresse à l'empereur en 1070, s'il impressionne Shenzong, attise cependant la colère de Wang qui ordonne l'année suivante au censeur Xie Jingwen 謝景溫 de lancer une enquête centrée sur les manœuvres commerciales des frères Su lors des funérailles de leur père. Sans en attendre les conclusions, Su Shi demande un poste en province ; Zhe, démis de ses fonctions à la Commission des finances l'année précédente, est déjà éloigné de la cour.

Les provinces et le pays intérieur

S'ouvre alors la deuxième période de la vie de Su Shi pendant laquelle va se former réellement sa pensée politique, moins soucieuse de doctrine, plus pragmatique et ancrée dans les réalités locales. Il acquiert le statut d'un fonctionnaire compétent en même temps qu'il devient un peintre, un calligraphe et un poète majeur. Deux phases peuvent être distinguées : la mission dans les provinces de 1071 à 1079, puis le procès et l'exil à Huangzhou entre la fin de l'année 1079 et 1085.

Su Shi parvient à Hangzhou 杭州 le 22 décembre 1071 en qualité de vice-gouverneur de cette riche cité où il servira successivement sous les ordres de Shen Li 沈禮, Chen Xiang 陳襄 et de Yang Hui 楊繪 (1027-1088)[32], tous trois hostiles à Wang Anshi. Pendant les trois années de sa charge, outre de nombreuses tournées d'inspection, il lui est commandé de mettre en application les réformes et s'aperçoit que les mesures sur les prêts agricoles et commerciaux conviennent à l'économie régionale ; il contribue aussi à résoudre les problèmes d'irrigation endémiques à Hangzhou[33] et fait construire sur les plans de Wang Anshi une digue qui n'arrête pas cependant les inondations en 1073. La tournée de six mois qu'il fait

---

32. Sur ce dernier, voir *L'Édit de la main impériale de l'ère de la* Paix harmonieuse.

33. Dont il fait état dans *Les Six puits de Qiantang*.

pour évaluer la situation l'affecte profondément et produit des images sombres dans sa poésie.

À Hangzhou, Su Shi jouit surtout d'un climat culturel exceptionnel. La ville dont Ouyang Xiu avait chanté les beautés est un haut lieu du bouddhisme avec lequel il se familiarise par l'entremise de moines amis, Biancai 辨材 (1011-1091) et Canliao 參廖 (1043-*ca* 1116). C'est aussi là qu'il commence à écrire des paroles de chansons [*ci* 詞], ces poèmes composés sur des airs à la mode, genre encore relativement sulfureux à l'époque pour sa collusion avec les quartiers de plaisir mais dans lesquels il excelle et qu'il renouvelle en y introduisant des thématiques moins amoureuses, plus personnelles et amicales. Je n'en donnerai qu'un exemple composé pour le gouverneur de Hangzhou, Yang Hui :

Air des danseuses bouddhiques (1074)

Sur les rimes du poème de Yang Yuansu, composé à Runzhou.

Le souffle doux de tes lèvres vermeilles ne tiédit plus la froide syrinx de jade ;
Une plainte glacée s'élève comme un chant et gonfle ton cœur.
Combien de milliers d'automnes encore à penser à toi ?
Rémanence du cœur, absence des amis…

Autrefois les vins de la Capitale et de tout le pays ;
En larmes aujourd'hui cueillant de secs rameaux de saule ;
Ne chante plus la brièveté de nos vies :
Chang'an est aussi loin dans le ciel que proche le soleil sous nos yeux[34].

---

34. Chang'an, l'ancienne capitale des Tang (618-907), évoque ici Kaifeng 開封 ou Bianjing 汴京, celle des Song. In *Dongpo ci biannian jianzheng* 東坡詞編年箋證, *juan* 1, p. 118.

Dans sa vie personnelle, il pleure la mort d'Ouyang Xiu, son mentor en 1072, voit la naissance de son troisième fils Guo et recueille Zhaoyun 朝雲, « Nuage d'aube » âgée de douze ans qu'il formera et dont il fera sa concubine, peut-être le seul véritable amour. À la fin de son mandat, Su Shi qui demande à être rapproché de son frère alors en poste à Jinan 濟南 (au Shandong actuel) est muté à Mizhou 密州.

Là il recommence à écrire des mémoires à la cour très critiques. Les commémorations de cette période sont aussi plus nettement politiques, insistant injustement sur leur caractère légiste et tyrannique. Il est vrai que Wang Anshi démissionne définitivement, après un bref retour aux affaires en 1074, deux ans plus tard et que sa faction radicalise ses positions avec la venue au pouvoir de Lü Huiqing 呂惠卿 (1031-1111). L'endroit est fruste, infesté de brigands, culturellement pauvre. Harassé par ses charges de préfet qui lui pèsent avec l'accélération des réformes à mettre en œuvre, il commence à se réfugier dans un monde imaginaire, maintient tout en parfaisant sa culture bouddhique les liens noués avec les moines de Hangzhou et de Meishan, et commence à s'intéresser aux techniques de longévité et aux diètes végétariennes. Dans une rhapsodie de 1075, dans un sursaut après un début de dépression dû aux lassitudes du service public et à la pauvreté du clan dont il a la charge, il écrit avec ce mélange d'absolu fatalisme et d'enjouement qui fait sa marque :

> La vie humaine en ce monde est pareille à un mouvement de coude qui tantôt s'étend et tantôt se plie. Qu'est-ce que la pauvreté et qu'est-ce que la richesse ? Où est la perfection et où l'abjection ?
>
> Certains se nourrissent de bouillie sucrée, et finissent gras comme des calebasses ; d'autres n'avalent que viandes et farine de gruau, et sont maigres et noircis comme l'encre.
>
> À quoi bon comparer abondance et abstinence dans le sommeil et le rêve où nous sommes : à la fin toutes deux s'en retournent à la pourriture.

> Aujourd'hui, les saules me tiennent lieu de céréales et les chrysanthèmes de légumes secs. Au printemps je mange les jeunes pousses, en été les feuilles, en automne fleurs et fruits, et l'hiver les racines : peut-être même parviendrai-je à la longévité des disciples du Maître ou des ermites en quête d'immortalité…[35]

Muté à Xuzhou au Jiangsu en 1077, il peut pendant presque quatre mois profiter de la présence de son frère. La ville est célèbre pour ses gisements en acier et en fer comme pour la fonte de l'or. Très vite, il doit comme gouverneur de la province faire face à une inondation. La commémoration intitulée *Éloge et proclamation impériaux* témoigne de la justesse de ses plans de sauvetage et de la réussite de son entreprise saluée par la cour et qui lui permettra de faire construire sur les remparts restaurés de la ville la Tour jaune. Cette première mission d'importance, le sentiment d'avoir enfin pu être utile et efficace, les marques de reconnaissance des populations locales, la célébration immédiate de cette Tour par des poètes et amis proches rassérènent Su Shi, lui permettent aussi d'affermir sa conception d'une politique « humaine » : prévoyance, importance des conditionnements stratégiques, transformation discrète qu'il théorisera dans son commentaire au *Classique du changement* à partir de 1080.

À l'issue des trois ans, il est nommé, toujours comme gouverneur, à Huzhou 湖州 (au Zhejiang), lorsqu'il est, le 27 août de l'an 1079, arrêté, ramené à la capitale sous escorte et emprisonné dans les geôles du censorat pendant cent jours. En effet, à Kaifeng, les censeurs He Zhengchen 何正臣 et Shu Dan 舒亶 (1042-1104) ont constitué un lourd dossier qui passe au crible la littérature poétique de Su Shi et dénoncent les critiques

35. « Saules et chrysanthèmes, suite à une rhapsodie de Lu Guimeng » (mort en 881), in *Œuvres en prose de Su Shi* [Su Shi wenji蘇軾文集] (ci-après abrégé en SSWJ), *juan* 1, p. 4. Stéphane Feuillas (trad.), *Su Dongpo, Un ermite reclus dans l'alcool et autres rhapsodies*, p. 57.

plus ou moins frontales contre la politique réformatrice. Les charges sont graves, puisqu'il est accusé de lèse-majesté, crime passible de la peine capitale, de ne s'être pas amendé ni repenti et d'avoir entamé la confiance du peuple envers les réformes. Interrogé quotidiennement pendant son incarcération, Su Shi d'abord nie, avant de reconnaître, peut-être sous la torture, les connotations politiques de ses poèmes[36]. Shenzong commue cependant la peine de mort en bannissement. Trois des proches amis de Su Shi dont son frère et Wang Gong 王鞏 sont aussi exilés et des amendes sont imposées à vingt-huit destinataires de ses œuvres. Su Shi a composé deux poèmes en prison en guise de lettre d'adieux à son frère ; dans le second, proche du sarcasme et grotesque, il évoque les contradictions entre ses aspirations et l'effroi qui le saisit dans l'attente de son verdict :

> Nuages et collines enroulés dans un rêve – cœur comme libre cerf
> Panique de l'âme devant bouillons de marmite – destinée de poulet[37].

Su Shi arrive à Huangzhou en janvier 1080, dans une préfecture insignifiante située à quatre-vingts kilomètres à l'est de l'actuelle ville de Wuhan 武漢 au Hubei 湖北. Nommé sous-brigadier à la milice locale, titre purement nominal, il a perdu tout traitement de fonctionnaire et s'inquiète des conditions financières de son clan (une vingtaine de personnes) au moins jusqu'en 1082, date à laquelle il achète un lopin de terre à l'extérieur de la ville qu'il fait défricher et semble cultiver lui-même. Il y fait construire une Salle des neiges, ainsi nommée parce qu'il a peint sur les quatre parois un

36. Les minutes de ce procès célèbre ont été conservées et recueillies dans « Le Cas poétique de la Terrasse aux corbeaux » (nom du censorat). Voir Charles Hartman, 1990 et 1999.

37. SSSJ, vol. 3, *juan* 19, p. 999.

paysage hivernal, où il lit, écrit et travaille. Après une crise morale grave dont témoigne *Le Temple de la paix de l'État*, ne sachant combien de temps l'exil durera, il renonce à la politique, se passionne pour les travaux agricoles, cueille, pêche, herborise, expérimente des recettes de longévité, noue de solides amitiés avec les locaux comme avec le personnel administratif de la région, tente aussi par leur intermédiaire de créer un orphelinat pour jeunes filles souvent assassinées dans la région à la naissance.

Libre pour la première fois de se consacrer aux activités artistiques, Su Shi multiplie les hétéronymes, commence à s'imaginer en réincarnation de Tao Yuanming, le poète cultivateur et dédaigneux du service public, dont la prosodie est simple ; il abandonne aussi le style exubérant de sa jeunesse et développe ses idées sur la « fadeur » poétique, utilise les références et les allusions comme des projections de soi et recherche un état d'esprit transcendant l'alternance des joies et des peines dans un mélange d'autodérision et de lucidité envers le cours des choses dont témoignent ces paroles de chanson écrites en 1082 :

Air des vents et des vagues apaisés

Le 7e jour du 3e mois, en chemin vers le Lac des sables, surpris par la pluie, sans nos effets contre l'orage, tandis que mes inquiets compagnons de marche prenaient leurs jambes à leur cou, inconscient, seul. Puis ce fut l'éclaircie et je composai ceci :

N'écoute pas l'orage qui perce les forêts et fait claquer les feuilles. Qui t'empêche de fredonner et siffler, et aller d'un pas lent, avec ta canne de bambou et tes sandales de paille, doucement, plus rapide que le pas des chevaux ?

– Craindre quoi ?

Nos vies passent dans une longue cape de brumes et de pluies.

> L'air est plus frais maintenant ; mon rêve et mon ivresse cassent dans un frisson. Derrière les cimes le soleil se rassemble et derrière moi les froides et noires forêts traversées à l'instant.
>
> Rentrons !
>
> Nul orage, nulle éclaircie[38].

C'est à Huangzhou qu'il commence à écrire des notes au fil du pinceau, sorte de journal informel où il consigne des faits étranges, des recettes de longue vie, des réflexions diverses sur des personnages mi-historiques mi-imaginaires, des rencontres fantastiques, des remarques sur les poètes du passé ou des rêves. Avec un art subtil de la suspension du sens, ces textes enregistrent, en même temps qu'ils ouvrent la perception à d'autres sensations que celles limitées des sens. Que penser en effet de ceci, sinon peut-être que toutes les vies sont possibles, ont leur dignité et leur mystère :

> Dans l'ancienne préfecture de Huangzhou, Zhang le stupide se comportait comme un fou. Quand il apercevait quelqu'un, il vociférait : « À l'incendiaire ! ». Il avait quelques notions de calligraphie et chaque fois qu'il voyait du papier, il écrivait le poème de Zheng Gu (*ca* 851-910) sur la neige. Lui confiait-on un travail, il n'arrêtait pas avant la tombée de la nuit. Un jour, un homme qu'il poursuivait en mendiant lui donna de la monnaie ; mais il n'accepta pas. Des habits qu'il portait hiver comme été, il ne changea pas en trente ans ; de près pourtant, on ne percevait aucun souffle fétide. Tel était-il. Les locaux disent des choses encore plus étranges que je ne peux confirmer[39].

---

38. In *Dongpo ci biannian jianzheng* 東坡詞編年箋證, *juan* 2, p. 332.
39. *Dongpo zhilin* 東坡志林, *juan* 3, « Yishi xia » 異事下, nº 13, p. 95.

Déplacements, dégagements

Au début de l'année 1084, l'empereur Shenzong, refroidi dans ses ardeurs réformatrices par la lourde défaite de 1082 contre les Khitan, rédige un décret pour alléger l'exil de Su Shi qui est muté – avec le même titre cependant de vice-brigadier – à Ruzhou 汝州 (au Henan 河南 actuel). Il quitte Huangzhou le 13 mai, passe par les Monts Lu 廬山, se rend à Jinling (l'actuelle Nankin) où il demeure près d'un mois à partir de la mi-août et rend visite à Wang Anshi alors retiré sur les Monts Zhong 鐘山. Les échanges poétiques entre les deux hommes comme les lettres écrites après leur séparation attestent de leur estime mutuelle et d'une désillusion, de part et d'autre, vis-à-vis de la politique. Pauvre, malade, accablé par l'impossibilité de plus en plus patente de nourrir son clan, Su Shi demande alors à l'empereur de pouvoir s'installer à Changzhou 常州 (au Jiangsu 江蘇), petite localité où il a acheté tant bien que mal des terres.

Survient la mort de Shenzong en 1085 à l'âge de trente-sept ans. L'héritier Zhezong 哲宗 (r. 1085-1100), enfant de dix ans, monte sur le trône et sa grand-mère, l'impératrice douairière, Xuanren 宣仁, assure la régence. Longtemps opposée aux réformes, elle rappelle les « conservateurs » et confie à Sima Guang le soin du gouvernement. Après une brève nomination comme gouverneur de Dengzhou 登州 au Shandong, Su Shi est rappelé par le chancelier à la cour où il est rapidement promu Secrétaire exécutif de la chancellerie [*zhongshu sheren* 中書舍人], tandis que son frère est nommé à la capitale comme censeur.

Très vite cependant, malgré leur amitié, Su Shi et Sima Guang s'opposent sur le statut des réformes. Sima est partisan d'une abrogation pure et simple et d'un retour au *statu quo ante*. Su Shi, quant à lui, conscient pour les avoir appliquées avant son exil de la justesse de certaines mesures – en particulier le remplacement des corvées par une taxe [*muyi fa* 募役法] – se montre plus circonspect. Comme il l'écrit dans une rhapsodie,

> Si, aujourd'hui, les « nouveaux règlements » de Wang Anshi devaient être restaurés, même les articles les plus anciens pourraient être conservés ! Exerçons une influence invisible, pénétrante comme le souffle des esprits, qui satisfait les besoins du peuple et quelles réticences, quelle lassitude rencontrerons-nous ![40]

Cette divergence de vue n'est cependant dangereuse qu'avec la mort en 1086 de Sima Guang. Su Shi quitte alors ses fonctions de vice-directeur du ministère des rites pour devenir le précepteur du jeune empereur, tâche qu'il partage avec Cheng Yi 程頤 (1039-1107), très scrupuleux des rituels anciens et promoteur du néo-confucianisme qui fonde sur de nouvelles bases « métaphysiques » et énergétiques, la pensée de Maître Kong, empruntant beaucoup au bouddhisme et au taoïsme. Tandis que les réformateurs ont pris le chemin de l'exil, trois factions rivalisent à la cour : celle, dite de Shu 蜀, de Su Shi, de son frère et de ses amis Zhang Lei 張耒 (1052-1112), Huang Tingjian 黄庭堅 (1045-1105), Chao Buzhi 晁補之 (1053-1110) et Qin Guan 秦觀 (1049-1100), préconise une adaptation continue aux circonstances, une voie morale où la dimension esthétique est partie prenante de la culture de soi ; celle de Shuo 朔 qui regroupe les partisans de Sima Guang formée de pragmatiques s'appuyant sur les précédents historiques, est débordée sur sa droite par la faction de Luo 洛 qui rassemble les amis de Cheng Yi. Cette dernière plus idéologue, réclame un retour aux pratiques des trois anciennes dynasties pré-impériales, une stricte culture morale

40. « L'art des transformations » [*Tong qi bian shi min bu juan fu* 通其變使民不倦賦], SSWJ, *juan* 1, p. 25-26.

et un rigorisme étroit qui exclut le recours à l'art. Reprenant pour l'inverser la formule de Zhou Dunyi, Cheng Yi ne cesse d'asséner que la « littérature porte atteinte à la voie [*wen yi hai dao* 文以害道] ». Les deux dernières factions s'allient contre Su Shi, évincent ses partisans et lancent des enquêtes sur ses agissements passés.

Su Shi, qui demande à occuper un poste dans les provinces, est nommé gouverneur de Hangzhou le 9 février 1088, ville qu'il retrouve pour la seconde fois. Il y restera deux ans et s'attache à lutter contre la famine qui menace et à restaurer le Lac de l'Ouest, dépensant une intense énergie pour stabiliser les prix, démontrant à cette occasion, dans les mémoires qu'il rédige, une connaissance précise de la fiscalité et des circuits économiques. La digue qu'il fait construire et qui porte encore son nom [*Su gong di* 蘇公堤] permet de protéger la ville, dont l'aménagement avait été abandonné depuis son premier passage en 1071, des marées. Il investit aussi une partie de ses fonds personnels dans la construction d'un dispensaire.

Entre-temps, la cour a vu la victoire de la faction de Sima Guang. Cheng Yi est éloigné, de même que les amis de Su Shi ; lui-même est rappelé à la capitale en 1091, mais très vite nommé par l'impératrice douairière, lassée des luttes de partis, gouverneur de Yingzhou 潁州 (dans la province de l'Anhui 安徽), puis transféré à Yangzhou 揚州, plus près de la côte, avant d'être une nouvelle fois rappelé à la cour comme ministre de la guerre, puis des rites, poste le plus élevé de sa carrière qui lui aurait ouvert la voie de la chancellerie, s'il n'avait été calomnié dès son retour. Au bout d'une année, il fuit la capitale et obtient un nouveau poste de gouverneur à Dingzhou 定州 (au Hebei 河北).

L'impératrice douairière meurt à l'automne 1093 et l'empereur Zhezong, désireux, malgré les exhortations de Su Shi à ne rien entreprendre pendant trois ans, continuer la politique de son père, rappelle immédiatement les réformateurs qui obtiennent qu'il soit démis de ses fonctions, de son rang et exilé à Yingzhou 英州 (au Guangdong 廣東). En chemin, il apprend qu'il est banni plus loin encore dans le Sud à l'est de Canton.

Su Shi arrive à Huizhou le 2 octobre 1094, accompagné de son plus jeune fils, Guo et de sa concubine, Nuage d'aube, qui mourra en mars 1096, le clan dirigé par son fils aîné Mai étant resté à Changzhou.

Depuis son retour à la capitale, Su Shi n'a cessé d'être déplacé. Le rythme extrêmement accéléré des mutations ne cesse pas lorsqu'il arrive sur les terres miasmatiques du sud de la Chine. Pendant les trois années de son exil, il change quatre fois de résidence, allant, revenant sur les mêmes lieux, déménageant quand les autorités métropolitaines apprennent qu'il est logé par des fonctionnaires locaux. Son attitude ne laisse pourtant guère place à la résignation, même si certains moments de découragement liés à la maladie (il souffre d'hémorroïdes) et à la vieillesse affleurent parfois. Il s'arme plutôt face à l'adversité en faisant le choix d'une libération instantanée :

> Un jour que je logeais au Monastère de la Bénédiction à Huizhou, je descendis en contrebas du Pavillon du vent dans les pins. Les jambes lourdes et fatigué, je voulus trouver un lit, mais loin, derrière la cime des arbres, étaient les toits, et je pensai : « Comment l'atteindre ? » Un peu plus tard, je m'exclamais soudain : « Allons bon, et qu'est-ce qui m'empêche de rester là ! » À partir de ce moment, mon cœur comme un poisson hameçonné se libéra d'un bond. Qui a une telle intuition pourra bien, pris entre deux armées, encourir la mort s'il avance vers l'ennemi, et périr sous la loi s'il recule ; mais, même dans cet instant décisif, rien ne l'empêchera de connaître un profond repos[41].

41. « Souvenir d'une randonnée au Pavillon du vent dans les pins » [*Ji you Songfeng ting* 記遊松風亭], In SSWJ, vol. 5, *juan* 71, p. 2271.

À Huizhou, Su Shi reçoit la visite d'amis, rencontre bouddhistes et taoïstes, randonne dans les montagnes célèbres de la région. Il n'abandonne pas pour autant, malgré son exclusion du service public, ses préoccupations sociales, s'attelant à faire construire presque clandestinement des ponts, un tumulus pour les morts sans sépulture, soutenant un plan élaboré par un taoïste pour acheminer l'eau potable à Canton. Il profite aussi de cette période pour tester diverses techniques d'immortalité toujours avec un scepticisme mêlé de curiosité, invente – puisqu'il n'y a pas dans la région de monopole étatique sur l'alcool – des vins de cannelle ou d'aiguilles de pin.

Il entame surtout un cycle de cent dix poèmes répondant à ceux de Tao Yuanming. La pratique qui consiste à composer des vers en reprenant les rimes d'un poème écrit par un ami est bien attestée dès la dynastie des Tang et devient sous les Song un des modes d'écriture les plus courants, mais personne avant lui n'avait dialogué par-delà les siècles avec un autre poète. Dès Huangzhou en 1082, Su Shi avait évoqué cet autre, Tao Yuanming, qui faisait son chemin en lui par sa simplicité, sa frugalité, son mépris des honneurs et le désir d'être au plus près de son intime nature. Dans le cycle de poèmes, dont la rédaction s'étale sur presque six années, il va bien au-delà : outre la virtuosité formelle, ces vers sont remarquables par le travail de désindividuation. Su Shi en effet les conçoit comme une métamorphose :

> Comme serpent qui mue, comme les eaux stagnantes,
> L'esprit vide, sans présage et sans choix, [42]

dans le mouvement d'hébétude aveugle du serpent ou dans la génération spontané de la vie qui grouille dans les mares.

---

42. « Rimes sur les vers de Tao Yuanming lisant le *Livre des Monts et des mers* » [*He Tao du* Shanhai jing 和陶讀山海經], 13e poème, in SSSJ, vol. 7, *juan* 39, p. 2135.

Cette confiance et cette sérénité ont sans doute agacé les réformateurs les plus sectaires de la cour qui voient dans son talent, son aura et sa réputation de haut-fonctionnaire intègre une menace pour leur propre entreprise. En février 1097, Su Shi est relégué plus loin encore sur l'île de Hainan 海南 à Danzhou 儋州, où l'administration chinoise est plus nominale qu'effective, territoire des aborigènes Li 黎. Su Shi sait qu'on en revient généralement mort, les précédents historiques le prouvent[43]. D'autre part, les habitudes alimentaires locales et le climat humide dès la fin de l'été sont délétères pour un homme à la santé déclinante et aux maigres ressources. Pourtant, malgré le sentiment de déchéance initial, la peur de la traversée des mers et l'acharnement de la cour à en finir, Su Shi, assez rapidement, s'habitue à sa nouvelle diète de taro, de chauve-souris, de rats, à l'absence de riz et à l'alcool local. Pour la première fois, il coupe toute relation avec l'administration, déterminé à mourir sur l'île et à profiter jusqu'à la fin de ses jours de la compagnie de ses nouveaux amis de la tribu des Li, allant même jusqu'à dire dans un soupir confucéen que « les Han et les Li sont un seul et même peuple »[44] et qu'il est au fond « un homme commun de Hainan »[45]. Là, délivré des préparatifs de ses funérailles, il parfait l'instruction de son fils qui seul l'a accompagné, herborise, randonne autour de sa résidence et met la dernière main à ses commentaires du *Livre des Documents*, du *Classique du changement* et des *Entretiens* de Confucius (seul ouvrage perdu ou plus vraisemblablement détruit).

---

43. Ce fut le cas de Li Deyu李德裕 (787-850) sous la dynastie des Tang.

44. « He Tao quan nong » 和陶勸農, 1er poème, SSSJ, vol. 7, *juan* 41, p. 2255. À comparer avec les *Entretiens* (XII, 5) : « Entre les Quatre Mers, tous les hommes sont frères. Est-ce donc d'un homme de bien que de se lamenter de n'avoir pas de frères ? »

45. « Bie Hainan Li min biao » 別海南黎民表, SSSJ, vol. 7, *juan* 43, p. 2369.

En février 1100, l'empereur Zhezong meurt ; lui succède le onzième fils de Shenzong, Huizong 徽宗 (r. 1100-1126) et la régence est exercée par l'impératrice douairière Jinsheng (1045-1101) qui met immédiatement en place une politique de conciliation entre réformateurs et « conservateurs ». Su Shi est amnistié, rappelé tout d'abord à Lianzhou 廉州 (au Guangdong), puis à Yongzhou 永州 (au Hunan). Désireux de retourner à Meishan, son pays natal, il y renonce à cause de sa santé et tente de retrouver son clan à Changzhou, remonte jusqu'à Zhenzhou 真州 (au Jiangsu) où il meurt de dysenterie le 24 août 1101.

Au moment de reprendre la mer pour rejoindre le continent, il avait composé un poème dont les deux derniers vers disaient :

> Aurais-je souffert neuf morts dans les déserts du Sud, nul regret !
> Ce voyage étrange, exceptionnel, a couronné ma vie[46].

Apprendre

De cette vie ouverte aux occasions, ballottée par les remous de la politique de cour, Su Shi a tiré tout le parti possible dans ses commémorations. Dans les soixante et une pièces qu'il a composées, de la première en 1063 à la dernière, quatre mois avant sa mort, deux caractéristiques se dégagent immédiatement : l'élargissement du genre et l'approfondissement de la circonstance, toujours prétexte à une leçon sur l'existence et les choses.

Dans la lignée d'Ouyang Xiu, son maître depuis 1057 et sa réussite aux examens, Su Shi ouvre tout d'abord le genre à des

46. « Prenant la mer le 10e jour du 6e mois, de nuit » [Liu yue shi ri ye du hai 六月十日夜度海], SSSJ, vol. 7, *juan* 43, p. 2367.

sujets inédits. Une liste non exhaustive permet d'en mesurer la richesse thématique : érection de bâtiments ou de salles, éloge de grands lettrés ou portraits d'hommes singuliers, réflexions sur certains aspects de la pensée bouddhique, méditation sur les dangers des collections d'art, définition d'une esthétique lettrée, notations de faits étranges et de réalités provisoirement laissées inexpliquées, œuvres concrètes de fonctionnaires zélés et soucieux du bien-être des populations, conservation de traces historiques, randonnées, réévaluation de figures ou d'œuvres de la tradition, ébauches autobiographiques, exhortations à l'étude ou simples remerciements, pierres, peintures, calligraphies, sources, livre, pointe de flèche. Toutes ces thématiques acquièrent une dignité par le seul fait de leur notation et aucune n'est jugée en elle-même secondaire.

En même temps qu'il enrichit le genre par la variété des sujets, Su Shi joue aussi avec l'une de ses marques principales : son statut de texte de commande. L'une des stratégies les plus remarquables consiste – surtout pour les œuvres commémorant la construction de salles – à déjouer les attentes du commanditaire, à mettre en scène leur insistance répétée à réclamer des textes, à dénoncer avec humour l'absurdité des noms donnés aux lieux – salle de la pensée, pavillon du zéphyr, salle des mille merveilles –, à remettre en question leurs prétentions à faire œuvre durable, à renvoyer enfin à la vanité des œuvres humaines.

Cette liberté de ton n'est pas seulement de mise avec les moines et les amis ; elle s'exerce aussi envers les supérieurs hiérarchiques, comme pour Chen Xiliang qui lui demande une stèle pour une Terrasse ascendante ou envers lui-même. En d'autres occasions, Su Shi répond à la sollicitation d'un inférieur ou bien de colporteurs qui l'accompagnent sur les routes[47]. Il n'hésite pas non plus à mettre ses talents de rédacteur

47. Voir la *Signature du vice-gouverneur de Mizhou* et *L'École de la commanderie de Nan'an*.

au service d'autres personnes qui signeront à sa place, un voyageur ou un eunuque de cour. Une formule revient dans quelques commémorations : « Je ne pouvais pas laisser cette question non débattue », en suspens. Elle signale que Su Shi se commande un texte à lui-même, non par pure fantaisie, mais mû par une nécessité qui dépasse sa propre personne.

Du point de vue de la forme encore, ces commémorations débordent le cadre strict du genre. Wang Anshi avait déjà noté à propos de la *Salle de l'ivre Bai* que le texte ressortissait davantage à un essai sur les mérites comparés de Bai Juyi et de Han Qi. La même remarque pourrait être faite de nombre de textes sur la peinture ; d'autres plus administratifs seraient mieux rangés sous la catégorie des mémoires ; d'autres encore ressemblent à des dissertations sur des sujets politiques, comme le long texte sur l'éducation de 1101. Certains contiennent des poèmes de facture classique ou des *gāthās*, ces stances bouddhiques censées versifier des notions et chanter des éléments de la doctrine. Parfois encore, la commémoration construit un petit récit dialogué, volontairement mystérieux comme les deux textes de 1083 sur « les Dames pourpres », déesses des latrines. On trouvera aussi des notules géographiques.

Cette transgression générique – qui est, à l'échelle de toute son œuvre, une des marques du style de Su Shi – n'est pas seulement jeu avec les formes. Elle correspond, me semble-t-il, à un élément plus fondamental de sa pensée et de son art : ce que le style essaie d'épouser, c'est la libre circulation des choses et des situations, la manière dont la singularité du réel excède les bornes strictes et doit se dire dans des détours et en franchissant les limites.

Entièrement ancrée dans une circonstance précise, clairement identifiable, et dans une temporalité dûment signalée, chacune de ces commémorations, à des degrés divers, comporte une leçon qui excède de beaucoup le thème. Ou plutôt, faudrait-il dire, elles rendent compte exactement de leur objet tout en ayant une portée allégorique. Cette visée est parfois explicitement indiquée, comme lorsqu'il prend l'exemple de sa maladie et de son traitement pour évoquer les désastres d'une politique activiste dans la *Salle de Messire Gai*, ou quand il recourt aux règles de l'art culinaire pour montrer la nécessité d'apprendre par degrés et en suivant une mesure dans la *Tour du Grand Compatissant dans le canton de la perception de la gabelle*. Parfois, au contraire, le sens est laissé en suspens. La *Source souterraine du Mont Hui dans la province de Qiong* se donne à lire comme la nomination d'une eau de source. Su Shi rappelle que l'eau à laquelle il confère une appellation est semblable par son goût à celle du Mont Hui dans la banlieue de Wuxi 無錫. Ce faisant, il produit un petit texte sur la circulation souterraine, invisible, de ces eaux et leur communication. En arrière-fond, il faut lire les liens secrets qu'entretiennent les choses entre elles et que seuls peuvent percevoir ceux qui ont réellement étudié et dont l'expérience est fiable. Cette commémoration apprend ainsi à se dégager des apparences et du fixisme pour penser le réel dans un flux et un réseau de fils imperceptibles.

Ces différents effets dans le genre, s'ils ont contribué à modifier en profondeur le genre et à rendre l'écriture plus libre, plus personnelle, seraient toutefois vains, s'ils n'étaient sous-tendus par un projet, lisible dans la diversité même des pièces et que Su Shi affine au cours de sa vie : configurer, en multipliant les expériences et au contact intime des choses et des êtres, ce qu'il entend par la mission lettrée ; définir une Voie, pratique et intérieure. Au fond, la plupart de ces textes brossent le portrait fluctuant d'un homme de bien dont il explore les multiples facettes : l'homme et son « caractère », le sens politique, la culture de soi et l'étude, la conscience.

Sa pensée est en tout point celle d'un « éclectique », c'est-à-dire, dans la définition qu'en donne Diderot dans *l'Encyclopédie*, « un philosophe qui ose penser de lui-même, remonter aux principes généraux les plus clairs, les examiner, les discuter, n'admettre rien que sur le témoignage de son expérience et de sa raison ; et de toutes les philosophies, qu'il a analysées sans égard et sans partialité, s'en faire une particulière et domestique qui lui appartienne »[48]. Comme lui, Su Shi « ne rassemble point au hasard des vérités ; il s'opiniâtre bien moins encore de les faire cadrer à quelque plan déterminé »[49], il prélève dans les trois doctrines ce qui est immédiatement profitable à la recherche qu'il s'est donnée : s'approcher par les actes, par la pensée et dans la conscience, de cet idéal confucéen, cerner l'état d'esprit qui fit de Maître Kong un sage.

Non dogmatique, une telle quête se développe de proche en proche. Les diverses commémorations ajoutent des expériences et des éléments que Su Shi ne prend pas toujours la peine de totaliser. Plusieurs thématiques cependant se dégagent, qui permettent de cerner la mission qu'il s'assigne.

Un renoncement et un dilemme

Dans le chemin de vie qu'il essaie de tracer, il y a tout d'abord une illusion à dissiper. Très tôt en effet, Su Shi a ressenti et noté l'impermanence des œuvres humaines. La formulation en est très claire dès la Terrasse ascendante de 1063 :

> Essor et décadence, succès et destructions sont imprévisibles, commença Shi. Autrefois, il y n'avait là qu'herbes folles et champs sauvages que couvraient la rosée et le givre, où se terraient renards et vipères. À cette époque, qui aurait imaginé une Terrasse ascendante ? Grandeur et déclin se succèdent sans fin si bien qu'un jour peut-être la

48. Article « Éclectisme », in *Œuvres philosophiques*, p. 300. Dans ce texte, Diderot trace une ligne de démarcation nette entre l'éclectique et le sectaire qu'est le syncrétiste.

49. *Ibid.*

> terrasse sera rendue aux herbes et à la terre. Je suis monté avec vous, Messire, et j'ai vu au loin [les temples et les palais célèbres des anciennes dynasties]. À leur apogée, leur majesté, leur magnificence, leur beauté curieuse et leur solidité inébranlable ne valaient-elles pas cent fois celles de la Terrasse ? Or, bien des générations après, on serait en peine de dire à quoi ils ressemblaient. De leurs tuiles cassées et de leurs murs écroulés rien ne demeure ; leurs terres sont devenues champs de céréales, taillis de ronces, tertre ou talus entre les cultures. En irait-il autrement de cette terrasse et si elle ne permettra pas de braver le temps, que dire des affaires humaines où l'on gagne et perd, qui vont et viennent brusquement ? Quelqu'un qui voudrait s'en targuer et y trouver son compte commettrait une erreur.

Classique dans la pensée chinoise, cette alternance de grandeur et de déclin forme le socle de la conception de l'histoire ; elle rend surtout caduque toute œuvre de bâtisseur, ou du moins l'idée de laisser une trace dans l'histoire. Quelques dix ans plus tard, la même idée est reprise de façon plus aiguë encore :

> Tout ce qui existe retournera à la destruction, et s'appuyer sur des formes qu'on tiendrait pour solides permettra encore moins de durer. Même la dureté du métal ou de la pierre est détruite en un instant ; quant aux réputations et aux nobles manières, si elles se sont transmises aux générations ultérieures, ce n'est là qu'une affaire de temps[50].

S'engager dans la voie de l'homme de bien, c'est d'emblée renoncer à se faire une réputation qui survivrait au-delà de la mort, non qu'une telle postérité n'existe pas ; simplement elle est trop aléatoire pour constituer une motivation suffisante. « Ce serait là », comme Su Shi le fait dire à son interlocuteur, « ne

50. *Le Pavillon des merveilles encrées* (janvier 1073).

rien comprendre à la vie et au destin ». Il faut donc admettre que tout sera peut-être accompli en pure perte, que nulle trace ne demeurera et qu'il n'y a pas à attendre de l'engagement une rétribution glorieuse. Ce thème prend parfois chez Su Shi un tour douloureux, comme, lorsque son collaborateur et ami, Zhao Yu, confie son souvenir pour les générations futures à la mention de Su Shi dans une commémoration et que lui mesure son impuissance[51]. Il ne fait pas de doute que ce renoncement ait été très difficile pour l'ancien lauréat des examens mandarinaux.

Comme l'indiquait en conclusion la commémoration de 1063, « il existe certainement des fondements sur lesquels prendre appui dans le monde, mais ce ne sont pas ceux d'une terrasse ». L'œuvre d'un homme de bien ne réside pas dans les traces matérielles qu'il laisse. Reste à déterminer les leviers d'une telle mission.

De ce sentiment de vanité et d'impermanence découle un dilemme qui est assez largement mis en scène dans les commémorations du XIe siècle et que Su Shi évoque par trois fois. Le lettré est tiraillé par une double aspiration et deux rapports au monde qui paraissent irréconciliables : d'un côté, l'intention de servir le bien commun, d'être de plain-pied dans le monde et de contribuer au secours des populations dont il a la charge ; de l'autre, le désir d'échapper aux servitudes du fonctionnariat, aux compromissions pour vivre retiré, en ermite, et cultiver son intégrité intérieure. Cette tension apparaît dans le *Pavillon du lâcher des grues* où, sous couvert d'un éloge de l'ermite du Mont du dragon ennuagé, Su Shi dramatise l'opposition entre deux modes de vie et les renvoie dos à dos. Les joies de la retraite – pureté, nonchalance, liberté et pratique du détachement que symbolise le goût des alcools – sont la ruine d'un souverain :

51. *La Signature dans la salle d'audience du vice-intendant de Mizhou* (fin 1076).

> Connaissez-vous votre plaisir de vivre retiré ? s'adresse Su Shi à l'ermite. On ne l'échangerait pas pour la position d'un souverain.

Sous ses allures badines, la question est extrêmement provocante. Elle implique en effet qu'il existe une joie dont le maître des hommes serait privé, un bonheur qui échapperait au registre politique, celui d'être pleinement soi et au monde dans la pure contemplation des allées et venues des grues, « des monts qui apparaissent et disparaissent soudain, tantôt éloignés, tantôt proches ». Or, conformément aux représentations les plus courantes de la pensée chinoise, ces déplacements opposés et complémentaires, cet entre-deux de la présence et de l'absence figurent le dynamisme de la nature comme celui d'une conscience libérée qui fait advenir sans rien retenir.

De la même façon, dans le *Jardin des Zhang à Lingbi*, le dilemme – celui de l'engagement dans et du dégagement de la vie sociale – est reposé avec les risques qu'ils comportent :

> Dans l'antiquité, un homme de bien n'était pas obligé de servir ; pas davantage il ne se sentait forcé de ne pas servir. Se contraindre à prendre un poste, c'est s'oublier ; s'obliger à ne pas en prendre, c'est oublier son prince. [Ce serait aussi absurde que], si pour se nourrir, on n'avait le choix qu'entre la faim et la satiété.
>
> Rares sont cependant les lettrés qui peuvent respecter l'équité et suivre leurs principes. Ceux qui vivent retirés, à l'aise dans leurs habitudes, ont du mal à en sortir, et ceux qui se sont engagés, avides de profits, oublient de rentrer chez eux.

Bien que Su Shi rappelle, dans une perspective déjà exprimée dans les *Entretiens* de Confucius, que le lettré dispose d'une liberté (servir quand la voie règne, se retirer quand elle ne prévaut pas dans le monde), la situation est cependant assez différente dans l'empire. Le choix du service public, une fois fait, peut difficilement être remis en cause, ce serait sinon affirmer que l'ordre politique ne s'exerce pas et encourir l'accusation de lèse-majesté. S'engager, c'est en quelque sorte remiser l'aspiration à la vie privée et à l'entretien de soi, de ses qualités les plus nobles, et la différer à l'âge de la retraite, dans une fin de vie rêvée ou imaginée.

Pour irréconciliables qu'elles paraissent, les deux aspirations, souci du monde et culture de soi, ne le sont peut-être pas. Tout d'abord, insiste Su Shi, chacune comporte un danger majeur. L'enkystement dans un type de conduite et d'attitude. Les fonctionnaires risquent de céder aux mirages du confort, du salaire et d'une sécurité matérielle toute relative ; les ermites, ayant goûté les charmes de la vie oisive sont enfermés dans leurs habitudes. L'homme de bien est capable, lui, de ne pas se laisser engluer dans l'un ou l'autre de ces modes de vie, de préserver une distance de soi à soi qui tient ensemble souci de soi et souci du monde, autrement dit de circuler entre ces espaces privé et public. Il avait préfiguré la solution à ce dilemme dans la *Salle de l'ivre Bai* où, après avoir comparé les points forts de deux vies, celle du serviteur fidèle de l'État, Han Qi, et celle de Bai Juyi, comblée pendant les quinze dernières années par tous les plaisirs qu'offre le loisir, il évoquait pour le premier un moment de détente :

> Lorsqu'il se livrait temporairement à l'ivresse, il plaçait à parité les gains et les pertes, oubliait malheurs et bonheurs, confondait hautes et viles positions, ignorait les différences entre sages et sots, et pareil à toutes les choses, il randonnait librement auprès du démiurge céleste.

Ce que propose Su Shi, ce qu'il lit dans l'ivresse de Han Qi, ce n'est pas, loin s'en faut, le simple relâchement de la conduite ou l'oubli temporaire, la recherche d'une sorte de paradis artificiel qui délivrerait d'un fardeau ; mais une autre conception de la retraite. Celle-ci n'est plus projetée dans un ailleurs ou dans un futur hasardeux mais *intérieure*. Le vocabulaire emprunté au *Zhuangzi* le montre. Han Qi parvient par l'alcool – d'autres voies sont possibles – à un état de conscience tel que tout est désormais mis sur le même plan, dans une sorte de chaos harmonieux ; les disjonctions qui structurent ordinairement la conscience et la parasite n'ont plus cours. Cette retraite intérieure est perçue comme un retour au naturel, aux forces créatrices mêmes. En se plaçant à distance du monde social et de soi, Han Qi se donne, selon Su Shi, les moyens de ré-intervenir dans le jeu social et politique. Ce dégagement est un ressourcement. Il crée une marge de manœuvre dans l'esprit et dans la conduite et un regard neuf sur les réalités quotidiennes ou politiques ; il libère de la colle des choses.

Comme on le voit, cette résolution de la tension entre vies publique et privée s'appuie sur une conception de la conscience sur laquelle il faudra revenir. Cette idée de retraite intérieure caractérise, peu ou prou, tous les hommes de bien dont les commémorations de Su Shi font l'éloge. À travers elles se dessinent un portrait possible, un caractère, une manière d'être et une politique.

Portrait de l'homme de bien

De nombreux textes n'ont d'autre raison d'être que de peindre des hommes et des modèles de conduite. Outre Han Qi dont l'œuvre est exemplaire mais en quelque sorte indépassable, Su Shi consacre à Song Xuan, Wen Tong, Sun Jie, Fan Chuncui ou Yang Hui, tous fonctionnaires, des remarques qui mettent en relief un tempérament. D'autres sont dédiés à des moines loués pour leur opiniâtre activité, à des hommes ordinaires appréciés pour leur humanité et même à des esprits, comme cette déesse des latrines qui, malgré les torts subis et sa malemort, ne dénonce pas ses assassins et respecte les rites.

Hormis la joie de servir sans se lasser, évoquée dès 1063, Su Shi relève une qualité essentielle à ses yeux : la fidélité à soi-même.

> L'attitude de l'homme de bien est une, c'est l'époque qui change[52],

écrit-il, pour évoquer la fermeté et la rigueur morales d'un homme qui ne suit pas servilement les modes de son temps. Cet homme est, comme Wen Tong, semblable au prince qu'est le bambou qui, « quand son élan est comblé, prospère sans arrogance ; qui, sinon dépérit sans connaître la honte, indépendant au milieu de la foule, sans peur quand il se dresse seul »[53] ; comparable à Sun Jie qui, malgré les tâches qui s'accumulent avec la mise en place de la nouvelle politique de Wang Anshi, demeure aussi « cordial et satisfait qu'autrefois »[54] ou pareil à Su Shi lui-même qui, sa tâche accomplie, « randonne hors des choses »[55].

Affable, ouvert, cordial – l'expression ancienne, empruntée aux *Odes* revient deux fois dans les commémorations –, il n'est pas embarrassé par les insignes de sa charge, converse et prend conseil auprès des anciens et des populations, noue au gré de ses postes des amitiés solides et durables et laisse derrière lui, lorsqu'il quitte ses fonctions, « un souvenir plein d'affection ».

Trois commémorations insistent sur une attitude : la franchise qui caractérise le censeur Yang Hui, dont il dut payer le prix par son éloignement de la cour et qu'apprécia l'empereur Shenzong[56]. Cette vertu est aussi celle de Su

52. *La Grande Salle de la préfecture de Xian* (1er septembre 1078).
53. *La Salle du prince de l'encre* (1070).
54. *Le Pavillon des merveilles encrées* (janvier 1073).
55. *La Terrasse transcendante* (décembre 1075).
56. *L'Édit de la main impériale de l'ère de la* Paix harmonieuse (29 novembre 1088).

Shi qui l'exprime hyperboliquement dans la *Salle de la pensée*[57] :

> Les mots qui me viennent du cœur et se pressent contre mes lèvres, si je les crache, je choque les gens, et si je les ravale, je me fais violence. Tout bien considéré, comme il vaut mieux choquer les autres, je les crache.

On ne saurait mieux dire à quel point l'homme de bien, selon Su Shi, est le seul juge de sa conduite et quelle est son indépendance d'esprit. Cette liberté de paroles et de manières qui lui permet, à bon droit et toujours de façon argumentée, de justifier une attitude apparemment contraire aux rites mais mue par une raison supérieure trouve son expression dernière dans les propos que cite Su Shi pour décrire ce soi-disant « lettré fou » que fut le poète Li Bai 李白 (701-762), excentrique et arrogant presque à l'excès et qui incarne la fierté du lettré, sa force morale et son courage :

> Clair, ouvert, fin et libéral,
> D'une vaste contenance,
> Rival des chanceliers,
> Narquois pour les héros,
> Malgré pièges et nasses qui se resserrent
> Il foule aux pieds les nobles positions.
> Employé, sans éclat ni gloire,
> Vil, sans souci ni affliction ;
> Il joue avec les puissants
> Comme entre amis et collègues,
> Voit chiendent et sénevé
> Dans les titres et les rangs.
> D'une tempérance virile exceptionnelle,
> D'un souffle noble couvrant le monde,

---

57. Il évoque aussi les tensions qu'elle génère dans ses relations aux autres dans *La Signature dans la salle d'audience du vice-intendant de Mizhou* (fin 1076).

Homme qui s'extirpe de la multitude
Et randonne au-delà des règles et des normes[58].

Une politique

Cette ouverture d'esprit doit se traduire, selon Su Shi, dans une politique, même si celle-ci est parfois difficile à reconstituer. La plupart des commémorations qui évoquent la gestion des affaires sont en effet plutôt réactives. Il s'agit moins en l'espèce d'affirmer une théorie générale que de corriger des défauts entraînés par l'activisme auquel a conduit le programme de réformes.

Son action s'inscrit dans le cadre qu'avait défini Fan Zhongyan : « les sages du passé s'inquiétaient de l'empire avant tous les autres, et ne se réjouissaient du bonheur de l'empire qu'après tous les autres ». Il faut cependant préciser. Par « empire » [*tianxia* 天下], Su Shi entend essentiellement les populations qui sont administrées et non l'État en tant que tel. De ce point de vue, il se place résolument dans la lignée confucéenne héritée du *Mencius* qui fait du peuple le fondement de l'activité politique et de son bien-être matériel la base de l'éducation morale.

On lira dans de nombreux textes des administrateurs des provinces oisifs, libres de tout souci, dés-affairé et adeptes du non-agir. Su Shi se décrit, lorsqu'il est préfet à Mizhou, comme un homme qui « cueille les légumes du jardin, pêche les poissons des étangs, fait fermenter de l'alcool de sorgho, cuit un riz grossièrement décortiqué et le mange en [se] disant : “Quel plaisir de randonner ici” »[59], bien loin en apparence des préoccupations politiques et tout entier à sa joie. Or, ce dégagement des servitudes quotidiennes doit être compris

58. *Au dos d'une stèle sur Li Taibai.*
59. *La Terrasse transcendante.*

justement : ce qu'il évoque n'est que la résultante sur le plan personnel d'une pratique harmonieuse d'administrateur. Le « non-agir » qui, rappelons-le, est un mode de gouvernement confucéen avant d'être repris dans le *Livre de la voie et de la vertu*, ne signifie pas « ne rien faire », mais transformer de façon invisible et imperceptible, en s'appuyant sur les conditionnements sociaux et locaux et en exploitant le potentiel bénéfique. En cela, Su Shi est fidèle à la pensée de son père. La première condition d'une transformation sociale effective repose sur la prise en compte de la situation (d'où le recours constant chez lui à des informateurs locaux capables d'indiquer les sentiments, les mœurs et les habitudes des populations) et des précédents historiques. Une réforme n'est possible que si elle s'appuie sur une connaissance de *ce qu'il est possible de faire*, compte tenu de l'ensemble des circonstances. Tous les grands lettrés du XIe siècle, conscients des problèmes endémiques de la dynastie (pression fiscale, carences morales et incompétence des fonctionnaires, faiblesse des forces de sécurité) sont des réformateurs. Les « conservateurs » ne le sont pas moins ; ils préconisent seulement, face au dirigisme et au volontarisme de la « Nouvelle politique » [*xinfa* 新法] des mesures moins radicales et moins extensives, un assouplissement des directives en fonction des conditions locales. Su Shi partage globalement cette conception d'une réforme progressive, moins imposée de l'extérieur qu'émanant des situations concrètes. Au modèle de l'action, il oppose des ajustements de proche en proche dans la plupart des cas. Mais il peut, lorsque la situation l'exige, « contraindre le peuple »[60] et secouer l'immobilisme des mœurs et des coutumes, ou au contraire promouvoir la suspension complète de l'agitation politique, comme lorsqu'il fait l'éloge de Messire Gai qui, au principe du gouvernement, place « la sérénité et la pureté », soit en l'occurrence la fin de l'activisme légiste mis en œuvre par le Premier Empereur.

60. L'expression est extraite de la *Salle de la préfecture de Xian*.

La possibilité d'une transformation radicale n'est donc pas exclue. Comment le pourrait-elle d'ailleurs puisqu'elle forme l'un des soixante-quatre hexagrammes du *Classique du changement*, ouvrage qui pose les bases de la transformation naturelle sociale, morale et sociale. Elle en constitue seulement un *mode*, un moment qui doit être analysé avec soin, une réponse à une situation de blocage telle que la table rase est requise et impliquée par les conditions objectives.

L'accent que l'on trouvera dans les commémorations sur la « continuité » des politiques est en partie trompeur. Su Shi ne cesse en effet d'intervenir dans le cours des choses pour en modifier et corriger les tendances négatives. Comme le montrent les *Six puits de Hangzhou* ou la *Proclamation et l'éloge impériaux*, qui relate le sauvetage de la ville de Xuzhou épargnée par le Fleuve Jaune et qui fit de Su Shi un administrateur réputé et compétent, un gouverneur de province est un bâtisseur capable d'anticiper les situations, de se mettre à l'écoute des compétences, de mobiliser les énergies et de lancer, sans faillir ni faiblir devant les oppositions, un programme cohérent de mesures.

L'homme politique de Su Shi est essentiellement un « initiateur », susceptible d'induire des situations de nouvelles stimulations au bien de la communauté, de dégager de la gangue des faits et de l'entropie résultant de l'immobilisme de nouvelles marges de manœuvre.

À la fin de sa vie, revenant de Hainan, Su Shi réaffirme, à la faveur d'une glose du *Livre des Documents*, ce qu'est pour lui le gouvernement du sage-roi de l'Antiquité Shun 舜, parangon de la politique confucéenne par la vertu :

> Envers la foule des obtus et des calomniateurs qui ne suivaient pas les instructions, Shun savait quelle attitude adopter. Or, si l'on veut corriger les mauvaises conduites, la meilleure méthode est d'inciter au bien. Voilà pourquoi il choisissait ceux qui pouvaient progresser en les mettant

> en valeur par le rituel du tir à l'arc. Les plus rebelles à l'enseignement, il les faisait battre par des verges ; ceux qui l'étaient moins voyaient leurs fautes consignées par écrit pour en garder mémoire, non pour les critiquer mais parce que Shun souhaitait les voir vivre parmi les hommes et partager leurs soucis et leurs joies. Ces lettrés fautifs ne pouvaient être, selon lui, définitivement rejetés : aussi il ordonnait à des musiciens de recueillir dans des chansons des remontrances exprimées à mots couverts, puis de les faire connaître pour observer leurs intentions. Ceux qui s'amendaient, il les promouvait et les employait ; quant aux autres qui ne changeaient pas, il leur imposait de la crainte, les écartait, les bannissait, les assignait à résidence ou prenait d'autres mesures de ce type. Telle était la politique éducative de Shun[61].

Ce passage montre bien combien, pour Su Shi, gouverner, c'est, avant d'être un arsenal de lois et de règlements, une affaire d'hommes auxquels s'appliquent différentiellement des mesures destinées à les intégrer dans une communauté harmonieuse. Ce commentaire atténue aussi considérablement la dimension coercitive du texte originel, gommant les possibles arrêts de mort, insistant sur les multiples étapes avant la sanction définitive de l'éloignement, comme sur l'incitation au bien, c'est-à-dire au sens de la solidarité qui lie les hommes entre eux.

Les fondements de l'étude

Dans les différentes caractérisations que donne Su Shi de l'homme de bien, que ce soit dans sa pratique concrète de gestionnaire, dans son commerce avec les hommes ou dans son tempérament, de nombreuses expressions évoquent une ouverture d'esprit quasi-constitutive. Il serait tentant d'y voir un trait

61. *L'École de la commanderie de Nan'an* (7 avril 1101).

de caractère, une particularité idiosyncrasique et psychologique. Ce serait manquer pourtant l'un des enjeux fondamentaux de la pensée chinoise en général et de la redéfinition par Su Shi de l'ambition lettrée. En effet cette ouverture d'esprit, le propre de l'homme de bien et du sage que fut Confucius, s'apprend. C'est même là le cœur de l'étude [*xue* 學].

Il n'est pas surprenant, à cet égard, que les trois commémorations datables reviennent sur ce thème. Elles constituent en quelque sorte son testament en la matière et l'ultime leçon que Su Shi laisse après lui. L'étude telle qu'il la présente comporte trois aspects : un programme, une méthode et un idéal à atteindre.

Le programme est constitué d'un ensemble de matières que Su Shi réaffirme face à la tendance courante des jeunes lettrés à délaisser l'apprentissage des disciplines constituées au profit d'une réflexion sur les mystères de la philosophie première.

> De nos jours ceux qui étudient notre [doctrine] ont les mêmes défauts. L'astronomie, la musique, le calendrier, l'architecture des palais et des temples ancestraux, le vêtement et l'outillage, les cérémonies de passage à l'âge adulte ou de mariage, les règles du deuil, ce qui est accepté ou rejeté dans les *Printemps et automnes*, admis par les rites, interdit par les châtiments, les raisons de l'essor ou du déclin des dynasties, ainsi que la sagesse ou l'indignité des hommes qui y vécurent, voilà les domaines auxquels ceux qui se livrent à l'étude devraient consacrer toutes leurs forces.
>
> « Tout cela est inutile, entend-on. Étudions ce qui ne peut être rapporté dans les livres ni transmis par la parole »[62].

Dans ce texte, Su Shi met en parallèle les apprenants bouddhiques et les confucéens. En réalité, c'est plutôt le *chan*

62. *La Tour du Grand Compatissant dans le canton de la perception de la gabelle* (1075).

qui a habitué les esprits à ne voir dans les soutras que la lie de la sagesse du bouddha, des traces qui ne permettent que secondairement de saisir l'Absolu. Cette tendance, préoccupée de « métaphysique », a ensuite contaminé les études confucéennes, faisant de la méditation et de la transmission d'esprit à esprit la voie d'accès au Tao. Su Shi réagit fortement contre cette propension et, en réaffirmant un corpus, des matières et l'acquisition d'un savoir, il se situe dans l'héritage de son maître Confucius, pour qui un apprenant devait d'abord étudier ce qui est sous ses yeux, à portée de main, pour ensuite s'élever par degré jusqu'à la compréhension intime de réalités moins tangibles. De même que le cœur de la doctrine bouddhique est, selon lui, la pratique religieuse, le respect attentif et constant de la discipline et des prescriptions morales, de même l'enseignement confucéen se fonde dans des matières qui trouvent leur source dans les *Cinq Classiques*.

Ce savoir a un objectif immédiat : rendre compte et expliciter les phénomènes et les situations. On lira en ce sens le remarquable travail de *pédagogie en acte* que représente la commémoration intitulée *La pointe de flèche nouvellement trouvée dans le Temple du roi-dragon*. Ayant découvert un fer de flèche de pierre, Su Shi mène l'enquête, produit ses preuves issues des textes anciens, témoigne, comme Confucius tel qu'il apparaît dans les *Discours des Royaumes* [Guoyu 國語], d'une expertise riche et variée, pour identifier finalement l'objet, le dater et en faire une pièce de collection. Le gain est à la fois très concret et prometteur, puisqu'il peut impliquer une nouvelle recherche historique sur la présence des tribus djurtchètes dans la haute Antiquité. L'enquête traduit encore un goût pour la singularité. On pourrait citer d'autres textes qui peuvent se lire dans la même perspective, de découverte, d'identification et en définitive d'étonnement devant l'étrangeté des choses, l'histoire des hommes et la beauté du monde. Je n'en donnerai qu'un autre exemple, symptomatique de l'approche propre à Su Shi, de l'étude. Il s'agit du *Temple ancestral de Maître Zhuang*. Une thèse inédite est énoncée : bien loin, comme le voudrait une lecture superficielle, de railler, critiquer et discréditer Confucius, le *Zhuangzi* doit au contraire être interprété comme un vade-mecum qui enrichit la compréhension de la pensée confucéenne. Cette idée originale dûment démontrée révolutionne la lecture de ce livre, l'intègre dans un corpus jusqu'alors hétérogène. Elle a surtout valeur de programme : étudier, c'est décloisonner, défaire les catégorisations préétablies (taoïsme, bouddhisme, confucianisme) que Su Shi juge factices, inopérantes, superficielles et trompeuses. Il ne s'agit pas de dire que Zhuangzi est confucéen – le texte ne l'affirme pas –, mais d'élargir différentiellement le spectre de la compréhension. De la même façon, si on crédite Su Shi de l'idée que les trois doctrines se fondent en une unité [*san jiao heyi* 三教合一], équivalence posée en 1101 dans la *Signature de l'abbé de l'Éclat du Sud*, il ne faut pas comprendre qu'elles disent la même chose ou se confondent. Chacune se développe sur un socle identifiable, séparé et autonome, mais portée à sa limite, chacune déploie une conception de l'Absolu, de la sagesse et du Tao qui entre en résonance avec les autres, qui *converge* avec elles. Cela signifie que dans l'apprentissage et au-delà du stade de l'acquisition des savoirs, certains éléments de telle ou telle doctrine peuvent enrichir la compréhension d'un point obscur. Apprendre c'est [s']ouvrir.

Le programme d'étude tel que l'élargit Su Shi se confond avec une méthode. Un premier point consiste à ne pas rejeter *a priori* les faits étranges :

> Les gens voient peu comparé à ce qui échappe à leur regard. À quoi bon se fonder sur leurs minuscules perceptions pour juger des phénomènes hors du commun ?[63]

63. *La Sigillaire céleste* (janvier-février 1083).

Comme nombre de penseurs néo-confucéens, Su Shi dévalorise la connaissance sensorielle, parce qu'elle est limitée et partielle. Chaque organe a sa propre limite et la perception, comme le disent les bouddhistes, n'est jamais pure, toujours au contraire pré-informée par un savoir et une intention qui oblitèrent la nouveauté et la singularité.

L'apprentissage est, d'autre part, conçu comme un *entraînement* continu au double sens du terme. C'est une véritable propédeutique mais aussi un mécanisme qui porte de lui-même à aller de l'avant. Dans ce travail, ce qui importe, c'est la continuité. Le risque d'une interruption ou d'une erreur est majeur. Su Shi l'énonce dans un contexte bouddhique mais la signification est la même pour l'étude confucéenne :

> Lorsque quelqu'un travaille laborieusement à accumuler des mérites hauts comme une montagne de neuf toises, s'il se relâche et s'écarte [de cette Voie], ne serait-ce que d'un infime poil, il ne pourra plus revenir en arrière en mille *kalpas*.
>
> Las ! Telle est vraiment la Voie et pas seulement dans le bouddhisme ![64]

Autrement dit, en cas de négligence ou de suspension temporaire, tout est à reprendre et il faut recommencer tout le processus dans la voie morale dans laquelle l'apprenant s'était engagé.

Art et étude

Étudier, nous l'avons dit, c'est apprendre à devenir un homme. Dans la propédeutique générale qu'essaie de construire Su Shi, il faut partir de fondations stables (le savoir acquis qui ne cesse dans ce parcours de s'enrichir), puis progressivement

64. *La Signature de l'abbé de l'Éclat du Sud* (31 janvier 1101).

remonter au plus difficile, au moins tangible et accéder à l'Absolu. Dans cette seconde phase, plusieurs choix sont possibles : une approche morale, une approche naturaliste qui tente de remonter à une saisie intuitive des transformations, une approche méditative ou énergétique. Su Shi en construit une nouvelle.

Dans la très belle commémoration composée en 1079 en souvenir de son cousin et ami Wen Tong (1019-1079), l'homme qui étudiait des bambous et les appelait « princes », le peintre, Su Shi rappelle un texte de son frère, une *Rhapsodie des bambous encrés* :

> Mon frère Ziyou a composé pour Yuke une *Rhapsodie des bambous encrés* où il écrit : « Le boucher Ding n'est qu'un trancheur de bœuf mais ceux qui nourrissent leur vie s'en inspirent ; le charron Bian qu'un faiseur de roue mais ceux qui étudient l'approuvent. Vous, Maître, vous placez tout votre être dans ces bambous et moi, j'y découvre une Voie, m'en blâmerez-vous ? »

Et Su Shi de rajouter :

> Ziyou n'a jamais pratiqué la peinture, aussi n'en a-t-il perçu que le sens ; quant à moi, j'en sais le sens et les règles[65].

Comme l'indique la référence aux deux artisans du *Zhuangzi*, la Voie que découvre Su Zhe est celle qui permet de rejoindre le parfait naturel, lorsque la pratique longtemps accumulée se mue en simplicité, en immédiateté, lorsque l'effort est aboli et se transforme en spontanéité du geste. Les descriptions précises de la manière dont ils sont parvenus à une maîtrise technique si « facile » qu'elle en paraît merveilleuse ou « divine » ont

65. *Les Bambous courbés du Val des Yundang peints par Yuke*.

d'ailleurs constitué les moments de l'apprentissage artistique. Ces propos font écho à de nombreux textes de Su Shi – dans quelque genre que ce soit – qui font de la pratique de la peinture, de la calligraphie ou de la poésie un accès possible à l'Absolu. Il s'agit moins ici de penser l'esthétique comme discipline séparée que de construire par l'art une voie qui, au même titre que la culture de soi axée sur la perfection du sentiment moral inné, se sublime dans la naturalité même de la conduite, dans une efficience qui est celle du sage ou du Ciel qui transforme.

Cette assertion célèbre et inédite à l'époque de Su Shi constitue sans doute le parti pris initial de ceux qui, à partir de 1086, se regroupent autour de lui dans l'école de Shu. On peut se demander, à bon droit, comment un tel apprentissage permet de rejoindre le Tao.

La première réponse que propose Su Shi dans les cinq commémorations expressément consacrées à la peinture est thématique. Ce que restituent les peintres de métier, ce sont des formes, tandis que la peinture lettrée s'attache à peindre ce qui est au-delà de la forme, non de quelconques et vains fantômes[66], mais l'eau, l'esprit d'une personne ou le principe structurant d'une réalité [*li* 理]. Or, ces trois termes sont fortement connotés. L'eau, depuis le *Laozi* au moins, est *l'image* la plus proche du Tao, caractérisé par son flux continu, son absence de forme constante, sa variabilité ou sa manière de circuler entre les choses en s'adaptant ou de les pénétrer et les nourrir. L'esprit ne désigne pas seulement ce qui fait qu'un homme est ce qu'il est et qui se loge dans le détail significatif, c'est aussi et surtout, dans la philosophie chinoise, la mystérieuse vitalité, l'énergie la plus fine, la plus déliée, inscrite dans tous les êtres vivants et qui leur donne leur dynamisme. Le principe *li* est pensé par Su Shi comme la *ligne majeure* ou la *nervure* interne qui structure un être ou une situation, lui

66. Voir la remarque finale de Su Zhe dans *Le Jardin des peintures de Messire Shi* (2 février 1081).

donne sa cohérence, contient virtuellement son déploiement et explicite son rapport au dehors et à l'environnement. Saisir le *li* d'une chose, c'est percevoir le principe de transformation qui l'anime et les multiples variations liées aux circonstances. Tels sont les bambous de Wen Tong :

> Ils vivent ici et meurent là, tantôt fermés comme le poing, maigres, comme hésitants, tantôt élancés et pleins de vigueur. Racines, tiges, nœuds, feuilles, pointe et fil, nervures et fibres, en mille variations, sans jamais se contrefaire, chacun en place. À l'unisson du démiurge céleste, pour le bonheur de l'esprit[67].

Peindre la ligne des choses, c'est donc se familiariser avec les notions les plus délicates de la philosophie première, remonter à ce que Su Shi appelle dans un autre contexte la « nature » [*xing* 性] d'une chose, « ce par quoi elle est ce qu'elle est » [*suo yi ran zhi li* 所以然之理], et ses « é-motions » [*qing* 情], les réponses au dehors et en situation. C'est donc penser ensemble l'unité et la multiplicité.

Peindre encore, ce n'est plus représenter dans un souci de ressemblance formelle plus ou moins abouti, mais retrouver la « grande ressemblance », la « vérité » d'une chose, son *esprit*. C'est aussi, comme l'indique la référence aux puissances créatrices, donner vie et pour le spectateur, traverser la figuration pour être placé dans le dynamisme même.

Le talent fait beaucoup à cet art de l'irreprésentable et Su Shi loue constamment ceux qui ont inventé de nouvelles façons de peindre, mais cela s'apprend. La méthode en est donnée :

> Lorsqu'on peint le bambou, il faut préalablement s'être transformé en lui dans son for intérieur, et le pinceau à la main, le regard concentré et exercé, on voit alors ce que l'on doit

67. *Les Peintures du Monastère de la cause pure* (13 juin 1071).

> peindre, s'ébranle sans tarder, manie la brosse brusquement pour coller à cette vision et la saisir aussi vivement qu'un faucon qui fond sur un lièvre qui bondit. Un instant de relâchement et tout s'évanouit...[68]

Ces phrases célèbres sur le devenir-bambou de Wen Tong doivent être lues dans la même perspective que les techniques des artisans Ding et Bian, comme une véritable méthode. Wen Tong fait pousser en lui un bambou : dans un premier temps donc, il n'est plus lui, il *s'oublie* à lui-même, se défait de ses particularités et de sa subjectivité pour faire advenir en lui cet être. Il n'existe plus à lui-même mais se projette dans le bambou et laisse mûrir en lui une vision, tout entier tendu dans la chose qu'il perçoit, à l'issue d'une longue familiarisation, dans tous les stades de son développement, de sa gaine de chaume jusqu'à son plein épanouissement. Cette vision fugace, soudaine, doit se traduire dans un geste qui lui-même épouse et restitue le dynamisme de la nature.

De cette très brève description, il faut tirer les conséquences pour l'étude elle-même. Étudier, ce n'est pas comprendre, mais voir *et* faire. Pour que surgisse la vision, il faut en amont s'être débarrassé de toute intention dans une maturation lente qui consiste essentiellement à se déprendre de soi, à devenir réellement autre. Cette conception de l'entraînement combine ainsi efficacement la dimension « gradualiste » et « subitiste ». La vision est soudaine, le travail qui y mène est lent et cumulatif. Surtout, et c'est l'un des partis pris les plus forts de la pensée de Su Shi, lorsque l'étude, après le stade initial de l'acquisition d'un savoir, se confronte au réel et à l'Absolu, elle est dynamique, se transforme en geste, posture, conduite ou acte.

Nul n'est plus sévère en effet que lui contre ceux qui prétendent parvenir à ce degré par la méditation ou la pensée [*si* 思] dont les différentes techniques, bouddhiques et taoïstes

---

68. *Les Bambous courbés du Val des Yundang peints par Yuke*.

sont à la fin du XIe siècle intégrées au néo-confucianisme. On ne parvient pas au Tao par une intuition pure jaillissant du seul fait de s'être assis en tailleur !

> Enfant, j'ai fait la rencontre d'un ermite. « Les enfants, me disait-il, sont proches du Tao, ils pensent et désirent peu.
> – Pensée et désir seraient donc la même chose ?
> – Non, la pensée est pire. »
> Dans la cour, il y avait deux jarres à eau. L'ermite me les montra et dit : « La première est percée et de la seconde on tire chaque jour un litre que l'on gaspille. Laquelle sera vidée la première ?
> – Sûrement celle qui fuit.
> – Les pensées dérobent les gens à eux-mêmes, imperceptiblement et continûment[69]. »

Comme le montre l'image de la jarre percée, les pensées vident négativement par leur flux continu la conscience et l'épuisent. L'épanchement continu de l'esprit (les simples idées mais aussi les différents « supports théoriques » de la méditation), le flux sans fin des représentations et des *dharmas*, loin de ramener à la nature, égarent. L'écoulement des pensées est inférieur à la dépense temporaire, aussitôt oubliée, de l'acte, comme semble l'indiquer le prélèvement dans l'autre jarre : pure réponse en situation dénuée d'intention. Toute pensée – Su Shi emprunte cette idée au bouddhisme, mais la retrouve dans les *Entretiens* (XV, 30) – est une arrière-pensée, foncièrement décalée par rapport à ce qui vient, tantôt le précédant et à ce titre dangereuse puisqu'elle biaise le regard sur les choses, tantôt postérieure et inutile, car l'événement n'est pas reproductible. Comme l'écrivait déjà Confucius, « mieux vaut étudier ».

69. *La Salle de la pensée* (9 février 1078).

L'idéal du détachement

L'apprentissage que Su Shi essaie de construire est tendu vers un idéal que l'on peut qualifier de « réactivité créatrice ». Il s'agit de produire un effet dans un geste ou dans la conduite qui soit parfaitement homologue à l'œuvre de la nature qui, quelles que soient les conditions antérieures, est toujours à même de produire de l'inédit, de « se renouveler quotidiennement » [*rixin* 日新] selon une formule du *Classique du changement*, sans jamais être bloqué par les formes ni les corps, ni jamais se tarir. Cette source de la vitalité et de créativité, cette « nature naturante » appelée Ciel ou Tao, qui transforme et nourrit, n'est pas extérieure à moi ; elle est inscrite dans ma nature et dans tout être vivant comme sa vie même. Su Shi n'a pas besoin de prouver cette assertion. Elle constitue en effet le fonds de la culture de soi chinoise depuis le *Zhuangzi* ; l'expérience aussi prouve, ou l'art, qu'il existe des moments de parfaite coïncidence entre moi et les choses, une sensation réelle d'être en phase avec ce qui vient, de dialoguer avec un événement et de former un continuum où le moi s'abolit, se dépasse pour n'être plus que dans une présence mouvante. Su Shi indique lui-même, dans un vocabulaire bouddhique, cette proximité avec le naturel :

> Ceux qui étudient pensent-ils qu'il est difficile de devenir un bouddha ? Entasser de la terre et dessiner dans le sable, activités qui ne sont que des jeux d'enfants, suffisent pourtant à le devenir. […] Lorsque quelqu'un est perdu, confus, l'esprit sens dessus dessous, et erre dans la mer des souffrances, il suffit que la pensée d'un instant soit correcte et vraie pour que les dix mille *dharmas* soient virtuellement là [en lui][70].

70. *La Signature de l'abbé de l'Éclat du Sud.*

Faire l'expérience de la sagesse – devenir un bouddha ou Maître Kong –, parvenir à cette créativité réactive n'est pas posé comme un idéal inatteignable. Tous les hommes et les femmes peuvent y parvenir et cet accès est immédiat. Il suffit d'un instant dans lequel on ne pense plus à rien d'autre qu'à l'activité à laquelle on s'est dédiée, un instant de « non-pensée » où les représentations ordinaires, les intentions et les inquiétudes qu'elles engendrent (profit et perte, vie et mort, bonheur et malheur) s'effondrent pour que soit rejoint de plain-pied le naturel.

Le problème n'est pas d'en faire l'expérience, semble dire Su Shi, celle-ci est commune. La difficulté est tout autre : faire que cet instant dure, que, comme les véritables sages, chaque instant soit de cette nature, ouvert à l'inédit, accueillant la différence comme elle vient, singulière et féconde.

Le remède que, là encore, Su Shi explicite dans la langue des moines bouddhiques est le détachement :

> Les êtres vivants, par le désir, entrent dans le cycle de la vie et de la mort, et dans le monde du désir, il y a conflit ou bien accord, qui engendrent plaisir et colère, créent mille sortes de *karma*, et font errer les corps dans les six destinées, pour des myriades de *kalpas*. Or, à la source [des renaissances], pas d'autre mal que le désir. Le bouddha, grand roi-guérisseur, contre ce mal, a le remède, remède unique, le détachement, qui toujours soigne ce haut mal, pareil à l'eau qui du feu sauve et l'annihile aisément[71].

Je ne reviendrai pas sur le désir qui a partie liée avec l'intention, l'arrière-pensée, et nous colle aux choses par l'attente que nous avons d'elles, choses qui, dès lors,

71. *La Tour des* arhats *dans le Temple du dhyâna des bonheurs accumulés sis dans la préfecture de Dongwan de la province de Guang* (9 novembre 1100).

> nous voilent [le jugement], car nous évoluons en elles et non hors d'elles. Elles ne sont, en fait, ni importantes ni insignifiantes, mais si on les observe en se plaçant en elles, elles paraissent toujours éminentes et considérables. Et quand quelqu'un se targue de leur grandeur imposante pour s'approcher de nous, nous sommes souvent plongés dans une confusion et un trouble qui nous retournent en tous sens, pareils à ceux qui, épiant une lutte à travers une fissure, ne peuvent en connaître l'issue[72].

Les choses, les situations sont seulement là, elles arrivent, vont et viennent ; le désir me projette en elles en même temps qu'il génère une distance avec elles et empêche la réactivité naturelle.

Ce qui rend possible le détachement, ou pour le dire dans le vocabulaire du *Zhuangzi*, « l'oubli de soi », c'est la nature même de l'esprit [*xin* 心]. Une fois que le désir et les pensées ont disparu ou sont restitués – mais c'est la même chose – à leur flux inconsistant et transitoire, l'esprit n'est plus qu'un réceptacle vide :

> Si [maintenant], calme et désaffairé, je reste assis, mes pensées se figent et le silence se fait, ma conscience est paisible et dense, semblable à un grand miroir clair. Hommes, démons, oiseaux ou bêtes apparaissent devant moi ; couleurs, sons, odeurs et goûts se mêleront dans mon corps. Bien que mon esprit ne soit pas mis en branle, chacune de ces réalités entre en contact avec lui, et pour chaque contact, il dispose d'une voie [particulière][73].

L'esprit est un absolu qui contient virtuellement toutes les représentations phénoménales, tous les *dharmas*. Cette conception, issue du bouddhisme *chan*, fait de lui un miroir

72. *La Terrasse transcendante* (décembre 1075).
73. *La Tour du Grand Compatissant à Chengdu* (1075).

sur lequel viennent se refléter clairement et distinctement les choses – c'est la vision intérieure de Wen Tong –, mais aussi un régime d'activité naturel et spontané qui me permet de leur répondre.

De semblables formulations sont présentes et développées dans le néo-confucianisme des frères Cheng qui les débarrassent, d'une façon presque frauduleuse, de leur origine bouddhique. Ils assimilent en effet le vide de la conscience et celui du ciel, principe de réactivité créatrice par excellence. À ce stade, plus rien ne les différencie, et le ciel confucéen, le Tao du *Zhuangzi* et l'Absolu bouddhique, pour Su Shi du moins, se confondent.

Images du Tao

Cet état de plénitude avec le monde, Su Shi, s'il l'a poursuivi continûment, depuis son poste de gouverneur à Mizhou jusqu'à la fin de sa vie, n'a jamais prétendu l'avoir atteint. Toujours en quête, il se montre extrêmement critique envers ceux qui, sous prétexte d'avoir construit un site propice au recueillement, à la concentration et à la paix de l'esprit, s'imaginent « arrivés », alors qu'ils ne sont qu'immobilisés dans un lieu. Il fait même jouer l'attaque contre lui-même dans l'un de ses plus beaux textes en prose, *La Salle des neiges*, où son interlocuteur, très taoïste, vient pied à pied détruire ses illusions à avoir trouvé « une place dans le monde », de s'être trouvé donc, et dénonce en lui un « étriqué », arrimé à un lieu et à des peintures dont la contemplation est un leurre. Très loin de ces véritables sages, de « ces hommes épars », détachés, qui « voyagent au-delà des haies ».

Un tel état de conscience est en effet fondamentalement vide de détermination. Toute formulation le fige, le réifie, alors qu'il n'est que mouvement, geste, activité. Su Shi ne cesse, parfois avec un sentiment douloureux, de secouer en lui et de remettre en jeu le savoir auquel il pourrait se croire parvenu. C'est le cas en 1098 où, à la faveur d'un rêve, il annihile la longue et patiente réflexion qu'il semble avoir menée toute sa vie sur les liens entre la culture de soi et les méthodes des artisans. Ramené en enfance, il reçoit d'abord une leçon amusée de son maître taoïste d'alors qui pointe sa tendance à réduire l'Absolu – la merveille – à l'unité. Puis il voit deux hommes nettoyer la cour, « aussi vifs que s'ils dispersaient la brume, aussi rapidement que s'ils balayaient les nuages », pure activité fascinante où il reconnaît le sommet de l'art auquel sont parvenus le boucher Ding et le charpentier qui ôtait la plâtre du nez de son ami d'un coup de hache. Il reçoit alors cette leçon :

> « Vous n'avez encore jamais vu la merveille authentique : les méthodes de Ding et de Ying n'en rendent pas compte. Avec eux, les arts et la Voie se scindent en deux parts, la pratique et le vide ne font que se rejoindre, bien loin de ceux qui y parviennent doucement et aisément, sans médiation et sans contrainte ! N'avez-vous jamais vu les cigales ni les coqs ? Les premières montent aux arbres et chantent sans savoir s'arrêter ; les seconds baissent la tête tout le jour et picorent sans jamais savoir la lever. Or, quand les unes muent ou que les seconds sont aux aguets, ils n'entendent et ne voient rien, n'ont plus ni faim ni soif, les unes se transforment silencieusement au sein de la confusion et les autres guettent l'occasion dans l'infime. Même l'homme le plus sage n'en est pas capable. À quoi serviraient en l'espèce les arts et la pratique ? » Les deux hommes s'en allèrent. « Calmez-vous un peu », me dit le maître, « quand vous en serez là, vous pourrez [vous] interroger. » Les deux hommes se retournèrent : « Vieux maître, vous ne connaîtrez peut-être jamais cela, allez questionner les cigales et les coqs, ils pourront nourrir votre vie et accroître votre longévité[74]. »

74. *La Salle des mille merveilles* (19 avril 1098).

Il y a quelque plaisanterie et une bonne dose d'autodérision à s'entendre dire qu'il faut s'instruire des poules et des cigales. Tout dans ce texte semble remettre en cause la culture de soi. Le véritable naturel, tel qu'il est présenté ici, ne se rejoint pas par une activité en grande partie consciente, comme le faisait le boucher qui voyait, disséquait mentalement le bœuf avant de ne plus le voir et de faire corps avec lui. On y parvient, si c'est encore possible, comme la cigale à travers une métamorphose confuse, aveugle, dans l'indistinction ou comme les coqs dans une activité mécanique qui soudain s'immobilise. En dévalorisant la pratique artistique, Su Shi construit une autre méthode et une autre représentation de l'Absolu. Le merveilleux dans l'art est encore merveilleux, celui du naturel ne l'est plus, pure activité quotidienne propice aux métamorphoses obscures. En nouant ainsi répétition et transformation, Su Shi se défait d'une idée préconçue de l'Absolu, de l'idée que l'accès au Tao ou à la conscience pure ferait passer à un au-delà. C'est un rêve, dira-t-on. Pourtant Su Shi l'a noté scrupuleusement, comme un rappel à l'ordre. Il en a fait une commémoration qui a valeur de leçon. De même qu'on l'atteint sans vouloir l'atteindre, de même ce que l'on atteint dans l'Absolu, c'est le monde tel qu'il est.

De l'Absolu, les textes proposent cependant des images, tentent de l'approcher ou de mettre en chemin vers lui, tout en signalant les dangers d'une telle entreprise. La première, métaphorique, est celle du vent dont « la forme vient de ce qu'il heurte, non de lui-même [...] et [dont] la forme vient de ce qu'il rencontre, non de ce qu'il se donne »[75]. Telle est la voie, un flux qui accroît sa puissance des rencontres, une conscience qui n'a d'autre forme que la multiplicité changeante. Un autre texte, remarquable parce qu'on n'y retrouve plus aucune des marques du genre commémoratif, sans date, sans commanditaire, sans lieu

75. *Le Pavillon du zéphyr*.

identifiable, de nulle part, en donne une formulation plus abstraite et apophatique :

> Vide et un,
> Droit et orienté,
> Tandis que toutes choses naissent et prolifèrent,
> Cela seul,
> Impassible et à lui-même sa détermination,
> Je lui donne un nom : l'Immobile.
>
> Flou et manifeste,
> Lointain et caché ;
> Tandis que toutes choses meurent et s'écoulent,
> Cela seul
> Multiple et qui jamais ne s'oublie
> Je lui donne un nom : le Constant[76].

Su Shi se garde bien de nommer « l'objet » de ces versets. L'indistinction dans laquelle il laisse son thème – s'agit-il du Tao, de la conscience, du ciel, du soi véritable ? – est constitutive de cette réalité première qu'il cerne par le jeu des contradictions : vide et immuable, multiple et confus, toujours présent mais comme en sous-main, éternel et dans l'instant, ni rejoint dans l'effort continu, ni dévoilé dans l'Éveil, au bord des êtres qui vivent et meurent, quelque chose accompagne et change, qui est peut-être la mutation même, le principe de transformation à l'œuvre partout et jamais visible.

La dernière formulation, poétique, est extraite de la *Salle des neiges*, texte vraisemblablement commencé à Huangzhou en 1082 mais retravaillé, réélaboré lors de son exil à Huizhou. Dans le dialogue, Su Shi a tancé violemment, par le truchement d'un hôte de passage, ses prétentions à avoir rejoint la Voie ; il s'y montre soucieux de se dégager de toute fixation spatiale ou spirituelle, use de tous les artifices pour destituer une sorte

76. *Le Studio de l'immobile constance*.

de moi primordial, une véritable identité. Ce débat, Su Shi propose soudain de le laisser en suspens, de cesser les arguties et la mauvaise foi pour aller randonner librement.

> Je ne sais si on peut voir et apprécier la neige
> Si on peut aller contre ou avec le monde
> Je sais seulement ceci
> Le bon plaisir de ma nature et le hasard de mes idées
> Là
> Quand tous les souffles levés et la grande clarté
> Déjà haute dans le ciel je me retourne alors
> Et vois tout uniment le vol
> Des poussières à travers les fissures de l'aube

Cette promenade soudaine « au-delà des haies » où il chante sa liberté comme le scintillement des choses dans la lumière nouvelle semble être comme un condensé de l'étude qu'il a construite : suspension du sens, spontanéité des émotions, caprice des pensées, clarté de l'esprit et du monde qui se donne à voir dans sa fraîcheur et sa nouveauté, présence active et mobile. Peut-être le Tao de Su Shi est-il là : dans le nomadisme des corps et de la pensée.

NOTES SUR LE TEXTE ET LA TRADUCTION

La traduction des soixante et une commémorations s'inscrit dans le projet, commencé en 2004 avec la parution des rhapsodies de Su Shi, de restituer la création de cet auteur en suivant l'évolution de sa pratique scripturaire dans un genre particulier. Comme pour les rhapsodies, la plupart des textes proposés ici sont datables, soit qu'ils comportent expressément des signatures mentionnant les années et les jours, soit par recoupement de faits, de lieux et de personnes.

Dans l'arrangement chronologique que j'ai choisi, je me suis essentiellement basé sur la chronologie de la vie et de l'œuvre de Su Shi [*Su Shi nianpu* 蘇軾年譜] en trois volumes de Kong Fanli 孔凡禮. Ce travail de compilation considérable, rassemble, confronte et complète les différentes chronologies anciennes et modernes parues à la date de 1998 et utilise commentaires de poèmes, notes au fil du pinceau [*biji* 筆記], anthologies, œuvres des auteurs contemporains, notes éparses ou histoires locales pour livrer de la vie de Su Shi et de son œuvre un parcours extrêmement précis. Il résout nombre de problèmes d'identification de lieux ou de personnes.

Huit commémorations n'ont pu être datées définitivement, même si certains éléments de critique interne permettent de formuler quelques hypothèses. Je les ai reportées cependant en fin de volume.

L'édition du texte ne suit donc pas l'ordre mi-chronologique mi-thématique proposé par Kong Fanli dans son édition des œuvres en prose de Su Shi [Su Shi Wenji 蘇軾文集][77] publiée à Pékin en 1986 en six tomes. Les soixante et une pièces apparaissent dans le deuxième volume en deux *juan* 卷 (onze et douze) et aux pages 343 à 414.

Je suis pourtant fidèlement l'édition individuelle de chaque commémoration et mentionne à sa suite quelques variantes et leçons sans apporter, sauf indication contraire, de modification. J'ai consulté pour ce faire :

– une édition des Song nommée *Œuvres [de l'ermite] de la Pente de l'Est* [Dongpo ji 東坡集] dont demeurent aujourd'hui 30 *juan*, conservée à la bibliothèque de Pékin et notée « Jijia » 集甲 ;

– l'anthologie de textes de Su Shi commentés par Lang Ye 郎曄 (actif en 1229), *Jingjin Dongpo wenji shilue* 經進東坡文集事略, éditée dans la collection Sibu congkan et notée « Langben » ;

– l'édition des Ming (1468) due à Cheng Zong 程宗 des *Œuvres complètes du Duc des Lettres et de la Loyauté Su* [Su Wenzhong gong quanji 蘇文忠公全集] en sept collections [*qiji* 七集] et dont les deux premières [*qianji* 前集 et *houji* 後集] rassemblent la plupart des commémorations ;

– les neuf pièces contenues dans le *Miroir de la littérature des Song* [Song wenjian 宋文鑑], anthologie compilée par Lü Zuqian呂祖謙 (1137-1181).

La traduction a été guidée par un principe : rendre compte, tout en conservant la dimension littéraire des textes, de leur « matière ». Ainsi tout ce qui fait sens, certains noms de lieux, ceux des temples ou les surnoms des moines et les appellations posthumes ont été adaptés en français ; inversement, le vocabulaire bouddhique auquel Su Shi a abondamment recours, a été laissé, quand il s'agit de transcriptions phonétiques, dans leur équivalent sanskrit, non par goût du mystère mais

77. Ci-après abrégée en SSWJ.

pour préserver l'hétérogénéité de cette langue dans l'écriture chinoise et indiquer que la pensée de Su Shi s'élabore *aussi* dans un rapport à l'étranger et dans un idiolecte nouveau. Les notes tentent de suppléer à cette difficulté de lecture. Les chapeaux qui surmontent chacun de ces textes essaient de contextualiser les enjeux thématiques et à ouvrir, sans en décider, l'interprétation.

Structure formelle du gouvernement sous les Song
(960-1279)

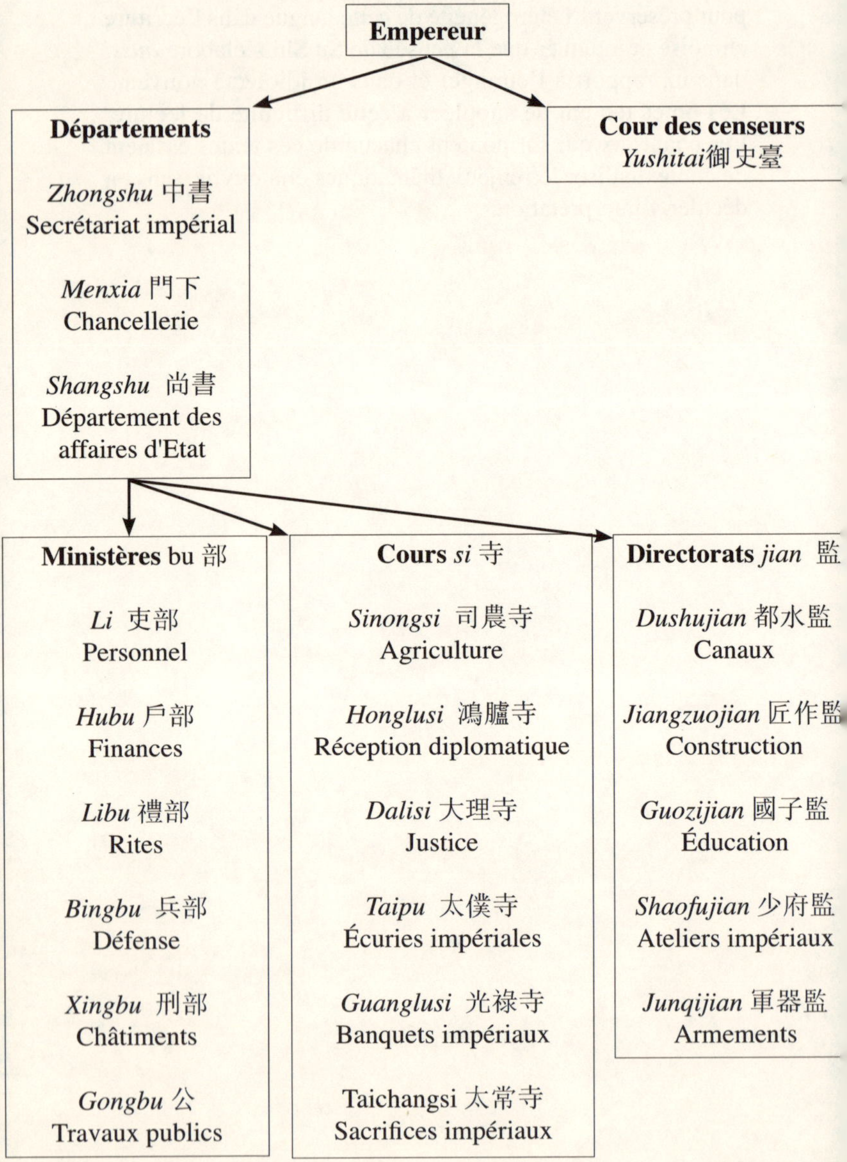

D'après Winston W. Lo, *An Introduction to the Civil Service of Sung China*, p. 4

Structure réelle du gouvernement
Administration centrale

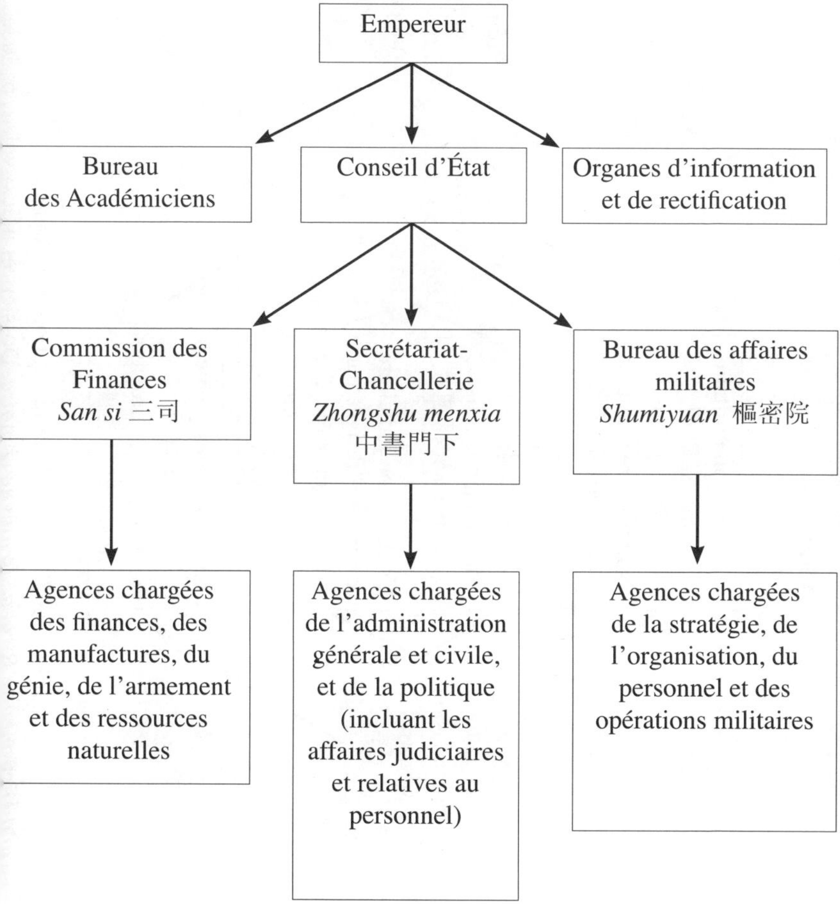

D'après Winston W. Lo, *An Introduction to the Civil Service of Sung China*, p. 45.

Administration locale

D'après « les Tableaux d'administration historique »,
Grand Dictionnaire Ricci de la langue chinoise, Dossiers et index, vol. 7, p. 308.

BIBLIOGRAPHIE SÉLECTIVE

Sources primaires

BAI Juyi 白居易, *Bai shi Changqing ji* 白氏長慶集, Siku quanshu.

BI Zhongyou 畢仲游, *Xitai ji* 西台集, Siku quanshu.

CANLIAO 參廖, *Canliaozi ji* 參廖子集, Siku quanshu.

CHENG Hao 程顥, CHENG Yi 程頤, *Er Cheng ji* 二程集, Zhonghua shuju, 1981, Pékin.

DU Fu, *Du Fu xiang zhu* 杜甫詳註, Zhonghua shuju, Pékin, (1979) 1989.

FAN Zuyu范祖禹, *Fan taishi ji* 范太史集, Siku quanshu.

Fozu tongji 佛祖統紀, T. 49, n° 2035.

GUO Maoqian 郭茂倩, *Yuefu shiji* 樂府詩集, Zhonghua shuju, 1991 (1079), Pékin.

GUO Ruoxu 郭若虛, *Tuhua jianwen zhi* 圖畫見聞誌, Renmin meishu chubanshe, 1983, Pékin.

HUANG Yongtang 黃永堂, *Guoyu quanyi* 國語全譯, Guizhou renmin chubanshe, 1995, Guiyang.

HAN Qi 韓琦, *Anyang ji* 安陽集, Siku quanshu.

HAN Yu 韓愈, *Han Changli wen ji jiaozhu* 韓昌黎文集校注, Shanghai guji chubanshe, 1994, Shanghai.

HANFEIZI 韓非子, *Hanfeizi xin jiaozhu* 韓非子新校注, Shanghai guji chubanshe, 2000, Shanghai.

Hanshu 漢書, Zhonghua shuju, (1962) 1990, Pékin.

Hou Hanshu 後漢書, Zhonghua shuju, (1965) 1991, Pékin.

HUANG Tingjian 黄庭堅, *Shangu ji* 山谷集, Siku quanshu.

HUANG Tingjian, *Shangu shizhu* 山谷詩集, Guoxue jiben congshu.

HUIHONG 惠洪, *Lengzhi yehua* 冷齋夜話, Siku quanshu.

Jinshu 晉書, Zhonhhua shuju, 1987, Pékin.

Jiu Tang shu 舊唐書, Zhonghua shuju, 1961, Pékin.

KONG Fanli 孔凡禮, *Su Shi nianpu* 蘇軾年譜, Zhonghua shuju, (1998) 2005, Pékin.

LANG Ye 郎曄, *Jingjin Dongpo wenji shilue* 經進東坡文集事略, Sibu congkan.

Laozi zhu 落子注, in *Zhuzi jicheng* 諸子集成, vol. 3, Zhonghua shuju, (1954) 1990,Pékin.

Le Soutra de la perfection de sagesse coupante comme du diamant [Jinggang banruo boluomi jing 金剛般若波羅蜜經], T. 8, n °235.

Le Soutra du Lotus, [Miaofa lianhua jing 妙法蓮華經], T. 9, nº 262.

L'Enseignement de Vimalakīrti [Weimojie suo shuo jing 維摩詰所說經], T 14, nº 475

LI Tao 李燾, *Xu Zizhi tongjian changbian* 續自治通鑒長編, Zhonghua shuju, 1986, Pékin.

LIU Yiqing 劉義慶, *Shishuo xinyujiaojian* 世說新語校箋, Zhonghua shuju, (1984) 1994, Pékin.

Lunyu 論語, in ZHU Xi 朱熹, *Sishu zhangju jizhu* 四書章句集注.

LÜ Zuqian 呂祖謙, *Song wenjian* 宋文鑑, Zhonghua shuju, 1992, Pékin.

Mengzi 孟子, in ZHU Xi 朱熹, *Sishu zhangju jizhu* 四書章句集注.

Nanshi 南史, Zhonghua shuju, 1982, Pékin.

OUYANG Xiu 歐陽修, *Ouyang Yongshu ji* 歐陽永叔集, *Guoxue jiben congshu*.

QIN Guan 秦觀, *Huaihai ji jianzhu* 淮海集箋注, Shanghai guji chubanshe, 1994, Shanghai.

Sanguo zhi 三國志, Zhonghua shuju, (1959) 1982, Pékin.

SHAO Bo 邵博, *Shao shi hou wenjian* 邵氏聞見後錄, Zhonghua shuju, 1983, Pékin.

SHEN Gou 沈遘, *Xixi ji* 西溪集, Siku quanshu.

SIMA Guang 司馬光, *Zizhi tongjian*資治通鑒, Zhonghua shuju, (1956) 1992, Pékin.

SIMA Guang, *Sima Wenzheng gong chuanjia ji* 司馬文正公傳家集, Guoxue jiben congshu.

SIMA Qian 司馬遷, *Shiji* 史記, Zhonghua shuju, (1929) 1987, Pékin.

Song-Yuan xue'an 宋元學案, Zhonghua shuju, 1986, Pékin.

SU Shi 蘇軾, *Dongpo Yizhuan* 東坡易傳, reproduction photographique de l'édition du *Siku Quanshu*, Shanghai guji chubanshe, Shanghai, 1989.

SU Shi, *Dongpo quanji* 東坡全集, Siku quanshu.

SU Shi, *Dongpo shuzhuan* 東坡書傳, Siku quanshu.

SU Shi, *Dongpo zhilin* 東坡志林, Huadong shifan daxue chubanshe, 1883, Huadong.

SU Shi, *Su Shi shiji* 蘇軾詩集 , Zhonghua shuju, 1982, Pékin, 8 volumes.

SU Shi, *Su Shi wenji* 蘇軾文集, Zhonghua shuju, 1986, Pékin, 6 volumes.

SU Shi, *Dongpo ci biannian jianzheng* 東坡詞編年箋證, Sanqin chubanshe, Xi'an, 1998.

Su Shi ziliao huibian 蘇軾資料彙編, Zhonghua shuju, Pékin, 1994.

SU Xun 蘇洵, *Jiayou ji jianzhu* 嘉祐集箋注, Shanghai guji chubanshe, 1993, Shanghai.

SU Zhe 蘇轍, *Su Zhe ji* 蘇轍集, Zhonghua shuju, (1990) 2004, Pékin.

TAO Qian 陶潛, *Tao Yuanming ji* 陶淵明集, Zhonghua shuju, (1979) 1995, Pékin.

TUOTUO 脫脫, *Songshi* 宋史, Zhonghua shuju, 1985, Pékin.

WANG Anshi 王安石, *Wang Linchuan* ji王臨川集, Guoxue jibencongshu.

WEN Tong 文同 *Danyuan ji* 丹淵集, Siku quanshu 四庫全書.

XIAO Tong 蕭統, *Wenxuan* 文選, Guoxue jibencongshu.

Xu Chuandeng lu 續傳燈錄, T. 51, nº 2077.

YANG Bojun 楊伯峻, *Liezi jishi* 列子集釋, Zhonghua shuju, Pékin, (1979) 1996.

Yunji qiqian 雲笈七籤, Zhonghua shuju, 2003, Pékin.

Yuquanzi 玉泉子, Siku quanshu.

Za Ahanjing 雜阿含經, T. 2, nº 99.

ZENG Gong 曾鞏, *Zeng Gong sanwen xuan* 曾鞏散文選, Sanlian shudian, 1990, Hong-Kong.

ZHANG Fangping 張方平, *Lequan ji* 樂全, Siku quanshu.

ZHANG Zai 張載, *Zhengmeng* 正蒙, in *Œuvres de Zhang Zai* 張載集, Zhonghua shuju, Pékin, 1978.

ZHU Xi 朱熹 et LÜ Zuqian 呂祖謙, *Jinsi lu* 近思錄, Jiangsu guji chubanshe, Yangzhou, 1990.

ZHU Xi 朱熹, *Sishu zhangju jizhu* 四書章句集注, Zhonghua shuju, Pékin, (1983) 1989.

Zhuzi yulei 朱子語類, Zhonghua shuju, 1986, Pékin.

ZHUANGZI, *Zhuangzi jishi* 莊子集釋, édition « Zhuzi jicheng » 諸子集成, vol. 3, Zhonghua shuju, (1954) 1990.

Études

ARAI Ken 荒井健, « So Tôba ron 蘇東坡論 », in Yoshikawa Kôjirô 吉川幸次郎, *Chugôku bungaku ronshû* 中國文學論集, Shinchôsha, 1966, Tokyo, p. 237-246.

BALAZS Étienne, *La Bureaucratie céleste*, collection « Tel », Gallimard, (1968) 1988, Paris.

BILLETER Jean-François *Leçons sur le Tchouang-tseu*, 2002, Éditions Allia, Paris.

BOL Peter K., « This Culture of Ours » : Intellectual Transitions in T'ang and Sung China, Stanford University Press, 1992, Stanford.

BOL Peter K., « Su Shih and Culture », in *Sung Dynasty Uses of the I ching*, Kidder Smith, Jr, Peter K. Bol, Joseph A. Adler et Don J. Wyatt (éd.), Princeton University Press, 1990, Princeton.

BOSSLER Beverly, « Shifting Identities : Courtesans and Literati in Song China », *Harvard Journal of Asiatic Studies*, n° 62-1 (2002), p. 5-37.

BRIERE Pierre, *Ouyang Xiu, La salle du discernement du vrai et du faux et autres textes*, Cazimi, 1997, Saint-Quentin.

BUSH Susan, *The Chinese Literati on Painting : Su Shih to Tung Ch'i-ch'ang (1555-1636)*, Harvard-Yenching Institute Studies, n° 27, Harvard University Press, 1971, Cambridge, p. 29-51.

BUSH Susan et Shih Hsiao-yen, *Early Chinese Texts on Painting*, Harvard University Press, 1985, Cambridge, p. 191-240.

CARRE Patrick, *Fahai, Le Soutra de l'estrade du sixième patriarche Houei-neng*, Collection Points « Sagesses », Éditions du Seuil, 1995, Paris.

CHEANG Alice W., « Poetry, Politics and Philosophy: Su Shih as the Man of Eastern Slope », *Harvard Journal of Asiatic Studies*, n° 53-2 (1993), p. 325-387.

CHEANG Alice W., « Poetry and Transformation : Su Shih's Mirage », *Harvard Journal of Asiatic Studies*, n° 58-1 (1998), p. 147-182.

CHENG Jie 程杰, *Beisong shiwen gexin yanjiu* 北宋詩文革新研究, Wenjin chubanshe yinxing, 1996, Taibei.

CHEN Youshi 陳幼石, *Images and Ideas in Chinese Classical Prose : Studies of Four Masters*, Stanford University Press, 1988, Stanford.

CHEN Youshi 陳幼石, *Han Liu Ou Su guwen* 韓柳歐蘇古文, Shanghai wenyi chubanshe, 1983, Shanghai.

CHENG Anne (trad.), *Entretiens*, Points « Sagesses », Éditions du Seuil, Paris, 1981.

COUVREUR Séraphin, *Le Cheu king*, traduction disponible

à cette adresse http ://www.uqac.uquebec.ca/zone30/Classiques_des_sciences_sociales/index.html

COUVREUR Séraphin, *Le Chou king*, traduction disponible à cette adresse http ://www.uqac.uquebec.ca/zone30/Classiques_des_sciences_sociales/index.html

COUVREUR Séraphin, *Le Cheu king*, traduction disponible à cette adresse http ://www.uqac.uquebec.ca/zone30/Classiques_des_sciences_sociales/index.html

COUVREUR Séraphin, *Les Mémoires historiques* de Se-ma Ts'ien, traduction à cette adresse http ://www.uqac.uquebec.ca/zone30/Classiques_des_sciences_sociales/index.html

COUVREUR Séraphin, *Mémoires sur les bienséances et les cérémonies*, Cathasia, 1930, Paris.

DAVIS A. R., « Su Shih's Following the Rhymes of T'ao Yuanming's Poems », *Journal of Oriental Society of Australia*, nº 10 (1974), p. 93-108.

DIAO Zhongmin 刁忠民, *Songdai taijian zhidu yanjiu*宋代臺諫制度研究, Bashu shushe, 1999, Chengdu.

DIDEROT Denis, Article « Éclectisme », recueilli dans *Œuvres*, t. 1 « Philosophie », collection « Bouquins », Robert Laffont, Paris, 1994.

DU Weimo 杜維沫 et CHEN Xin 陳新, in *Ouyang Xiu wenxua*n 歐陽修文選, Renmin wenxue chubanshe, 1982, Pékin.

EGAN Ronald, *The Literary works of Ou-yang Hsiu*, Cambridge University Press, 1980, Cambridge.

EGAN Ronald C., « Poems on Paintings ; Su Shih and Huang T'ing-chien », *Harvard Journal of Asiatic Studies*, 43.2 (1983), p. 413-451.

EGAN Ronald C., *Word, Image, and deed in the Life of Su Shi*, Council on East Asian Studies et Harvard Yenching Institute, Harvard University Press, Cambridge (Massachusetts) et Londres, 1994.

EGAN Ronald C., *The Problem of Beauty : Aesthetic*

Thought and Pursuits in Northern Song Dynasty China, Council on East Asian Studies et Harvard Yenching Institute, Harvard University Press, 2006, Cambridge (Massachusetts) et Londres.

ESCANDE Yolaine (trad.), *Guo Ruoxu, Notes sur ce que j'ai vu et entendu en peinture*, La Lettre volée, 1994, Bruxelles.

FENG Zuomin 馮作民, *Baihua Zuozhuan* 白話左傳, Xinguang chubanshe, 1994, Taibei.

FEUILLAS Stéphane, « *Les lettres sur la puissance* : Guerre et pouvoir dans la pensée de Su Xun (1009-1066) », Cahiers du Centre Marcel Granet, nº 1, mai 2003, p. 115-150.

FEUILLAS Stéphane, « Les Montagnes intimes. Rocailles miniatures et bois flottés dans l'œuvre de Su Shi », Catalogue de l'exposition *Montagnes célestes*, mars 2004, p. 63-71.

FEUILLAS Stéphane, « La dispersion de soi. Image, méditation et construction de la singularité dans la *Salle des neiges* de Su Shi (1037-1101) », Cahiers du Centre Marcel Granet, nº 2, *Sujet, moi, personne*, Presses Universitaires de France, septembre 2004, p. 209-240.

FEUILLAS Stéphane, « La quête des hommes étranges. Treize poèmes de Su Shi (1037-1101) pour devenir immortel », L'infini, nº 90, printemps 2005, p. 88-103.

FEUILLAS Stéphane, « Rapprochements, signes, envois. Métaphores dans la poésie et la pensée de Su Shi (1037-1101) », in *Cahiers d'Études japonaises* édités par le GREJA, Éditions Picquier, 2008, Arles, p. 55-82.

FULLER Michael A., *The Road to East Slope : The Development of Su Shi's Poetic Voice*, Stanford University Press, Stanford, 1990, p. 51-52, 105, 180-183, 260, 265.

GERNET Jacques (trad.), *Entretiens du maître du dhyāna Chen-houei du Ho-tsö*, École Française d'Extrême-Orient, (1949) 1977, Paris.

GRANT Beata, *Mount Lu Revisited*, University of Hawaï

Press, 1994, Honolulu.

GRAZIANI Romain, *Fictions philosophiques du « Tchouang-tseu »*, Collection « L'Infini », Gallimard, 2006, Paris.

GUO Ming 郭明, *Song Yuan fojiao* 宋元佛教, Fujian renmin chubanshe, 1985, Fuzhou.

HARGETT Charles James M., « Clearing the Apertures and Getting in the Tune : The Hainan Exile of Su Shi (1037-1101) », *Journal of Sung-Yuan Studies*, nº 30 (2000), p. 141-167.

HARTMAN Charles, « Poetry and Politics in 1079 : The Crow Terrace Poetry Case of Su Shih », *Chinese Literature : Essays, articles, eviews (CLEAR)*, nº 12 (1990), p. 15-44.

HARTMAN Charles, « The Inquisition against Su Shih : His Sentence as an Example of Sung Legal Pratcice », *Journal of American Oriental Society,* nº 113-2 (1999), p. 928-943.

HATCH Georges C. R, Su Shih in *Sung Biographies*, vol. 16-3, Franz Steiner Verlag Gmbh, 1976, Wiesbaden, p. 900-968

HERVOUET Yves, *Le chapitre 117 du Che-ki*, Presses Universitaires de France, 1972, Paris.

HOLZMAN Donald, « Une fête chez Su Shih à Huang Chou en 1082 », in Françoise Aubin (éd.), *Études Song in memoriam Etienne Balazs*, Série II, 2, EHESS, 1980, Paris, p. 123-126.

HUANG Baohua 黃寶華, *Huang Tingjian xuanji* 黃庭堅選集, Shanghai guji chubanshe, 1991, Shanghai.

HUANG Junren 黄俊仁, *Su Dongpo chuangzaoli yu jingzuo* 蘇東坡創創造力與靜坐, Wenjin chubanshe, 2006, Taibei.

HUANG Mingfen 黄鳴奮, *Lun Su Shi de wenyi xinli guan* 論蘇軾的文藝心理觀, Haixia wenyi chubanshe, 1987, Fuzhou.

JIA Yuying 賈玉英, *Songdai jiancha zhidu* 宋代監察制度, Henan chubanshe, 1996, Kaifeng.

JIANG Shengdiao 姜聲調, *Su Shi de Zhuangzi xue* 蘇軾的

莊子學, Wenyin chubanshe, Taibei, 1999.

JIN Shengyang 金生楊, *Su shi yizhuan yanjiu* 蘇氏易傳研究, Ba-Shu shushe, 2002, Chengdu.

JIN Zheng 金諍, « Lun Su Shi yu lixue zhi zheng » 論蘇軾與理學之爭, Xueshu yuekan 學術月刊, nº 2 (1985), p. 61-67.

KONG Fan 孔繁, « Su Shi *Piling Yizhuan* de zhexue sixiang » 蘇軾毗陵易傳的哲學思想, *Zhongguo zhexue* 中國哲學, nº 9 (1983), p. 221-239.

KUHN Dieter, *The Age of Confucian Rule*, The Belknap Press of Harvard University Press, 2009, Cambridge, Massachusetts.

LANSELLE Rainier (trad.), *Spectacles curieux d'autrefois et d'aujourd'hui*, Bibliothèque de la Pléiade, 1996, Paris.

LEE Thomas H.C., *Government Education and Examinations in Sung China*, The Chinese University Press, 1985, Hong-Kong.

LI Yibing 李一冰, *Su Dongpo xinzhuan* 蘇東坡新塼, Lianjing chuban shiye gongsi, 1993, Taibei.

LIN Yutang, *The Gay Genius : The Life and Time of Su Dongpo*, The John Day Company, 1947, New-York.

LIU Fusheng 劉福生, *Beisong zhongqi ruxue fuxing yundong* 北宋中期儒學復興運動, Wenjin Chubanshe, 1991, Taibei.

LIU James T.C., *Ou-yang Hsiu : An Eleventh-Century Neo-Confucianist*, Stanford University Press, 1967, Stanford.

LIU James T.C., *Reform in Sung China : Wang An-shih (1021-1086) and his New Policies*, Harvard University Press, 1959, Cambridge, Massachusetts.

LIU Kia-hway (trad.), *Tchouang-tseu*, in *Philosophes taoïstes*, Bibliothèque de la Pléiade, 1980, Paris.

LIU Liming 劉黎明, *Songdai minjian wushu yanjiu* 宋代民間巫術研究, Ba-Shu shushe, 2004, Chengdu.

LIU Naichang 劉乃昌, « Tan Su Shi de yishu gexing » 談蘇軾的藝術個性, in *Su Shi wenxue lunji* 蘇軾的文學論集, Qilu shushe, Jinan, 1982, p. 92-94.

LIU Naichang, « Lun Fo Lao sixiang dui Su Shi de yngxiang » 論佛老思想對蘇軾的影響, in *Su Shi wenxue lunji* 蘇軾文學論集, p. 217-232.

LO Winston W., *An Introduction to the Civil Service of Sung China with Emphasis on its Personnel Administration*, University of Hawaii Press, 1987, Honolulu.

LUO Chuanqi 儸傳奇 et WU Yunsheng 吳云生, *Wang Anshi jiaoyu sixiang yanjiu* 王安石教育研究, Jiangnan jiaoyu chubanshe, 1991, Nanchang.

MA Jigao 馬積高, *Song Ming Lixue yu wenxue* 宋明理學與文學, Hunan shifan daxue chubanshe, 1989, Changsha.

MARCH Andrew L., « Self and Landscape in Su Shih », *Journal of American Oriental Society,* n° 86-4 (1966), p. 377-396.

MATHIEU Rémi, « La Pratique équilibrée », in *Philosophes confucianistes*, Bibliothèque de la Pléiade, 2009, Paris

MURCK Christian, « Su Shih's Reading of the *Chung Yung* », in *Theories of the Arts in China*, Susan Bush and Christian Murck (ed.), Princeton University Press, 1983, Princeton, p. 267-292.

OGAWA Tamaki 小河環樹, « Shi ni okeru hitaku no kôsetsu to gazoku : So Tôba no baai » 詩における比較の工拙と雅俗 ： 蘇東坡の場合, in *Chugôku bungaku hô* 中國文學報2 : 1-17 (1955), réédité dans Ogawa Tamaki, *Kaze to kumo : Chugôku bungaku ronshû* 風と雲 ： 中國文學論集, Asahi shimbun, Tokyo, 1972, p. 145-167.

PIMPANEAU Jacques (trad.), *Su Dongpo, Sur moi-même*, Picquier, Arles, 2003.

QIU Junpeng 邱俊鵬, « Su Shi bian Dan de jingshen zhizhu ziwo paiyi » 蘇軾貶儋的精神支柱自我排遣, in Wang Jingzhi王靜芝et Wang Chuqing王初慶(éd.), *Qiangu fengliu : Dongpo shishi jiubai nian xueshu yantaohui*千古風流 ： 東坡逝世九百年學術研討會, p. 49-65.

SARGENT Stuart H., « Colophons in Countermotion : Poems by Su Shih and Huang T'ing-chien on Paintings », *Harvard*

Journal of Asiatic Studies, n° 52-1 (1992), p. 263-302.

SARGENT Stuart H., *The Poetry of He Zhu (1052-1125) : Genres, Contexts, and Creativity*, Brill, 2007, Leiden.

SHEN Songqin 沈松勤, *Beisong wenren yu dangzheng* 北宋文人與黨爭, Renmin chubanshe, 1998, Pékin.

SHIH Vincent Yu-chung (trad.), *The Literary Mind and the Carving of Dragons*, The Chinese University Press, 1983, Hong-Kong.

SHOU Min 痩民, « Qiantan Su Shi fengge de duoyanghua » 淺談蘇軾風格的多樣化, in Su Shi yanjiu xuehui (éd.) 蘇軾研究學會, *Dongpo shi luncong* 東坡詩論叢, Sichuan wenyi chubanshe, Chengdu, 1986, p. 48-49.

SU Pinxiao 粟品孝, *Zhu Xi yu Songdai Shuxue* 朱熹與宋代蜀學, Gaodeng jiaoyu chubanshe, 1998, Pékin.

TAO Wenpeng 陶文鵬, « Shi lun Su Shi de shihua tongyi shuo » 試論蘇軾的詩畫同異說, in *Wenxue pinglun congkan* 文學評論叢刊, 13 (1983), p. 15-37.

TWITCHETT Denis et JAKOV SMITH Paul, *The Cambridge History of China Vol. 5 : Part One : The Sung Dynasty and Its Precursors, 907–1279*, Harvard University Press, 2009, Cambridge, Massachusetts.

UCHIYAMA Seiya 内山精也, *Chuanmei yu zhenxiang : Su Shi jiqi zhouwei shidafu de wenxue* 傳媒與真相 : 蘇軾及其周圍士大夫的文學, Shanghai guji chubanshe, 2005, Shanghai.

VALLETTE-HEMERY Martine (trad.), *Les Formes du vent. Paysages chinois en prose*, Collection « Spiritualités vivantes », Albin Michel, Paris, [1987] 2004.

VALLETTE-HEMERY Martine (trad.), *Les Paradis naturels. Jardins chinois en prose*, Éditions Philippe Picquier, 2001, Arles.

WANG Jingzhi 王靜芝 et WANG Chuqing 王初慶 (éd.), *Qiangu fengliu : Dongpo shishi jiubai nian xueshu yantaohui* 千古風流 : 東坡逝世九百年學術研討會, Hongye wenhua shiye youxian gongsi, 2001, Taibei.

WANG Longsheng 王隆升, « Chongtu yu hejie : shilun Wang Anshi yu Dongpo zhi qingyi » 衝突與和解 : 試論王安石與東坡之情誼, in Wang Jingzhi王靜芝et Wang Chuqing王初慶 (éd.), *Qiangu fengliu : Dongpo shishi jiubai nian xueshu yantaohui*千古風流 : 東坡逝世九百年學術研討會, p. 15-47.

WEI Daoru 魏道儒, *Songdai chanzong wenhua* 宋代禪宗文化, Zhongzhou guji chubanshe, 1993, Zhengzhou.

XIANG Chu 項楚, « Su Shi biyu suotan 蘇軾比喻瑣談 », in *Su Shi yanjiu zhuanji* 蘇軾研究專集, *Sichuan daxue xuebao congkan* 四川大學學報叢刊, n° 6, Sichuan renmin chubanshe, Chengdu, 1980, p. 26-35.

YAMAMOTO Kazuyoshi, « So Shoku shi ronkô » 蘇軾詩論稿, *Chûgoku bungaku hô* 中国文学报, n° 13 (1961), p. 80-85.

YANG Vincent, « A Comparative Study of Su Shi's *He Tao shi* », *Monumenta Serica*, 56 (2008), p. 219-258.

YANG Xiaoshan, *Metamorphosis of the Private Sphere. Gardens and Objects in Tang-Song Poetry*, Harvard University Press, Cambridge (Massachusetts) et London, 2003.

YOU Biao 游彪, *Songdai yinbu zhidu yanjiu* 宋代蔭補制度研究, Zhongguo shehui kexue chubanshe, 2001, Pékin.

ZHAO Zhongwei 趙中偉, « Dongpo de "roudao" : jiexi "Dongpo Yizhuan" de siwei jiegou » 東坡的柔道 : 東坡易傳的思維結構, in Wang Jingzhi王靜芝et Wang Chuqing王初慶(éd.), *Qiangu fengliu : Dongpo shishi jiubai nian xueshu yantaohui*千古風流 : 東坡逝世九百年學術研討會, p. 617-656.

TABLEAU DES DYNASTIES CHINOISES

Dynasties légendaires

Fuxi 伏羲
« Le divin Laboureur » Shennong 神農
« Le Souverain Jaune » Huangdi 黃帝
Yao 堯
Shun 舜

Les Trois dynasties Sandai 三代

Xia 夏 : 2207-1766 av. J.-C.
Fondée par Yu le Grand Dayu 大禹

Shang 商 : 1766-1122 av. J.-C.
Fondée par Tang le Victorieux 盛湯

Zhou 周 : 1121-222 av. J.-C.
Fondée par les rois Wen 文王 et Wu 武王

Zhou de l'Ouest : 1121-771 av. J.-C.
Printemps et Automnes 春秋 : 770-481 av. J.-C.
Royaumes Combattants 戰國 : 453-222 av. J.-C.

Qin : 221-206 av. J.-C.

Premier empereur [Qin shi huangdi] 秦始皇第 : 221- 209 av. J.-C.
Second empereur [ershi huangdi] 二世皇帝 : 209-206 av. J.-C.

Han de L'Ouest 西漢 : 476-221 av. J.-C.
Fondée par Liu Bang 劉邦 (r. 206-195)

Xin 新 : 9-25
Règne de Wang Mang 王莽 (r. 9-23)

Han de l'Est 東漢 : 25-220

Trois Royaumes 三國 : 220-265

Jin 晉 : 265-420

Dynasties du Sud et du Nord 南北朝 : 420-589

Sui 隋 : 589-618

Tang 唐 : 618-907

Cinq Dynasties 五代 : 907-960

Song du Nord 北宋 : 960-1127

Taizu 太祖 : 960-976
Taizong 太宗 : 976-7997
Zhenzong 真宗 : 997-1022
Renzong 仁宗 : 1022-1063

Ère du Sage céleste Tiansheng 天聖 : 1023
Ère de la Voie lumineuse Mingdao 明道 : 1032
Ère Jingyou 景祐 : 1034
Ère Baoyuan 寶元 : 1038
Ère Kangding 康定 : 1040
Ère du Calendrier faste Qingli 慶歷: 1041
Ère Huangyou 皇佑 : 1049
Ère de l'Harmonie accomplie Zhihe 至和 : 1054
Ère de l'assistance parfaite Jiayou 嘉佑 : 1056

Yingzong 英宗 : 1063-1067

Ère de la Paix accomplie Zhiping 至平

Shenzong 神宗 : 1067-1085

Ère de Paix harmonieuse Xining 熙寧 : 1068
Ère de l'Abondance originelle Yuanfeng 元豐 : 1078

Zhezong 哲宗 : 1085-1100

Ère de la Bénédiction originelle Yuanyou 元祐 : 1086
Ère de la Continuation de [l'œuvre] du Sage
Shaosheng 紹聖 : 1094
Ère du Talisman originel Yuanfu 元符 : 1098

Huizong 徽宗 : 1100-1125

Ère de *Fondation de l'Empire du milieu pacifié*
Jian zhongqing guo 建中靖國 : 1101-1102

Song du Sud 南宋 : 1127-1279

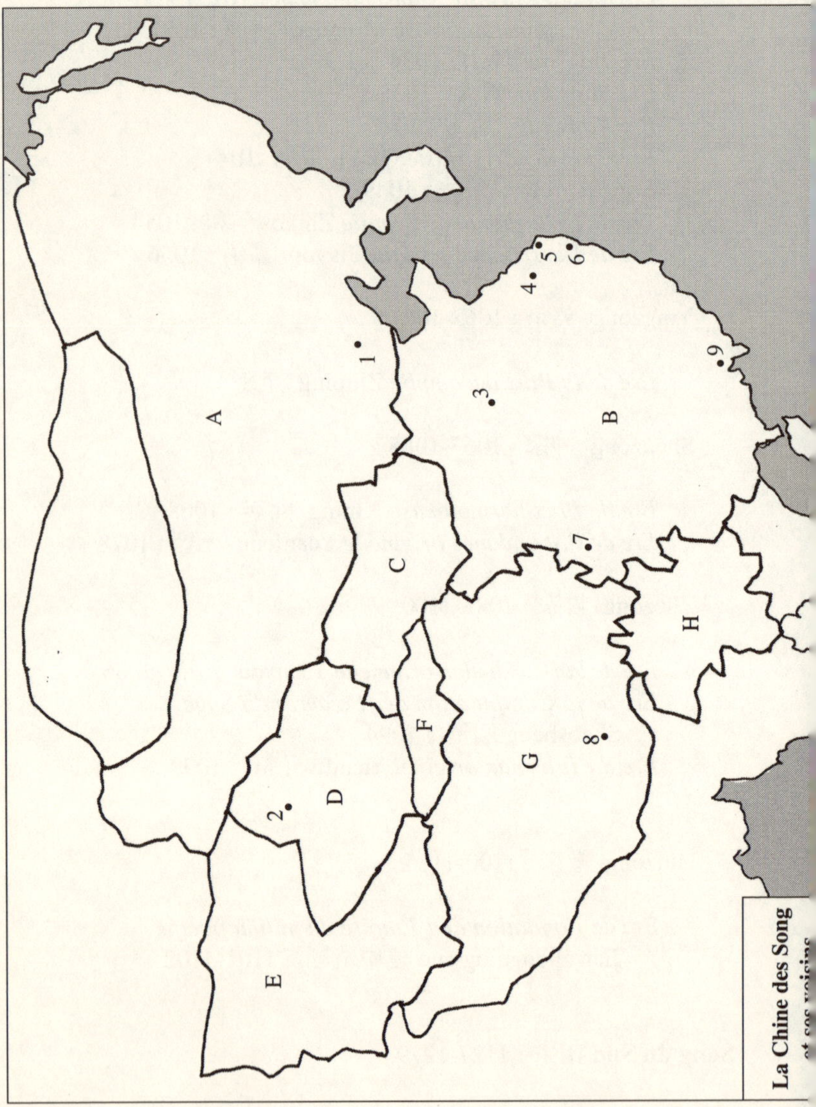
La Chine des Song
A
B
C
D
E
F
G
H
1
2
3
4
5
6
7
8
9

Légendes :

A. KHITAN : LIAO 遼
B. SONG DU NORD 北宋
C. TANGOUTS : XIXIA 西夏
D. OUÏGHOURS : XIZHOU HUIGU 西州回鶻
E. HEIHAN 黑汗
F. HUANGTOU HUIHE 黃頭回紇
G. TIBET : TUFAN ZHUBU 吐蕃諸部
H. DALI 大理

N.B. : Nous notons à titre indicatif quelques villes actuelles.

1. Pékin 北京
2. Urumqi 烏魯木齊
3. Kaifeng 開封
4. Nankin 南京
5. Shanghai 上海
6. Hangzhou 杭州
7. Chengdu 成都
8. Lhassa 拉薩
9. Canton 廣州

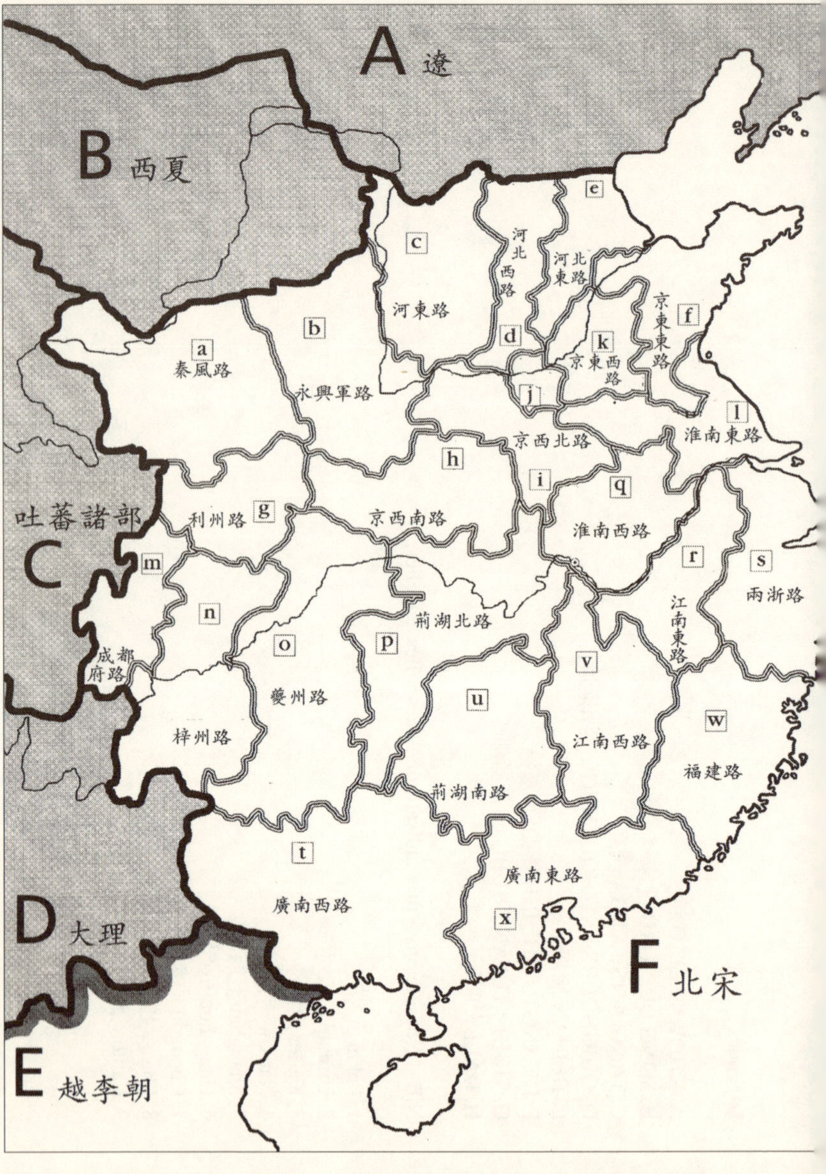

D’après le Grand dictionnaire Ricci, vol. VI, « Dossiers et index ».

Les circuits dans la Chine des Song du Nord (960-1127)

Pays :

A) LIAO
B) XIXIA
C) TUFAN ZHUBU
D) DALI
E) YUELI CHAO
F) SONG DU NORD

Circuits :

a) Qinfeng lu
b) Yongxing junlu
c) Hedong lu
d) Hebei xilu
e) Hebei donglu
f) Jingdong donglu
g) Lizhou lu
h) Jingxi nanlu
i) Jingxi beilu
j) Jingji lu 京畿路
k) Jingdong xilu
l) Huainan donglu
m) Chengdu fu lu
n) Zizhou lu
o) Kuizhou lu
p) Jinghu beilu
q) Huainan xilu
r) Jiangnan donglu
s) Liangzhe lu
t) Guangnan xilu
u) Jinghu nanlu
v) Jiangnan xilu
w) Fujian lu
x) Guangnan donglu

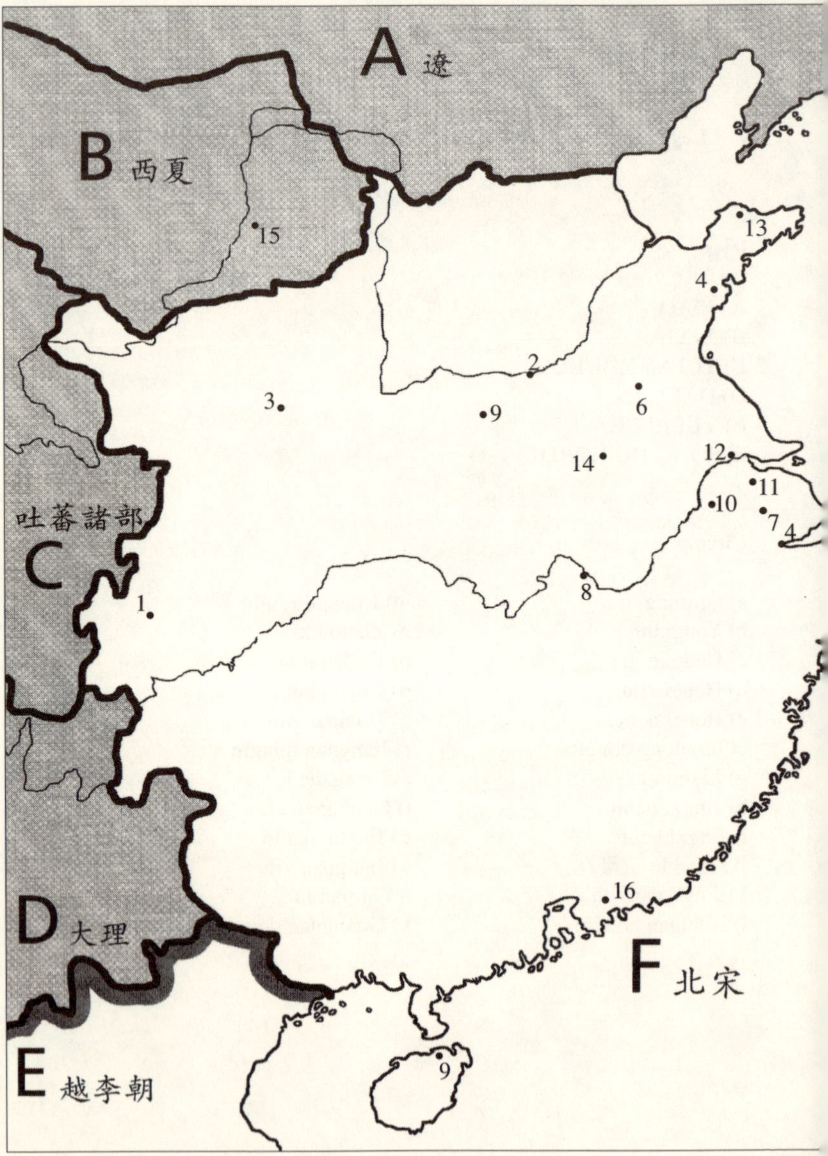
A 遼
B 西夏
吐蕃諸部
C
D 大理
E 越李朝
F 北宋
15
13
4
2
3
9
6
12
14
11
10
7
4
8
1
16
9

Les déplacements de Su Shi

1. Meishan 眉山 : 1037-1055 et 1066-1068
2. Bianjing 汴京 (Kaifeng 开封) : 1056-1061, 1067-1071, 1079 et 1085-1089
3. Fengxiang 鳳翔 : 1061-1064
4. Hangzhou 杭州 : 1071-1074, 1089-1090
5. Mizhou 密州 : 1075-1077
6. Xuzhou 徐州 : 1077-1079
7. Huzhou 湖州 : 1079
8. Huangzhou 黃州 : 1080-1084
9. Ruzhou 汝州 : 1084
10. Jinling 金陵 (Nankin 南京) : 1084
11. Changzhou 常州 : 1085 et 1101
12. Yangzhou 揚州 : 1085 et 1092
13. Dengzhou 登州 : 1085
14. Yingzhou 穎州 : 1091-1092
15. Dingzhou 定州 : 1093-1094
16. Huizhou 惠州 : 1094-1097
17. Dan'er 儋耳 : 1097-1100
18. Zhenzhou 真州 : 24 août 1101

經進東坡文集事略卷第四十八

迪功郎新紹興府嵊縣主簿臣郎曄上進

記

仁宗皇帝飛帛記　喜雨亭記

凌虛臺記　鳳鳴驛記

墨妙亭記

仁宗皇帝飛帛記

問世之治亂必觀其人問人之賢不肖必以世考之孟子曰誦其詩讀其書不知其人可乎是以論其世也合抱之木不生於步仭之丘千金之子不出於三家之市臣嘗逮事　仁宗皇帝其愚不足以測知聖德之盛至獨私竊觀四十餘年之間左右前後之人其大者固巳

Page du *Jingjin Dongpo wenji shilue* 經進東坡文集事略, de Lang Ye 郎曄, Sibu congkan.

N° 1

Le Kiosque de la pluie joyeuse
(1063)

Su Shi prend son premier poste le 27 janvier 1062 à Fengxiang, à l'ouest du Shaanxi, sites aux riches vestiges historiques et stratégiquement important depuis la fondation du royaume tangout en 1038. Exerçant la charge de greffier auprès du préfet du district, Hu Yunwen, qui autrefois avait étudié auprès de son père, il prend aussi ses ordres du gouverneur de la province, Song Xuan, lettré réputé, ami proche de Sima Guang (1019-1086). Pendant les trois années de son service, il supervise la coupe et le transport des bois précieux des Monts Zhongnan à la capitale, l'approvisionnement en fourrage et l'alimentation des troupes stationnées à l'est, aménage des digues contre les crues du Fleuve Jaune. Ses tournées d'inspection lui permettent de prendre connaissance de trésors artistiques comme les dix tambours de pierre attribués à l'époque au fondateur de la dynastie des Zhou, le roi Wen, de peintures de Wu Daozi ou de Wang Wei, prétextes à des poèmes.

*Cette commémoration est chronologiquement la première : Su Shi fait œuvre de bâtisseur, même si le pavillon est de dimension modeste, et place d'emblée son texte dans deux registres, fondamentaux dans sa pratique du genre : la précision de la dénomination et la restitution d'un élan et d'une aspiration (*zhi 志*), joyeux ici, communautaires, en forme de remerciement et de chant à une puissance inconnue et salutaire.*

第一

喜雨亭記

亭以雨名，志喜也．古者有喜，則以名物，示不忘也．周公得禾，以名其書；漢武得鼎，以名其年；叔孫勝狄，以名其子．其喜之大小不齊，其示不忘一也．

余至扶風之明年，始治官舍，為亭於堂之北，而鑿池其南，引流種樹，以為休息之所．是歲之春，雨麥於岐山之陽，其占為有年．既而彌月不雨，民方以為憂．越三月乙卯，乃雨，甲子又雨，民以為未足，丁卯，大雨，三

N° 1

Le Kiosque de la pluie joyeuse

Si j'ai donné le nom de « pluie » à ce kiosque, c'est parce j'étais rempli d'allégresse. Autrefois, ce sentiment servait à nommer des objets et à mettre en valeur leur caractère inoubliable. Le Duc de Zhou qui avait trouvé une espèce de grains[1] intitula ainsi l'un de ses textes ; l'empereur Wu des Han qui avait découvert un tripode ancestral changea le nom de l'ère[2] ; Shusun qui vainquit les barbares du Nord donna à son fils le prénom de leur chef[3]. Les occasions de se réjouir ne se valent pas mais tous témoignèrent d'une même joie inoubliable.

La seconde année de mon arrivée à Fengxiang, je commençai à aménager mon appartement de fonction, fis construire ce kiosque au nord de la salle d'audience, creuser un étang entre les deux, détourner une rivière et planter des arbres en guise de lieu de repos. Au printemps, on sema du blé sur le versant ensoleillé des Monts Qi[4] et on prédit une année de récolte abondante. Or, pendant un mois complet il ne plut pas, source d'inquiétude pour le peuple. Le 8e jour du 3e mois, la pluie vint, ainsi que le 17e jour, mais elle fut jugée insuffisante. Le 21e jour, une pluie abondante ne cessa pas de trois jours. Les fonctionnaires s'en

1. On attribue à l'inventeur des rites de la dynastie des Zhou un texte aujourd'hui perdu intitulé les « Grains excellents » [*jiahe* 嘉禾]. Voir le *Livre des Documents*, chap. « Investiture conférée au prince de Wei » [*Weizi zhi ming* 微子之命], trad. Couvreur, p. 101.

2. Le tripode, symbole d'investiture, est obtenu par l'empereur en 116 qui change son nom de règne en Yuanding (116-110 av. J.-C.).

3. En 611 av. J.-C., le ministre du Duc Wen du pays de Lu repousse les attaques des barbares Di 狄 et saisit leur chef Qiaoru 僑如. Le baptême de son fils est rapporté dans le *Commentaire de Messire Zuo* (Zuozhuan 左傳, 11e année de Wen gong 文公).

4. Dans l'actuel district de Qishan岐山 au Shaanxi.

日乃止. 官吏相與慶於庭, 商賈相與歌於市, 農夫相與抃於野, 憂者以樂, 病者以愈, 而吾亭適成. 於是舉酒於亭上以屬客, 而告之曰 : “五日不雨, 可乎?” 曰 : “五日不雨, 則無麥.” “十日不雨, 可乎?” 曰 : “十日不雨, 則無禾.” 無麥無禾, 歲且荐饑, 獄訟繁興, 而盜賊滋熾, 則吾與二三子, 雖欲優游以樂於此亭, 其可得耶! 今天不遺斯 民, 始旱而賜之以雨, 使吾與二三子, 得相與優游而樂於此亭者, 皆雨之賜也. 其又可忘耶!

既以名亭, 又從而歌之, 曰 : 使天而雨珠, 寒者不得以為襦. 使天而雨玉, 饑者不得以為粟. 一雨三日, 繄誰之力. 民曰太守, 太守不有. 歸之天子, 天子曰不然. 歸之造物, 造物不自以為功. 歸之太空, 太空冥冥. 不可得而名, 吾以名吾亭.

félicitèrent dans leur résidence, les marchands chantaient sur les marchés, les paysans claquaient des mains dans les champs. Les soucieux devinrent joyeux, les malades guérirent, juste au moment où j'achevais mon kiosque. Alors, en lui portant un toast et invitant mes convives à boire, j'ai dit : « Peut-il ne pas pleuvoir pendant cinq jours [après les semailles] ?

– Cinq jours sans pluie, pas de blé !

– Peut-il ne pas pleuvoir de dix jours ?

– Dix jours sans pluie, pas de grains repiqués ! »

Sans récolte, la famine sévit plusieurs fois l'an, procès et querelles se multiplient et les brigands se répandent comme des incendies, et vous, mes amis[5], et moi qui passons des jours heureux dans ce kiosque, pouvions-nous l'espérer ? Le monde sous le ciel n'a pas abandonné ce peuple, l'a éprouvé par la sécheresse avant de faire la pluie, et s'il nous permet aujourd'hui d'être là, parfaitement à l'aise, nous le devons aux bienfaits de cette eau ! Pourrions-nous l'oublier ?

Après avoir nommé le kiosque, je continuai dans un chant : S'il pleuvait des perles, il n'y aurait pas de tunique en hiver ; s'il pleuvait du jade, personne ne goûterait aux grains lors des grandes faims. De quel pouvoir émane cette pluie de trois jours ininterrompue ? Le peuple y voit le mérite du préfet qui n'y est pour rien[6]. On l'attribue au Fils du ciel qui décline cet honneur. Puis aux puissances créatrices qui ne se l'arrogent pas. Au grand vide céleste enfin qui demeure obscur.

Puissance innommable et kiosque de la pluie !

---

5. Littéralement, « vous, mes deux ou trois fils ». C'est ainsi que dans les *Entretiens*, Confucius s'adresse à ses disciples lorsqu'il les invite à dire leur aspiration.

6. L'une des prérogatives des magistrats des provinces et des districts est d'effectuer des prières pour la pluie, genre presque autonome de la littérature chinoise classique. Su Shi rédige pour le compte de Song Xuan une demande d'investiture pour l'esprit du Mont Taibai, crédité de la pluie bénéfique (SSWJ, vol. 3, *juan* 37, p. 1061-1062).

N° 2

La Terrasse ascendante
(1063)

Cette pièce signe véritablement l'entrée de Su Shi dans le genre, délicate et habile. Œuvre de commande, la commémoration est un genre étroit, marqué traditionnellement par des passages obligés : évocation d'un bâtiment et d'un point de vue, éloge du commanditaire, dates, raison de l'appellation et nature de l'aspiration qui a présidé à l'érection. De tous ces éléments, Su Shi s'acquitte au fond avec bonheur et ironie. La vue est effectivement propice à l'imagination, ouvrant sur un paysage de chignons, sur un ailleurs saisissant et bondissant ou la pensée de l'impermanence, thématique poétique ancienne. En même temps, le jeune fonctionnaire tient à préserver une liberté de parole et de ton, à se gagner une marge d'écriture. À cause sans doute de ses relations encore tendues à l'époque avec le préfet de Fengxiang, prévenu contre l'admiration qui déjà entoure le lauréat des examens, rigoureux et scrupuleux des rites. Lui que l'on accuse d'arrogance retourne l'argument de la vanité contre son supérieur. L'éloge de l'inventeur d'une perspective sur le monde tourne à la double entente. Rappelant que cette édification n'apporte rien à la politique locale, il essaie d'en faire préciser la raison d'être et affirme que dans l'ordre des situations comme selon la nature du terrain, une ascension – pas exclusivement géographique – commence au plus près, formulation hautement confucéenne. Il commence aussi à cerner la question d'un point d'appui à partir duquel être stable, perdurer et s'élever dans le vide.

Le préfet ne changea pas un mot à ce texte.

第二

淩虛臺記

臺因[1]於南山之下，宜若起居飲食與山接也. 四方之山，莫高於終南. 而都邑之麗山者，莫近於扶風. 以至近求最高，其勢必得. 而太守之居，未嘗知有山焉. 雖非事之所以損益，而物理有不當然者，此淩虛之所為築也.

方其未築也，太守陳公杖屨逍遥於其下，見

1. 朗本、七集 作[國]. Je ne suis pas cette correction.

N° 2

La Terrasse ascendante

La Terrasse est adossée au pied des Monts du Sud et il semble que là, dans les gestes de la vie quotidienne ou dans les banquets, on les touche. Parmi les montagnes alentours, aucune n'est aussi haute que le Mont Zhongnan et parmi les plus belles d'entre elles situées près des bourgs et des villes, aucune n'est aussi proche que la ville de Fufeng. Les conditions semblaient réunies pour partir du plus proche et atteindre le plus haut. Or, les préfets qui y résidèrent n'ont jamais su qu'il y avait des montagnes. Certes cette Terrasse ascendante n'a rien à voir avec les affaires administratives, pourtant, la logique n'y trouvant pas son compte, on la construisit.

Avant de la construire, Messire Chen[1] préfet du lieu avait flâné un bâton à la main et en sandales au pied des monta-

1. Chen Xiliang 陳希亮 (999-1063), de prénom social Gongbi, est originaire de la même province que Su Shi, Meizhou 眉州 au Sichuan, et un ami de son père Su Xun 蘇洵 (1009-1066), qu'il considérait comme un fils. Préalablement intendant fiscal du circuit de Jingdong, il remplace Song Xuan comme préfet de la province de Fengxiang au début de l'année 1063. Petit, maigre, au visage grave et à la mine sévère, il accueille avec circonspection Su Shi dans son premier poste. Les notes au fil du pinceau de la fin du XIe rapportent leurs rapports tendus : poèmes satiriques de Su Shi, refus de participer aux fêtes de l'année qui vaudra à Su Shi de s'acquitter d'une amende de huit livres de sapèques, méfiance de Chen envers le lauréat des examens exceptionnels *xianlang* 賢郎 destinés à découvrir les talents et qui permettent un avancement d'une dizaine d'années dans la carrière administrative. Voir *Le supplément aux notes sur ce que j'ai vu et entendu de Messire Shao* [Shao shi hou wenjian 邵氏聞見後錄] de Shao Bo 邵博, *juan* 13, p. 121.

Une année après la construction de la Terrasse, le poème « La Terrasse ascendante » atteste d'un indéniable réchauffement de leurs relations (SSWJ, vol. 1, *juan* 5, p. 214-125). Su Shi écrira pour le fils de Chen, Zao 慥, une longue et élogieuse biographie de ce magistrat, regrettant l'impertinence de sa jeunesse et louant les qualités morales (piété filiale et loyauté)

山之出於林木之上者，　纍纍如人之旅行於墻外而見其髻也，曰：“是必有異.　”使工鑿其前為方池，以其土築臺，出[2]於屋之簷而止. 然後人之至於其上者，怳然不知臺之高，而以為山之踊躍奮迅而出也. 公曰：“是宜名凌虛.”以告其從事蘇軾，而求文以為記.

軾復於公曰：“物之廢興成毀，不可得而知也. 昔者荒草野田，霜露之所蒙翳，狐虺之所竄伏，方是時，豈知有凌虛臺耶？廢興成毀相尋於無窮，則臺之復為荒草野田，皆不可知也. 嘗試與公登臺而望其東則秦穆之祈年、槖泉也，其南則漢武之長楊、五柞，而其北則隋之仁壽、唐之九成也. 計其一時之盛，宏傑詭

2. 朗本、七集 作[高出]：« s’élever haut au-dessus »

gnes et remarqué qu'elles s'étageaient comme des hommes marchant en file derrière un mur et dont on ne verrait que les cheveux noués. Il s'écria : « Il y a sûrement là un [point de vue] extraordinaire ! » Il fit creuser un bassin carré dont la terre servit à édifier la terrasse. Lorsqu'elle dépassa le bord recourbé des toits, il fit poser la charpente. Les gens qui s'y élevaient en oubliaient la hauteur et croyaient que les monts émergeaient en bonds vifs et joyeux. « Elle doit être appelée "ascendante" » dit le préfet. Il s'en ouvrit à son collaborateur Su Shi et lui demanda d'en rédiger la stèle commémorative.

« Essor et décadence, succès et destructions sont imprévisibles, commença Shi. Autrefois, il y n'avait là qu'herbes folles et champs sauvages que couvraient la rosée et le givre, où se terraient renards et vipères. À cette époque, qui aurait imaginé une Terrasse ascendante ? Grandeur et déclin se succèdent sans fin si bien qu'un jour peut-être la terrasse sera rendue aux herbes et à la terre. Je suis monté avec vous, Messire, et j'ai vu au loin, vers l'Est le Temple de la bonne récolte et le Palais de la source du sac du Duc Mu de Qin[2], vers le Sud les Palais d'hiver des longs saules et des cinq chênes[3] de l'empereur Wu des Han, vers le Nord les Palais d'été de la longévité vertueuse des Sui et des neuf étages des Tang[4]. À leur

---

et d'administrateur. Chen Zao, de prénom social Jichang 季常, sera l'un des amis les plus proches de Su Shi qui apprécie, dès Fengxiang, son goût de l'alcool et de l'escrime ; il renonce à passer les examens et à la fin de sa vie, s'installera dans une vie d'ermite à Qiting 岐亭 (actuel Hubei, ville de Macheng 麻城). Pour la biographie rédigée par Su Shi, voir SSWJ, vol. 2, *juan* 13, p. 415-420 ; c'est la base de celle de l'*Histoire dynastique des Song* (Songshi, vol. 28, *juan* 298, p. 9917-9923.)

2. Palais au pied duquel fut enterré le Duc Mu (r. 659-621 av. J.-C.)

3. Situés au Shaanxi au sud-ouest de l'actuel district de Zhouzhi 周至, longeant le Mont Jaune et couvrant le Mont de la tête de tigre et édifiés par Wudi (141-87 av. J.-C.)

4. Situé dans le district de Linyou麟游au Shaanxi, le palais de la longévité est fondé en 593 par l'empereur Wen ; reconstruit en 631 pendant le règne de Taizong, il devient sous la dynastie des Tang celui des neuf étages et fut célébré par Du Fu (712-770) et Li Shangyin (813-858).

麗，堅固而不可動者，豈特百倍於臺而已哉！然而數世之後，欲求其髣髴，而破瓦頹垣無復存者，既已化為禾黍荆棘丘墟隴畆矣，而況於此臺歟？夫臺猶不足恃以長久，而況於人事之得喪，忽往而忽來者歟？而或者欲以夸世而自足，則過矣．蓋世有足恃者，而不在乎臺之存亡也．”

既已言於公，退而為之記．

apogée, leur majesté leur magnificence, leur beauté curieuse et leur solidité inébranlable ne valaient-elles pas cent fois celles de la Terrasse ? Or, bien des générations après, on serait en peine de dire à quoi ressemblaient ces palais. De leurs tuiles cassées et de leurs murs écroulés rien ne demeure ; leurs terres sont devenues champs de céréales, taillis de ronces, tertre ou talus entre les cultures. En irait-il autrement de cette terrasse et si elle ne permettra pas de braver le temps, que dire des affaires humaines où l'on gagne et perd, qui vont et viennent brusquement ? Quelqu'un qui voudrait s'en targuer et y trouver son compte commettrait une erreur. Il existe certainement des fondements sur lesquels prendre appui dans le monde, mais ce ne sont pas ceux d'une terrasse. »

Après s'être entretenu ainsi, Shi se retira et rédigea pour le préfet la stèle.

N° 3

Le Relais du cri du phénix
(1063)

Cet éloge du gouverneur de la province, Song Xuan, a pour Su Shi valeur de programme. Commençant sa carrière administrative, il sert sous les ordres d'un homme d'expérience dont il loue l'inlassable mission de servir, quelles que soient les tâches auxquelles il s'attelle, l'économie scrupuleuse et une œuvre de bâtisseur qui ne fait peser aucun fardeau sur la population.

第三

鳳鳴驛記

始余丙申歲舉進士，過扶風，求舍於館人，既入，不可居而出，次於逆旅．其後六年，為府從事．至數日，謁客於館，視客之所居，與其凡所資用，如官府，如廟觀，如數世富人之宅，四方之至者，如歸其家，皆樂而忘去．將去，既駕，雖馬亦顧其皁而嘶．余召館吏而問

N° 3

Le Relais[1] du cri du phénix

Lorsqu'en 1056, je me présentai aux examens[2], je passai par Fufeng[3] et cherchai une chambre dans l'hôtellerie. Une fois entré, ne pouvant y demeurer, je me rabattis sur une auberge privée. Six ans plus tard, je fus nommé dans le chef-lieu de la province comme fonctionnaire. Quelques jours après, je fus invité dans cette hôtellerie, je regardai l'endroit où habitaient les voyageurs et les matériaux qui avaient été utilisés, pareils aux bâtiments administratifs, à des temples et à des monastères, aux demeures de riches dynasties familiales. Dans tout le pays, ceux qui s'y rendaient s'y sentaient comme chez eux et, joyeux, en oubliaient de rentrer. M'apprêtant à partir et ayant déjà attelé mon cheval, même lui se retourna vers l'auge

1. Les relais de poste sont une institution ancienne dont peut trouver la trace dans le *Mencius* (II, A, 1) qui distingue déjà les relais à cheval [*zhi* 置] des relais à pied [*you* 郵]. Le terme *yi* 驛 commence à être utilisé sous les Han avec l'extension du réseau routier. Ils connaissent un développement sans précédent sous les Sui et les Tang, près de 1630 relais (en courrier monté ou bateau de poste) étant placés tous les trente *lis* sous l'autorité d'un chef de relais [*yizhang* 驛長]. Sous les Song apparaissent des relais de courrier à pied express [*jidipu* 急遞鋪].

2. Su Shi devient docteur ou « lettré présenté [à l'empereur] » *jinshi* 進士 en 1057. Dans cet ensemble d'épreuves, formées essentiellement par un commentaire des classiques, une rédaction sur des problèmes politiques à traiter en ayant recours aux précédents historiques et canoniques et une double épreuve de composition poétique instituée dès 670, Ouyang Xiu 歐陽修 (1007-1072), alors superviseur du concours, s'aperçoit, en découvrant les copies, que celui qu'il pensait être le cacique, son ami Zeng Gong 曾鞏 (1019-1083), et à qui, pour ne pas être taxé de favoritisme, il avait attribué la deuxième place, est en fait Su Shi. Cette réussite le rend immédiatement célèbre et le place, comme d'autres lauréats (son frère Su Zhe 蘇轍, Cheng Hao 程顥 et Zhang Zai 張載, deux pères du néo-confucianisme) sous la protection d'Ouyang Xiu et dans le sillage du mouvement de « retour à l'antique », à la fois stylistique et politique.

3. District de la province de Fengxiang.

焉．吏曰：“今太守宋公之所新也．自辛丑八月而公始至，既至逾月而興功，五十有五日而成．用夫三萬六千，木以根計，竹以竿計，瓦、甓、坯、釘各以枚計，稭以石計者二十一萬四千七百二十有八，而民未始有知者．”余聞而心善之．

其明年，縣令胡允文具石請書其事．余以為有足書者，乃書曰：古之君子不擇居而安，安則樂，樂則喜從事，使人而皆喜從事，則天下何足治歟．後之君子，常有所不屑，使之居其所不屑，則躁，否則惰．躁則妄，惰則廢，既妄且廢，則天下之所以不治者，常出於此，而不足怪．今宋公計其所歷而累其勤，使無齟齬於世，則今且何為矣，而猶為此官哉．然而未嘗有不屑之心．其治扶風也，視其卼臲者而安植之，求其蒙茸者而疏理之，非特傳舍而已，事復有小於傳舍者，公未嘗不盡心也．嘗食芻豢者難於食菜，嘗衣錦者難於衣布，嘗為其大者不屑為其小，此天下之通患也．《詩》曰：

à foin et hennit. J'appelai alors l'employé de l'hôtellerie et l'interrogeai. « C'est le gouverneur, Messire Song, qui l'a rénovée. Il est arrivé à la fin de l'automne 1061, et après un mois révolu, a lancé ce projet qui fut achevé en 55 jours. On fit appel à 38 000 hommes ; le bambou, le bois, les tuiles, les briques crues et cuites, furent comptés à l'unité près et on totalisa 14 386 776 litres de chaume, sans que les gens du commun n'en aient le moins du monde conscience. » À ce rapport je souscrivis entièrement.

L'année suivante, le préfet du district Hu Yunwen fit préparer une pierre et me pria de faire le récit de cette construction. Comme je jugeai que cela en valait la peine, j'écrivis :

Les gentilshommes du passé ne choisissaient pas leur demeure mais trouvaient [partout] une sérénité qui les rendait joyeux et une joie où ils prenaient plaisir à servir. Si tous les hommes étaient ainsi heureux de servir, la question de l'ordre dans le monde aurait-elle encore un sens ? Les gentilshommes ensuite se montrèrent souvent dédaigneux. Si on les force à loger dans des bâtiments qu'ils méprisent, ils cèdent à une colère qui les rend insensés ou, sinon, à une paresse qui les décourage. De cette folie et de cet abandon découle souvent le désordre dans le monde, quoi d'étonnant à cela ! Aujourd'hui, Messire Song, fort de son expérience et avec un zèle redoublé, ne connaît plus aucun désaccord avec son siècle. À quoi bon encore agir, dira-t-on ? Pourtant il est encore fonctionnaire, sans jamais se laisser aller à dédaigner. En administrant Fufeng, il raffermit sereinement ce qui était instable et démêla doucement les affaires embarrassées, ne se consacrant pas exclusivement à ces chambres dans un relais de poste. Même pour des cas moins importants, il est toujours allé au bout de lui-même. Ceux qui se repaissent constamment de viandes nourries au grain ne se satisfont pas facilement de légumes et ceux qui se vêtent de brocarts pas davantage de toile, ceux qui s'appliquent constamment aux grandes choses dédaignent les petites. Les poèmes disent :

“豈弟君子，民之父母.” 所貴乎豈弟者，豈非以其不擇居而安，安而樂，樂而喜從事歟？夫修傳舍，誠無足書者，以傳舍之修，而見公之不擇居而安，安而樂，樂而喜從事者，則是真足書也.

Un gentilhomme cordial et sincère
Est père et mère pour son peuple ![4]

N'apprécie-t-on pas dans la cordialité et la sincérité cette manière de ne pas choisir sa résidence et d'être pourtant serein, joyeux et heureux de servir ? En fait, de ces chambres au relais, il n'y a rien qui mérite qu'on écrive. Ce qui en vaut la peine, c'est que, par le truchement de cette rénovation, on perçoit l'esprit du gouverneur, serein où qu'il soit, joyeux et heureux de servir.

4. Le poème *Jiongzhuo* 泂酌 (nº 251) évoque le motif de l'eau puisée au loin, qui, déversée d'une jarre dans un récipient plus petit peut servir successivement à laver le riz et le millet, à purifier les vases sacrificiels et à faire la vaisselle. Tel est l'homme de bien, semblable à cette eau, s'adaptant avec aisance aux fonctions qu'il reçoit (SSJZS, vol. 1, p. 622 et Couvreur, *Che King*, p. 307).

N° 4

Le Monastère du parfait phénomène, centré et harmonieux[1] (1067)

Rédigée à Meishan où Su Shi est retenu depuis 1066 par le deuil de son père, cette commémoration est la première d'une série de onze textes consacrés au bouddhisme. La violence de la critique, dénonçant l'absurdité de la vie mortifiante des moines, leur mentalité de parasites et de profiteurs et l'incohérence de leur doctrine, le place d'emblée dans la lignée d'Ouyang Xiu, de Zeng Gong ou de Li Gou (1009-1059), antireligieux fervents et promoteurs d'un sursaut politique du confucianisme. Il ne faut pas non plus s'étonner qu'il réponde de la sorte à la sollicitation d'un bonze : la pratique est courante à l'époque et presque un jeu ; le respect entre le commanditaire et le rédacteur s'enrichit le plus souvent de cette liberté de ton. Dans le cas précis, Weijian appartient au clan familial et était proche de son père.

L'attitude ne changera pas. Malgré une crise religieuse consécutive à son procès en 1080, Su Shi n'embrassera jamais la foi bouddhique. Sa curiosité comme un sentiment de plus en plus fort de l'illusion le porteront cependant à une étude des soutras et au commerce avec des moines d'exception.

1. Le temple se trouvait à Chengdu, capitale provinciale du Sichuan.

第四

中和勝相院記

佛之道難成，言之使人悲酸愁苦．其始學之，皆入山林，踐荊棘蛇虺，袒裸雪霜．或刲割屠膾，燔燒烹煮，以肉飼虎豹烏烏蚊蚋，無所不至．茹苦含辛，更百千萬億年[3]而後成．其不能此者，猶棄絕骨肉，衣麻布，食草木之實，晝日力作，以給薪水糞除，暮夜持膏火薰香，事其師如生．務苦瘠其身，自身口意莫不有禁，其略十，其詳無數．

3. 朗本 (*juan* 54) 作[生].

N° 4

Le Monastère du parfait phénomène, centré et harmonieux[2]

La voie du bouddha est si difficile à réaliser qu'en parler rend les gens amers, tristes, anxieux et souffrants. Quand les fidèles commencent à étudier, ils pénètrent tous dans les montagnes et les forêts, se frayent un chemin entre les ronces et les vipères, et offrent leur corps nu à la neige et au givre. Certains se poignardent, se mutilent, s'immolent ou se font bouillir et nourrissent de leur chair tigres, panthères, oiseaux de proie et corneilles, moustiques et moucherons, tout leur étant possible[3]. Ils avalent leur content de souffrances, attendant un succès après des myriades d'années. Ceux qui n'ont pas cette force, abandonnent encore leurs parents, s'habillent de toile de chanvre, mangent les fruits des arbres et les baies des buissons ; toute la journée, ils travaillent à porter des fagots ou de l'eau, et à nettoyer les souillures ; au crépuscule et pour toute la nuit, ils tiennent des lampes à huile et brûlent de l'encens, servant leur maître comme s'il était vivant. Ils s'échinent à se faire souffrir et ont des interdictions pour tout, le corps, la bouche, les intentions, qu'on peut réduire à dix[4] mais dont les détails

---

2. Le temple se trouvait à Chengdu, capitale provinciale du Sichuan.

3. *Wu suo bu zhi* 无所不至. On peut comprendre aussi : « Ils se rendent partout. »

4. Les dix interdictions désignent ici les dix préceptes [*shijie* 十戒] que les moines promettent d'observer : ne pas tuer ; ne pas voler ; ne pas s'adonner à la luxure ; ne pas mentir ; ne pas boire de liqueurs enivrantes ; ne pas se parer de guirlandes de fleurs ou faire usage de parfums ; ne pas danser ou assister à des représentations théâtrales ; ne pas se coucher sur des lits larges ou élevés (c'est-à-dire trop confortables) ; ne pas prendre de nourriture en dehors des temps prescrits ; ne pas acquérir de l'or, de l'argent ou des bijoux. Cette liste peut varier, elle peut aussi être réduite à cinq. Mais la discipline, le *Vinaya*, qui constitue l'une des « Trois corbeilles » du Canon bouddhique les multiplie à l'envi.

終身念之，寢食見之，如是，僅可以稱沙門比丘．雖名為不耕而食，然其勞苦卑辱，則過於農工遠矣．計其利害，非僥倖小民之所樂，今何其棄家毀服壞毛髮者之多也．意亦有所便歟？

sont innombrables. Ceux qui, jusqu'à leur mort, récitent les soutras ou voient le bouddha au lit et à table, ne sont que des *śramaṇas* ou des *bhiksus*[5]. Bien qu'on dise qu'ils mangent sans cultiver la terre[6], leur labeur et leur vile condition passent de beaucoup ceux des paysans. En pesant le pour et le contre, même les médiocres gens du commun, prêts à tenter la chance, n'y trouvent aucune joie. Pourquoi donc aujourd'hui ceux qui abandonnent leur famille, quittent les vêtements officiels et s'abîment poils et cheveux sont-ils si nombreux[7] ? Serait-ce qu'il y a là quelque commodité ?

---

5. Les deux termes désignent respectivement les moines mendiants et les bonzes.

6. C'est à la fois l'une des prescriptions du bouddhisme indien et une attaque courante sous les Song de la communauté des moines.

7. Sous les Song, le temps des persécutions et des proscriptions anti-bouddhiques est oublié, du moins de 845 jusqu'à la tentative du règne de Huizong 徽宗 (1100-1125). Les écoles survivantes, éloignées des centres urbains, se réinstallent dans les métropoles et constituent désormais une puissance économique, en particulier foncière, avec laquelle le pouvoir doit compter. Malgré les lois d'interdiction d'achat de terres, les monastères les ont considérablement augmentées, en contournant les règlements, par consécration impériale ou avec le don des fidèles, en défrichant aussi arpent après arpent. Au fur et à mesure que les abbayes et les temples s'agrandissent, l'autosuffisance proclamée prend de nouvelles formes : fermage de plus en plus important, investissement dans d'autres activités artisanales (moulins, huileries, fabrication d'encriers, d'encre, de poudre de plomb, chantiers navals). Le champ des dépenses s'accroît parallèlement : liturgiques, édificatrices mais aussi sociales et infrastructurelles (construction de ponts, de gués, de routes, dispensaires et hospices). Les grands centres bouddhiques sont au cœur d'une économie nouvelle, de plus en plus diversifiée.

Face à cette richesse, le gouvernement central élabore pendant tout le XIe siècle une politique de soutien et de contrôle, par des recensements réguliers (200 à 240 000 moines environ sur toute la période, soit sept moines pour un prêtre taoïste), par la détermination de procédures et d'examens concernant le noviciat, par la délivrance de certificats d'ordination et l'investiture très précise des maîtres. Face à la pression fiscale à laquelle il est confronté, l'État fixe avec les « Nouveaux règlements » de Wang Anshi 王安石 (1021-1086) un barème de l'impôt qui ne sera pas remis en question – mais seulement rendu progressif – avec le retour au pouvoir en 1086 de la faction de Sima Guang 司马光 (1019-1086). Il émet aussi des certificats de moines [*dudie* 度牒] dont une partie de plus en plus importante, lais-

寒耕暑耘，官又召而役作之，凡民之所患苦者，我皆免焉．吾師之所謂戒者，為愚夫未達者設也，若我何用是為．剟其患，專取其利，不如是而已，又愛其名．治其荒唐之說，攝衣升坐，問答自若，謂之長老．

吾嘗究其語矣，大抵務為不可知，設械以應敵，匿形以備敗，窘則推墮滉漾中，不可捕捉，如是而已矣．吾遊四方，見輒反覆折困之，度其所從遁，而逆閉其塗．往往面頸發赤，然業已為是道，勢不得以惡聲相反，則笑曰：

« Les labours de l'hiver et le sarclage de l'été, les corvées pour lesquelles on enrôle de force les paysans, tout ce qui fait le malheur du peuple, nous y échappons. Les règles de notre maître n'ont été édictées que pour des sots et des inaccomplis, à quoi nous serviraient-elles ? Nous éliminons les tracas pour ne garder que les avantages. » Indécents qu'ils sont[8], ils tiennent encore à leur nom de bouddhistes. Quant à ceux qui corrigent les théories absurdes, ajustent leur habit et montent en chaire, on les appelle les supérieurs d'un monastère.

J'ai examiné leurs paroles. Au fond, ils se consacrent à de l'inconnaissable, posent des mécanismes[9] pour parer à leur ennemi, dissimulent leur corps pour se prémunir contre les défaites ; réduits à la dernière extrémité, ils se poussent et se jettent dans des tourbillons où on ne pourra plus les attraper. Dans mes voyages, chaque fois que j'en ai vu un, aussitôt, je l'agaçais, l'humiliais et le mettais en difficulté de cent manières, scrutant ses caches les plus intimes et les prenant à contre-pied. Souvent leur visage et leur nuque tournaient au rouge, mais comme leur *karman* était dédié à cette voie et qu'ils ne pouvaient dans la situation rétorquer par des mots

---

sée en blanc, permet d'éviter les corvées qui frappent la masse paysanne et sert très vite de monnaie et d'assurances librement échangeables au sein du peuple. La cour comme l'élite lettrée sert souvent de relais entre le pouvoir et l'église. Ces émissions ont largement contribué au déclin moral de la communauté bouddhique.

8. On peut aussi comprendre : « Nous ne sommes pas comme ceux-là », c'est-à-dire comme ces moines ascétiques qui sacrifient leur corps. La traduction que je propose, plus éloignée, me semble cependant rendre compte de l'attitude scandalisée de Su Shi, encore sous l'influence de son mentor Ouyang Xiu (1007-1072) dont les positions célèbres stigmatisent essentiellement le parasitisme social des bouddhistes.

9. Il s'agit d'une critique radicale des *upāyas* [fangbian 方便], moyens appropriés pour conduire les adeptes à la vérité et stratagèmes supposés être bénéfiques. Pour Su Shi, ce ne sont à cette époque que des artifices logiques destinés à égarer les auditeurs, traduisant une crainte (concernant la vie et la mort) et une inquiétude doctrinale maquillée en méthode.

“外道魔人也.” 吾之於僧，慢侮不信如此. 今寶月大師惟簡，乃以其所居院之本末，求吾文為記，豈不謬哉！

然吾昔者始遊成都，見文雅大師惟度，器宇落落可愛，渾厚人也. 能言唐末、五代事傳記所不載者，因是與之遊，甚熟. 惟簡則其同門友也. 其為人，精敏過人，事佛齊眾，謹嚴如官府. 二僧皆吾之所愛，而此院又有唐僖宗皇

grossiers, ils souriaient en disant : « Voilà un démon à face humaine d'une autre école ! »

Tel est mon dédain insultant et mon peu de foi pour les moines. Or, le maître du *dhyâna* Lune Précieuse, Weijian[10], *alias* Simplicité, est venu, après m'en avoir fait le récit complet, me demander une commémoration sur le monastère où il réside. Quelle erreur !

Cependant, quand autrefois je voyageais à Chengdu, je vis le maître du *dhyâna*, Élégance lettrée, Weidu *alias* Mesure, d'une grande largeur d'âme et aimable, un homme simple. Comme il pouvait raconter des histoires de la fin des Tang et des Cinq Dynasties que ne rapportent ni biographies ni commémorations, je randonnai avec lui et appris à le connaître. Weijian est un de ses amis, affilié à la même branche. C'est un être dont la finesse et l'intelligence passent celle des gens ordinaires, qui sert le bouddha comme les autres hommes, diligent et grave comme un fonctionnaire à l'office. Je me suis attaché à tous deux. En outre, dans ce monastère se trouve un portrait de l'empereur Xizong des Tang[11] ainsi que de

10. Weijian (1012-195) appartient au clan familial Su et se prénomme Zongke ; il entre en religion à 9 ans, devient moine à 19, obtient la robe pourpre à 29 ans et le surnom de Lune Précieuse [Baoyue 寶月] à 36 ans. Comme son ami Weidu, c'est un adepte du courant du bouddhisme *chan* « Yunmen » (雲門), le seul qui survive sous les Song avec le courant plus iconoclaste de Linji et dont l'enseignement prend la forme sous les Song de la réponse décalée et monosyllabique aux questions des disciples. Lettré, poète, guérisseur, c'est aussi un moine charismatique, comptant plus de 10 000 disciples. Il aurait supervisé la construction de 173 temples et sanctuaires et de 27 ponts près de Chengdu, réalisant dans sa pratique une convergence entre les valeurs bouddhiques et confucéennes d'engagement. Su Shi le rencontre au début des années 1060. La plupart de ces renseignements sont tirés de *L'inscription sur le stûpa du maître du* dhyāna *Lune précieuse* [Baoyue dashi ta ming寶月大師塔銘] écrite en 1095 par Su Shi (SSWJ, vol. 2, *juan* 15, p. 467-468).

11. Le règne de l'empereur Xizong (r. 862-888), Li Xuan 李儇, est marqué par des famines, des désastres naturels dont les effets sont exacerbés par des taxes lourdes pesant sur les paysans. En 874, une première rébellion

帝像，及其從官文武七十五人．其奔走失國與其所以將亡而不遂滅者，既足以感慨太息，而畫又皆精妙冠世，有足稱者，故強為記之．

始居此者，京兆人廣寂大師希讓，傳六世至度與簡．簡姓蘇氏，眉山人，吾遠宗子也，今主是院，而度亡矣．

soixante-quinze fonctionnaires de sa suite, civils et militaires. Leur fuite, leur ruine, leur disparition qui ne tourna pourtant pas [immédiatement] à la destruction auraient suffi à susciter de vifs soupirs, mais il se trouve que les peintures sont aussi extraordinairement fines et exceptionnelles, dignes d'éloge. Je me suis forcé à écrire cette commémoration :

Le premier à résider là fut un homme de l'ancienne capitale des Tang[12], le maître du *dhyâna* Vaste silence, Xirang *alias* Effacement total. Le monastère fut transmis après six générations à Mesure et Simplicité. Ce dernier porte le nom de famille Su ; originaire des Monts Mei, c'est un cousin éloigné. Il dirige aujourd'hui le temple et Mesure a disparu…

---

est lancée par Wang Xianzhi 王仙芝, suivie en 875 par celle de Huang Chao 黃巢 qui durera près de dix ans. Comme son prédécesseur Xuanzong 玄宗 (r. 712-754) sous la pression des armées du satrape An Lushan 安祿山 (mort en 757), Xizong est contraint à fuir à Chengdu, reconstitue ses forces avec l'aide du puissant gouverneur militaire turc Li Keyong 李克用 (856-908), inflige une défaite en 883 à Huang Chao qui est assassiné en 884. Retournant à Chang'an長安en 885, Xizong en est rapidement chassé par Li Kezhong qui met à sac et brûle la capitale. Il en revient peu avant sa mort en 888 à l'âge de 27 ans, aucun des gouverneurs militaires n'ayant désormais les forces suffisantes pour s'arroger le pouvoir. Le coup porté par l'insurrection de Huang Chao est fatal à la dynastie ; tiraillée entre le pouvoir des eunuques et la puissance des généraux des provinces, elle est renversée en 907.

12. Il s'agit en fait d'un des trois districts environnant la capitale des Tang, Chang'an (actuelle Xi'an au Shaanxi).

N° 5

La Tour des quatre *bodhisattvas* (23 novembre 1068)

Après avoir sévèrement tancé les bouddhistes dans le texte précédent et dénigré l'absurdité de leur doctrine, Su Shi reçoit une première leçon du moine Weijian, assez paradoxale au demeurant, puisqu'elle touche à la piété filiale et que, sous les Song du Nord, les adeptes de la Loi sont encore unanimement décriés pour leur abandon des liens familiaux. Le respect envers les parents défunts, professe Weijian, exige le don et le sacrifice de ce qu'ils avaient de plus cher, dans une sorte d'hyperbolisation de la perte. Cette idée – que Su Shi corrige sur un point – semble l'avoir suffisamment touché pour le faire renoncer aux peintures et plus généralement à la frénésie maniaque des collectionneurs. C'est, on le verra, le préalable à la construction d'une esthétique.

Dans un style frondeur et ironique, Su Shi développe aussi ses propres arguments : la piété filiale est une arme bien plus efficace contre le désordre et le vol que la religion ; elle stigmatise, si on y contrevient, les individus bien plus que ne punissent les châtiments infernaux. Sous couvert de joute verbale, il affirme aussi que le don et le sacrifice doivent envisager comme possible, voire inéluctable, une perte totale.

第五

四菩薩閣記

始吾先君於物無所好， 燕居如齋， 言笑有時. 顧嘗嗜畫， 弟子門人無以悅之， 則爭致其所嗜， 庶幾一解其顏. 故雖為布衣， 而致畫與公卿等.

長安有故藏經龕， 唐明皇帝所建， 其門四達， 八板皆吳道子畫， 陽為菩薩， 陰為天王，

N° 5

La Tour des quatre *bodhisattvas*

Mon défunt père[1] n'avait aucun penchant pour les choses. Dans ses loisirs, il semblait pratiquer le jeûne et ne riait et ne parlait qu'à propos. Seule la peinture le passionnait. Quand ses fils et ses disciples ne parvenaient pas à le dérider, ils rivalisaient pour satisfaire sa passion, et presque toujours, ils obtenaient de lui un sourire. Ainsi, bien que vêtu de toile, sa collection de peintures égalait celle des Ducs et des Ministres.

À Chang'an, une tourelle servant de sanctuaire pour les soutras fondée sous le règne de l'Empereur Clairvoyant des Tang[2], avait quatre portes dont les huit panneaux étaient couverts de peintures de Wu Daozi[3], un *bodhisattva* sur le

1. Su Xun 蘇洵 (1009-1066) est un lettré atypique : originaire des Monts Mei au Sichuan (province qui suscite encore au début du XIe siècle la méfiance du pouvoir central à cause de sa reddition tardive aux Song, il se montre rétif à toute étude sérieuse avant l'âge de 25 ans, échoua ensuite plusieurs aux différents concours mandarinaux auxquels il prit part, ordinaires et extraordinaires. Il aurait brûlé toutes ses œuvres en 1047, avant de déployer, pendant la décennie suivante, une pensée originale dans une écriture largement informée par les textes historiques et l'art ambigu des rhéteurs de l'Antiquité. Parmi ses textes, le plus important est sans doute *Les Écrits sur la puissance* [Quanshu 權書], relecture critique de *L'Art de la guerre de Sunzi*, par laquelle il entend inciter la dynastie des Song à reprendre une initiative militaire face aux puissances étrangères qui s'installent au nord et à l'ouest de la Chine. Bien que restées sans effet, elles vaudront à Su Xun une gloire quasi-immédiate pour l'originalité de son style et lui permettront de nouer des contacts étroits avec Ouyang Xiu. Elles lui vaudront aussi d'obtenir une sinécure à la capitale, où il meurt le 21 mai 1066 (et non en 1067 comme l'indique approximativement Su Shi).

2. Il s'agit de l'empereur Xuanzong 玄宗, régnant de 712 à 754, date à laquelle il abdique.

3. Wu Daoxuan 吳道玄 (685 ?-758 ?) est le plus grand peintre des Tang : élève du calligraphe à la cursive folle Zhang Xu 張旭, mais ne maîtrisant pas cet art, il se serait tourné vers la peinture. Il retient toutefois de son maître la virtuosité dans l'exécution et la transe qui saisit et emporte le

凡十有六軀．廣明之亂，為賊所焚．有僧忘其名，於兵火中拔其四板以逃，既重不可負，又迫於賊，恐不能皆[4]全，遂竅其兩板以受荷，西奔於岐，而寄死於烏牙之僧舍，板留於是百八十年矣．客有以錢十萬得之以示軾者，軾歸其直，而取之以獻諸先君．先君之所嗜，百有餘品，一旦以是四板為甲．

治平四年，先君沒於京師．軾自汴入淮，泝

4. [皆] 原缺，據朗本補.

côté visible de l'extérieur et un roi céleste sur l'autre[4], soit au total seize personnages en pied. Pendant les désordres de l'ère de la *Vaste Clarté*[5], elle fut brûlée par des brigands. Un moine dont j'ai oublié le nom, au milieu des ravages de la guerre, sauva quatre panneaux des flammes et s'enfuit. Les jugeant trop lourdes, pressé par les pillards et craignant de ne pouvoir les conserver, il les perfora sur les deux côtés et les emporta sur une palanche. Dans sa fuite, il parvint aux Monts Qi[6] et mourut dans une cellule des moines du Corbeau qui l'avaient hébergé. Les panneaux y demeurèrent cent quatre-vingts ans. Un voyageur les acheta pour cent mille sapèques et me les montra. Je les fis redresser et les acquis pour les présenter à mon père. De la centaine de pièces que comptait sa collection, ces quatre panneaux devinrent immédiatement le fleuron.

Mon père mourut en 1067 à la capitale. J'empruntai la rivière Bian, entrai dans la Huai et remontai le Fleuve Bleu

---

geste pour laquelle il s'inspire comme Zhang des danses avec les épées. Les histoires rapportent que 44 temples abritaient plus de 300 de ses fresques et ses sujets sont, pour une large part, consacrés aux figures bouddhiques. Si aucune œuvre ne peut aujourd'hui lui être attribuée, il demeure dans la tradition picturale chinoise le « Sage de la peinture » [*huasheng* 畫聖]. Su Shi voit pour la première fois une œuvre de Wu Daozi à Fengxiang. Il le considère encore à cette époque comme un artisan qu'il oppose au peintre et poète lettré Wang Wei. Il ne cessera cependant de rechercher ses œuvres ; celles qu'il voit ne sont que des fragments mais elles restituent encore « un sens nouveau au-delà des règles ». En exil à Huangzhou entre 1080 et 1084, il propose au moine Weijian d'acquérir une nouvelle peinture de Wu Daozi, sollicite de sa part une demande de commémoration et souhaite la voir placée dans une niche aux côtés des quatre bodhisattvas. Voir le quatrième billet à Weijian [*Yu Baoyue dashi di si shou* 與寶月大師第四首], SSWJ, vol. 5, juan 61, p. 1887.

4. Les rois célestes [*lokapāla*] au nombre de quatre ou de huit sont les divinités aux airs féroces de la rose des vents, protectrices de la loi bouddhique et qui gardent l'entrée des temples.

5. C'est-à-dire en 880, pendant la rebellion de Huangchao. Voir le texte précédent pour l'empereur Xizong.

6. Au Shaanxi actuel.

于江，載是四板以歸．既免喪，所嘗與往來浮屠人惟簡，誦其師之言，教軾為先君捨施必所甚愛與所不忍捨者．軾用其說，思先君之所甚愛軾之所不忍捨者，莫若是板，故遂以與之．且告之曰："此明皇帝之所不能守，而焚於賊者也，而況於余乎！余視天下之蓄此者多矣，有能及三世者乎？其始求之若不及，既得，惟恐失之，而其子孫不以易衣食者，鮮矣．余惟自度不能長守此也，是以與子．子將何以守之？"簡曰："吾以身守之．吾眼可霍，吾足可斮，吾畫不可奪．若是，足以守之歟？"軾曰："未也．足以終子之世已．"簡曰："吾[5]又盟於佛，而以鬼守之．凡取是者與凡以是予人者，其罪如律．若是，足以

5. [吾] 原缺，據朗本補．

jusqu'à mon pays natal où j'emportai ces quatre panneaux[7]. Le deuil terminé, le moine bouddhiste Simplicité avec qui j'entretenais des relations, récita des paroles de son Maître et m'enseigna que je devais, pour mon défunt père, faire l'offrande de ce qu'il aimait le plus et dont il n'aurait pu supporter la perte. Fort de cette pensée, je songeai que ce qu'il aimait le plus et ce dont il m'était difficile de me séparer, c'était ces quatre peintures. Aussi les lui donnai-je. J'ajoutai :

« Ces panneaux que l'Empereur Clairvoyant ne put garder et qui furent brûlés par des pillards, vous ne prétendez pas les conserver ? Nombreux sont dans le monde ceux qui amassent des collections, mais combien survivent à trois générations ? Au début, ces hommes se prennent de passion pour une pièce qu'ils ne pensent jamais pouvoir obtenir, puis quand ils l'ont acquise n'ont qu'une crainte, la voir perdue ; rares pourtant sont les fils et les petits-fils qui ne l'échangent pas contre des vêtements et de la nourriture. Je me suis rendu compte que je ne pourrai garder ces panneaux, voilà pourquoi je vous les ai donnés. Mais vous, comment ferez-vous ?

– Je les protégerai de mon corps. On pourra me rendre aveugle et me découper en lamelles, mais on ne dérobera pas ces peintures. Cela vous va-t-il ?

– Pas encore. Ce serait tout juste bon jusqu'à la fin de votre vie.

– Je me lierai en plus de serment avec le bouddha et les ferai garder par des démons. Tous ceux qui s'en empareraient ou les donneraient seront châtiés selon la discipline. Cela vous convient-il ?

---

7. Su Shi et son frère obtiennent de l'empereur Yingzong 英宗 (r. 1063-1067) un bateau pour ramener chez lui le corps de son père. Ils refusent cependant les onces d'argent et les cent rouleaux de soie qu'offrait le souverain. En 1079, pendant le procès de la Terrasse des corbeaux qui conduira à son exil à Huangzhou, Su Shi sera accusé d'avoir transporté sur ce bateau des marchandises pour faire du commerce. La rivière Bian coule à la capitale des Song, Bianjing 汴京 ou Kaifeng開封.

守之歟？”軾曰：“未也. 世有無佛而蔑鬼者.”“然則何以守之？”曰：“軾之以是予子者，凡以為先君捨也. 天下豈有無父之人歟，其誰忍取之. 若其聞是而不悛，不惟一觀而已，將必取之然後為快，則其人之賢愚，與廣明之焚此者一也. 全其子孫難矣，而況能久有此乎！且夫不可取者存乎子，取不取者存乎人. 子勉之矣，為子之不可取者而已，又何知焉.”

既以予簡，簡以錢百萬度為大閣以藏之，且畫先君像其上. 軾助錢二十之一，期以明年冬閣成. 熙寧元年十月二十六日記.

– Pas davantage ! Il existe dans le monde des mécréants qui méprisent les démons.

– Comment alors les conserver ?

–Je vous les ai donnés en offrande pour mon père défunt. Qui dans le monde n'a pas de père et qui oserait les prendre ? Les personnes qui entendraient cela sans s'amender, qui ne se contenteraient pas d'un seul regard et ne seraient satisfaites qu'après les avoir emportés, ceux-là, qu'ils soient sages ou stupides, rien ne les différencie des incendiaires de l'ère de la *Vaste Clarté*. Être réellement un fils ou un petit-fils, voilà qui est déjà difficile, à plus forte raison posséder durablement ! De plus, que vous ne laissiez pas prendre est de votre responsabilité, mais pas qu'on les emporte ou non. Soyez diligent, veillez seulement à ce qu'on ne les prenne pas, pour le reste qui sait ?

Après les avoir reçus, Simplicité estima à un million de sapèques la construction d'une grande tour destinée à les conserver ; il fera aussi peindre un portrait de mon père. J'ai contribué pour un vingtième et on s'attend à l'achèvement des travaux l'an prochain.

Commémoré le 26e jour du 10e mois, an 1 de l'ère de la *Paix harmonieuse*.

N° 6

La Salle du prince de l'encre
(1070)

Si l'on fait traditionnellement remonter la peinture à l'encre noire des bambous à une Dame Li des Tang, la plante est largement exploitée dans la vie quotidienne depuis l'Antiquité : natte, baguettes, flûtes, échafaudages et constructions, pousses comestibles, coupes d'alcool, puis sous les Han, pinceau et papier en sont les utilisations les plus courantes. Le bambou est appelé l'un des trois amis de l'hiver avec le pin et le rameau d'abricotier ou l'un des quatre gentilshommes avec l'orchidée, la même fleur de prunus et le chrysanthème. Le peindre, c'est peindre un caractère *où alternent fermeté et douceur, équité et loyauté, fidélité à sa nature au cœur même des rigueurs hivernales, force qu'il tire du vide intérieur. Wen Tong et Su Shi contribuent le plus largement sous les Song à cette « culture » du bambou. En témoigne ce quatrain :*

J'aime mieux me priver de viande
Que vivre sans bambous ;
Et plutôt la maigreur
Que devenir vulgaire.

第六

墨君堂記

凡人相與號呼者，　貴之則曰公，　賢之則曰君，自其下則爾、汝之．雖公卿之貴，天下貌畏而心不服，則進而君、公，退而爾、汝者多矣．　獨王子猷謂竹君，　天下從而君之無異辭．今與可又能以墨象君之形容，作堂以居君，而

N° 6

La Salle du prince de l'encre

En général, lorsque les gens s'interpellent et se nomment, s'ils sont nobles, ils disent « Messire », et s'ils s'estiment, « Prince ». En deçà, ils se voussoient ou se tutoient. Mais même avec les plus éminents des ministres, rares sont les frondeurs aux mines menaçantes qui ne donnent pas du « Prince » et du « Messire » en leur présence et ne les tutoient ou voussoient pas dès qu'ils se sont retirés.

Seul Wang Ziyou[1] décernait au bambou le nom de « Prince », coutume si courante dans l'empire qu'il n'a plus d'autre appellation. Yuke[2] est, lui, capable de signifier, par

1. Wang Huizhi 王徽之 (?-387) est le cinquième fils du grand calligraphe Wang Xizhi 王羲之 (321-379). La biographie de l'histoire dynastique des Jin le dépeint comme un homme au tempérament « débridé » qui se montre peu soucieux des affaires publiques lors de ses différents postes au service du Commandant de la cavalerie Huan Wen 桓溫 (312-373). Cf. *Jinshu* 晉書, juan 80, p. 2103-2104. Nombre de ses réparties malicieuses et spirituelles sont recueillies dans le recueil d'anecdotes *Propos mondains et paroles nouvelles*. L'appellation de prince donnée au bambou apparaît au chapitre 23 : « Wang Ziyou qui logeait temporairement dans la demeure vide d'un ami, ordonna de faire planter des bambous. Quelqu'un lui demanda : "Pourquoi, alors que vous n'êtes pas destiné à rester, vous embarrassez-vous de la sorte ?" Wang Ziyou siffla et chanta longtemps, puis montrant du doigt les bambous, dit : "Peut-on vivre un jour sans ce prince ?" » [*Shishuo xinyu*世說新語, anecdote n° 46, p. 408].

2. Yuke est le prénom social de Wen Tong 文同 (1018-1079), cousin de Su Shi et le plus célèbre peintre de bambous des Song du Nord. Docteur en 1049, il est à plusieurs reprises nommé sous-préfet au Sichuan, puis préfet au Shaanxi. Ami de Sima Guang, du très estimé Wen Yanbo 文彥博 (1006-1097), c'est aussi un poète reconnu : dans l'esprit de Mei Yaochen 梅堯臣 (1002-1060), plusieurs de ses poèmes sont consacrés à la vie quotidienne et les souffrances du peuple ; nombreux aussi sont les évocations de paysages dans lesquels ils associent scènes réelles et peintures ; pas moins de dix textes prennent pour thème le bambou dans ses œuvres littéraires complètes [*Danyuan ji* 丹淵集], qu'il estime pour le vide intérieur [*xin xu* 心虛] et la vigueur de ses nœuds [*jie jing*節勁]. Voir en particulier le très

屬余為文，以頌君德，則與可之於君，信厚矣.

與可之為人也，端靜而文，明哲而忠，士之修潔博習，朝夕磨治洗濯，以求交於與可者，非一人也. 而獨厚君如此. 君又疏簡抗勁，無聲色臭味，可以娛悅人之耳目鼻口，則與可之厚君也，其必有以賢君矣. 世之能寒燠人者，其氣談亦未至若雪霜風雨之切於肌膚也，而士鮮不以為欣戚喪其所守. 自植物而言之，四時之變亦大矣，而君獨不顧. 雖微與可，天下其

le moyen de l'encre, les mines et les formes de ce prince. Il a fait construire une salle[3] pour l'y loger et m'a prié d'écrire un texte pour en louer les vertus. N'est-ce pas un témoignage, vraiment, de son zèle[4] sincère envers ce prince ?

Yuke est un homme droit, calme et gracieux, clairvoyant, sage et loyal. Les lettrés qui cultivent la pureté et s'ouvrent à une large pratique, qui, de l'aurore jusqu'au crépuscule, polissent et règlent leur conduite, se rincent et se lavent de leurs souillures, et cherchent sa compagnie ne manquent pas, mais seul ce prince est traité avec autant d'égards. Or, le prince est délié, facile, résistant et vigoureux, sans couleur, ni son, sans parfum ni saveur, tel qu'il peut égayer les yeux, les oreilles, le nez et la bouche. Je pense donc que l'estime que porte Yuke à ce prince se fonde sur une connaissance certaine de sa valeur et de ses qualités.

Des souffles qui, dans le monde, refroidissent et réchauffent les hommes, les plus violents ne sont rien comparés à la neige, au givre, au vent et à la pluie qui agressent la peau. La plupart des gentilshommes en deviennent pourtant joyeux ou tristes, et perdent ainsi leur véritable teneur. Pour les plantes, les changements des quatre saisons sont considérables ; seul

---

beau poème « Chant sur les bambous » [*Yong zhu* 詠竹], suite de distiques commençant par un vers de un caractère et augmentés de proche en proche jusqu'à des vers de dix syllabes (*Op. cit.*, *juan* 17). Du point de vue pictural sont particulièrement loués le naturel sans contrainte [*xiaosa* 瀟灑] qu'il donne à ses bambous et l'ondulation de ses tiges qui rendent sensible la brise. Il invente la technique qui consiste à peindre le dos des feuilles d'un pinceau moins encré. Le Musée National du Palais à Taipei conserve deux de ses peintures de bambou.

3. La Salle était censée se trouver dans la province de Huzhou 湖州, près de l'actuelle ville de Wuxing 吳興 au Zhejiang 浙江, où Wen Tong sera nommé préfet en 1078.

4. Le terme *hou* 厚 que nous traduisons diversement dans ce texte renvoie à l'attachement, à la considération et au zèle de Wen Tong à l'égard des bambous.

孰不賢之. 然與可獨能得君之深, 而知君之所以賢. 雍容談笑, 揮灑奮迅而盡君之德. 稚壯枯老之容, 披折偃仰之勢. 風雪凌厲以觀其操, 崖石犖确以致其節. 得志, 遂茂而不驕; 不得志, 瘁瘠而不辱. 群居不倚, 獨立不懼. 與可之於君, 可謂得其情而盡其性矣. 余雖不足以知君, 願從與可求君之昆弟子孫族屬朋友之象, 而藏於吾室, 以為君之別館云.

ce prince ne s'en soucie pas. Et si Yuke n'existait pas, on l'estimerait autant. Pourtant, lui seul peut connaître intimement le prince et juger de sa valeur. Élégant et affable, il converse et sourit, laisse courir son pinceau vigoureusement et vivement pour en explorer toutes les vertus. Jeune, adulte, desséché ou âgé, selon la composition ouvert, coupé, incliné ou dressé, il le situe sous des neiges et des vents mordants pour en contempler la conduite, contre des falaises aux roches dures et saillantes pour en faire apparaître les nœuds[5]. Quand son élan est comblé, le prince prospère sans arrogance ; sinon, il dépérit sans connaître la honte, indépendant au milieu de la foule, sans peur quand il se dresse seul. Ne dira-t-on pas que cet homme connaît vraiment les sentiments de ce prince et en explore jusqu'au bout la nature[6] ?

Quant à moi, je ne saurais me hisser à un tel savoir ; je souhaite seulement étudier auprès de Yuke et trouver l'allure des frères, des fils et petits-fils, de la parentèle et des amis de ce prince, les conserver dans une chambre dont je ferai, pour lui, une autre demeure temporaire.

---

5. Jeu de mots quasi intraduisible : le terme *jie* 節 désigne aussi bien les jointures et les nœuds des bambous que la mesure et la modération.

6. L'expression « aller jusqu'au bout de la nature » d'une chose vient du Mencius (*passim*) où elle fait référence au développement complet des virtualités morales inscrites dans ma nature. Su Shi l'emploie ici dans un sens plus lâche, retenant essentiellement la dimension de connaissance, et la couple avec la notion d'« é-motion » [*qing*], terme qui, dans sa philosophie et dans son commentaire du *Classique du Changement* en particulier, renvoie aux diverses réponses en situation d'un potentiel naturel. Su Shi s'oppose généralement une orientation générale de la pensée chinoise qui s'est en partie ossifiée sous les Tang (618-907) selon laquelle les « émotions » seraient largement négatives et aliénantes, expression non contrôlée de ce fonds naturel, et considère que la nature d'une chose n'est connaissable qu'à partir de ces réactions, à condition toutefois de les penser comme spontanées, non médiatisées et toujours singulières. Voir sur ce point le *Dongpo Yizhuan* 東坡易傳, commentaire au premier hexagramme « L'énergie créatrice » [Qian 乾], *juan* 1, p. 3, et à « L'explication des trigrammes » [Shuogua 說卦], § 1, *juan* 9, p. 146-147.

N° 7

Les Peintures du Monastère de la Cause pure
(13 juin 1071)

Su Shi poursuit l'élaboration d'une esthétique lettrée, différente de celles des artisans-peintres. Au-delà de l'éloge de l'élévation et de la noblesse de Wen Tong, il pose pour la première fois que la pratique artistique est une Voie à part entière, un Tao qui permet d'accéder, par d'autres biais que la morale, à un plein accomplissement de soi et des choses. Peindre, c'est dégager des lignes de force, non restituer des formes, lesquelles sont d'autant plus faciles à produire que leur existence est douteuse comme les démons et les fantômes. Peindre « la raison des choses », ce n'est évidemment pas sacrifier la ressemblance – le regard minutieux de Su Shi le prouve –, c'est plutôt créer par-delà les formes une atmosphère et un lieu qui ouvre à la contemplation, le séjour des hommes accomplis.

第七

淨因院畫記

余嘗論畫，以為人禽宮室器用皆有常形. 至於山石竹木，水波煙雲，雖無常形，而有常理. 常形之失，人皆知之. 常理之不當，雖曉畫者有不知. 故凡可以欺世而取名者，必託於無常形者也. 雖然，常形之失，止於所失，而不能病其全，若常理之不當，則舉廢之矣. 以其形之無常，是以其理不可不謹也. 世之工人，或能曲盡其形，而至於其理，非高人逸才不能辨.

N° 7

Les Peintures du Monastère de la Cause pure

Parlant de peinture, j'ai coutume de me dire que les hommes, les oiseaux, les palais, les maisons et les objets de la vie quotidienne ont tous une forme constante, mais que les montagnes, les roches, les bambous et les arbres, pour en être dénués, n'en possèdent pas moins une ligne[1] constante. Un manquement à la forme est connu de tous ; si la ligne n'est pas juste, certains amateurs de peinture ne s'en rendront pas compte. C'est pourquoi tous ceux qui cherchent la célébrité, quitte à duper le monde, peignent des choses sans forme constante. Or, un défaut dans la forme ne touche que la partie peinte sans nuire à l'ensemble, tandis qu'une ligne imparfaite ruine le tout. Précisément parce qu'il n'y a pas de forme constante, il faut être d'autant plus attentif à la ligne majeure. Par mille détours parfois, les peintres de métier parviennent à traduire les formes, mais les lignes ne seront discernées que par de nobles et éminents talents.

1. Le terme chinois est *li*, thème majeur de la philosophie chinoise. Principe de gestion et d'organisation depuis l'Antiquité, la « raison des choses » devient progressivement la ligne structurante qui fonde une existence, principe d'évolution et de transformation. Su Shi participe du mouvement général de pensée qui, dans la seconde moitié du XIe siècle, réoriente la réflexion sur ce terme et donne, au siècle suivant son nom à la version « rationaliste », destinée à devenir orthodoxe, du néo-confucianisme [lixue 理學]. Sa conception, encore imparfaite à l'époque de la rédaction de cette commémoration, et celle de Cheng Yi 程頤 (1033-1107), véritable initiateur du *Lixue*, ne diffèrent que dans leur interprétation de la transformation. Principe conjoint de vie et d'élévation morale, la « ligne » est chez Cheng Yi plus rigoureusement définie en termes éthiques et se fonde sur une lecture du changement axée sur la régularité, la continuité et les phases des tendances en cours. Su Shi, sans doute plus sensible aux caprices des formes, résiste davantage au réductionnisme et privilégie dans la compréhension des transformations le rôle de l'expérience singulière et multiple.

與可之於竹石枯木，真可謂得其理者矣．如是而生，如是而死，如是而攣拳瘠蹙，如是而條達暢茂，根莖節葉，牙角脈縷，千變萬化，未始相襲，而各當其處．合於天造，厭於人意．蓋達士之所寓也歟．

昔歲嘗畫兩叢竹於淨因之方丈，其後出守陵陽而西也，余與之偕別長老[6]臻師，又畫兩

6. [老] 後原有[道] 字，據西樓帖刪.

Ne dira-t-on pas que, des bambous, des roches et des arbres secs, Yuke a pleinement saisi les lignes constantes ! Ils vivent ici et meurent là, tantôt fermés comme le poing, maigres, comme hésitants, tantôt élancés et pleins de vigueur. Racines, tiges, nœuds, feuilles, pointe et fil, nervures et fibres, en mille variations, sans jamais se contrefaire, chacun en place. À l'unisson du démiurge céleste[2], pour le bonheur de l'esprit.

Car sans doute est-ce là le séjour des lettrés accomplis…

L'an passé, Yuke a peint deux bosquets de bambous dans le Monastère de la cause pure[3], il devait partir ensuite vers l'Ouest administrer le district de Linyang[4]. Nous allâmes ensemble présenter nos adieux au supérieur Daozhen[5], Maître Parvenu au Tao. À cette occasion, il peignit de nouveau deux rameaux de bambous et un arbre sec dans le Studio oriental.

---

2. Depuis le *Zhuangzi*, ce démiurge [*zaohua*] est une énigme. L'existence d'un Créateur est laissée en suspens comme une possibilité transcendantale. Cette source qui forme et transforme les êtres, cet influx vital, pensés en termes énergétiques, ne cessent jamais totalement d'être une « puissance », un Esprit divin, source de ferveur et d'hommages. Voir le *Zhuangzi*, chap. 6, « Le Grand maître ancestral », ZZJS, p. 40 ; trad. Romain Graziani, 149.

3. Temple de la Cause première, à savoir l'ignorance [*avidya*, *wuming* 無明] affilié à la branche Yunmen du bouddhisme *chan*. Fondé en 977, il prend ce nom en 1064 ; il était situé à une vingtaine de lis à l'est de la Capitale, Kaifeng.

4. À l'est du district de Renshou 仁壽 au Sichuan.

5. Maître Daozhen (1041-1093) serait au cours de ses voyages allé à Kaifeng où il se serait placé sous l'enseignement de Huailian 懷璉 (1009-1090), il aurait suivi en 1061 les cours d'un des moines lettrés les plus influents du XIe siècle, Qisong 契嵩 (1007-1072), ardent défenseur de la piété filiale bouddhique, convaincu que le *chan* est nécessaire au bon fonctionnement de l'État, écrivant dans une prose classique qui lui vaut le respect de lettrés tels que Li Gou 李覯 (1009-1059) ou Ouyang Xiu. Daozhen prend la succession du temple en 1069. Peintre, il entretient, comme l'attestent les nombreux poèmes sur ce monastère et ce moine, des relations amicales avec Su Shi qui rédige un éloge d'un autoportrait : « Pur donc illuminant / Illuminant donc pur / D'un homme tel / Qui sait la rectitude / Fausses les quatre matières / D'où le retour au Vrai » (Voir SSWJ, vol. 2, *juan* 22, p. 636).

竹梢一枯木於其東齋. 臻師[7]方治四壁於法堂, 而請於與可, 與可既許之矣, 故余并為記之. 必有明於理而深觀之者, 然後知余言之不妄.

元豐三年端陽月八日眉山蘇軾於淨因方丈書[8].

7. [師] 原缺, 據西樓帖補.
8. 原缺. 據書畫錄補.

Lorsque le maître aménagea les parois de la Salle de la Loi, il commanda [de nouvelles peintures] à Yuke qui y consentit. J'ai donc écrit, pour les accompagner, cette commémoration.

Seuls ceux qui ont une claire perception des lignes et regarderont profondément ne jugeront pas mes propos insensés !

Écrit par Su Shi des Monts Mei, le 8e jour du mois du *Yang dro*it, an 3 de l'ère de l'Abondance première.

N° 8

La Salle des encres précieuses (1072)

À Hangzhou où il est vice-gouverneur de 1071 à 1074, Su Shi, éloigné de la cour, trouve un environnement très riche. La ville, une des plus belles sous les Song du Nord avant de devenir la capitale à partir de 1127, regorge de temples bouddhiques où il peut jouir du calme et se familiariser avec le chan, *de demeures imposantes où font retraite de célèbres fonctionnaires, et de trésors artistiques. Cette commémoration témoigne par la conversation initiale de ce milieu culturel où l'art et l'art de gouverner sont les préoccupations essentielles.*

Au-delà de la critique de la passion pour la peinture et la calligraphie, thème sur lequel Su Shi reviendra, il faut lire en creux une déception pour les réformes de Wang Anshi et une exhortation à la prudence envers cette autre passion qu'est la politique.

第八

墨寶堂記[9]

世人之所共嗜者，美飲食，華衣服，好聲色而已. 有人焉，自以為高而笑之，彈琴弈棋，蓄古法書圖畫，客至，出而夸觀之，自以為至矣. 則又有笑之者曰：古之人所以自表見於後世者，以有言語文章也，是惡足好？而豪傑之士，又相與笑之. 以為士當以功名聞於世，若乃施之空言，而不見於行事，此不得已者之所為也. 而其所謂功名者，自知效一官，等而上之，至於伊、呂、稷、契之所營，劉、項、湯、武之所爭，極矣. 而或者猶未免

9. 朗本卷五十作[張君寶墨堂記].

Nº 8

La Salle des encres précieuses

Les passions des hommes ordinaires se limitent à la belle nourriture, aux ornements des habits, aux couleurs et aux sons[1]. Un homme convaincu de son élévation mais moqueur, jouait de la cithare ou déplaçait des pions sur l'échiquier, et amassait des calligraphies et peintures anciennes et modernes. Vint un voyageur qui, une fois parti, se targua de les avoir contemplées et d'en être plus noble. Un rieur lui dit : « Les Anciens se distinguaient pour les générations futures par leurs paroles et leurs manières rituelles. Et vous trouveriez quoi que ce soit à aimer dans ces œuvres ! » Un lettré d'une trempe virile se joignit à la moquerie et considéra qu'un vrai gentilhomme se fait connaître dans le monde par son mérite et que, si une parole lâchée inconsidérément ne s'était pas traduite en acte, ce devait être dû à la pression des circonstances. Il ajouta que le mérite se construit en commençant par un poste, puis en s'élevant par degrés jusqu'à atteindre son comble dans la gestion des ministres Yi, Lü, Ji ou Xie[2], comme dans les luttes des fondateurs Liu, Xiang[3], Tang et Wu. Sur quoi quelqu'un qui ne pouvait s'empêcher de rire, dit : « Ces mêmes charges

1. Les sons et les couleurs désignent les plaisirs des sens, la musique et les beaux spectacles, le relâchement moral aussi confinant à la luxure et à la débauche.

2. Yi Yin 伊尹 est le sage ministre de Tang le Victorieux, fondateur de la dynastie des Xia ; Lü Shang 吕尚, surnom de Jiang Ziya 姜子牙, des souverains Wen et Wu des Zhou ; Houji 后稷, le prince Millet, est l'inventeur de l'agriculture et ancêtre des Zhou ; Xie sert le souverain Shun ; un de ses descendants fonda la dynastie des Shang

3. Liu Bang 劉邦 (240-195 av. J.-C.) est le nom personnel de l'empereur Gaozu 高祖qui fonde la dynastie des Han et élimine son rival Xiang Yu 項羽 (233-202 av. J.-C.). Tous deux concourent au renversement de la dynastie tyrannique des Qin 秦 (221-207 av. J.-C.).

乎笑，曰：是區區者曾何足言，而許由辭之以為難，孔丘知之以為博. 由此言之，世之相笑，豈有既乎？

士方志於其所欲得，雖小物，有棄軀忘親而馳之者. 故有好書而不得其法，則椎[10]心嘔血幾死而僅存，至於剖冢斲棺而求之. 是豈有聲色臭味足以移人哉. 方其樂之也，雖其口不能自言，而況他人乎！人特以己之不好，笑人之好，則過矣.

毗陵人張君希元，家世好書，所蓄古今人遺跡至多，盡刻諸石，築室而藏之，屬余為記.

10. 原作[拊]，浪本作[推]，儸考校改為[椎]，今從.

que l'ermite Xuyou[4] rejeta comme trop difficiles, Maître Kong les tenait au contraire pour immenses. » De ce point de vue, les rires dans ce monde prendront-ils jamais fin ?

Un lettré, dès qu'il s'est déterminé à acquérir quelque chose, peu importe l'objet, le poursuivra au point d'en oublier son corps et sa famille. Voilà pourquoi certains amateurs d'écritures qui n'en possèdent pas les règles, se martèlent le cœur et crachent du sang ; à deux doigts de la mort, ils n'ont plus que la vie, et vont dans leur quête jusqu'à fossoyer des tombeaux et à éventrer à coups de hache des cercueils[5]. N'y aurait-il vraiment que les sons, les couleurs, les parfums et les saveurs qui chavirent les hommes ! Quand il leur arrive de jouir [de leur possession], leur bouche ne saurait dire ce qu'ils ressentent, et à plus forte raison, autrui ! Que chacun, selon ses préférences, se moque de celles des autres, quel excès !

C'est une tradition familiale pour le prince Zhang Xiyuan[6] de Piling[7] d'aimer la calligraphie. Sa collection de traces anciennes et modernes, extrêmement importante, il l'a fait graver sur pierre, a construit une pièce pour les recéler et m'a prié d'écrire la commémoration.

---

4. Nom d'un ermite mentionné dans le *Zhuangzi* qui déclina le pouvoir que lui offrait l'empereur Yao et disparut, souillé de cette offrande.

5. Allusion au calligraphe Zhong You 鍾繇 (153-230) qui, après avoir vu une oeuvre de Cai Yong (132-192), serait parvenu à ces dernières extrémités.

6. Zhang Cishan 張次山, de prénom social Xiyuan devient docteur en 1042 et parvient au poste d'intendant des greniers régulateurs du circuit ouest du Jiangnan [*tihu Jiangnan xilu changping guanghui c*ang 提舉江南西路常平廣惠倉]. Peu satisfait de la « Nouvelle politique » lancée par Wang Anshi 王安石 (1021-1086) dès 1068, il offre sa démission, reprend un poste puis est à nouveau démis par Wang. Il devra attendre le retour des « conservateurs » au pouvoir en 1086 pour devenir gouverneur de région puis intendant fiscal de tout un circuit.

7. La ville se situe dans l'actuelle province du Jiangsu.

余蜀人也. 蜀之諺曰：“學書者紙費，學醫者人費.” 此言雖小，可以喻大. 世有好功名者，以其未試之學，而驟出之於政，其費人豈特醫者之比乎？今張君以兼人之能，而位不稱其才，優游終歲，無所役其心智，則以書自娛. 然以余觀之，君豈久閑者，蓄極而通，必將大發之於政. 君知政之費人也甚於醫，則願以余之所言者為鑒.

Nous avons au pays de Shu[8] dont je suis originaire un centon : « L'étude de l'écriture gâche du papier, l'étude de la médecine gâche l'homme. » D'un tel proverbe, si insignifiant soit-il, on peut apprendre beaucoup. Quelqu'un qui s'attacherait au mérite et qui, avant même de s'être testé par l'étude, se ruerait vers une carrière politique, un tel homme, n'y a-t-il pas à craindre qu'il s'abîme plus encore que les médecins ?

Or, Messire Zhang qui rassemble dans sa personne toutes les capacités d'un homme n'occupe pas une position conforme à son talent, il passe toute l'année des jours heureux, l'esprit jamais entravé par l'intelligence [requise pour les affaires], et se plaît aux calligraphies. Mais de mon point de vue, comment Messire pourrait-il demeurer longtemps dans l'oisiveté. Lorsque sa collection sera achevée et qu'il l'aura dépassée, il donnera sans doute toute sa mesure en politique… Il sait à quel point elle ruine l'homme plus encore que la médecine. Aussi ai-je voulu qu'il tire quelque lumière de mes propos…

8. Ancien nom de la partie centrale du Sichuan.

N° 9

Le Pavillon des merveilles encrées
(janvier 1073)

Ce texte est un assez bon exemple des stratégies de déjouement propres à l'écriture de Su Shi. Du pavillon presque rien n'est indiqué ; l'accent est mis au contraire sur l'efficacité politique d'un homme, son art du non-agir opposé à l'activisme de Wang Anshi et sur ses qualités d'homme : sens de la solidarité et fermeté d'âme qui lui permet de libérer son esprit des tracasseries quotidiennes. C'est aussi la première fois qu'apparaît le thème de la postérité et de l'immortalité.

第九

墨妙亭記

熙寧四年十一月，高郵孫莘老自廣德移守吳興. 其明年二月，作墨妙亭於府第之北，逍遙堂之東，取凡境内自漢以來古文遺刻以實之.

N° 9

Le Pavillon des merveilles encrées

Le 11e mois de l'an 4 de l'ère de la Paix harmonieuse[1], Sun Xinlao[2] de Gaoyou fut muté de la préfecture de Guangde[3] comme gouverneur de Wuxing. L'année suivante au 2e mois, il fit construire le Pavillon des merveilles encrées au nord des bâtiments administratifs. Il y flânait à l'est de la Salle d'audience et le remplit des gravures et des textes anciens qu'il avait collectés à l'intérieur des frontières de la province de la dynastie des Han à nos jours.

---

1. C'est-à-dire à partir du 2 novembre 1071.

2. Sun Jue (1028-1090), de prénom social Xinlao, est originaire de Gaoyou (dans la province du Jiangsu). Dans sa jeunesse, il étudia auprès de Hu Yuan, l'un des maîtres de la génération des réformes de l'ère Qingli. Titulaire du doctorat, il franchit les différents échelons de la carrière administrative, passant de greffier à correcteur-réviseur des textes à l'Académie, avant d'assumer la charge de censeur. Lors des réformes de Wang Anshi, il s'oppose à un système de prêts aux paysans, fait au moment du repiquage et à rembourser à la récolte avec 20% d'intérêts [*qingmiao fa* 青苗法], une des mesures qui suscitent le plus d'hostilité de la part des fonctionnaires de la cour et des provinces. Pour l'éloigner, Wang Anshi le fait nommer dans la commanderie de Guangde en 1071. Au début des années 1080, il est rappelé à la cour, et sera au début du règne de l'empereur Zhezong (r. 1085-1100), sous la régence, amené à instruire le jeune souverain. Demeure aujourd'hui, parmi ses œuvres, un important commentaire des *Printemps et automnes* [*Chunqiu jingjie* 春秋經解]. La biographie de Sun Jue se trouve dans l'*Histoire dynastique des Song*, vol. 31, *juan* 344, p. 10 925-10 928.

Su Shi a consacré un long poème descriptif à ce pavillon dans lequel il passe en revue les mérites de calligraphes célèbres avant de louer l'effort de collecte de Xinlao. Voir « Sur une demande de Sun Xinlao pour la Salle des merveilles encrées » [孫莘老求墨妙亭詩], SSSJ, vol. 2, *juan* 8, p. 371-373, pour une traduction anglaise, voir Fuller, p. 183-186,

3. Dans l'actuelle province de l'Anhui.

吳興自東晉為善地，　號為山水清遠．　其民足於魚稻蒲蓮之利，　寡求而不爭．　賓客非特有事於其地者不至焉．　故凡守郡者，　率以風流嘯詠投壺飲酒為事．自莘老之至，　而歲適大水，上田皆不登，湖人大饑，將相率亡去．莘老大振廩勸分，躬自撫循勞來，出於至誠．富有餘者，　皆爭出穀以佐官，　所活至不可勝計．當是時，朝廷方更化立法，使者旁午，以為莘老當日夜治文書，赴期會，不能復雍容自得如故事．而莘老益喜賓客，賦詩飲酒為樂，又以其餘暇，網羅遺逸，得前人賦詠數百篇，以為《吳興新集》，其刻畫尚存而僵仆斷缺於荒陂野草之間者，又皆集於此亭．是歲十二月，余

Wuxing, depuis les Jin Orientaux[4] est un lieu agréable, réputé pour ses eaux et ses montagnes pures et lointaines. Son peuple profite à suffisance des ressources en poisson, en riz, en osier et en nénuphars, demande peu et n'est pas querelleur. Les voyageurs qui n'y sont obligés par quelque affaire ne s'y rendent pas. Aussi tous les gouverneurs de la commanderie ont, dans leurs manières, de chanter, de siffler et de lancer des flèches dans le bec étroit d'une jarre[5].

Après l'arrivée de Xinlao, il y eut une grande inondation, même les champs les plus élevés ne produisaient plus, les gens étaient affamés et s'apprêtaient, les uns après les autres, à quitter la région. Le gouverneur fit ouvrir en grand les greniers à grains et incita au partage, il réconforta et encouragea en personne, témoignant d'une extrême sincérité. Les riches qui avaient des surplus rivalisèrent, tous, pour distribuer leurs céréales et aider les fonctionnaires, et innombrables furent les personnes sauvées.

À cette époque, la cour lança de grandes réformes et établit la [nouvelle] Politique, qui le contraignait à une activité fastidieuse et complexe ; elle pensait qu'il était occupé jour et nuit à corriger des rapports, courant d'un rendez-vous à un autre, et qu'il ne pouvait plus dès lors être aussi cordial et satisfait qu'autrefois. Or, Xinlao prenait davantage de plaisir encore à convier des hôtes, composait des poèmes tout en buvant de l'alcool, et dans les loisirs qu'il lui restait, il noua des contacts avec les ermites talentueux laissés dans l'oubli, et rassembla quelques centaines de chansons écrites par des gens d'autrefois dans un recueil intitulé *Nouveaux chants de Wuxing*. Les peintures et les gravures survivantes ainsi que les stèles renversées ou fragmentaires cachées dans les collines en friches ou les herbes des prairies, il les réunit, toutes, dans le pavillon. Cette année, au 12e mois,

4. 317-420.

5. *Tou hu* 投壺 : jeu ancien, fréquent dans les banquets, qui consistait à faire entrer une fléchette dans un vase à col étroit. Le perdant devait boire.

以事至湖，周覽歎息，而莘老求文為記.

或以謂余，凡有物必歸於盡，而恃形以為固者，尤不可長，雖金石之堅，俄而變壞，至於功名文章，其傳世垂後，乃[11]為差久，今乃以此託於彼，是久存者反求助於速壞．此既昔人之惑，而莘老又將深簷大屋以錮留之，推是意也，其無乃幾於不知命也夫．余以為知命者，必盡人事，然後理足而無憾．物之有成必有壞，譬如人之有生必有死，而國之有興必有亡也．雖知其然，而君子之養身也，凡可以久生而緩死者無不用，其治國也，凡可以存存而救亡者無不為，至於不可柰何而後已．此之謂知命．是亭之作否，無足爭者，而其理則不可以不辨．故具載其說，而列其名物於左云.

11. [乃] 原作[猶]，樓鑰為墨跡[猶]作[乃]，今據改.

j'arrivai pour affaires à Huzhou et soupirai d'admiration quand je vis tout [ce qu'il avait accompli][6]. C'est alors qu'il me demanda un texte de stèle commémorative.

Quelqu'un me dit : « Tout ce qui existe retournera à la destruction, et s'appuyer sur des formes qu'on tiendrait pour solides permettra encore moins de durer. Même la dureté du métal ou de la pierre est détruite en un instant ; quant aux réputations et aux nobles manières, si elles se sont transmises aux générations ultérieures, ce n'est là qu'une affaire de temps. Supposons que quelqu'un prenne prétexte [de la solidité des pierres] pour se ciseler un renom : ne serait-ce pas comme si une chose qui vit longtemps demandait de l'aide à une autre rapidement détruite ? Voilà une idée que les hommes du passé trouvaient bien confuse… Pourtant Xinlao fait construire un large bâtiment aux toits profondément recourbés pour conserver [ces vestiges] à l'abri du temps. Allez jusqu'au bout de mon raisonnement, vous vous demanderez si ce n'est pas là ne rien connaître au destin ! »

Je pense, pour ma part, que connaître le destin, c'est déployer jusqu'à bout toutes les situations humaines, et qu'alors seulement, la logique des choses étant satisfaite, aucun regret n'existe plus. Toute chose qui s'accomplit sera détruite, comme mourra tout ce qui vit. De même, la grandeur d'un pays laissera place à sa disparition. Je sais bien cela. Mais un gentilhomme qui nourrit sa personne a recours à tout ce qui peut prolonger la vie et freiner la mort, et lorsqu'il administre un pays, tout ce qu'il peut garder intact et sauver de la disparition, il l'accomplit, s'arrêtant seulement quand plus rien n'est possible. Voilà ce qu'on appelle « connaître le destin » !

De la construction ou non de ce pavillon, il n'y a pas à discuter, mais la logique qu'elle contient ne pouvait rester non débattue. Aussi ai-je entièrement rapporté ces paroles et classé les pièces célèbres ci-après.

6. Plutôt que « toutes les œuvres accumulées ».

N° 10

Le Blanc-volant[1] de la main de l'empereur Renzong (1073)

Cet éloge quelque peu hyperbolique du règne de l'empereur Renzong (r. 1022-1063) doit se comprendre en partie par contraste avec celui de Shenzong. Dans l'histoire chinoise, Renzong est crédité d'avoir maintenu la paix face aux royaumes barbares du Nord et du Nord-Ouest, d'avoir initié une politique de réformes tout en en limitant les excès et d'avoir su collaborer avec des serviteurs intègres de l'État et employer des hommes de talent comme Ouyang Xiu ou Han Qi (1008-1075). Sous son règne aussi, la parole est relativement « libre », le censorat remplit sa double tâche de critique des faits et gestes du Souverain et fait remonter les remontrances des provinces.

1. Le Blanc-volant [*feibai*] est une technique calligraphique consistant à faire apparaître avec un pinceau peu encré des traces blanches à l'intérieur des traits. Il semble que l'empereur Renzong (r. 1022-1063) ait excellé dans ce style. En 1067, Ouyang Xiu a composé une commémoration [*Renzong yu feibai ji*仁宗御飛白記], où il rappelle que l'octroi d'une calligraphie impériale est évidemment une marque de confiance pour un lettré souvent éloigné de la cour. Ouyang déplore aussi, dans des termes assez semblables à ceux de Su Shi, la disparition du prince et de l'époque harmonieuse qui prévalait alors. Voir *Jushi ji* 居士集, *juan* 40.

第十

仁宗皇帝御飛白記

問世之治亂，必觀其人. 問人之賢不肖，必以世考之. 孟子曰："誦其詩，讀其書，不知其人，可乎？是以論其世也." 合抱之木，不生於步仞之丘. 千金之子，不出於二家之市.

臣嘗逮事仁宗皇帝，其愚不足以測知聖德之所至，獨私竊覽觀四十餘年之間，左右前後之人，其大者固已光明儁偉，深厚雄傑，不可窺較. 而其小者，猶能敦朴愷悌，靖恭持重，號稱長者. 當是之時，天人和同，上下驩心. 才智不用而道德有餘，功業難名而福祿無窮. 升遐以來十有二年，若臣若子，罔有內外，下至深山窮谷老婦稚子，外薄四海裔夷君長，見當時之人，聞當時之事，未有不流涕稽首者也. 此豈獨上之澤歟？凡在廷者，與有力焉.

N° 10

Le Blanc-volant de la main de l'empereur Renzong

Pour s'interroger sur l'ordre et le trouble d'une époque, il faut en observer les hommes ; pour s'instruire de la sagesse ou de l'indignité des hommes, il faut les confronter à l'époque. Maître Meng a dit : « Récitez ses poèmes, lisez ses livres, l'homme vous restera-t-il inconnu ? Et ainsi discutez de son époque[2]. » On n'étreint pas un arbre un arbre de ses deux bras sur une colline de quelques toises ; un fils de riche famille ne sort pas d'un marché minuscule.

Le sujet que je suis a eu l'honneur de servir l'empereur Renzong. Trop grande est ma sottise pour sonder là où est parvenue la vertu d'un Sage ; j'ai seulement pu parcourir et méditer les quatre décennies de son règne, les hommes qui l'entourèrent au fil du temps, vu que l'aura et le talent des grands étaient exceptionnels, qu'ils étaient généreux et virils, incomparables ; et que les moindres savaient encore être honnêtes et simples, cordiaux et fidèles, respectueux et prudents, dignes d'être des aînés.

À cette époque, Ciel et Homme harmonieux et conformes ; haut et bas d'un même cœur joyeux. Surcroît de vertu sans recours à la ruse ; mérites inassignables et primes infinies.

Depuis les douze années de l'Ascension du Prince, qu'ils soient sujets ou fils, indifféremment, jusqu'aux vieilles femmes et aux enfants des montagnes profondes et des vallées reculées, jusqu'aux maîtres barbares des tribus hors des quatre mers, tous pleurent et saluent quand ils voient ou entendent les hommes de ce temps, les histoires de ce siècle. Était-ce l'effet des seules faveurs impériales ? Non, tous les courtisans y eurent leur part.

2. *Mengzi* 孟子, V B 8.

太子少[12]傅安簡王公，諱舉正，臣不及見其人矣，而識其為人．其流風遺俗可得而稱者，以世考之也．熙寧六年冬，以事至姑蘇，其子誨出慶歷中所賜公端敏字二飛白筆一以示臣，且謂[13]臣記之，將刻石而傳諸世．

臣官在太常，職在太史，於法得書．且以為抱烏號之弓，不若藏此筆，寶[14]曲阜之履，不若傳此書，考追蠡以論音聲，不若推點畫以究

12. 朗本卷四十八[少]作[太].
13. 朗本[謂]作[請].
14. 朗本[寶]作[保].

Messire Anjian[3], « Calme et simple », second maître du dauphin, de prénom taboué Juzheng, je ne l'ai pas connu en personne mais je sais quelle sorte d'homme c'était. Ses manières comme les mœurs qu'il a laissées sont dignes d'éloges car je les ai confrontées à l'époque. En hiver de l'an six de la *Paix harmonieuse*[4], comme j'avais à faire dans l'ancienne ville de Suzhou, son fils Hui me montra un blanc-volant portant les deux caractères « Rectitude et finesse » dont l'empereur avait gratifié son père, et me demanda d'écrire une commémoration : il voulait faire graver une pierre et la transmettre dans le monde.

Je dépends de la Cour des sacrifices impériaux, j'ai dans mes fonctions d'écrire l'histoire et je connais la calligraphie pour en avoir pratiqué les règles[5]. Je pense aussi qu'il vaut mieux conserver ces traits de pinceau que tenir l'arc qui visa le Souverain Jaune[6], qu'il vaut mieux transmettre cette calligraphie que garder précieusement les sandales de maître Kong à Qufu[7], qu'il vaut mieux en méditer les traits et les pointes pour en analyser l'intention que faire fond sur les

---

3. Anjian est le nom posthume de Wang Juzheng dont le fils Wang Hui 王誨, de prénom social Guifu 規夫, est alors préfet de Suzhou (au Jiangsu actuel) où Su Shi est en tournée d'inspection.

4. Soit 1073.

5. Su Shi justifie l'écriture de cette commémoration : son rang, son titre et sa connaissance de la calligraphie lui semblent ici des remparts suffisants contre l'accusation toujours possible de dénigrement de la période actuelle, celle des réformes de Shenzong et Wang Anshi.

6. Lorsque le Souverain Jaune devint immortel et quitta ce monde chevauchant une grue, un archer tenta de l'atteindre en bandant un arc devenu célèbre. Voir le *Huainanzi* 淮南子, chap. 1 « Yuandao xun » 原道訓, p. 4.

7. Exemple du culte de Confucius dans son pays natal au Shandong. D'après *L'Histoire des Jin* (晉書, *juan* 36, « Biographie de Zhang Hua » 張華傳, p. 1073-1074), les sandales de Confucius (dont une peut-être avait été volée au pays de Cai 蔡 où il était menacé) furent brûlées lors de l'incendie de l'armurerie de la capitale, en même temps que l'épée avec laquelle le premier souverain des Han tua un serpent blanc et la tête de Wang Mang 王莽, l'usurpateur qui régna entre les deux dynasties des Han.

觀其所用之意，存昌歜以追嗜好，不若因褒貶以想見其所與之人.

或藏於名山，或流於四方，凡見此者，皆當聳然而作，如望旍頭之塵，而聽屬車之音，相與勉為忠厚而恥為浮薄，或由此也夫.

cordes usées d'une cloche pour discuter de la musique[8], qu'il vaut mieux enfin recourir aux louanges et aux blâmes pour imaginer à quoi se livre un homme que s'en remettre aux salaisons pour inférer les passions d'un sage roi[9].

Cette stèle sera peut-être conservée dans une montagne célèbre ou sera diffusée partout, mais tous, quand ils verront cette calligraphie se redresseront et ajusteront leur maintien, comme s'ils apercevaient au loin les fanions en poils de yack de la garde impériale dans la poussière, comme s'ils entendaient la fanfare de son escorte. S'ils s'exercent à la loyauté et à la générosité, si la honte les saisit d'être inconstants et médiocres, qui sait, cette calligraphie y sera peut-être pour quelque chose…

---

8. Référence au *Mencius*, VII B 22. Séraphin Couvreur traduit ainsi (p. 175) : Kaozi dit : « Le chant de Yu l'emporte sur celui de Wen wang. » Mengzi dit : « Pourquoi dites-vous cela ? » Kao lui répondit : « Parce que l'anneau de la cloche de Yu paraît comme rongé par les vers *(ce qui montre que le chant de Yu a été exécuté plus souvent)*. » « Est-ce une preuve suffisante, répondit Mengzi ? Les ornières profondes qui sont à la porte d'une ville, ont-elles été creusées par les roues d'une seule voiture à deux chevaux ? *(La cloche de Yu est plus usée, parce qu'elle est plus ancienne)*. »

9. La tradition rapporte que le roi Wen, fondateur de la dynastie des Zhou, adorait les salaisons de racines de joncs odorants [*changchu* 昌歜] et que Confucius en fit préparer pour connaître quels étaient les goûts des sages rois de l'Antiquité. Il aurait d'ailleurs détesté.

N° 11

Les Six Puits de Qiantang[1]
(1073)

Dans cette commémoration, l'une des plus « administratives », plusieurs points de bonne politique sont mis en avant : la prise en compte de la situation locale, l'information auprès des anciens, la collaboration sans sectarisme des adeptes de doctrines différentes, la prévoyance et l'importance des précédents, conditions d'une réforme volontiers consentie et juste. On retrouve aussi dans l'éloge du gouverneur de Hangzhou, Chen Xiang, le sens de la mission lettrée axée sur le bien-être des populations.

Même si la critique de la « table rase » de Wang Anshi affleure, c'est cependant davantage la manière dont se construisent une œuvre véritable et une réputation de fonctionnaire qui prédominent ici. Su Shi tirera tout le parti possible de cet exemple lors de la crue du Fleuve Jaune à Xuzhou en 1077.

1. Ancien nom de l'actuelle ville de Hangzhou 杭州 au Zhejiang où Su Shi est en poste comme vice-administrateur depuis le 22 décembre 1071.

第十一

錢塘六井記

潮水避錢塘而東擊西陵，所從來遠矣．沮洳斥鹵，化為桑麻之區，而久仍為城邑聚落，凡今州之平陸，皆江之故地．其水苦惡，惟負山鑿井，乃得甘泉，而所及不廣．唐宰相李公長源始作六井，引西湖水以足民用．其後刺史白公樂天治湖浚井，刻石湖上，至于今賴之．始

N° 11

Les Six Puits de Qiantang

Les marées qui contournent Qiantang et viennent cogner depuis l'Est contre la gorge de Xiling[2], comme elles viennent de loin !

Les marais et les sols alcalins [près de la ville] furent transformés en forêts de mûriers et de chanvre, puis avec le temps se couvrirent de bourgs et de hameaux. Tous les terrains plats de cette province ont été gagnés sur le Fleuve Bleu. L'eau y était amère et mauvaise ; seuls les puits forés dans les montagnes alentours donnaient des sources douces, mais leur rendement n'était pas très grand. Le chancelier Li Gongzhang[3], « Éminence ducale » de la dynastie des Tang, le premier, commença à faire creuser les six puits et à drainer l'eau du Lac de l'Ouest pour les besoins du peuple. Plus tard, le préfet Messire Bai, alias « Joie dans le ciel »[4] aménagea le lac, fit curer les puits et graver une stèle en son milieu : de nos

2. Une des Trois gorges du Fleuve Bleu.

3. Li Bi 李泌 (722-789), de prénom social Changyuan 長源, est un éminent taoïste et homme politique. Il passa de 757 à 768 douze années sur le Pic Yanxia sur le Mont du Sud [Nanyue yanxia feng 南岳煙霞峰] à « nourrir sa vie » et à amasser une collection de trente mille rouleaux, avant d'occuper sous l'empereur Dezong 德宗, en 787, le poste de chancelier. Il gouverne Hangzhou pendant le règne de Daizong 代宗 (762-789).

4. Bai Juyi 白居易 (772-789), dont le surnom est Joie dans le Ciel, est l'un des plus grands poètes du VIIIe siècle, créateur d'un nouveau style poétique plus simple. Docteur en 800, il occupe la charge de gouverneur de Hanzhou en 821 ; La stèle à laquelle Su Shi fait allusion est sans doute le texte intitulé « La Pierre du Lac de Qiantang » [錢塘湖石記] de ses œuvres complètes [*Bai shi Changqing ji* 白氏長慶集, *juan* 68], commémoration dans laquelle il mentionne déjà l'œuvre de Li Bi.

Su Shi, sans imiter le travail poétique de Bai Juyi, est dans sa jeunesse très influencé par sa diction et l'homme.

長源六井，其最大者，在清湖中，為相國井，其西為西井，少西而北為金牛池，又北而西附城為方井，為白龜池，又北而東至錢塘縣治之南為小方井．而金牛之廢久矣．嘉祐中，太守沈公文通又於六井之南，絕河而東至美俗坊為南井．出[15]湧金門，並湖而北，有水閘三，注以石溝貫城而東者，南井、相國、方井之所從出也．若西井，則相國之派別者也．而白龜池、小方井，皆為匿溝湖底，無所用閘．此六井之大略也．

熙寧五年秋，太守陳公述古始至，問民之所

15. 朗本卷五十[出]作[由].

jours les habitants dépendent encore de cette [œuvre]. Pour la première fois, il fit creuser plus amont à la source des six puits : le plus grand, situé au milieu du Lac pur, est le puits de l'Aide à l'État ; à l'Ouest, le puits Occidental ; un peu plus à l'Ouest puis vers le Nord, l'Étang du Taureau d'or ; puis vers l'Ouest et le Nord, près de la ville, le Puits carré et l'Étang de la Tortue blanche ; enfin vers le Nord et touchant à l'Est les districts méridionaux de Qiantang, le Petit puits carré. Le Taureau d'or est abandonné depuis longtemps.

Pendant l'ère de la Grâce Heureuse, le préfet Shen Wentong[5], au sud des six puits, fit creuser le Puits du Sud au-delà du Fleuve Bleu dans le Village des bonnes mœurs. Ses eaux qui jaillissent avec violence jusqu'à la Porte dorée, se mêlent au lac et ressortent au Nord. Trois écluses furent construites, dont les eaux, conduites par des canalisations de pierre à travers la ville jusqu'à l'Est, viennent des puits du Sud, de l'Aide à l'État et du carré. Le Puits Occidental est aujourd'hui une source secondaire de l'Aide à l'État. Quant aux eaux de l'Étang de la tortue blanche et du Petit puits carré, elles furent canalisées dans des conduites souterraines sous le Lac. On ne fit pas là d'écluse.

Voilà sommairement exposée l'histoire des six puits.

À l'automne de l'automne de la *Paix harmonieuse*, le préfet Chen Shugu[6] vint prendre ses fonctions et s'enquit des maux

---

5. Shen Gou 沈遘 (1025-1067), de prénom social Wentong, est originaire de Hangzhou ; neveu de Shen Gua 沈括, il obtient le doctorat en 1049 et gouverne Hangzhou en 1062 avant d'être rappelé à la cour comme Académicien. Essentiellement grand administrateur, c'est aussi un « théoricien » politique soucieux de réformes. Ses *Mémoires sur les fondements de l'État* [*Benzhi lun* 本治論] le rapprochent dans les années 1050 de lettrés comme Ouyang Xiu. Voir sa biographie dans le *Songshi*, vol. 3, *juan* 331, p. 10651-10653 et ses œuvres complètes [*Xixi ji* 西溪集].

6. Chen Xiang 陳襄 (1017-1080), de prénom social Shugu, est docteur en 1042. Fermement opposé aux réformes de Wang Anshi, en particulier à la mesure concernant les prêts agricoles, il quitte son poste de lettré

病. 皆曰："六井不治，民不給於水. 南井溝庳而井高，水行地中，率常不應." 公曰："嘻， 甚矣， 吾在此， 可使民求水而不得乎！" 乃命僧仲文、子珪辦其事. 仲文、子珪又引其徒如正、思坦以自助，凡出力以佐官

dont souffraient les gens du peuple. Tous répondirent : « Les six puits ne sont pas entretenus et le peuple manque d'eau. Les canalisations du Puits du Sud sont courtes et la margelle est haute, ses eaux s'écoulent dans les terres et le plus souvent, on ne peut les puiser. »

– C'est terrible ! soupira Messire. Laisserai-je, en poste ici, ce peuple manquer d'eau ? »

Il confia la rédaction d'un rapport aux moines Zhongwen et Zigui[7], qui firent encore appel à leurs disciples Ruzheng et Sitan. Au total, une vingtaine de personnes mirent leurs

---

chargé de noter les faits et gestes de l'empereur [*qijuzhu* 起居注] pour gouverner Chenzhou puis Hangzhou en 1072 où il devint le supérieur de Su Shi. Il est rappelé à la cour en 1075 et dresse pour l'empereur une liste de 33 talents éminents (dont Su Shi et son frère, Zhang Zai 張載, Cheng Hao 程顥 ou Sima Guang) soit éloignés soit exilés. Poète et prosateur dont les œuvres sont conservées [*Guling ji* 古靈集] dans la Collection des Quatre Magasins, c'est aussi un penseur versé dans l'interprétation des Classiques et actif dans le renouveau confucéen des Song. Le *Song-Yuan xue'an* 宋元學案 lui consacre une entrée [*juan* 5, p. 225 *sq*].

Chen Xiang et Su Shi, malgré la différence d'âge, sont des amis proches. De nombreuses ballades [*ci* 詞], genre que Su Shi commence réellement à pratiquer à Hangzhou, lui sont dédiées, dressant le portrait d'un homme affable, ouvert, modèle de fonctionnaire préoccupé du bien-être des populations qu'il administre.

Pendant le procès poétique de la Terrasse aux corbeaux, à la fin de 1079, Chen Xiang est condamné à payer une amende de vingt onces de bronze comme destinataire de poèmes « satiriques » de Su Shi.

7. Peu de renseignements existent sur ces moines. Leur implication dans la gestion de l'eau traduit la nette collaboration au XIe siècle entre les bouddhistes et l'administration.

Au début de 1091, lorsque Su Shi, après avoir demandé à être éloigné de la cour, est à nouveau en poste à Hangzhou (comme gouverneur avec les pleins pouvoirs cette fois), il rédigea une lettre pour réclamer l'octroi par la cour d'un surnom à Zigui, les trois autres moines étant décédés. D'après ce texte, Zigui est âgé de 70 ans et toujours préoccupé de l'alimentation en eau de Hangzhou, les puits s'étant à nouveau en partie détériorés et les tuyères de bambou n'ayant pas résisté au temps. Le surnom que propose Su Shi est Huiqian 惠遷 « Bienveillante influence », nom qu'il tire d'un propos du « Grand Commentaire » du *Yijing* sur l'hexagramme « Le puits ». Voir *Demande d'octroi d'un surnom de maître pour Zigui* [Qi Zigui shihao zhuang 乞子珪師號狀], SSWJ, vol. 3, *juan* 31, p. 901-902.

者二十餘人. 於是發溝易甃, 完緝罅漏, 而相國之水大至, 坎滿溢流, 南注于河, 千艘更載, 瞬息百斛. 以方井為近於濁惡而遷之少西, 不能五步, 而得其故基. 父老驚曰: "此古方井也. 民李甲遷於此, 六十年矣." 疏涌金池為上中下, 使澣衣浴馬不及於上池. 而列二閘於門外, 其一赴三池而決之河, 其一納之石檻, 比竹為五管以出之, 並河而東, 絕三橋以入于石溝, 注于南井. 水之所從來高, 則南井常厭水矣. 凡為水閘四, 皆垣牆扃鐍以護之.

明年春, 六井畢修, 而歲適大旱, 自江淮至浙右井皆竭, 民至以罌缶貯水相餉如酒醴. 而錢塘之民肩足所任, 舟楫所及, 南出龍山, 北至長河鹽官海上, 皆以飲牛馬, 給沐浴. 方是時, 汲者皆誦佛以祝公.

forces au service des fonctionnaires. Il fut décidé d'ouvrir les canalisations et d'en changer la maçonnerie ; toutes les fissures furent réparées et bouchées, si bien que les eaux du Puits de l'Aide à l'État jaillirent avec force, remplirent les fossés et débordèrent. Elles furent conduites vers le Sud dans le Fleuve où mille embarcations purent circuler, où des milliers de boisseaux furent transportés en un instant. Comme le Puits carré était proche des eaux usées et des dépotoirs, il fut légèrement déplacé vers l'Ouest et à cinq pas au-delà, on trouva son emplacement d'origine. « C'est l'ancien Puits carré ! s'étonna un ancien. Il y a soixante ans, l'homme du peuple Li Untel vivait là… » On désobstrua l'Étang doré en en faisant trois paliers, interdisant de laver les vêtements et les chevaux dans le bassin supérieur et maçonna deux écluses au-delà des portes de la ville. Le canal de la première part des trois bassins et coupe le Fleuve ; l'autre fut construit en pierre et l'eau en sort par des tuyères de cinq bambous accolés, se mêle ensuite au Fleuve et s'écoule vers l'Est, traverse trois ponts et entre dans un canal de pierre qui les conduit vers le Puits du Sud, où les eaux, venant de haut, sont le plus souvent surabondantes. Quatre écluses au total furent construites, protégées par des murs et des serrures.

L'année suivante au printemps, les six puits furent rénovés. Or, ce fut une année de grande sécheresse : du Fleuve Bleu et de la rivière Huai jusqu'à l'ouest du circuit de Zhe, tous les puits tarirent ; les gens conservaient l'eau dans de larges jarres et l'offraient dans les banquets comme si c'étaient des liqueurs, tandis que le peuple de Qiantang vaquait à ses occupations, à pied ou en chaise à porteurs, en barque et à rames, ils sortaient au Sud des Monts du dragon, allaient au Nord sur la côte jusqu'au bureau du monopole du sel, donnaient à boire à leurs chevaux et se baignaient comme ils le voulaient. À cette époque, les puisatiers chantèrent le bouddha et invoquèrent messire.

余以為水者，人之所甚急，而旱至於井竭，非歲之所常有也. 以其不常有，而忽其所甚急，此天下之通患也，豈獨水哉？故詳其語以告後之人，使雖至於久遠廢壞而猶有考也.

Pour ma part, je pense que l'eau est de la première nécessité aux hommes et que, si les puits tarissent lors d'une sécheresse, ce n'est pas là chose courante dans la suite des années. Négliger les premières nécessités parce que ce n'est pas habituel, voilà un mal dont souffre le monde et qui ne concerne pas seulement l'eau. Aussi me suis-je exprimé en détail pour que les hommes qui viendront soient prévenus et sachent que, dans les choses qui, avec le temps, se sont détériorées et furent délaissées, on peut toujours trouver un appui.

N° 12

La Tour du Grand Compatissant à Chengdu (1075)

À Hangzhou, Su Shi s'est familiarisé avec la pensée bouddhique. Transféré comme gouverneur de Mizhou (au Shandong actuel) à partir du 24 décembre 1074, il est harassé par ses charges de fonctionnaire dans cette région en friche, infestée de brigands. Au service de l'État depuis près de dix-neuf ans, sa situation financière est délicate. Il est surtout déprimé par le vide culturel et l'absence de temples et de moines importants, commence à se réfugier dans un monde imaginaire, se fait herboriste et s'intéresse aux pratiques bouddhiques et taoïstes.

Cette commémoration expose l'un des points les plus délicats de la pensée chinoise bouddhique, destiné à être repris dans le néo-confucianisme de la fin du XI*e et du* XII*e siècles : l'articulation entre le vide de la conscience et une réactivité sans obstacle de la conduite. La culture de soi que Su Shi élabore pour son propre compte trouve en effet son fondement dans une conception de l'esprit évidé des intentions, des pensées mais aussi des soi-disant structures mentales qui l'orientent à son insu et l'empêchent d'accueillir la réalité telle qu'elle vient. Cette réflexion a chez lui deux corollaires : une déprise de soi d'une part, visant à faire advenir cette conscience pure, neutre et première ; une démultiplication des expériences d'autre part, qui sert de test à la vacuité effective de l'esprit.*

第十二

成都[16]大悲閣記

大悲者，　觀世音之變也. 觀世音由聞而覺. 始於聞而能無所聞，　始於無所聞而能無所不聞. 能無所聞，　雖無身可也，能無所不聞，　雖千萬億身可也，　而況於手與目乎！　雖然，　非無身無以舉千萬億身之衆，　非千萬億身無以示無身之至. 故散而為千萬億身，　聚而為八萬四千母陀羅臂、八萬四千清淨寶目，　其道一爾.

16. [成都]兩字原缺，據朗本卷五十四補.

N° 12

La Tour du Grand Compatissant à Chengdu

Le Grand Compatissant est l'un des corps de transformation d'Avalokiteśvara[1] qui parvint à l'Éveil grâce à l'écoute. Il commença par entendre puis fut capable de ne plus rien entendre ; il commença par ne rien entendre puis fut capable de tout entendre. Sans corps, il put ne rien entendre ; doté de myriades de corps, il put tout entendre. Que dire alors de ses yeux et de ses mains ! Cependant, c'est parce qu'il n'a pas de corps qu'il peut endosser des myriades de corps et c'est parce qu'il a des myriades de corps qu'il peut manifester la perfection d'un être sans corps. Ainsi qu'il se disperse en myriade d'êtres ou se rassemble en quatre-vingt-quatre mille *mūdras*[2] et en quatre-vingt-quatre mille yeux clairs et purs, sa Voie est une.

1. Avalokiteśvara, le *bodhisattva* qui « regarde les sons » [*guanyin* 觀音] est une déité bouddhique qui prend les traits, dans le courant de la dynastie des Tang, d'une figure féminine et d'une déesse de la fertilité. Selon le *Śūramgama soutra* [La Concentration de la marche héroïque, Lengyan jing 楞嚴經], traduit en 705 et un des textes majeurs du bouddhisme *chan*, il parvient à l'Éveil par l'intermédiaire d'une méditation sur l'organe de l'ouïe : l'organe est détaché de son objet, le son n'est plus pensé en termes d'entrée et de flux ; les perturbations de l'esprit cessent alors et le bodhisattva atteint le calme ; l'ouïe et le son cessent ensuite de former une dichotomie, si bien que le sujet et l'objet convergent dans le vide qui ouvre à une conscience transcendante. Puis le vide lui-même est éliminé, si bien que création et annihilation s'abolissent. Avalokiteśvara parvient alors à la pleine réalisation de sa conscience-réceptacle [*tathāgata-garbha*, *rulaizang* 如來藏] qui contient virtuellement toute la diversité phénoménale et lui permet d'apparaître sous des formes multiples et mystérieuses.

La « grande compassion » n'est qu'une « transformation » parmi d'autres de ce corps susceptible d'emprunter une infinité d'enveloppes.

2. Les *mūdras* [*mutuoluo* 母陀羅], traduits en chinois par sceau [*yin* 印 ou *feng* 封] sont les signes des mains des bouddhas, bodhisattvas et des fidèles.

昔吾嘗觀於此，吾頭髮不可勝數，而身毛孔亦不可勝數. 牽一髮而頭為之動，拔一毛而身為之變，然則髮皆吾頭，而孔皆吾身也. 彼皆吾頭而不能為頭之用，彼皆吾身而不能具身之智，則物有以亂之矣. 吾將使世人左手運斤，而右手執削，目數飛鴈而耳節鳴鼓，首肯傍人而足識梯級，雖有智者，有所不暇矣，而況千手異執而千目各視乎？及吾燕坐寂然，心念凝默，湛然如大明鏡. 人鬼鳥獸，雜陳乎吾前，色聲香味，交遘[17]乎吾體. 心雖不起，而物無不接，接必有道. 即[18]千手之出，千目之運，雖未可得見，而理則具矣. 彼佛菩薩亦然. 雖一身不成二佛，而一佛能遍[19]河沙諸國. 非有

17. 朗本[遘]作[通].
18. 朗本[即]作[耶].
19. 朗本[遍]作[變].

Autrefois, je me suis livré à cette observation : les cheveux de ma tête sont innombrables et les poils et les pores de ma peau de même. Mais si l'on tire un seul de mes cheveux, ma tête en est agitée, et si l'on m'arrache un seul de mes poils, tout mon corps en est perturbé. De la sorte, [j'ai compris que] chaque cheveu est ma tête et chaque pore mon corps. Pourtant les premiers qui sont ma tête lui sont inutiles et les seconds qui sont mon corps ne contiennent aucune [parcelle] d'intelligence, si bien que les diverses formes de la réalité les troublent.

Supposons que je donne à quelqu'un le pouvoir de faire tournoyer une hache de sa main gauche, de tenir un couteau dans la droite, de compter avec ses yeux des oies en vol et de mesurer le rythme des tambours avec ses oreilles, de hocher la tête pour saluer des passants en même temps qu'il monte des marches, aussi vif et intelligent soit-il, il ne trouverait aucun repos. Que dire alors d'un être dont les dix mille mains tiendraient chacune un objet différent et dont les mille yeux regarderaient tous quelque chose ?

Si [maintenant], calme et désaffairé, je reste assis, mes pensées se figent et le silence se fait, ma conscience est paisible et dense, semblable à un grand miroir clair. Hommes, démons, oiseaux ou bêtes apparaissent devant moi ; couleurs, sons, odeurs et goûts se mêleront dans mon corps. Bien que mon esprit ne soit pas mis en branle, chacune de ces réalités entre en contact avec lui, et pour chaque contact, il dispose d'une voie [particulière]. Je n'ai certes encore jamais vu mille mains sortir d'un corps ni mille yeux rouler dans mille mains[3], mais le principe [d'une telle réalité] est déjà en moi. Il en est de même pour ces bouddhas et ces *bodhisattvas* : même si leur corps demeure unique, il ne se scinde pas en deux bouddhas, et ce seul et unique bouddha peut parcourir des pays aussi incalculables que les sables du Gange. La seule raison en est qu'il n'est jamais

3. Dans la représentation traditionnelle du *bodhisattva* aux mille mains, chaque oeil est représenté dans la paume.

他也，觸而不亂，至而能應，理有必至，而何獨疑於大悲乎？

成都，西南大都會也．佛事最勝，而大悲之像，未睹其傑．有法師敏行者，能讀內外教，博通其義，欲以如幻三昧為一方首，乃以大旃檀作菩薩像，莊嚴妙麗，具慈愍性．手臂錯出，開合捧執，指彈摩拊，千態具備．手各有目，無妄舉者．復作大閣以覆菩薩，雄偉壯峙，工與像稱．都人作禮，因敬生悟．

余遊於四方二十餘年矣，雖未得歸，而想

perturbé dans son contact avec les choses, jamais à court de réponse quand elles se présentent – et celles-ci ne peuvent manquer, selon la raison des choses, d'apparaître. Pourquoi devrait-on alors seulement douter de l'absolue compassion [de ce *bodhisattva*] ?

Chengdu est la grande métropole du Sud-Ouest. La foi et les affaires bouddhiques y sont très florissantes. Pourtant on n'y avait encore jamais vu de statue parfaite du Grand Compatissant. Un maître du *Dharma*, Minxing[4], « Acte subtil », versé dans les doctrines ésotériques et exotériques, englobant leurs sens multiples, voulut faire du *samādhi* de l'illusion[5] la méthode première ; il fit construire une statue du *bodhisattva* en bois de santal blanc, grave et sévère, merveilleusement belle, empreinte de compassion. Ses mains et ses bras s'entremêlent, s'ouvrent, se rejoignent, offrent ou tiennent ; ses doigts indiquent, pincent, caressent ou tapotent en mille attitudes ; dans chaque main un œil et pas un geste n'est déplacé. Il fit en plus construire une grande tour pour accueillir ce *bodhisattva* dressé à l'imposante stature dont on loue l'habileté et la ressemblance. Les gens de Chengdu lui rendent hommage et parviennent à l'Éveil par leur respect [qu'ils lui portent].

Voilà une vingtaine d'années que je voyage aux quatre orients ; même si je ne l'ai pas encore vu, j'imagine où il réside.

4. Minxing est le petit-fils de maître Zhang, peintre célèbre *d'arhat* du début de la dynastie des Song, et lui-même, peintre d'images bouddhiques. Il est mentionné dans *Fozu tongji* 佛祖統紀, (T. 49, nº 2035, juan 46, p. 420c) qui rappelle les propos de Su Shi. Les doctrines ésotériques sont celles liées au tantrisme dont les textes commencent à être massivement traduits à la fin des Tang ; les exotériques désignent les différents soutras.

5. La méditation de l'ainsité et de l'illusion est une voie d'accès à l'Absolu qui met sur le même plan ces deux termes et préconise d'atteindre la nature du bouddha en multipliant les illusions phénoménales et les hallucinations. La sculpture d'un *bodhisattva* aux mille mains est significative de cette forme de recueillement.

見其處．敏行使其徒法震乞文，為道其所以然者．且頌之曰：

吾觀世間人，兩目兩手臂．物至不能應，狂惑失所措．其有欲應者，顛倒作思慮．思慮非真實，無異[20]無手目．菩薩千手目，與一手目同．物至心亦至，曾不作思慮．隨其所當應，無不得其當．引弓挾白羽，劍盾諸械器，經卷及香花，盂水青楊枝，珊瑚大寶炬，白拂朱藤杖[21]，所遇無不執，所執無有疑．緣何得無疑，

20. 朗本[異]作[思].
21. 朗本作[白佛諸藤杖].

Minxing a dépêché son disciple Fazhen, « Ébranlement du *Dharma* » pour me prier d'écrire un texte et me dire ce qu'il en était. J'ai ajouté cet hymne :

Les hommes de ce monde, je le vois,
Ont deux yeux, deux mains, deux bras.
Les choses qui viennent les laissent sans réponse.
Et quand parmi ceux-là, certains voudraient répondre,
Ils vont tête à l'envers et lourde de pensées,
De pensées, de soucis sans nulle réalité,
Et sont ainsi pareils aux sans-bras, aux aveugles.
Le bodhisattva aux mille yeux et mille mains
A comme un seul œil et comme une seule main.
Quand une chose vient, son esprit la rencontre,
Et jamais il ne pense ni ne se soucie.
Il va là où il doit répondre,
Jamais en défaut de justesse.
Il bande l'arc, pince les pennes blanches ;
Épée et bouclier, armes et ustensiles,
Soutra, rouleau, encens, fleur,
Rince-doigt de saule bleuté,
Encensoir ciselé de corail,
Chasse-mouche blanc, canne de rotin rouge
Pris au gré des rencontres
D'une main qui ne doute pas.
D'où vient qu'il ne doute pas ?
D'un cœur sans intention[6].

6. Littéralement « le sans-esprit » [*wuxin* 無心]. Il s'agit d'une notion qui prend consistance dans le bouddhisme *chan*, et est en grande partie analogue à la « non-pensée » [*wunian* 無念]. Cela signifie dans un premier temps, non que l'on soit sans esprit comme la pierre, mais que l'on s'est libéré de l'anxiété et des fausses représentations. Le terme en vient ensuite à désigner l'état de conscience, dénué de toute intention, dans lequel la pensée devient « instantanée, intemporelle, qui se produit dès que l'esprit est vide de toute pensée, c'est-à-dire de toute notion ou de toute opposition » (*Entretiens du maître du dhyāna Chen-houei du Ho-tsö*, trad. Jacques Gernet,

以我無心故. 若猶有心者, 千手當千心. 一人而千心, 內自相攫攘, 何暇能應[22]物. 千手無一心, 手手得相處. 稽首大悲尊, 願度一切眾. 皆證無心法, 皆具千手目.

22. 朗本[應]作[慮].

Car, tant qu'une demeure,
Mille mains feront mille intentions
Et tant, en un seul homme,
S'agressent et se perturbent,
Où donc trouver le temps de répondre aux choses ?
Mille mains et pas une intention,
Chaque main a sa place.
Saluant le Vénérable Grand Compatissant
Je forme le vœu de sauver tous les êtres.
Que chacun éprouve le Dharma *d'un cœur sans intention*
Et que chacun possède mille yeux et mille bras.

p. 10-11). L'esprit qui n'est plus happé par la réflexion et l'inquiétude qui lui est consubstantielle, ne se projette plus dans l'avenir aléatoire d'une rétribution et n'est plus alors que réponse [*nirmāna, yinghua* 應化], transitoire, efficiente, appropriée à ce qui vient.

N° 13

La Tour du Grand Compatissant dans le canton de la perception de la gabelle (1075)

Si la commémoration précédente laissait entrevoir un Su Shi tenté intellectuellement par le bouddhisme, celle-ci reprend nettement l'ancienne conception confucéenne de l'étude en insistant sur le cœur même des doctrines. Il réagit ainsi contre la fascination qu'exerce sur les jeunes lettrés une interprétation superficielle de la célèbre parole du Zhuangzi *selon laquelle les livres (confucéens ou bouddhiques) ne seraient que « la lie des anciens », inutiles et ne renfermant pas l'esprit des sages. Cette idée véhiculée par le bouddhisme* chan *et largement dominante dans la seconde moitié du* XI*e* *siècle privilégie la transmission d'esprit à esprit, voit dans la méditation le seul accès à l'Absolu et néglige les fondements du savoir au profit de réflexions (que Su Shi juge creuses tant qu'elles ne s'appuient pas sur une connaissance effective du réel et des modalités de la transformation) sur le vide, l'esprit ou la philosophie première.*

Il s'agit là de la première attaque contre l'inefficacité de la pensée, thème que Su Shi ne cessera de creuser, en particulier dans le genre de la commémoration.

第十三

鹽官[23]大悲閣記

羊豕以為羞，五味以為和，秫稻以為酒，麴糵以作之，天下之所同也．其材同，其水火之齊均，其寒煖燥濕之候一也，而二人為之，則美惡不齊．豈其所以美者，不可以數取歟？然古之為方者，未嘗遺數也．能者即數以得妙，不能者循數以得其略．其出一也，有能有不能，而精粗見焉．人見其二[24]也，則求精於數外，而棄跡以逐妙，曰，我知酒食之所以美也．而略其分齊，捨其度數，以為不在是也，而一以意造，則其不為人之所嘔棄者寡矣．

23.[鹽官]原缺，據朗本卷五十四補．
24. 朗本[二] 作[一].

N° 13

La Tour du Grand Compatissant dans le canton de la perception de la gabelle

Harmonisés par les cinq saveurs[1], le mouton et le porc font des viandes séchées exquises ; fermentées par les levures, le sorgho et le millet font les meilleurs alcools. Ces goûts sont partagés dans tout l'empire. Mais les ingrédients ont beau être les mêmes, la part de l'eau et du feu semblables, les degrés de cuisson ou de refroidissement, du sec et de l'humide identiques, faites-les préparer par deux personnes, viandes et alcools seront de qualité différente, meilleure chez l'un que chez l'autre. Affirmera-t-on que leur réussite ne peut être maîtrisée par des règles[2] ?

Or, les recettes depuis l'Antiquité ne transmettent jamais cet art des règles. Les habiles l'atteignent dans leurs plats merveilleux ; les autres les suivent scrupuleusement et en ont une compréhension [plus] sommaire. Ce sont les mêmes règles, mais comme certains sont plus habiles que d'autres, des différences de finesse apparaissent. Conscients de ces différences, des gens cherchent alors la finesse en dehors des règles, veulent produire ces saveurs merveilleuses en en rejetant les traces, affirmant savoir ce qui fait les bons alcools comme les mets délicats. Ils négligent les mesures, abandonnent les gradations, pensent que ce n'est pas là que se jouent les choses et n'en font qu'à leur idée : le plus souvent, leurs plats finissent recrachés ou [délaissés] sur un coin de table.

---

1. Les cinq saveurs sont l'acide [*suan* 酸] lié à l'agent bois, le doux [*gan* 甘] lié à la terre, l'amer [*ku* 苦] lié au feu, l'âcre [*xin* 辛] lié au métal et le salé [*xian* 鹹] lié à l'eau.

2. Le terme *shu* 數, que nous traduisons ici par « art », désigne littéralement les nombres ou les degrés. Couplé avec le terme *shu* 術, il renvoie à l'ensemble des techniques réglées par un ordre, une méthode et une mesure.

今吾學者之病亦然. 天文、地理、音樂、律曆、宮廟、服器、冠昏、喪祭[25]之法, 《春秋》之所去取, 禮之所可, 刑之所禁, 歷代之所以廢興, 與其人之賢不肖, 此學者之所宜盡力也. 曰 : 是皆不足學, 學其不可載於書而傳於口者[26]. 子夏曰 : "日知其所亡, 月無忘其所能, 可謂好學也已." 古之學者, 其所亡與其所能, 皆可以一二數而日月見也. 如今世之學, 其所亡者果何物, 而所能者果何事歟? 孔子曰 : "吾嘗終日不食, 終夜不寢, 以思, 無益, 不如學也." 由是觀之, 廢學而徒思者, 孔子之所禁, 而今世之所尚也.

豈惟吾學者, 至於為佛者亦然. 齋戒持律,

25. [祭] 原作[紀], 郎本亦作[紀]. 儷考《七集. 前集》改[紀]為[祭], 龐校從之.

26. 朗本作[學不可載與口而傳於書者]

De nos jours, ceux qui étudient notre [doctrine] ont les mêmes défauts. L'astronomie, la musique, le calendrier, l'architecture des palais et des temples ancestraux, le vêtement et l'outillage, les cérémonies de passage à l'âge adulte ou de mariage, les règles du deuil, ce qui est accepté ou rejeté dans les *Printemps et automnes*[3], admis par les rites, interdit par les châtiments, les raisons de l'essor ou du déclin des dynasties, ainsi que la sagesse ou l'indignité des hommes qui y vécurent, voilà les domaines auxquels ceux qui se livrent à l'étude devraient consacrer toutes leurs forces.

« Tout cela est inutile, entend-on. Étudions ce qui ne peut être rapporté dans les livres ni transmis par la parole. »

Zixia disait : « De qui mesure chaque jour ses lacunes et d'un mois sur l'autre n'oublie pas ses acquis, on peut dire qu'il aime l'étude[4]. » [Ainsi] ceux qui étudiaient dans le passé pouvaient décompter un par un leurs acquis et leurs carences, et les percevoir dans la suite des jours et des mois. Mais de ceux d'aujourd'hui, quelles sont les lacunes et quels sont les acquis ! Maître Kong a dit : « J'ai un jour essayé de jeûner toute la journée et de ne pas dormir de toute la nuit pour méditer : je n'y ai trouvé aucun profit. Mieux vaut encore étudier[5]. » Dans cette perspective, il apparaît que le rejet de l'étude au profit de la méditation, pourtant interdit par le Maître, est grandement estimé par ce siècle…

Et pourquoi n'en serait-il ainsi que pour notre doctrine ? La situation est la même pour ceux qui se consacrent à la foi

3. Les *Printemps et Automnes*, l'un des cinq classiques confucéens, le seul qui serait selon la tradition de la main même de Confucius, enregistre dans une chronique sèche et concise des faits historiques, météorologiques ou célestes. Les commentaires, dès la fin des Royaumes Combattants, ont interprété ces notes sous l'angle de l'éloge et du blâme [*baobian* 褒貶].

4. Zixia (507-425 av. J.-C.) est un disciple de Confucius. Voir *Entretiens*, XIX, 5 (trad. Anne Cheng, p. 146).

5. *Entretiens*, XV, 30 (trad. Anne Cheng, p. 126).

講誦其書而崇飾塔廟，此佛之所以日夜教人者也. 而其徒或者以為齋戒持律不如無心，講誦其書不如無言，崇飾塔廟不如無為. 其中無心，其口無言，其身無為，則飽食而嬉而已，是為大以欺佛者也.

杭州鹽官安國寺僧居則，自九歲出家，十年而得惡疾且死，自誓於佛，願持律終身，且造千手眼觀世音像，而誦其名千萬遍. 病[27]已而力不給，則縮衣節口三十餘年，銖積寸累，以迄于成. 其高九仞，為大屋四重以居之. 而求文以為記.

27. [病]原缺，據朗本補.

bouddhique. Le jeûne et l'abstinence, le respect de la discipline, l'explication et la récitation des livres, l'embellissement des monastères et des stoupas forment l'enseignement que prodiguait le bouddha. Or, certains de ses disciples préfèrent n'avoir aucune intention au cœur[6] plutôt que de respecter les règles, ne rien dire plutôt que de réciter et d'expliquer, ne rien faire au lieu d'embellir. Vide d'intention dans le cœur, sans parole sur les lèvres et le corps inactif, ils passent leur temps à s'empiffrer[7] et à se divertir, se dédiant à l'Absolu tout en trompant le bouddha.

Le moine Juze, « Résidant dans la règle » du temple de la Paix de l'État dans le canton de la perception de la gabelle à Hangzhou[8] est entré en religion en quittant sa famille à neuf ans. Dix ans plus tard, il fut frappé d'une sévère maladie dont il aurait dû mourir. Il fit serment au bouddha et vœu de respecter jusqu'à sa mort la discipline, de faire sculpter une image d'Avalokiteśvara[9] aux mille mains et aux mille yeux et de psalmodier son nom des millions de fois. Guéri, n'ayant pas les ressources suffisantes, il réduisit ses dépenses en habit et en nourriture pendant une trentaine d'années, accumulant patiemment sapèque après sapèque pour enfin réaliser son vœu. La statue est haute de neuf toises et une grande pièce ouverte par quatre portes l'abrite. Il m'a demandé d'en écrire la stèle commémorative.

---

6. Sur cette notion de « sans-esprit », voir la note 6 au texte précédent, *La Tour du Grand Compatissant à Chengdu* (1075).

7. Comparer avec les *Entretiens*, XVII, 22 : « Le Maître dit : Regardez ces gens qui se gavent à longueur de journée, sans faire le moindre usage de leur esprit : c'est à désespérer ! N'y a-t-il pas des jeux d'échecs et de dames ? Qu'ils y jouent, cela vaudrait encore mieux que rien ! » (trad. Anne Cheng, p. 139).

8. La statue est achevée en 1074 et placée dans ce temple fondé en 714 mais qui porte ce nom depuis 1008. Le moine n'est pas autrement connu que par les renseignements donnés par Su Shi.

9. Voir la note 1 au texte précédent.

余嘗以斯言告東南之士矣，蓋僅有從者．獨喜則之勤苦從事於有為，篤志守節，老而不衰，異夫為大以欺佛者，故為記之，且以風吾黨之士云．

J'ai déjà mis en garde les lettrés du Sud-Est par ces propos ; rares sont ceux qui m'ont suivi. Seul a su me ravir Juze qui, avec zèle et dans les difficultés, s'est déterminé à agir, a respecté avec ferveur sa mission, n'a pas failli avec l'âge, et diffère de ces adeptes de l'Absolu qui trompent le bouddha. Aussi ai-je consenti à sa requête ; je souhaitais aussi railler les lettrés de notre faction.

N° 14

La Salle de l'ivre Bai [Juyi] (décembre 1075)

Cette commémoration, l'une des plus célèbres de Su Shi dans la tradition chinoise ancienne, évoque à travers les figures de Han Qi et de Bai Juyi la double aspiration du lettré : la gloire d'avoir servi l'État et les joies de la retraite. Elle justifie aussi les moments d'ivresse de Han Qi en en faisant les conditions d'un renouvellement de soi qui le rend de nouveau apte à exercer ses missions de fonctionnaire.

À la lecture de ce texte, Wang Anshi, plus soucieux de pureté générique, jugea que ce texte, remarquable selon lui, était en fait un petit traité [lun 論] *sur les mérites comparés des deux hommes. Su Shi aurait répondu avec moquerie que* La Commémoration sur l'école de Qianzhou *de Wang ressortissait plutôt au genre des dissertations* [ce 策] *sur la politique éducative*[1].

1. Sur cet échange par personnes interposées, voir Huang Tingjian 黃庭堅, *Shangu ji* 山谷集, *juan* 36.

第十四

醉白堂記

故魏國忠獻韓公作堂於私第之池上，名之曰醉白．取樂天《池上》之詩，以為醉白堂之

N° 14

La Salle de l'ivre Bai [Juyi]

Messire Han[2], fieffé dans l'ancien pays de Wei, Zhongxian « Fidèle concours de l'État », fit construire une salle sur l'étang de sa résidence privée qu'il nomma « L'ivre Bai »[3]. S'inspirant de son poème, *Sur l'étang*[4], il composa un chant,

2. Han Qi 韓琦 (1008-1075), de prénom social zhigui 稚圭, nommé ici d'après son nom posthume, est originaire Anyang 安陽 (au Henan 河南 actuel). Docteur en 1027, c'est l'un des plus sages et compétents administrateurs de la dynastie des Song du Nord, s'illustrant dès 1040 dans la lutte contre les tangouts au Nord-ouest qui fondent le nouveau Royaume des Xixia 西夏. C'est aussi l'un des artisans avec Fan Zhongyan 范仲淹 (989-1052) et Fu Bi 富弼 (1004-1083) des réformes de l'ère Qingli (1041-1049). Chancelier en 1055, il est fieffé comme Duc de Wei lors de l'accession au trône de Yingzong 英宗 (r. 1063-1067). Opposé aux réformes de Wang Anshi, il est alors envoyé dans les provinces à Xiangzhou 相州, sa province natale.

La suite du texte évoque un certain nombre de ses mérites qui sont recueillis dans la biographie que lui consacre *L'Histoire des Song* [Songshi 宋史], vol. 29, *juan* 312, p. 10221-10230.

3. Il s'agit de Bai Juyi 白居易 (742-846), nommé dans le texte d'après son surnom Letian 樂天, « Joie dans le ciel ». Sur ce poète et administrateur de la dynastie des Tang, voir la note 4 au *Six puits de Hangzhou* (1073).

4. Le poème de Bai Juyi, « Sur l'étang » figure dans ses œuvres poétiques, *Bai Xiangshan ji* 白香山詩集, *juan* 23, « Houji » 後集 3. En voici une traduction : « Sur l'étang un frêle esquif, / Et dans l'esquif un fruste lit. / Devant le lit un vin nouveau / Que seul je bois et seul savoure. / Doux comme les souffles d'un soleil de printemps, / Blanc comme l'éclat d'une eau d'automne. / Lavant mon cœur des ruses et des tours, / Libérant mes entrailles des poudres et des souillures. / Près des bords sinueux dérive ralentie, / Au bord de chaque rive une coupe brandie. / Ivre en combien de rives, je ne saurais le dire, / Au pays de nulle part maintenant en allé. / Gaffe entre les récifs, dans le vert / Des bambous aquatiques et profonds, / Le cœur désaffairé, le corps relâché, calme, / Un blanc soleil s'élève et me grandit. / Si je n'oublie le monde, un cœur / Calme est encore assailli de tourments ; / Et si le monde ne l'oublie, un corps / Qui l'a quitté pourra mal se cacher. / Cependant me voilà aujourd'hui différent : / Oublieux de mon corps, oublieux de ce monde. »

歌．意若有羨於樂天而不及者．天下之士，聞而疑之，以為公既已無愧於伊、周矣，而猶有羨於樂天，何哉？

軾聞而笑曰：公豈獨有羨於樂天而已乎？方且願為尋常無聞之人而不可得者．天之生是人也，將使任天下之重，則寒者求衣，饑者求食，凡不獲者求得．苟有以與之，將不勝其求．是以終身處乎憂患之域，而行乎利害之塗，豈其所欲哉！夫忠獻公既已相三帝安天下矣，浩然將歸老於家，而天下共挽而留之，莫

auquel il donna le même titre que la salle et dans lequel il semblait envier ce poète tout en regrettant de ne pouvoir lui être comparé[5]. Les lettrés dans l'empire, dès qu'ils connurent ces vers, s'interrogèrent, perplexes : ils jugeaient que Messire ne le cédait en rien aux éminents ministres de l'Antiquité comme Yi et Zhou[6] et s'étonnaient qu'il admirât Bai, *alias* « Joie dans le Ciel ».

Je dis en riant de cette question : « Pourquoi donc Messire n'aurait-il envié que Bai Juyi ? En fait, ce qu'il aurait voulu et qu'il n'a pu obtenir, c'était rester un homme ordinaire, inconnu de tous. »

Mais le Ciel donne naissance à de telles personnes pour leur confier les missions les plus lourdes. Ainsi ils chercheront à vêtir ceux qui ont froid, à nourrir ceux qui ont faim, à obtenir un bien pour ceux qui n'ont rien. Et s'ils peuvent leur accorder quelque chose, ils ne combleront jamais leurs exigences innombrables. Voilà pourquoi jusqu'à la fin de leur vie, les hommes de cette trempe vivent dans l'inquiétude et s'engagent sur les chemins périlleux des profits et des craintes. De toute évidence, tel n'est pas leur désir !

Or Zhongxian, après avoir assisté trois empereurs[7] et pacifié l'empire, voulait de toute son âme finir ses jours dans son pays natal, mais le monde le retint, l'obligea à rester en

5. Il s'agit du poème « La salle de l'ivre Bai » dans les *Œuvres littéraires de Han Qi* [Anyang ji 安陽集], *juan* 3. Ce poème rappelle explicitement, dès le premier distique, la référence à Bai Juyi : « Le stupide vieillard a fini récemment la salle sur l'étang / Car il se souvenait des vers de Bai Letian ». Il déplore immédiatement après de n'avoir pu, comme lui, « avoir eu la force » de se retirer de la vie publique, de jouir des grains de ses greniers et des chants des chants et des danses.

6. Yi Yin 伊尹 est le ministre de Tang le Victorieux 盛湯, fondateur de la dynastie des Shang 商 (1765-1121 av. J.-C.) ; le frère cadet du roi Wu, le Duc de Zhou Dan [周公旦], est régent pendant la jeunesse du roi Cheng 成 (1115-1078 av. J.-C.). C'est le créateur du rituel de cette dynastie.

7. Respectivement Renzong 仁宗 (r. 1022-1063), Yingzong (1063-1067) et Shenzong 神宗 (1067-1085).

釋也. 當是時, 其有羨於樂天, 無足怪者. 然以樂天之平生而求之於公, 較其所得之厚薄淺深, 孰有孰無, 則後世之論, 有不可欺者矣.

文致太平, 武定亂略, 謀安宗廟, 而不自以為功. 急賢才, 輕爵祿, 而士不知其恩. 殺伐果敢, 而六軍安之. 四夷八蠻想聞其風采, 而天下以其身為安危. 此公之所有, 而樂天之所無也. 乞身於強健之時, 退居十有五年, 日與其朋友賦詩飲酒, 盡山水園池之樂. 府有餘帛、廩有餘粟, 而家有聲伎之奉. 此樂天之所有, 而公之所無也.

poste sans le libérer. À ce moment de sa vie, il n'était guère étonnant qu'il jalousât Bai Juyi.

Toutefois, en comparant les réalisations et les gains de chacune de ces vies, en confrontant les manques de l'une aux acquis de l'autre, force est de constater que tout n'est pas faux dans les discussions et la perplexité des générations récentes.

Faire advenir la grande paix grâce aux vertus civiles[8] ; fixer des stratégies contre les rébellions grâce aux vertus militaires[9] ; affermir les temples ancestraux[10] grâce à des plans ingénieux sans s'en arroger le mérite ; n'avoir pour seul souci que la recherche des hommes talentueux ; mépriser les rangs et les prébendes tout en laissant ses faveurs ignorées des lettrés qui les reçurent ; se monter audacieux et déterminé dans la discipline militaire, garantir l'ordre dans les armées[11] ; être connu de tous les barbares[12] pour la rigueur de ses manières et assurer dans sa personne même la sécurité ou mettre en péril tout l'empire[13] : voilà les acquis de Messire dont ne pouvait se prévaloir Bai Juyi.

---

8. Han Qi est chancelier sous Renzong en 1055.

9. En 1040, Zhao Haotian 趙昊天, chef tangout, se rebelle, et Han Qi est envoyé avec fan Zhongyan comme commissaire chargé d'enquêter sur les souffrances du peuple [*anfushi* 安撫使] au Shaanxi. Il préconise une résistance aux Xixia qui acceptent en 1043 le titre de « vassal » [*chen* 臣].

10. À la mort de Renzong, le trône est confronté à un délicat problème de succession. Han Qi est avec Ouyang Xiu décisif dans l'accession au trône de son neveu Yingzong.

11. Lorsqu'il est préfet de Dingzhou 定州, Han Qi prend des mesures sévères pour restaurer la discipline des armées, problème endémique sous la dynastie des Song.

12. La réputation de Han Qi auprès des pays étrangers est bien attestée. Quand l'ambassadeur des Liao passe par le Shaanxi où Han Qi est duc, il ne manque jamais de rappeler qu'il s'agit de sa résidence ; de même lorsque Fan Zhongyan est envoyé en ambassade dans ce royaume, le souverain demande un portrait de Han.

13. C'est là une reprise de l'éloge de Ouyang Xiu rapporté dans *L'Histoire des Song*, p. 10232

忠言嘉謨[28]，效於當時，而文采表於後世. 死生窮達，不易其操，而道德高於古人. 此公與樂天之所同也. 公既不以其所有自多，亦不以其所無自少，將推其同者而自託焉.

方其寓形於一醉也，齊得喪，忘禍福，混貴賤，等賢愚，同乎萬物，而與造物者遊，非獨自比於樂天而已.

28. [謨] 原作[謀]，今從郎本卷五是.

Démissionner dans la force de l'âge ; se retirer de la vie publique pendant quinze ans[14] ; composer chaque jour des poèmes et boire entre amis ; jouir de tous les plaisirs qu'offrent les paysages, les jardins et les étangs ; disposer en abondance dans sa résidence de soie, dans ses greniers de grains ; éprouver l'estime de soi et les joies que procurent les musiciennes : voilà les acquis de Bai Juyi dont n'a pu se prévaloir Messire.

User de paroles franches[15], élaborer des stratégies politiques pleines de clairvoyance et les voir appliquées à leur époque ; se distinguer par le talent littéraire pour la postérité ; dans la vie ou dans la mort, dans l'insuccès ou la réussite, ne pas changer de conduite et surpasser les anciens par la vertu : voilà ce que Messire et Bai Juyi eurent en partage.

Messire ne se targuait pas de ses acquis, pas davantage il ne se dévalorisait de ses manques ; il souhaitait [en réalité] faire fond sur ce qu'ils avaient tous deux en commun et y mettre tout son être. Lorsqu'il se livrait temporairement à l'ivresse, il plaçait à parité les gains et les pertes, oubliait malheurs et bonheurs, confondait hautes et viles positions, ignorait les différences entre sages et sots, et pareil à toutes les choses, il randonnait librement auprès du démiurge céleste[16], très loin de se comparer seulement à Bai Juyi.

---

14. En 829, Bai Juyi prétexte une maladie et demande à quitter la fonction publique. Il meurt en 846

15. Le mépris des titres et des honneurs par Bai Juyi est attesté dès 806. Par ailleurs il critique frontalement, en 815, le ministre Wu Yuanheng 武元衡 et ses sbires, ce qui lui vaut d'être exilé comme commandant des armées à jiangzhou 江州.

16. Nous traduisons ainsi la notion de *zaohua zhe*, l'artisan des transformations dans le monde. L'idée d'un créateur est évoquée comme une possibilité dans le *Zhuangzi* (chapitre 3) mais ne trouve pas de réponse. Elle est le plus souvent assimilée à la « Nature naturante ». Par ailleurs, ce paragraphe est saturé de références au chapitre 2, « Mise à parité des choses et des discours » [Qiwulun 齊物論].

古之君子，其處己也厚，其取名也廉．是以實浮於名，而世誦其美不厭．以孔子之聖，而自比於老彭，自同於丘明，自以為不如顏淵．後之君子，實則不至，而皆有侈心焉．臧武仲自以為聖，白圭自以為禹，司馬長卿自以為相

Les hommes de bien de l'Antiquité avaient de hautes exigences envers eux-mêmes et se désintéressaient de la renommée. Ainsi leur œuvre est-elle plus grande encore que leur réputation et le monde loue leur perfection sans se lasser. Maître Kong, pour sage qu'il était, se comparait au vénérable Peng, trouvait son semblable dans Zuo Qiuming et jugeait qu'il ne valait pas Yan Hui[17]. Les gentilshommes des époques ultérieures, en réalité, ne parvinrent à rien mais tous eurent le cœur pétri de vanité. Cang Wuzhong[18] se voyait en Maître Kong, l'hydraulicien Bo Gui[19] en Yu le Grand, Sima Changqing[20] en Xiangru, Yang Xiong[21] en Maître Meng, Cui

---

17. Su Shi fait référence à trois passages des *Entretiens* : VII, 1 ; V, 24 et V, 8.

Le vénérable Peng est selon une identification Pengzu 彭祖, ministre de Yao 堯, l'archétype du souverain gouvernant par la vertu (ou de la dynastie des Shang). On considère parfois qu'il s'agit de deux individus Lao 老 et Peng 彭. L'identité de Zuo Qiuming est toujours sujette à débat : traditionnellement, il est assimilé à l'auteur du commentaire sur les *Printemps et Automnes* [*Zuozhuan* 左傳]. Yan Yuan ou Yan Hui est le disciple préféré de Confucius, capable de rester « humain » trois mois durant. Pauvre et satisfait de son sort, c'est aussi celui qui peut déceler dans les propos du maître de multiples aspects.

18. Cang Wuzhong est envoyé comme ambassadeur au pays de Jin en 549 et jouit alors d'une réputation supérieure à Confucius. Voir le *Commentaire de Messire Zuo* [Zuozhuan], 22ᵉ année du Duc Xiang de Lu 魯襄公.

19. Bo Gui est un spécialiste d'ingénierie hydraulique dont les dates sont incertaines (370-300 ou 463-385 av. J.-C.). Il est mentionné dans les *Mémoires Historiques*, vol. 10, *juan* 129, p. 3258-3259. Son œuvre fut comparée à celle de Yu le Grand 大禹, le fondateur des Xia, qui canalisa les eaux du déluge.

20. D'après les *Mémoires Historiques*, Sima Xiangru, le plus grand auteur de rhapsodies [*fu* 賦] des Han, tout jeune, aima l'étude. Il apprit l'escrime et c'est pourquoi ses parents lui donnèrent le nom personnel de Quanzi 犬子 « Petit chien ». Au cours de ses études, il se prit d'admiration pour la personnalité de Lin Xiangru 藺相如 [grand ministre du pays de Zhao 趙 (329-259 av. J.-C.)] et changea son propre nom en Xiangru. *Shiji*, vol. 9, *juan* 117, p. 2999 et Yves Hervouet (trad.), p. 1.

21. Yang Xiong (53 av. J.-C.-17) est un prodigieux « imitateur » de maîtres anciens : il compose des rhapsodies à la manière de Sima Xiangru, construit un ouvrage qui se modèle sur le *Classique du changement* et dans les *Propos modèles*, imite les *Entretiens* de Confucius et se compare à

如，揚雄自以為孟軻，崔浩自以為子房，然世終莫之許也．由此觀之，忠獻公之賢於人也遠矣．

昔公嘗告其子忠彥，將求文於軾以為記而未果．公薨[29]既葬，忠彥以告，軾以為義不得辭也，乃泣而書之．

29. [公薨] 二字原缺，據朗本補．

Hao[22] en Zifang, mais au bout du compte, le monde ne consentit à aucune de ces identifications. De ce point de vue, la valeur de Messire surpasse de loin celle de ces hommes.

Dans le passé, Messire avait dit à son fils aîné Zhongyan[23] qu'il souhaitait me demander la commémoration de cette salle, mais il n'y eut pas de suite. Après les funérailles et l'enterrement, son fils m'en parla. Comme je jugeai qu'il était indigne de refuser, je viens de l'écrire, rempli de larmes.

Mencius. Voir *Fayan* 法言, chapitre 2, « Notre Maître [Wuzi 吾子], vol. 1, p. 81.

22. Cui Hao (381-450) est un stratège qui se comparait au Ministre de Liu Bang, Zhang Liang (mort en 186). Voir *Beishi* 北史, *juan* 21, p.772-779-791.

23. Fils de Han Qi dont la biographie est annexée à celle de son père dans *L'Histoire des Song*, vol. 29, *juan* 312, p. 10230-10232.

N° 15

La Terrasse transcendante
(décembre 1075)

Ce texte traduit d'abord une reprise en main après la déception de Su Shi d'être nommé à Mizhou alors qu'il avait vécu jusque là dans le charme de Hangzhou. Il y a aussi sans doute un rappel d'une commémoration de son père, Su Xun, Le Monastère de l'Éveil parfait de la préfecture de Peng *: « À quelque endroit qu'un homme habite, il devrait y être heureux. À telle demeure, telle joie ; sinon, pourquoi y fixer sa résidence ? Et si l'on n'a pas de joie à vivre où l'on est, et qu'on ne quitte pas ces lieux, on se trompe soi-même et plus encore, on trahit le ciel. Un homme de bien, en effet, est honteux de recevoir un salaire qu'il ne mérite pas, humilié de porter les habits sans connaître les affaires qui incombent à son rang.* [...] *Le ciel m'a confié un corps et m'a enjoint de le gouverner par l'esprit. Si, aujourd'hui, je désirais me rendre à Qin et demain à Yue, qui, dans le monde, m'en empêcherait ? Ainsi, vivre ici sans joie et ne pas s'en aller, c'est se montrer incapable de gouverner son corps par l'esprit ; on voudrait, en plus, diriger les autres ?*[1] »

Premier véritable lieu construit par Su Shi, cette terrasse est moins dédiée, comme l'indique le pénultième paragraphe, à la méditation qu'à l'activité et à la contemplation du passé.

1. « Pengzhou yuanjue chanyuan ji » 彭州圓覺禪院記, in *Jiayou ji* 嘉祐, *juan* 15, p. 398-399.

第十五

超然臺記

凡物皆有可觀. 茍有可觀, 皆有可樂, 非必怪奇瑋麗者也. 餔糟啜漓皆可以醉, 果蔬草木皆可以飽. 推此類也, 吾安往而不樂. 夫所為求福而辭禍者, 以福可喜而禍可悲也. 人之所欲無窮, 而物之可以足吾欲者有盡. 美惡之辨戰乎中, 而去取之擇交乎前, 則可樂者常少, 而可悲者常多. 是謂求禍而辭福. 夫求禍而辭福, 豈人之情也哉. 物有以蓋之矣. 彼遊於物之內, 而不遊於物之外. 物非有大小也, 自其內而觀之, 未有不高且大者也. 彼挾其高大以臨我, 則我常眩亂反覆, 如隙中之觀鬥, 又烏知勝負之所在. 是以美惡橫生, 而憂樂出焉. 可不大哀乎.

N° 15

La Terrasse transcendante

Il y a toujours matière à méditer dans les choses et donc toujours manière de se réjouir – de choses pas nécessairement bizarres, curieuses, précieuses ou belles. Tel atteindra l'ivresse en mangeant le marc épais des liqueurs ou en buvant des vins légers ; tel aura le ventre plein, de fruits, de légumes, d'herbes ou de rameaux. En poussant l'analogie, il me sera facile de me trouver bien partout.

Si on recherche le bonheur et congédie le malheur, c'est bien parce que le bonheur apporte joie et le malheur tristesse. Or, les désirs humains sont infinis et les satisfactions qu'apportent les choses limitées. Dans le combat que nous livrons pour distinguer les perfections des laideurs, dans la confusion où nous nous sommes de choisir de prendre ou de rejeter, rares sont les occasions de se réjouir et nombreuses au contraire les causes de peine. De la sorte, on recherche le malheur et congédie le bonheur. Mais comment seraient-ce là les sentiments humains ? Il faut croire plutôt que les choses nous voilent [le jugement], car nous évoluons en elles et non hors d'elles. Elles ne sont, en fait, ni importantes ni insignifiantes, mais si on les observe en se plaçant en elles, elles paraissent toujours éminentes et considérables. Et quand quelqu'un se targue de leur grandeur imposante pour s'approcher de nous, nous sommes souvent plongés dans une confusion et un trouble qui nous retournent en tous sens, pareils à ceux qui, épiant une lutte à travers une fissure, ne peuvent en connaître l'issue. Ainsi les perfections et les laideurs sont partout engendrées, et forment les soucis et les joies. N'est-ce pas triste à pleurer !

余自錢塘移守膠西，　釋舟楫之安，　而服車馬之勞，　去雕牆之美，　而庇[30]采椽之居，　背湖山之觀，　而行桑麻之野．　始至之日，　歲比不登，　盜賊滿野，　獄訟充斥，　而齋廚索然，　日食杞菊．人固疑余之不樂也．處之期年，　而貌加豐，　髮之白者，日以反黑．　余既樂其風俗之淳，　而其吏民亦安予之拙也，　於是治其園圃，潔其庭宇，　伐安丘、高密之木以修補破敗，　為苟完之計．　而園之北，　因城以為臺者舊矣，　稍葺而新之．　時相與登覽，　放意肆志焉．　南望馬耳、常山，　出沒隱見，　若近若遠，　庶幾有隱君子乎？而其東則盧山，　秦人盧敖之所從遁也．西望穆陵，　隱然如城郭，　師尚父、齊桓公之遺

30. 朗本卷五是[庇]作蔽.

En étant muté de Hangzhou au poste de préfet à Jiaoxi[2], j'ai laissé la paix des barques et des rames pour la fatigue des charrettes à cheval, quitté les perfections des belles demeures aux parois sculptées pour m'enfermer dans une maison faite de poutres et de chevrons ; tourné le dos au spectacle des lacs et des montagnes pour marcher dans des champs de mûrier et de chanvre. À mon arrivée, les récoltes étaient mauvaises, les brigands sévissaient dans la région, les procès étaient innombrables, l'étude et les cuisines ternes, et j'avais chaque jour au menu rameaux de saule et chrysanthèmes. Les gens me pensaient malheureux. Mais au bout d'un an, j'avais meilleure mine, mes quelques cheveux blancs noircissaient de jour en jour. Comme je prenais plaisir à la simplicité des mœurs locales et que mes subalternes et les gens du commun se trouvaient bien de mon incompétence, j'aménageai le jardin et le potager, nettoyai la cour, fis couper des arbres sur les collines de Anqiu et de Gaomi pour remplacer les parties abîmées et assurer ma tranquillité sans penser au lendemain.

Au nord du jardin, la terrasse construite en haut des remparts était ancienne, je la fis remettre à neuf. Souvent, j'y montais avec des hôtes pour contempler le paysage, détaché de toute intention et laissant libre cours à mon ambition. Je voyais vers le sud les monts Ma'er et Chang qui apparaissaient et disparaissaient soudain, tantôt éloignés tantôt proches : des ermites de noble vertu y résidaient-ils ? À l'est, c'étaient les monts Lu où s'était enfui sous le premier empire Lu Ao[3] ; à l'ouest, je voyais au loin Muling où confusément semblait se dresser une muraille, où toujours semblait présente la glorieuse

2. Autre nom de Mizhou 密州 où Su Shi est en poste comme préfet.

3. Homme du Pays de Yan 燕 au nord de la Chine, il avait été appelé à la cour du premier empereur, Qin shi Huangdi 秦始皇帝 (r. de 221 à 209 av. J.-C.) comme spécialiste des classiques, puis envoyé sur les mers de l'Est pour découvrir les îles des immortels. Ne les trouvant pas, il préféra vivre en ermite.

烈，猶有存者. 北俯濰水，慨然太息，思淮陰之功，而弔其不終. 臺高而安，深而明，夏涼而冬溫. 雨雪之朝，風月之夕，余未嘗不在，客未嘗不從. 擷園蔬，取池魚，釀秫酒，瀹脫粟而食之，曰：樂哉遊乎！

方是時，余弟子由適在濟南，聞而賦之，且名其臺曰超然. 以見余之無所往而不樂者，蓋遊於物之外也.

vertu de Jiang Ziya[4] et de l'hégémon de Qin, le Duc Huan[5]. Au Nord, je baissais les yeux sur la rivière Wei et je soupirais longuement au souvenir des mérites de Huaiyin et déplorais sa fin précoce[6]. Sur cette terrasse élevée et calme, vaste et claire, l'été était frais et l'hiver doux. Les matins de pluie ou de neige, les soirs de vent ou de pleine lune, je m'y trouvais toujours, accompagné de quelques hôtes. Je cueillais les légumes du jardin, pêchais les poissons du bassin, faisais fermenter de l'alcool de sorgho, cuisais un riz grossièrement décortiqué et le mangeai en me disant : « Quel plaisir de randonner ici ! »

À cette époque, mon frère cadet, Ziyou[7] était justement à Jinan ; instruit de ma situation, il composa une rhapsodie et nomma la « Terrasse transcendante »[8] : il avait perçu qu'en tous lieux je trouve de la joie, sans doute parce que je randonne hors des choses.

4. Jiang Ziya, alias Lü Shang 呂尚, aida le roi Wu 武王 à fonder la dynastie des Zhou en 1122 av. J.-C. et fut gratifié du titre de seigneur de la principauté de Qi 齊.

5. Le duc Huan, héritier du pays de Qi, confédéra les différentes principautés et devint hégémon au VIIe siècle avant notre ère.

6. Il s'agit de Han Xin 韓信 qui, après avoir aidé Liu Bang 劉邦 à s'emparer du trône et à fonder la dynastie des Han en 206 av. J.-C., devint marquis de Huaiyin 淮陰. Il fut mis à mort par l'impératrice douairière en 196.

7. Prénom social de Su Zhe 蘇轍 (1039-1112). Pour la rhapsodie qu'il compose, voir *Luancheng ji* 欒城集, « Rhapsodie sur la Terrasse transcendante agrémentée d'une préface » 超然臺賦并叙, *juan* 17, p. 331-332. Wen Tong 文同 et Zhang Lei 張耒 ont aussi écrit une rhapsodie portant le même titre [*Danyuan ji* 丹淵集, *juan* 1 et *Keshan ji* 柯山集, *juan* 2].

8. L'expression vient du *Laozi*, § 26 : Après avoir énoncé que « le lourd est la racine du léger » et l'immobilité ce qui contrôle les mouvements, le texte poursuit ainsi : « Ainsi le sage agit tout le jour sans jamais s'éloigner du lourd et du léger. Et même lorsqu'il possède des palais glorieux, il vit paisible et désaffairé, au-delà des contingences » [是以聖人終日行不離輜重. 雖有榮觀，燕處超然.].

N° 16

La Sigillaire des Qin gravée sur pierre (14 février 1076)

Écrite à la troisième personne, cette pièce cadre au plus près avec le genre : conserver les traces du passé, fussent-elles les plus sinistres comme avec le règne du premier empereur. Ce qui frappe aussi, c'est la mobilisation de l'art, par l'entremise de Wen Xun, pour contribuer à l'éducation.

第十六

刻秦篆記

秦始皇帝二十六年，初并天下．二十八年，親巡東方海上，登瑯琊臺，觀出日，樂之忘歸，徒黔首三萬家臺下，刻石頌秦德焉．二世

N° 16

La Sigillaire des Qin gravée sur pierre

La 26e année de son règne [dans le royaume de Qin], le premier empereur[1] annexa le monde sous le ciel. La 28e année, au cours d'une tournée d'inspection sur les côtes à l'Est, il fit l'ascension de la Terrasse de Langye où il contempla le soleil levant et y prit un tel plaisir qu'il en oublia de rentrer. Il déplaça trente mille familles de têtes noires[2] au pied la terrasse et fit graver une stèle où il loua les vertus de Qin.

1. Avant d'unifier la Chine en 221 av. J.-C., le premier empereur règne d'abord au pays de Qin (Shaanxi 陝西 actuel) en roi sous le nom de Zhaoxiang 昭襄王 (à partir de 266 av. J.-C.)

2. La Terrasse naturelle de Langye se trouve sur la côte sud du Shandong. Les « têtes noires » désignent le peuple chinois.

Su Shi cite les *Mémoires historiques* de Sima Qian [Shiji 史記], vol. 1, *juan* 6, p. 244 *sq*. Le texte de la stèle a été conservé (*ibid.* et Édouard de Chavannes, trad., vol 2, p. 50-53). Je n'en donne ici que les deux premières strophes :

« C'est la vingt-sixième année / que le souverain empereur a prise pour commencement. / Il a réglé et égalisé les lois et les mesures / et les étalons qui servent pour tous les êtres. / Ainsi il a rendu claires les occupations des hommes ; / il a établi l'union et la concorde entre les pères et les fils. / Avec sagesse il a bien compris la bonté et la justice ; / manifestement il a montré la droite voie et la raison. / À l'est il a mis l'ordre dans la terre orientale / afin de supprimer les batailles. / Lorsque cette affaire a été complètement terminée, / alors il s'est approché de la mer.

Le mérite du souverain empereur / s'est appliqué avec diligence aux occupations fondamentales. / Il a mis en honneur l'agriculture ; il a proscrit la dernière des professions ; / les têtes noires ont alors été heureuses. / Dans tout ce qui est sous le ciel, / les cœurs se sont appliqués, les volontés se sont unies.

Les armes défensives et offensives ont eu des dimensions identiques ; / il a rendu uniformes les caractères primitifs et les caractères dérivés. / Dans tous les lieux qu'éclairent le soleil et la lune, / dans tous ceux où se transportent les bateaux et les chars, / Chacun accomplit jusqu'au bout sa destinée ; / il n'est personne qui ne soit satisfait.

元年，復刻詔書其旁．今頌詩亡矣，其從臣姓名僅有存者，而二世詔書具在．

自始皇帝二十八年，歲在壬午，至今熙寧九年丙辰，凡千二百九十五年．而蜀人蘇軾來守高密，得舊紙本於民間，比今所見，猶為完好，知其存者，磨滅無日矣．

La 2e année du second empereur[3] fut à nouveau gravé à ses côtés un édit. Aujourd'hui l'hymne a disparu, et des sujets qui le servaient ne subsistent plus que quelques noms, tandis que demeure intact l'édit. De cette 28e année *renxu* jusqu'à l'an 9 *bingchen* de la *Paix harmonieuse*, mille deux cent quatre-vingt quinze ans se sont écoulés…

Lorsque Su Shi, originaire de Shu, vint assumer la charge de gouverneur de Gaomi[4], il obtint des gens du peuple un ancien estampage [de la stèle impériale] dont le texte était mieux conservé, et comprit que les traces restantes seraient bientôt vouées à la destruction et à l'effacement.

Vint alors à Gaomi, pour affaires, Wen Xun[5] de Lujiang qui aimait les vestiges de l'Antiquité, savait écrire en sigillaire et avait retrouvé, dans sa pratique, le sens de l'écriture de Li Si[6]. Il en imita le style qui fut reporté sur une stèle placée au sommet de la Terrasse transcendante[7].

---

3. Le second empereur (209-206) est resté célèbre pour sa faiblesse et sa crédulité (on put ainsi lui faire prendre un cerf pour un cheval). La chute des Qin marque nominalement la fin du légisme comme doctrine politique ; toutefois, le nouvel empire des Han assume pour une large part la structure bureaucratique de l'État qui lui est légué.

4. Autre nom de la ville de Mizhou 密州 dans la province du même nom.

5. Wen Xun, de prénom social Anguo 安國, est originaire de Lujiang (sous-préfecture de l'Anhui 安徽) est un fonctionnaire dont le titre le plus important est vers 1090 assistant exécutif de la cour du Trésor impérial, principal financier du palais [*taifu si cheng* 太府寺承]. Il est surtout connu pour ses talents de calligraphe en petite sigillaire et de peintre, célébrés par Su Shi ou Huang Tingjian (1045-1105). Voir par exemple SSWJ, vol. 2, *juan* 21, p. 618 ou *Shangu ji* 山谷集, *juan* 16, « Wen Anguo zi xu » 文安國字序.

6. Li Si (*ca* 280-208 av. J.-C.) est d'abord premier ministre au Royaume de Qin (238-221) puis sous le premier empire (221-208) avant d'être exécuté par le second empereur. Adepte du légisme [*fajia* 法家], théorisation de la dictature, il joue un rôle central dans la standardisation des poids, des mesures et de l'écriture, préconise une centralisation draconienne et un contrôle par l'État de toutes les instances bureaucratiques. Rival de Fei du pays de Han [韓非] qu'il fait assassiner en 238 av. J.-C., il impose la petite sigillaire [*xiaozhuan* 小篆] qui simplifie et harmonise l'ancienne écriture des Zhou, la grande sigillaire [*dazhuan* 大篆 au IXe siècle av. J.-C.] comme graphie standard.

7. Voir *La Terrasse transcendante* (1075).

而廬江文勛適以事至密．勛好古善篆，得李斯用筆意，乃摹諸石，置之超然臺上．夫秦雖無道，然所立有絕人者．其文字之工，世亦莫及，皆不可廢．後有君子，得以覽觀焉．

正月七日甲子記[31]．

31. 原缺，據集甲補．

Certes, sous les Qin, la Voie ne régnait pas dans le monde mais les réalisations de leurs souverains furent exceptionnelles. Le travail qu'ils effectuèrent relativement à l'écriture n'a pas d'équivalent dans le monde. Les gentilshommes, à l'avenir, auront les moyens de lire et de méditer [ces œuvres].

Commémoré le 7e jour *jiazi* du 1er mois.

N° 17

La Source du sacrifice pour la pluie
(23 mai 1076)

L'une des prérogatives du fonctionnaire en charge d'une région est, en cas de sécheresse, d'effectuer les sacrifices pour obtenir la pluie. Su Shi met beaucoup de soin à rédiger les textes des prières et se montre très respectueux de ce rôle. Tout en cherchant à « rationaliser » et trouver une cause assignable à l'efficience de l'esprit – la source –, le sacrifice n'en est pas moins religieux, au sens où il traduit un lien réel avec une force naturelle, un « génie du lieu » qui féconde, protège et doit être honoré dans un rituel qui rassemble la communauté.

第十七

雩泉記

常山在東武郡治之南二十里，不甚高大，而下臨城中，如在山下，雉堞樓觀，彷彿可數．自城中望之，如在城上，起居寢食，無往而不見山者．其神食於斯民，固宜也．東武濱海多風，而溝瀆不留，故率常苦旱．禱於茲山，未嘗不應．民以其可信而恃，蓋有常德者，故謂之常山．熙寧八年春夏旱，軾再禱焉，皆應如響．乃新其廟．廟門之西南十五步，有泉汪洋折旋如車輪，清涼滑甘，冬夏若一，餘流溢去，達于山下．茲山之所以能常其德，出雲為雨，以信於斯民者，意其在此．而號稱不立，

N° 17

La Source du sacrifice pour la pluie

Les Collines constantes, situées à vingt *lis* au sud de la commanderie de Dongwu[1], ne sont pas très hautes ni très grandes, et surplombent la ville qui semble à leur pied et dont les murs crénelés, les pavillons et les tours peuvent presque tous être comptés. Si on les contemple au loin depuis le centre de la ville, on a l'impression d'être en hauteur, et dans les activités de la vie quotidienne, qu'on dorme ou qu'on mange, on voit ces collines partout. L'esprit qui y règne est nourri par ce peuple, chose normale.

Or, la commanderie est battue par des vents fréquents qui viennent de la mer ; les canaux ne s'écoulent pas, si bien que la région est souvent en proie à de sévères sécheresses. Toute prière à la pluie adressée à ces collines obtient une réponse. Le peuple s'en remet à elles parce qu'elles sont dignes de foi, et comme, semble-t-il leur vertu est constante, ils les ont appelées ainsi.

Au printemps et à l'été de l'an 8 de la *Paix harmonieuse*[2], je suis par deux fois venu y prier : la pluie répondit aussi rapidement que l'écho à un cri. Je décidai alors de rénover le temple. À quinze pas au sud-est des portes de ce sanctuaire, je trouvai une source, jaillissante et tourbillonnante comme les roues d'un char, pure, fraîche, vive et douce, identique été comme hiver, dont les filets s'écoulaient en débordant jusqu'au pied des collines. Si elles ont une vertu constante, si les nuages qui les couvrent se résolvent en pluie, et si ce peuple y place sa confiance, c'est, selon moi, grâce à cette source. Pourtant personne n'en fait l'éloge, l'entretien n'en est pas très conséquent et les paysans

1. C'est-à-dire Mizhou 密州 au Shandong.
2. En 1075.

除治不嚴，農民易之．乃琢石為井，其深七尺，廣三之二．作亭於其上，而名之曰雩泉．

古之謂吁嗟而求雨曰雩．今民吁嗟其所不獲，而呻吟其所疾痛，亦多矣．吏有能聞而哀之，答其所求，如常山雩泉之可信而恃者乎！軾以是愧於神，乃作《吁嗟》之詩以遺東武之民，使歌以祀神而勉吏云．

吁嗟常山，東武之望．匪石巖巖，惟德之常．吁嗟雩泉，維山之滋．維水作聰，我民所噫．我歌雲漢，于泉之側．誰其尸之？涌溢赴節．堂堂在位，有號不聞．我愧于中，何以籲

la négligent. Je fis alors tailler des pierres et maçonner un puits d'une profondeur de sept pieds, long de trois et large de deux, puis construire un kiosque en amont que je nommai « la Source du sacrifice pour la pluie ».

Dans l'Antiquité, une prière pour la pluie que l'on formulait avec la plus grande tristesse était appelée « sacrifice *yu* »[3]. Or, en beaucoup de domaines, le peuple déplore ce qu'il ne peut obtenir et gémit des maux qui l'accablent. Puissent les fonctionnaires entendre ces plaintes et compatir, répondre aux demandes et devenir un soutien aussi sûr que cette source du sacrifice *yu* des Collines constantes.

Honteux devant [la puissance] de cet esprit, j'ai composé un poème intitulé *Regrets* que je laisse en héritage au peuple de Dongwu. Qu'il le chante pour sacrifier à l'esprit des collines et exhorter les employés [à leur mission] :

Las, las ! Les Collines constantes
Que l'on contemple de Dongwu,
Ces quelques roches pas très hautes,
N'ont de vertu que leur constance.
Las, las ! La Source du sacrifice
Seulement présente sur ces monts,
Quand ses eaux tintent doucement,
D'aise soupire mon peuple.
Mon chant s'élève vers les étoiles
Tout à côté de cette source.
Qui donc lui donne corps et jaillit
Et déborde et répond en cadence ?

Souveraine, imposante, là,
Méritante mais oubliée des éloges.

---

3. Le caractère *yu* 雩 désigne la prière à la pluie et le sacrifice qui lui est fait.

神．神尸其味，我職其著．各率爾職，神不汝棄．酌山之泉，言採其蔬．跪以薦神，神其吐之．

Honteux de [ses bienfaits] comment
Invoquerais-je l'esprit qui l'investit[4] *?*
Obscur et invisible le corps de cet esprit,
Manifeste et limpide la tâche qui m'incombe.
Si chacun de sa charge remplit tous les usages,
L'esprit dans sa puissance pas un seul n'oubliera.
Buvons à cette source vive,
Cueillons les pousses qui en naissent.
À genoux, faisons prières et offrandes
Et toi, Esprit, apparais !

4. Su Shi fait allusion ici au rituel classique de convocation des esprits : un corps ou un « cadavre » *shi* 尸 est désigné pour être investi par l'esprit qui « descend » et s'y incarne.

N° 18

La Salle de Messire Gai
(octobre 1076)

« On régit un grand État comme on fait cuire de petits poissons », disait le Laozi (§ 60), sans trop les remuer de peur que leur chair ne se réduise en bouillie. De même, le gouvernement ne doit pas multiplier les ordonnances sous peine sinon d'opprimer le peuple et de perdre sa confiance.

Cette commémoration est l'attaque la plus directe – et sans doute la plus injuste – de la nouvelle politique de Wang Anshi. Rares sont en effet au XIe *siècle, parmi les opposants à ces mesures, ceux qui font de lui un légiste. La critique est d'autant plus forte qu'elle est construite sur une comparaison habile et plaisante.*

Il ne faut pas accentuer trop fortement le « non-agir » : à travers l'exemple de Cao Shen, Su Shi y voit plutôt une mesure temporaire et préconise des transformations sociales moins voyantes. En 1086, il s'opposera résolument à la faction « conservatrice » de retour au pouvoir qui supprima brutalement les réformes mises en place pendant plus de quinze ans.

第十八

蓋公堂記

始吾居鄉，有病寒而欬者，問諸醫，醫以為蠱，不治且殺人．取其百金而治之，飲以蠱藥，攻伐其腎[32]腸，燒灼其體膚，禁切其飲食之美者．朞月而百疾作，内熱惡寒，而欬不已，纍然真蠱者也．又求於醫，醫以為熱，授之以寒藥，旦朝吐之，暮夜下之，於是始不能食．懼而反之，則鍾乳、烏啄雜然並進，而瘭疽癰疥眩瞀之狀，無所不至．三易醫而疾愈甚．里老父教之曰："是醫之辠，藥之過也．子何疾之有！人之生也，以氣為主，食為輔．今子終日藥不釋口，臭味亂于外，而百毒戰于内，勞其主，隔其輔，是以病也．子退而休之，謝醫却藥而進所嗜，氣完而食美矣，則夫藥之良

32. 朗本卷五十三[腎]作胃.

N° 18

La Salle de Messire Gai

Lorsque j'arrivai dans la province, je fus pris d'un refroidissement et de toux. J'interrogeai un médecin qui diagnostiqua un poison, mortel si on ne soignait pas. Je lui pris cent onces [d'un remède] et bus un antidote qui attaqua les reins et les intestins et échauffait l'épiderme, et l'on m'interdit de manger et boire boissons et plats savoureux. Au bout d'un mois, cent maladies apparurent, je m'échauffais à l'intérieur et devenais frileux sans cesser pour autant de tousser, épuisé comme par un vrai poison. Je m'enquis à nouveau auprès du médecin qui décela un échauffement, me prescrivit un remède refroidissant que je devais vomir à l'aube et avaler à la tombée de la nuit. Dès lors, je ne pus plus rien manger. Effrayé, je retournai le voir et [il me fit] ingérer en même temps de [la poudre] de tétine de cloche et du bec de corbeau[1] : je fus couvert d'abcès, pris d'ulcères et d'étourdissements et assailli de toutes sortes de maux. J'avais changé trois fois de traitement avec pour seul effet d'être plus mal.

Un ancien du village me donna cette leçon : « La faute en incombe au médecin qui vous gave de remèdes. Vous n'êtes pas malade ! La vie humaine trouve son principe dans [l'entretien] des souffles que vient seconder l'alimentation. Or, toute la journée, vous avalez des potions, de mauvaises saveurs vous perturbent et cent poisons luttent en vous. Vous affaiblissez le principe vital et écartez son adjuvant : voilà ce qui vous rend malade. Isolez-vous et reposez-vous, congédiez ce médecin et ses remèdes, et avalez ce que vous aimez. Lorsque vos souffles

1. Les « tétines de cloche » sont des stalactites utilisées en médecine chinoise sous forme de poudre pour réparer le principe yang et guérir les refroidissements ; le bec de corbeau désigne l'aconit.

者，可以一飲而效.”從之．朞月而病良已.

昔之為國者亦然．吾觀夫秦自孝公以來，至于始皇，立法更制，以鐫磨鍛鍊其民，可謂極矣．蕭何、曹參親見其斲喪之禍，而收其民於百戰之餘，知其厭苦憔悴無聊，而不可與有為也，是以一切與之休息，而天下安．始參為齊相，召長老請先生問所以安集百姓，而齊故諸儒以百數，言人人殊，參未知所定．聞膠西有

seront rééquilibrés et que vous mangerez des mets délicats, le bon remède sera efficace à la première ingestion. » Je suivis ses conseils et un mois plus tard, fus guéri.

On administrait autrefois un pays de la même façon[2]. J'ai pu observer que, depuis le Duc Xiao jusqu'au premier empereur[3], on ne cessa dans le pays de Qin, d'instituer des lois et de changer les règlements, de les graver dans l'esprit du peuple, de le policer et de l'exercer comme à coup de poinçon, de meule et par la forge, à un point extrême. Xiao He et Cao Shen[4] virent les malheurs dévastateurs qu'ils causèrent, recueillirent les survivants des guerres innombrables et, connaissant leurs souffrances, leur épuisement et leur accablement, sachant qu'ils ne pouvaient à l'égard agir [par de nouvelles mesures], décidèrent de mettre un terme définitif [à cette politique]. Le monde retrouva la paix. « Lorsque Cao Shen devint ministre dans le fief de Qi, il convoqua les anciens et invita les maîtres pour leur demander comment organiser harmonieusement la communauté. Les vieux lettrés confucéens vinrent par centaines, chacun avec un avis différent, si bien que Shen ne put prendre de décision. Ayant appris qu'à Jiaoxi[5]

2. Il s'agit à peine d'une comparaison : la médecine comme la politique sont affaire de gestion [*zhi* 治] du corps individuel ou social.

3. À partir du Duc Xiao (381-338 av. J.-C.) et avec son accession au pouvoir (361) commence à être mise en œuvre, au pays de Qin, la politique légiste. Le ministre Shang Yang 商鞅, soucieux de renforcer le pouvoir militaire et la puissance économique de Qin, développe alors un système pénal à base de récompenses et de châtiments distribués automatiquement sans aucune possibilité d'atténuation par les circonstances. Ce système est théorisé dans tous ses aspects dans le *Hanfeizi* 韓非子, ouvrage qui détaille à l'envi les mesures d'un État policier, dû à Fei du pays de Han, ministre du Duc Zhaoxiang, le futur premier empereur,

4. Xiao He (mort en 193 av. J.-C.) et Cao Shen (mort en 190 av. J.-C.) sont les artisans de la victoire de Liu Bang 劉邦 (futur Gaozu 高祖 des Han, r. 206-195) sur son rival Xiang Yu 項羽 (233-202). À la fondation de la nouvelle dynastie, le premier conseilla au nouveau souverain d'abolir nombre des lois légistes.

5. Jiaoxi est l'ancien nom de la ville de Mizhou.

蓋公，善治黃老言，使人請之．蓋公為言治道貴清靜而民自定，推此類具言之，參於是避正堂以舍蓋公，用其言而齊大治．其後以其所以治齊者治天下，天下至今稱賢焉．

吾為膠西守，知公之為邦人也，求其墳墓、子孫而不可得，慨然懷之．師其言，想見其為人，庶幾復見如公者．治新寢於黃堂之北，易其弊陋，達其壅蔽，重門洞開，盡城之南北，相望如引繩，名之曰蓋公堂．時從賓客僚吏遊息其間，而不敢居，以待如公者焉．

vivait un messire Gai, expert dans le commentaire du courant de pensée Huang-Lao[6] », il le pria de venir. Messire lui dit que, si dans la voie politique étaient valorisées sérénité et pureté, le peuple se stabilisait de lui-même ; il développa ensuite par analogie ce point et n'omit aucun détail. Cao Shen fit évacuer la salle principale de ses bâtiments administratifs, y logea Messire Gai et mit en œuvre ses paroles : dans le pays de Qi l'ordre régna. Plus tard, il se servit des mesures qu'il avait expérimentées là pour gouverner l'empire, ce qui lui valut jusqu'à aujourd'hui la renommée d'un homme avisé.

Lorsque je pris mon poste de gouverneur à Jiaoxi, sachant que Messire en était originaire, j'enquêtai sur l'emplacement de sa tombe et sur sa descendance sans résultat. Je pensai profondément à lui, pris pour modèle ses dires, imaginai quel homme c'était et parvins presque à le voir... Je fis alors réaménager les appartements au nord de la Salle jaune, rénover les parties abîmées, libérer les passages obstrués et mettre des portes à double battant et les fis ouvrir en grand sur le nord et le sud de la ville pour que le regard porte de bout en bout aussi droit qu'une corde tendue.

J'ai nommé cette pièce « Salle de Messire Gai ». De temps à autre, je vais, avec quelques hôtes ou des fonctionnaires, y randonner, mais je ne me permets pas d'y loger, attendant sa venue...

---

6. Su Shi cite ici les *Mémoires historiques* [Shiji 史記], « biographie de Cao Shen », vol. 6, *juan* 54, p. 1029-2030.

La pensée Huang-Lao qui associe les noms de Huangdi 黃帝, le Souverain Jaune, et de Laozi, est une doctrine essentiellement politique : elle met l'accent sur un art de gouverner basé sur la non-intervention directe (le non-agir), le primat des conditionnements sociaux et politiques ainsi que sur la formation du prince, lequel doit se montrer impartial moins pour le bien-être de ses populations que dans le souci de ne pas donner prise (en manifestant ses préférences) à ses conseillers et courtisans. Cette doctrine qui comporte des aspects « légistes », est effectivement mise en œuvre au début de la dynastie des Han et met en avant « calme et limpidité » de l'esprit du souverain, quiétude et transformation invisible des mœurs populaires.

夫曹參為漢宗臣，而蓋公爲之師，可謂盛矣．而史不記其所終，豈非古之至人得道而不死者歟？膠西東並海，南放于九仙，北屬之牢山，其中多隱君子，可聞而不可見，可見而不可致，安知蓋公不往來其間乎？吾何足以見之！

N'est-il pas parfait qu'un homme d'État aussi respecté que Cao Shen ait pris pour maître Messire Gai ! Or, si les histoires n'ont pas noté le lieu de sa sépulture, ne faut-il pas comprendre que les hommes accomplis du passé, qui avaient atteint la Voie, ne meurent pas ?

La province de Jiaoxi touche la mer à l'Est ; au Sud, elle s'étale devant les Monts des Neuf Immortels ; elle dépend au Nord du Mont des animaux sacrificiels et au centre vivent en ermites de nombreux gentilshommes, dont on entend parler sans jamais les voir, ou qui sont visibles mais qu'on ne peut faire venir. Qui sait si Messire n'évolue pas là librement ? À quoi bon le voir[7] !

---

7. À quoi bon en effet, puisque son influence s'exerce de façon invisible, sans que personne n'en ait conscience. L'efficience du sage dans le *Laozi* est d'autant plus grande qu'il reste « inconnu ».

N° 19

La Bibliothèque de la demeure montagnarde de Messire Li (29 novembre 1076)

Ce magnifique éloge du livre est aussi une critique de l'imprimerie (ou plutôt de la xylographie) apparue sous les Cinq Dynasties (907-960) et des modifications qu'elle entraîna. Dans la Chine traditionnelle, la mémorisation était le mode d'apprentissage par excellence à cause de la rareté des ouvrages, mais pas seulement : disposer dans son esprit d'un texte permettait au lettré de prendre conscience du sens en situation, *de voir s'élucider naturellement les passages difficiles à la faveur d'une occasion particulière où soudain la signification surgissait.*

第十九

李氏山房藏書記

象犀珠玉怪珍之物，有悅於人之耳目，而不適於用．金石草木絲麻五穀六材，有適於用，而用之則弊，取之則竭．悅於人之耳目而適於用，用之而不弊，取之而不竭，賢不肖之所得，各因其才，仁智之所見，各隨其分，才分不同，而求無不獲者，惟書乎！

自孔子聖人，其學必始於觀書．當是時，惟周之柱下史老[33]聃為多書．韓宣子適魯，然後

33. [老]原缺，據朗本卷五十三補．

N° 19

La Bibliothèque
de la demeure montagnarde de Messire Li

L'ivoire, les cornes de rhinocéros, les perles et le jade, biens précieux et étranges, plaisent à l'œil et à l'oreille, mais n'ont aucune utilité. Le métal, les pierres, les plantes et les arbres, la soie et le chanvre, les cinq céréales et les six ressources[1] en ont une, mais s'abîment à l'usage, et s'épuisent quand on les exploite. Il n'existe qu'une chose qui soit plaisante et utile, jamais abîmée quand on s'en sert, jamais épuisée quand on l'exploite, où les gens de valeur ou les indignes[2] trouvent toujours quelque chose, chacun en fonction de son talent, où les vertueux, humains ou perspicaces[3], perçoivent toujours quelque chose à proportion de leurs dons, où malgré ces différences, une quête ne reste jamais vaine : le livre.

Même pour un sage comme Maître Kong, l'étude se devait de commencer par la lecture. À cette époque, seul l'annaliste de la dynastie des Zhou, Lao Dan, possédait beaucoup de livres[4].

1. Les cinq céréales sont : le riz, l'orge, le millet glutineux, le millet et les légumineuses ; les six ressources : les quatre premiers de la seconde série avec la terre et le cuir.

2. Les hommes de talent, souvent traduits par « sages », utilisent toutes les ressources de leur intelligence des situations pour ajuster leur conduite aux situations ; les « indignes », ce sont littéralement « ceux qui ne ressemblent pas [à leur père] ».

3. Il s'agit là de deux vertus confucéennes qui, couplées, caractérisent, dans les *Entretiens* de Confucius, le sage : la première met l'accent sur le sens de la solidarité entre les hommes et crée une fermeté et une tranquillité d'âme ; la seconde est l'intelligence des situations en cours, la perception fine et anticipée de la façon dont elles évolueront ; elle se traduit dans la conscience par une joie intime.

4. Lao Dan est identifié depuis les *Mémoires historiques* de Sima Qian à Laozi. Confucius se serait rendu auprès de lui pour l'interroger sur

見《易象》與《魯春秋》. 季札聘於上國, 然後得聞《詩》之風、雅、頌. 而楚獨有左史倚相,　　能讀《三墳》、《五典》、《八索》、

Le vicomte Xuan de la maison des Han ne vit *Les Signes des Mutations* et *Les Printemps et Automnes* de la principauté de Lu qu'après s'y être rendu[5]. Ji Zha, en ambassade dans la Plaine centrale, put alors entendre les « Airs », les « Odes » et les « Hymnes » des *Poèmes*[6]. Et dans la principauté de Chu, seul le mémorialiste Yixiang était capable de lire les *Trois tombeaux*, les *Cinq traités*, les *Huit appels* et les *Neuf monts*[7]. Rares furent

---

les rites, se serait fait sévèrement tancer et l'aurait comparé à un dragon qu'on ne peut attraper ni sonder. Cf. *Shiji* 史記, vol. 7, *juan* 63, p. 2140. Il n'est pas sûr que Su Shi accepte ici cette assimilation.

5. Le vicomte Xuan est un haut dignitaire du pays de Jin appartenant à l'une des trois grandes familles. Le *Commentaire de Messire Zuo* rapporte qu'il se rendit en ambassade à Lu, y découvrit les deux textes mentionnés et se serait exclamé : « Les rites de la dynastie des Zhou sont entièrement préservés à Lu ! » [*Zuozhuan* 左傳, Duc Zhao 昭公, 12e année].

Les *Signes des Mutations* sont sans doute deux commentaires attribués à Confucius par la tradition, explicitant, pour le premier, les hexagrammes à partir des symboles attachés à chacun des deux trigrammes constitutifs, et pour le second, les lignes individuelles.

Les *Printemps et Automnes* seraient le seul écrit de la main de Confucius. Chronique sèche et enregistrement de faits apparemment disparates, ce texte a été interprété, depuis la dynastie des Han, en termes de louange et de blâme [*baobian* 褒貶], les moindres notations étant censées traduire un écart par rapport à la norme rituelle.

6. Ji Zha est le plus jeune fils de Ji Shoumeng 姬壽夢, roi du pays de Wu 吳dans le bassin du Fleuve Bleu, à peine sinisé sous les *Printemps et Automnes*. En ambassade à Lu, il demande à rencontrer les musiciens de la dynastie des Zhou ; ceux de la principauté de Lu jouent alors des chants des trois parties constitutives des quelques trois cents poèmes compilés par Confucius. Cf. Commentaire de Zuo, Duc de Xiang 襄公, 29e année.

7. L'annaliste de gauche *zuoshi* 左史 était chargé de noter les dires du prince ; celui de droite d'en enregistrer les faits.

Selon le *Wenxian tongkao* 文獻通攷 (*juan* 174), « Jingji 經籍» 1, citant la préface de Messire Kong à son commentaire du *Livre des documents* [孔氏尚書序], les *Trois tombeaux* présentent l'œuvre des trois fondateurs de la civilisation chinoise, Fuxi 伏羲, le divin laboureur 神農 et le Souverain jaune 皇帝 ; les *Cinq traités* évoqueraient les cinq souverains suivants : Shaohao 少昊, Zhuanxu 顓頊, Gaoxin 高辛, Yao 堯et Shun 舜. Les *Huit appels* dégageraient les principes liés aux huit trigrammes dont les lignes *yin* et *yang* s'appellent et se recherchent pour former des paires opposées et complémentaires. Les *Neuf monts* seraient un ouvrage de proto-géographie

《九丘》. 士之生於是時, 得見《六經》者蓋無幾, 其學可謂難矣. 而皆習於禮樂, 深於道德, 非後世君子所及.

自秦、漢以來, 作者益衆, 紙與字畫日趨於簡便, 而書益多, 世[34]莫不有, 然學者益以苟簡, 何哉? 余猶及見老儒先生, 自言其少時, 欲求《史記》、《漢書》而不可得, 幸而得之, 皆手自書, 日夜誦讀, 惟恐不及. 近歲市人轉相摹刻諸子百家之書, 日傳萬紙, 學者之

34. Je suis la leçon du *Song wenjian* 宋文鑑 (*juan* 82) qui remplace *shi* 士 par *shi* 世.

sans doute les gentilshommes[8] qui purent à l'époque voir les *Six classiques*[9]. Étudier leur était bien difficile ; pourtant tous pratiquèrent les rites et la musique et eurent une profonde intelligence de la Voie et de la vertu, inégalée par les hommes de bien des générations ultérieures.

Depuis les dynasties des Qin et des Han, les auteurs se sont multipliés, la fabrication du papier, comme les traits de l'écriture[10] devinrent chaque jour plus commodes et simples, de sorte que les livres ont proliféré et qu'aucune génération n'en a manqué. Or, l'étude devint de plus en plus vaine et relâchée. M'en dira-t-on la raison ?

J'ai encore pu voir un vieux maître confucéen qui, enfant, m'avait-il dit, avait cherché sans les trouver les *Mémoires historiques* et l'*Histoire dynastique des Han*[11] ; par bonheur, il put plus tard se les procurer, les copia de sa main et les lisait jour et nuit avec pour seule crainte de manquer de temps…

Depuis quelques années, les gens des villes impriment les livres des penseurs et des cent écoles de l'Antiquité[12], les

---

qui exposerait les ressources des neuf provinces délimitées par Yu le Grand 大禹 et qui forment le monde chinois.

8. Le terme *shi* 士 désigne à l'époque de Confucius le dernier degré de l'aristocratie qui, menacé d'être confondu avec la populace, tente de regagner du prestige et une position sociale en se forgeant une expertise en matière politique (rites, lois, stratégies, *etc.*). Il prend ensuite le sens de lettré dans ce texte.

9. Les *Mutations* 易, les *Poèmes* 詩, les *Documents* 書, les *Rites* 禮 et la *Musique* 樂 (perdus et reconstitués au début des Han dans un Mémoire *sur les rites* 禮記), les *Printemps et Automnes* de la principauté de Lu 春秋, selon la tradition, compilés par Confucius, sauf le dernier qui serait de sa main.

10. Dans l'Antiquité, les textes étaient écrits sur des lattes de bambou ou sur soie ; l'invention du papier est attribuée à Cai Lun 蔡倫 sous l'empereur He 和帝 (r. 88-105) des Han Orientaux. La simplification de l'écriture commence avec l'uniformisation des graphies sous les Qin et les Han Occidentaux.

11. Rédigée par Ban Gu 班固 et couvrant la période qui va de Gaozu 高祖 (r ? 206-195 av. J.-C.) à l'usurpation de Wang Mang 王莽 (9-23).

12. Il s'agit de l'impression par xylogravure qui se développe sous les Cinq dynasties (907-960) avec l'impression du Canon bouddhique. Su

於書，多且易致如此，其文詞學術，當倍蓰於昔人，而後生科舉之士，皆束書不觀，遊談無根，此又何也？

余友李公擇，少時讀書於廬山五老峰下白石庵之僧舍．公擇既去，而山中之人思之，指其所居為李氏山房．藏書凡九千餘卷．公擇既已涉其流，探其源，採剝其華實，而咀嚼其膏味，以為己有，發於文詞，見於行事，以聞

transmettent jour après jour en des pages innombrables. Ceux qui étudient ont tant de livres et se les procurent si facilement que leur style et leur savoir devraient surpasser de dix fois ceux des anciens. Or, les lettrés des générations présentes qui se présentent aux examens s'en passent, ne lisent pas et préfèrent bavarder dans le vide sans s'appuyer sur rien[13]. Là encore qui m'en dira la raison ?

Mon ami, Li Gongze[14], dans sa jeunesse, fit ses études dans les cellules de moine de l'Ermitage de la pierre blanche sur le Pic des cinq vieillards des Monts Lu[15]. Après son départ, les gens de la montagne appelèrent l'endroit où il avait habité « Demeure montagnarde de Messire Li ». La collection contient au total neuf mille rouleaux dont Gongze avait en personne classé les différentes branches, tracé les sources, prélevé la quintessence et goûté les saveurs[16]. S'en étant pénétré, il en

Shi fait ici allusion aux officines privées qui se multiplient dans la seconde moitié du XIe siècle.

Les penseurs et les cent écoles désignent les « philosophes » de l'Antiquité qui proposent aux seigneurs des principautés des recettes de bon gouvernement.

13. La critique est fréquente sous les Song du Nord. L'essor de l'imprimerie et la préparation aux examens auraient eu un double effet : abandon de la mémorisation et développement d'une lecture « utile » au détriment de la découverte et de l'extension du savoir.

14. Li Chang 李常 (1027-1090), de prénom social Gongze, est originaire de Jianchang 建昌 (district de Nancheng 南城, Jiangxi) ; il devient docteur en 1049. Critiquant en 1070 les prêts accordés aux paysans, mesure phare des Nouvelles Lois de Wang Anshi, il est démis de son poste de censeur avec Sun Jue 孫覺, Lü Gongzhu 呂公著, Zhao Bian 趙抃 ou Cheng Hao 程顥 et envoyé comme intendant fiscal de Huazhou 滑州. En 1076, il occupe les fonctions de gouverneur de Qizhou 齊州 (actuelle Jinan 濟南 au Shandong). Oncle maternel de Huang Tingjian 黃庭堅, il fait se rencontrer les deux poètes.

15. Les Monts Lu sont situés dans l'actuelle province du Jiangxi 江西 ; le pic tire son nom de son apparence : vu de loin, le sommet ressemble à cinq vénérables accolés les uns aux autres.

16. La savouration est le mode d'accès privilégié au sens. Une œuvre est d'autant plus réussie qu'en en « ruminant » la teneur, se découvre, non

名於當世矣. 而書固自如也, 未嘗少損. 將以遺來者, 供其無窮之求, 而各足其才分之所當得. 是以不藏於家, 而藏於其故所居[35]之僧舍, 此仁者之心也.

余既衰且病, 無所用於世, 惟得數年之閑[36], 盡讀其所未見之書, 而廬山固所願遊而不得者, 蓋將老焉. 盡發公擇之藏, 拾其餘棄以自補, 庶有益乎? 而公擇求余文以為記, 乃為一言, 使來者知昔之君子見書之難, 而今之學者有書而不讀為可惜也.

35. [故所居]原作[所故居], 今從宋文鑑.
36. [閑]原作[間], 依據宋文鑑改.

déploya la teneur dans son style, les traduisit dans ses actes et devint célèbre dans son siècle.

Les livres sont toujours là comme autrefois, sans qu'aucun n'ait été détérioré ou perdu. Il les a laissés à la disposition de ceux qui viendraient là pour qu'ils puissent satisfaire leur quête inépuisable [de savoir] et que chacun selon son talent ou ses dons, reçoive en partage ce qui est échu. C'est pour cette raison qu'il les a conservés, non dans sa famille, mais dans ces cellules où il a autrefois résidé, témoignage certain d'un cœur épris d'humanité.

Je suis décrépit et malade, inutile à ce monde. Si j'obtiens encore quelques années de loisir, je lirai tous les livres que je n'ai pas vus, et m'en irai dans ces Monts Lu où je souhaite randonner depuis toujours ; j'y ouvrirai la collection de Gongze, rassemblerai les notes qu'il a laissées pour pallier mes manques, ce qui, peut-être, sera de quelque utilité…

Gongze m'a demandé d'écrire une commémoration. D'un mot donc, puissent ceux qui viendront prendre conscience de la difficulté qu'avaient les hommes d'autrefois pour acquérir des livres et puissent-ils regretter que ceux qui de nos jours étudient ne lisent pas, eux qui en possèdent [à suffisance].

---

une polysémie de l'écriture, mais une polyvalence de la formulation et des champs d'application possible.

N° 20

La Signature dans la salle d'audience du vice-intendant de Mizhou (fin 1076)

Su Shi répond ici à la sollicitation d'un inférieur mais surtout d'un ami, capable de l'apprécier tel qu'il est. La mise en scène de leur rencontre laisse entendre qu'elle était prédestinée.

Le thème de l'impermanence prend ici un tour d'autant plus grave qu'en presque dix ans de service public, il a conscience de n'avoir réalisé aucune œuvre. La commémoration qu'il écrit n'est pas vouée pourtant à la destruction ; le regret de ne pas avoir laissé d'œuvre est livré à la méditation des promeneurs de hasard comme une leçon sur deux hommes dont le talent ne sut s'accorder à l'époque.

第二十

密州通判廳題名記

始，尚書郎趙君成伯為眉之丹稜令，邑人至今稱之．余其鄰邑人也，故知之為詳．君既罷丹稜，而余適還眉，於是始識君．其後余出官於杭，而君亦通守臨淮，同日上謁辭，相見於殿門外，握手相與語．已而見君於臨淮，劇飲大醉於先春亭上而別．及移守膠西，未一年，而君來倅是邦．

余性不慎語言，與人無親疏，輒輸寫腑臟，

N° 20

La Signature dans la salle d'audience du vice-intendant de Mizhou

Autrefois, le secrétaire de la Chancellerie impériale, Zhao Chengbo[1], fut préfet de Danleng dans la province de Mei et ses habitants en font encore aujourd'hui l'éloge. Je suis originaire du bourg voisin et sais donc précisément quel homme c'est. Comme il quittait son poste à Danleng et que je rentrai dans mon pays natal[2], je fis sa connaissance. Plus tard, je partis comme fonctionnaire à Hangzhou tandis que Messire administrait comme adjoint la commanderie [voisine] de Linhuai[3] ; et le même jour, nous prîmes rendez-vous [avant de nous mettre en route], nous vîmes à l'extérieur des portes de la cour, nous prîmes les mains et bavardâmes. Je le revis ensuite à Linhuai où nous bûmes tout notre saoul, ivres tous deux, dans le Pavillon du printemps précoce, avant de prendre congé. Un an à peine après ma mutation à Jiaoxi, Messire vint administrer[4] en second cette région.

Par nature, je ne suis pas prudent en paroles, ne fais aucune distinction entre les proches et les connaissances, et dès que je

1. Il ne subsiste guère d'autres renseignements sur Zhao Yu 趙庾, de prénom social Chengbo, que ceux fournis par Su Shi dans cette commémoration. C'est avec Zhao Mingshu 趙明叔 son seul véritable ami à Mizhou. Les poèmes qu'il lui a adressés attestent d'un attachement commun pour le Sichuan et d'une grande liberté de manières et de ton. Les thèmes en sont l'ivresse, les jeux et les joutes poétiques. Voir SSSJ, vol. 3, *juan* 14, p. 663-665 ; 685-686 ; 690-691 ; 692 et 695-697.

2. Su quitte en 1066 la capitale pour ramener le corps de son père à Meishan et prendre le deuil.

3. Su Shi est vice-intendant de Hangzhou à partir de 1072. Linhuai est une préfecture de l'Anhui 安徽, située au sud de la préfecture de Sizhou 泗州.

4. Zhao Yu arrive à Mizhou en octobre 1075.

有所不盡，如茹物不下，必吐出乃已．而人或記疏以為怨咎，以此尤不可與深中而多數者處．君既故人，而簡易疏達，表裏洞然，余固甚樂之．而君又勤於吏職，視官事如家事，余得少休焉．

君曰："吾廳事未有壁記．" 乃集前人之姓名以屬於余．余未暇作也．及為彭城，君每書來，輒以為言，且曰："吾將託子以不朽．" 昔羊叔子登峴山，謂從事鄒湛曰："自有宇宙而有此山，登此遠望，如我與卿者多矣，皆堙滅無聞，使人悲傷．" 湛曰："公之名，

parle, j'expulse aussitôt les mots que j'ai sur le cœur, comme, quand on ne parvient pas à avaler, on recrache[5]. Or, les gens, dans leurs rapports, pensent que je me plains ou fais des reproches, si bien que je peux encore moins nouer des relations profondes et nombreuses. Messire, lui, est un ami, et comme il est simple et ouvert, respectueux dans ses pensées comme dans ses actes, je n'y prends que plus de plaisir. À quoi il faut ajouter qu'il est diligent dans ses charges de fonctionnaire, qu'il regarde les affaires administratives comme des questions familiales et m'a soulagé dans mes fonctions.

« Ma salle d'audience ne possède pas encore de signature murale », me dit-il, tout en me confiant les noms des fonctionnaires précédents qu'il avait rassemblés. Comme je m'apprêtais à partir pour Pengcheng[6], chaque fois qu'il m'écrivait, il évoquait immédiatement cette affaire et ajouta : « Mon immortalité ne dépend que de vous. »

Autrefois, Yang Shuzi gravit le Mont Xian[7] et dit à son subalterne Zou Zhan[8] : « Depuis que l'univers existe et que s'est formée cette montagne, nombreux furent ceux qui s'élevèrent ici pour contempler ce panorama, mais tous ont disparu sans laisser de trace. Quelle tristesse !

---

5. Une formulation semblable est donnée dans *La Salle de la pensée* (9 février 1078).

6. Su Shi est gouverneur de Pengcheng ou Xuzhou 徐州 (dans l'actuel Jiangsu 江蘇) de 1077 à 1079.

7. Au Hubei 湖北 actuel, au sud du district de Xiangyang 襄陽.

8. Yang Hu羊祜(221-278), de prénom social Shuzi, est issu du célèbre clan des Yang des monts Tai 泰山, dont le grand-père maternel était le calligraphe Cai Yong 蔡邕 (132-192) et dont une des filles devint impératrice. Stratège et homme politique, c'est aussi un brillant littérateur de la dynastie des Jin Occidentaux (265-316), auteur d'un commentaire du *Laozi*. Huit textes seulement ont été conservés de son œuvre abondante.

Les propos de Yang Hu et la réponse de Zou Yan sont mentionnés dans la biographie du premier dans *L'Histoire des Jin* [Jinshu 晉書], *juan* 4, p. 1013-1025.

Zou Zhan doit à Yang Hu de figurer aujourd'hui dans *L'Histoire des Jin* qui lui consacre une biographie, *juan* 92, p. 2380.

當與此山俱傳，若湛輩，乃當如公言耳.” 夫使天下至今有鄒湛者，羊叔子之賢也. 今余頑鄙自放，而且老矣，然無以自表見於後世，自計且不足，而況能及於子乎！雖然，不可以不一言，使數百年之後，得此文於頹垣廢井之間者，茫[37]然長思而一歎也.

37. 朗本卷五十[茫]作[暢].

– Votre renom, Messire, sera lié indéfectiblement à cette montagne. Quant à nous, il en sera comme vous venez de dire », répondit-il.

Or, si l'on se souvient de nos jours d'un nommé Zou Zhan, c'est à Yang Shuzi, homme avisé et sage qu'on le doit.

Je suis stupide, sans manières ni contraintes ; me voilà vieux aussi, incapable de me faire connaître des générations futures, et me juge bien en deçà [d'un Yang Shuzi], et je prétendrais vous égaler ! Quoi qu'il en soit, disons, puisqu'il le faut, la chose d'un mot, afin que des centaines d'années plus tard, les promeneurs qui trouveront ce texte entre les murs écroulés et les puits taris, perplexes et confus, le méditent longtemps et profondément soupirent…

N° 21

La Salle des dessins précieux
(13 août 1077)

Ce texte très célèbre répond à un problème qui se pose aux lettrés depuis la seconde moitié de la dynastie des Tang : comment justifier le goût pour les œuvres artistiques face à la mission politique qui devrait être le seul souci des hommes de bien et quel rapport entretenir avec elles ? Les exemples abondent, à l'époque de Su Shi, d'hommes perdus par leur dévorante passion. La réponse est subtile : le mal n'est pas dans les choses, puisque toutes, même les plus insignifiantes, ont leur dignité et ont su délasser les sages et les hommes illustres ; il est dans la passion. L'intention n'est pas rejetée pour autant qu'on établit avec elle le juste rapport et qu'on la tient pour temporaire ou transitoire.

第二十一

寶[38]繪堂記

君子可以寓意於物，而不可以留意於物．寓意於物， 雖微物足以為樂， 雖尤物不足以為病． 留意於物， 雖微物足以為病， 雖尤物不足以為樂． 老子 曰：“五色令人目盲，五音令人耳聾，五味令人口爽，馳騁田獵令人心發狂．” 然聖人未嘗廢此四者，亦聊以寓意焉耳．劉備之雄才也，而好結髦[39]．嵇康之達也，

38. 朗本卷五十三[寶]上有[王君]二字.
39. 朗本[髦]作旄.

N° 21

La Salle des dessins précieux

L'homme de bien peut loger temporairement son attention[1] dans les choses ; il ne peut l'y laisser s'attarder durablement. Dans le premier cas, les choses, même les plus insignifiantes, suffiront à lui donner de la joie et [le goût des] objets, aussi remarquables soient-ils, ne tournera pas à la manie[2]. Dans le second, le moindre objet rendra malade et une chose remarquable laissera sans joie. Laozi[3] a dit :

Les cinq couleurs aveuglent le regard ;
Les cinq sons assourdissent l'ouïe ;
Les cinq saveurs gâtent le goût ;
Le galop des chasses affole le cœur.

Pourtant les sages n'ont jamais rejeté ces quatre [plaisirs], car ils y logeaient, eux aussi, temporairement leur attention. Liu Bei[4], tout grand homme de talent qu'il était, se passionnait

1. Le terme *yi* 意 désigne l'intention, l'idée. Il est presque l'équivalent dans la langue taoïste de la notion de *zhi* 志 confucéenne qui évoque l'ambition et l'idéal personnel le plus souvent au service de la communauté.

2. Je choisis de traduire par manie en lui donnant son sens médical. Les conséquences maladives du goût pour les collections de pierres de peintures ou d'objets divers sont, depuis la seconde moitié de la dynastie des Tang, un thème récurrent de la littérature. Voir sur ce point l'ouvrage de Yang Xiaoshan, *Metamorphosis of the Private Sphere – Gardens and objects in Tang-Song Poetry*.

3. *Laozi*, § 12.

4. Liu Bei 劉備 (162-223), descendant de l'empereur Jingdi 景帝 (157-141 av. J.-C.) des Han Occidentaux, fonda en 221 la dynastie des Shu-Han 蜀漢 au Sichuan. Suivant les conseils de Zhuge Liang 諸葛亮 (181-234), il s'allia avec Sun Quan 孫權 du royaume de Wu 吳 et mit un terme à l'avancée de Cao Cao 曹操 (115-220) vers le sud et à sa tentative d'unification à la bataille de la Falaise rouge [Chibi赤壁] en 208). Sa passion pour

而好鍛鍊. 阮孚之放也, 而好蠟屐. 此豈有聲色臭味也哉, 而樂之終身不厭.

凡物之可喜, 足以悅人而不足以移人者, 莫若書與畫. 然至其留意而不釋, 則其禍有不可勝言者. 鍾繇至以此嘔血發塚, 宋孝武、王僧虔至以此相忌, 桓玄之走舸, 王涯之複壁, 以

40. [於]原缺, 據朗本補.

pour le tissage des poils d'animaux. Xi Kang[5], tout accompli qu'il était, aimait forger le métal. Ruan Fu[6], aussi libre de manières qu'il était, adorait enduire de cire ses sabots de bois. Comment [de telles distractions] auraient-elles un attrait aussi puissant que les couleurs, les sons, les parfums et les saveurs ! Ils y prirent pourtant plaisir toute leur vie sans se lasser.

Parmi toutes les choses agréables qui suffisent à réjouir sans pour autant perturber le cœur des hommes, rien ne vaut la calligraphie et la peinture. Cependant, si l'attention s'y attarde durablement et qu'elle ne se relâche pas, elles provoquent des malheurs innombrables. Zhong You[7] en vint ainsi à cracher du sang et à fossoyer des tombes ; le roi Xiaowu des Song à envier Wang Sengqian[8] ; Huan Xuan[9] à les emporter sur une

---

le tissage est évoquée dans une note à la biographie de Zhuge Liang dans l'*Histoire des Trois Royaumes* [Sanguo zhi 三國志], vol. 4, *juan* 35, p. 913. Devant les reproches de Zhuge, Liu Bei répondit : « Que me dites-vous là ! Je m'y complais pour oublier mes soucis ! »

5. Xi Kang 嵇康 (223-262), de prénom social Shuye 叔夜, est l'un des sept sages de la forêt de bambous, poète et musicien iconoclaste. Sa biographie dans l'*Histoire dynastique des Jin* [Jinshu 晉書] rapporte que pendant les mois d'été, il forgeait du métal sous un grand saule (*Juan* 49, p. 1364).

6. Ruan Fu 阮孚 était le petit-neveu de Ruan Ji 阮籍 (210-263) et fils de Ruan Xian 阮咸, deux des sept sages de la forêt de bambous. Son goût pour les chaussures est rapporté dans la courte biographie qui fait suite à celle de Ruan Ji : *Jinshu*, *juan* 49, p. 1365.

7. Zhong You 鍾繇 (153-230), qui après avoir vu une calligraphie de Cai Yong (132-192) serait parvenu à ces dernières extrémités. Le personnage et l'anecdote sont déjà mentionnés dans *La Salle des encres précieuses* datée de 1072.

8. L'empereur Xiaowu 宋孝武 (r. 453-465) des Song du Sud voulait se faire un nom comme calligraphe et jalousa Wang Senqian 王僧虔 (426-485), descendant à la quatrième génération du grand calligraphe Wang Xizhi 王羲之 (303-361) et calligraphe lui-même. N'osant pas manifester son talent, il créa un style maladroit qui le rendit célèbre. Voir *Nanshi* 南史, *juan* 22, biographie de Wang Tanshou 王曇首, p. 601.

9. Huan Xuan 桓玄 (369-404) tenta d'installer sa propre dynastie dans le sud de la Chine [du nom de Chu 楚] mais échoua à cause du retour des Jin 晉 au pouvoir. Homme à l'origine sans ressources, il aimait les

兒戲害其國，凶其身．此留意之禍也．

始吾少時，嘗好此二者，家之所有，惟恐其失之，人之所有，惟恐其不吾予也．既而自笑曰：吾薄富貴而厚於書，輕死生而重於[40]畫，豈不顛倒錯繆其本心也哉？自是不復好．見可喜者雖時復蓄之，然為人取去，亦不復惜也．譬之煙雲之過眼，百鳥之感耳，豈不欣然接之，然[41]去而不復念也．於是乎二物者常為吾樂而不能為吾病．

41. [然]原缺，依據朗本補．

embarcation [construite à cet effet] ; Wang Ya[10] à creuser une double paroi dans un mur. Et tous, pour un jeu d'enfants, ont ruiné leur pays et causé leur perte.

Dans ma jeunesse, j'avais cette passion pour les peintures et les calligraphies. Je n'avais qu'une peur : les perdre, et qu'une crainte : ne pas pouvoir me procurer celles des autres. Ensuite, je me dis en riant de moi : « J'attache plus de prix à ces calligraphies qu'aux honneurs et aux richesses, et plus d'importance à ces peintures qu'à la vie et à la mort. N'est-ce pas là mettre les choses à l'envers et berner mon esprit originel[11] ? » Dès lors, je quittai cette passion. Quand j'en vois de plaisantes, il m'arrive encore de les collectionner, mais je n'ai plus de regret si quelqu'un les emporte. Les nuages et la brume qui filent sous nos yeux, le chant des oiseaux qui plaît à l'oreille, comment ne pas les accueillir avec allégresse ? On n'y pense plus pourtant dès qu'ils ont disparu… Ainsi peintures et calligraphies font souvent mon plaisir sans plus pouvoir me rendre malade.

---

vêtements, les objets, les peintures et se fit construire une embarcation légère pour ne cesser de les contempler lors de ses déplacements. À ceux qui le critiquaient, il répondit que ces objets lui permettaient d'oublier les soucis de la guerre. Voir *Jinshu*, *juan* 99, p. 2592.

10. Wang Ya王涯, de prénom social Guangjin 廣津 (*ca* 764-835), fut ministre sous l'empereur Jingzong 敬宗 (824-826) des Tang et lutta contre le pouvoir des eunuques et en particulier contre Chou Shiliang 仇士良 qui finira par l'assassiner pendant les troubles de Ganlu 甘露 sous le souverain Wenzong 文宗 (r. 826-840). La construction de la cache dans le mur est mentionnée dans l'*Ancienne Histoire des Tang* [Jiu Tang shu 舊唐書], *juan* 159, p. 4405.

11. La notion d'« esprit originel » désigne le plus souvent la nature foncière d'un homme, moralement orientée vers le bien. Elle est particulièrement présente dans la première partie du « Livre de Gaozi » dans le *Mencius* [Mengzi孟子, « Gaozi shang » 告子上]. Elle fut ensuite reprise dans le bouddhisme pour désigner le cœur originel, conscience vide et première, non réductible aux pensées et aux intentions qui la parcourent.

駙馬都尉王君晉卿雖在戚里，而其被服禮義，學問詩書，常與寒士角．平居攘去膏粱，屏遠聲色，而從事於書畫，作寶繪堂於私第之東，以蓄其所有，而求文以為記．恐其不幸而類吾少時之所好，故以是告之，庶幾全其樂而遠其病也．

熙寧十年七月二十二日[42]記．

42. 朗本作[二十日].

Messire Wang Jingqing[12], Commandant des chevaux d'escorte, bien qu'il soit parent par alliance de la famille impériale, observe fidèlement les rites et l'équité ; d'une grande culture, il compose des poèmes, écrit et fréquente souvent des lettrés pauvres ; d'ordinaire il rejette les alcools de sorgho, se tient à l'écart des chanteuses et des musiciennes et se consacre à la peinture et à la calligraphie. Il a fait construire une Salle des dessins précieux à l'est de sa résidence privée pour conserver sa collection et m'a demandé d'en écrire la commémoration. Craignant que par malheur, il ne verse dans la passion de ma jeunesse, j'ai composé cette mise en garde qui peut-être, lui permettra de goûter tous les plaisirs et d'éloigner la manie [des peintures et des calligraphies].

Commémoré le 22e jour du 7e mois, an 10 de l'ère de la *Paix harmonieuse*.

12. Wang Shen 王詵, de prénom social Jingqing 晉卿 (1036-1103 ou 1048-1104), est un riche aristocrate marié à la seconde fille de l'empereur Yingzong 英宗 (1032-1067), d'où son titre honorifique de commandant des chevaux de l'escorte impériale. Su Shi le connaît depuis 1069. Wang Shen, poète et peintre important, est le maître d'œuvre de la publication d'une collection de poèmes de Su Shi, « Le Recueil de Qiantang » [*Qiantang ji* 錢塘集] qui contient des poèmes satiriques et constitue l'une des pièces maîtresses de l'accusation portée fin 1079 contre Su Shi dans son procès. Wang Shen sera lui aussi impliqué.

La mise en garde de Su Shi ne semble guère avoir produit tous ses effets si l'on en juge par la volonté farouche de Wang Shen d'acquérir une pierre de Su Shi en 1093. Sur ce point et l'échange poétique qui s'ensuivit, voir Yang Xiaoshan, *op. cit.*, p. 181-195.

N° 22

La Salle de la pensée
(9 février 1078)

Remarquable par le ton critique qu'elle adopte, cette commémoration tourne en dérision les prétentions du commanditaire et l'absurdité de la demande ; elle témoigne aussi de la qualité de Zhang Zhifu, ami capable d'entendre cette réponse. Elle exprime ensuite une idée que Su Shi ne cessera de défendre : l'inutilité de la méditation et de la réflexion auxquelles il substitue la spontanéité de l'émotion. L'homme de bien sait naturellement, quand une situation se présente, vers quoi se tourner et que rejeter ; seule l'intention et les arrière-pensées perturbent le sentiment naturel et épuisent la réactivité naturelle de l'esprit. Un dernier thème apparaît en filigrane : le refus d'une identité première, d'un moi plus authentique qui se rassemblerait dans un lieu, fût-il dédié à la méditation. Pour Su Shi, à la fixation dans un lieu fait pendant le fixisme de l'esprit.

第二十二

思堂記

建安章質夫, 築室於公堂之西, 名之曰思. 曰: “吾將朝夕於是, 凡吾之所為, 必思而後行, 子為我記之.”

嗟夫, 余天下之無思慮者也. 遇事則發, 不暇思也. 未發而思之, 則未至. 已發而思之, 則無及. 以此終身, 不知所思. 言發於心而衝

N° 22

La Salle de la pensée

Zhang Zhifu de Jian'an[1] a fait construire à l'ouest du bâtiment public une pièce qu'il a nommée « la Salle de la pensée ».

« J'y viendrai, m'a-t-il dit, matin et soir, et tous mes actes y auront été préalablement réfléchis et pesés. Écrivez pour moi le texte d'une stèle qui en gardera mémoire. »

Las ! Je suis dans le monde un de ces hommes qui ne pensent et ne s'inquiètent pas. Quand vient telle situation, ma nature s'anime d'elle-même sans me laisser le loisir de penser. Que je réfléchisse quand tout est encore possible, ouvert et calme, c'est trop tôt, et que je pense après qu'une émotion a déjà pris forme[2], c'est trop tard. Et ainsi toute ma vie, je ne saurai ce

---

1. Zhang Jie章楶 (1027-1102), de prénom social Zhifu, est originaire de Pucheng dans la province de Jianzhou 建州浦城 (au Fujian 福建 actuel). Il obtient le doctorat en 1065 et occupe différents postes provinciaux avant d'être gouverneur de Qingzhou 慶州 avec le titre d'académicien du Pavillon du diagramme du dragon [*Longtuge xueshi* 龍圖閣學士]. Il s'illustre particulièrement dans les affaires militaires lorsque l'empereur Zhezong prend après la régence de sa mère la direction des affaires, et comme gouverneur de Weizhou 渭州 (au Gansu actuel 甘肅) inflige de sévères défaites aux incursions du Royaume tangout des Xixia 西夏 au Nord-Ouest. Au début du règne de Huizong (1100-1125), il est nommé co-administrateur de la cour des affaires militaires [*tongzhi shumiyuanshi* 同知樞密院事], avant l'année suivante de demander à se retirer. Outre ce texte, Su Shi a écrit en réponse à une ballade de Zhang Jie, un poème à chanter célèbre en 1087. Voir *Shuilong yin* 水龍吟, « Si hua hai si feihua » 似花還似非花, in *Dongpo ci biannian jianzheng* 東坡編年箋證, *juan* 2, p. 269-277.

L'Histoire dynastique des Song lui consacre une biographie : *Songshi*, vol. 30, *juan* 328, p. 10589-10590.

2. Sont utilisées ici deux expressions du *Zhongyong* [中庸] qui joueront un rôle essentiel dans le néo-confucianisme de la fin du XIe siècle. Le binôme *weifa* 未發 et *yifa* 已發 désignent deux états de conscience complémentaires et opposés : dans le premier, l'esprit est calme, unitaire ; aucune émotion ne s'est encore déployée ; ce stade renvoie à la capacité de la conscience

於口，吐之則逆人，茹之則逆余．以為寧逆人也，故卒吐之．

君子之於善也，如好好色；其於不善也，如惡惡臭．豈復臨事而後思，計議其美惡，而避就之哉！是故臨義而思利，則義必不果，臨戰而思生，則戰必不力．若夫窮達得喪，死生禍福，則吾有命矣．少時遇隱者曰："孺子近道，少思寡欲．"曰："思與欲，若是均乎？"曰："甚於欲．"庭有二盎以畜水，隱者指之曰："是有蟻漏．""是日取一升而棄之，孰先竭？"曰："必蟻漏者．""思慮之賊人也，微而無間．"隱者之言，有會於余心，余行之．

且夫不思之樂，不可名也．虛而明，一而

que j'ai pensé. Les mots qui me viennent du cœur et se pressent contre mes lèvres, si je les crache, je choque les gens, et si je les ravale, je me fais violence. Tout bien considéré, comme il vaut mieux choquer les autres, je les crache.

Le gentilhomme tend vers le bien comme il aime une belle couleur ; il déteste le mal comme il se détourne d'une odeur nauséabonde. Si, confronté à telle situation, il se met à réfléchir, calcule et pèse le bien ou le mal, pourra-t-il tendre vers l'un et éviter l'autre ? Ainsi, lorsque la situation exige équité et qu'on pense au profit, la réponse ne sera pas pertinente. Si, au seuil d'une guerre, on pense à préserver sa vie, on manquera de force. Quant à la réussite sociale ou non, aux gains et aux pertes, à la vie et à la mort, ils nous sont impartis par le ciel.

Enfant, j'ai fait la rencontre d'un ermite. « Les enfants, me disait-il, sont proches du Tao, ils pensent et désirent peu.

– Pensée et désir seraient donc la même chose ?

– Non, la pensée est pire. »

Dans la cour, il y avait deux jarres à eau. L'ermite me les montra et dit : « La première est percée et de la seconde on tire chaque jour un litre que l'on gaspille. Laquelle sera vidée la première ?

– Sûrement celle qui fuit.

– Les pensées dérobent les gens à eux-mêmes, imperceptiblement et continûment. »

Les paroles de l'ermite ont trouvé un écho en moi, et je continue d'agir selon elles. Les joies de ne plus penser sont indescriptibles :

à virtuellement contenir en elle toutes les représentations. Dans le second, la conscience réagit à une incitation extérieure et produit émotions et pensées, supposées être appropriées et correctes, si la conscience est pure. Rémi Mathieu traduit ainsi : « On nomme équilibre [*zhong* 中] l'état dans lequel le contentement ou la colère, le chagrin ou la joie ne se sont pas encore déployés. On nomme harmonie [*he* 和] l'état dans lequel ils se sont déployés, mais avec une modération équilibrée » (*Zhongyong*, § 1 et « La Pratique équilibrée », in *Philosophes confucianistes*, p. 576).

通，安而不懈，不處而靜，不飲酒而醉，不閉目而睡．將以是記思堂，不亦繆乎．雖然，言各有當也．萬物並育而不相害，道並行而不相悖．

以質夫之賢，其所謂思者，豈世俗之營營於思慮者乎？《易》曰無思也，無為也．我願學焉．《詩》曰思無邪．質夫以之．

元豐元年正月二十四日記．

Vide et clair
Un et libre de tout obstacle
Calme sans relâchement
Immobile sans être arrêté
Ivre sans alcool
Endormi les yeux ouverts

On se demandera s'il est bien pertinent d'écrire ainsi une stèle sur la pensée. N'importe, les mots tiennent toujours à quelque chose, toutes les choses s'éduquent sans se nuire et suivent leurs propres voies sans s'agresser. Compte tenu de la noblesse de Zhang Zhifu, ce qu'il entend par pensée n'a assurément rien à voir avec le manège des idées et des soucis, avec le tourbillon des gens ordinaires. Il est dit du *Changement* qu'il ne pense pas, qu'il n'agit pas[3]. Voilà ce que je souhaite apprendre. Zhifu, lui, a trouvé ce vers dans les *Poèmes* : « Pas une seule pensée déviante[4]. »

Commémoré le 24e jour du 1er mois, an 1 de l'ère de l'*Abondance originelle*.

---

3. Su Shi fait ici allusion au paragraphe 10 de la première partie du « Grand commentaire sur les formules attachées » au *Classique du changement* : « Le *Changement* ne pense pas, n'agit pas, silencieux et immobile ; mais dès qu'il est incité [c'est-à-dire mis en mouvement par le tirage des hexagrammes et la pratique divinatoire], il pénètre toutes les causes sous le ciel. » Cette phrase a été interprétée dans la tradition exégétique comme pouvant s'appliquer aussi bien au livre qu'à la nature et à l'esprit du sage. Voir *Zhouyi* 周易, « Xici dazhuan »繫辭大傳, A, 10.

4. Ce vers est extrait d'un poème des « Hymnes », [*Shijing* 詩經, « Song », *Jiong* 駉, nº 297] : *Si wuxie* 思無邪, dans lequel le premier caractère est sans doute à l'origine une particule euphonique. La tradition lui a cependant donné un sens plein : « penser » ou « méditer ». Dans les *Entretiens* (II, 2), Confucius dit : « Les *Poèmes* comptent trois cents pièces, mais pour les résumer d'un mot, je dirais : "penser sans dévier" » ; d'autre part, un autre passage (XV, 30) rejette la méditation et la réflexion jugées inutiles au profit de l'étude. La critique de la pensée est un des thèmes majeurs de la réflexion de Su Shi. Elle est reprise dans la pièce intitulée *La Bibliothèque bouddhique du Monastère de la prospérité glorieuse dans la province de Qian* (1er juillet 1095).

N° 23

La Proclamation et l'éloge impériaux
(mars 1078)

Première « œuvre » d'importance de Su Shi, la préservation de la ville de Xuzhou rend compte des qualités qui font le bon administrateur : anticipation des situations, énergie déployée, connaissance des conditionnements, exploitation maximale des possibilités et prévoyance. Avec l'argent octroyé par la cour, Su Shi fit construire sur les remparts de la ville une Tour Jaune qui fut célébrée, dès les Song, dans de nombreux poèmes et rhapsodies.

En rédigeant cette commémoration très factuelle, semblable à un rapport, il prend aussi à son compte l'inquiétude de son souverain sur les malheurs chroniques causés par le Fleuve Jaune et met en garde contre l'impéritie des fonctionnaires.

第二十三

獎諭敕記

敕蘇軾[43]. 省京東東路安撫使司轉運司奏, 昨黃河水至徐州城下, 汝親率官吏, 驅督兵夫, 救護城壁, 一城生齒并倉庫廬舍, 得免漂沒之害, 遂得完固事. 河之為中國患久矣, 乃者堤潰東注, 衍及徐方, 而民人保居, 城郭增固, 徒得汝以安也. 使者屢以言, 朕甚嘉之.

熙寧十年七月十七日, 河決澶州曹村埽. 八月二十一日, 水及徐州城下. 至九月二十一

43. [軾]原作[某], 據朗本卷五十一改. 下同.

N° 23

La Proclamation et l'éloge impériaux

Proclamation adressée à Su Shi.

D'après les rapports du Bureau des transports et du commissariat chargé d'enquêter sur les souffrances du peuple du circuit est de Jingdong, comme la crue du Fleuve Jaune avait atteint le pied des remparts de Xuzhou, vous avez personnellement dirigé les fonctionnaires et les employés de l'administration, conduit et supervisé les soldats pour protéger les murs de la ville, évitant ainsi que la population intra-muros, les greniers à grains et les baraquements fussent emportés par les eaux, puis vous avez consolidé les levées de terre.

Les crues du Fleuve sont un fléau millénaire dans l'Empire du Milieu. Que les eaux aient rompu les digues, que pourtant le peuple ait été protégé et sauvé dans ses foyers, les remparts consolidés et surélevés, c'est seulement à vous que nous le devons. Des messagers, à plusieurs reprises, m'ont dit la paix et la sécurité que vous avez apportées. Nous avons extrêmement apprécié ces mesures[1].

Le 17e jour du 7e mois, an 10 de l'ère de la Paix Harmonieuse[2], le Fleuve est sorti de son cours au gabion du village Cao dans la province de Chan[3]. Le 21e jour du mois suivant[4], les eaux ont atteint le pied des remparts de

1. Su Shi a écrit un court mémoire pour remercier de l'octroi de cette lettre de la main même de l'empereur. Voir « Xuzhou xie jiangyu biao » 徐州謝獎諭表, SSWJ, vol. 2, *juan* 23, p. 652.

2. Le 29 juillet 1077.

3. La province de Chan correspond l'actuelle ville de Qingfeng 清豐 au Henan. Le gabion était situé à l'est de la ville.

4. Le 31 août.

日，凡二丈八尺九寸，東西北觸山而止[44]，皆清水無復濁流. 水高於城中平地有至一丈九寸者，而外小城東南隅不沉者三版. 父老云："天禧中，嘗築二堤. 一自小市門外，絕壕而南，少西以屬於戲馬臺之麓；一自新牆門外，絕壕而西，折以屬於城下南京門之北." 遂起急夫五千人，與武衛奉化牢城之士，晝夜雜作堤. 堤成之明日，水自東南隅入，遇堤而止. 水窗六，先水未至，以薪芻土囊自城外塞之. 水至而後，自城中塞者皆不足恃. 城中有故取土大坑十五，皆與外水相應，井有溢者. 三方皆積水[45]，無所取土，取於州之南亞父[46]塚之東. 自城中附城為長堤，壯其址，長九百八十四丈，高一丈，闊倍之. 公私船數百，以風

44. [止]原作[上]，今從郎本.
45. [水]原作[化]，據朗本、《外集》改.
46. [父]原作[夫]，今從郎本、《外集》.

Xuzhou. Un mois après exactement[5], elles avaient neuf mètres de profondeur et furent arrêtées à l'Est, au Nord et à l'Ouest par les montagnes, demeurant claires et ne s'écoulant plus en torrents de boue. À l'intérieur des remparts, sur les terrains plats, la hauteur des eaux était de trois mètres quarante, et dans le coin sud-est, à l'extérieur de la ville basse, seules les constructions hautes de deux mètres n'étaient pas submergées. Les anciens dirent : « Pendant l'ère de la *Bénédiction céleste*[6] furent construites deux digues : la première part de la Porte du petit marché, traverse les fosses vers le Sud, puis tourne légèrement vers l'Ouest pour entrer dans les forêts au pied de la Terrasse des courses hippiques[7] ; la seconde de la Porte des nouvelles fortifications, elle va vers l'Ouest et sinue jusqu'à la Porte septentrionale de la capitale du Sud au pied des murailles de la ville. »

Je levai dans l'urgence une troupe de cinq mille hommes ainsi que les geôliers de la Prison de la promotion de la culture, qui construisirent jour et nuit les digues. Le lendemain de leur achèvement, les eaux entrèrent par le coin sud-est, mais furent retenues par les digues. Les déversoirs étaient au nombre de six. Avant la montée des eaux, ils furent obstrués par des fagots, de la paille et de la terre provenant de l'extérieur des remparts ; lorsque les eaux entrèrent, ceux de la ville ne suffisaient pas. Or, intra-muros, quinze anciennes grandes fosses qui servaient de carrières furent toutes inondées et les puits débordaient. À trois des quatre orients, les eaux s'accumulaient et on ne pouvait trouver de la terre, qu'on alla alors chercher à l'est du cimetière de Nanyafu. De la ville jusqu'aux remparts fut terrassée une grande digue qu'on renforça à la base, longue de trois kilomètres, haute de trois mètres et large de six. Les

5. Le 1er octobre.

6. Entre 1017et 1022 sous le règne de Renzong 仁宗.

7. La terrasse des courses hippiques [Ximatai 戲馬臺], située au sud de Xuzhou fut construite par Xiang Yu 項羽 (232-202 av. J.-C.), le rival de Liu Bang 劉邦, premier empereur de la dynastie des Han.

浪不敢行，分纜城下，以殺河之怒．至十月五日，水漸退，城遂[47]以全．

明年二月，有旨賜錢二千[48]四百一十萬，起夫四千二十三人，又以發常平錢六百三十四萬，米一千八百餘斛，募夫三千二十人，改築外小城．創木岸四，一在天王堂之西，一在彭城樓之下，一在上洪門之西北，一在大城之東南隅．大坑十五皆塞之[49]．已而澶州靈平埽[50]成，水不復至．臣軾以謂黃河率常五六十年一決，而徐州最處汴泗下流，上下二百餘里皆阻山，水尤深悍難落，不與他郡等，恐久遠倉卒吏民不復究知，故因上之所賜詔書而記其大

47. [遂]原缺，據朗本、《外集》補.
48.朗本、《外集》[二千] 作[一千].
49. [之]原缺，據朗本、《外集》補.
50. [平埽]原作[千歸]，誤，據朗本、《外集》改.

embarcations de l'administration et des personnes privées – une centaine au total – furent accolées les unes aux autres pour empêcher les vagues fouettées par le vent d'avancer et elles furent amarrées au pied des remparts pour calmer la colère du Fleuve. Le 5e jour du 10e mois[8], les eaux se retirèrent lentement. La ville fut entièrement préservée.

L'année suivante au 2e mois[9], un décret m'alloua vingt-quatre millions et cent mille sapèques, me permit de lever quatre mille vingt-trois hommes ; j'utilisai encore six millions trois cent quarante mille sapèques des réserves monétaires provinciales, six cent quarante hectolitres de riz et louai trois mille deux cent vingt hommes pour rénover et reconstruire les petites fortifications à l'extérieur de la ville, et fis construire quatre parafouilles de bois : un à l'ouest de la Salle du roi céleste, un au pied de Pavillon de Pengcheng, un autre au nord-ouest de la Vaste Porte supérieure et le dernier au coin sud-est des grands remparts. Les quinze fosses furent toutes comblées. Cet ouvrage terminé, le gabion de Lingping dans la province de Chan fut achevé et les crues cessèrent.

Le sujet que je suis remarque que le Fleuve Jaune sort généralement de son lit une fois tous les cinquante ou soixante ans. Or, la province de Xu est située dans le cours descendant des rivières Bian et Si ; en aval et en amont sur deux cents *lis*, elles sont encaissées dans des montagnes ; les eaux sont encore plus violentes et s'écoulent difficilement, ce qui rend cette commanderie très singulière.

Craignant que les employés et les gens du peuple pressés par leurs affaires n'examinent plus cette situation ou l'ignorent, j'ai profité de la proclamation que m'a octroyée le Souverain et noté l'essentiel que j'ai fait graver sur une stèle.

8. Le 24 octobre 1077.
9. À partir du 17 mars 1078.

略，并刻諸石．若其詳，則藏於有司，謂之《熙寧防河錄》云．

L'exposé complet est conservé dans les bureaux provinciaux dans un mémoire intitulé *Protection contre le Fleuve Jaune de l'ère de la* Paix Harmonieuse.

N° 24

Le Belvédère
du lointain panorama dans la province de Mei
(25 août 1078)

Lorsqu'il rédige ce texte, Su Shi a quitté son pays natal depuis neuf ans et ne le reverra plus. L'attachement qu'il montre est sans doute aussi motivé par le fait qu'au début de la dynastie, la province du Sichuan paraît encore rebelle. Ses mœurs antiques et la haute culture de ses habitants en font presque un lieu idéal, à la fois très ancien et en avance sur son temps. Cette commémoration est aussi l'occasion de redire qu'un bon administrateur des provinces gouverne par le « non-agir » confucéen, c'est-à-dire en collaborant avec les populations, en s'appuyant sur une connaissance intime des usages et en n'imposant rien du dehors.

第二十四

眉州[51]遠景樓記

吾州之俗，有近古者三．其士大夫貴經術而重氏族，其民尊吏而畏法，其農夫合耦以相助．蓋有三代、漢、唐之遺風，而他郡之所莫及也．始朝廷以聲律取士，而天聖以前，學者猶襲五代之弊，獨吾州之士，通經學古，以西

51. [州]原作[山]，今從郎本卷五十一、《七集. 外集》卷三十二.

Nº 24

Le Belvédère du lointain panorama dans la province de Mei

Les mœurs de ma province natale se rapprochent des coutumes anciennes sur trois points : les hauts dignitaires estiment l'étude des *Classiques* et accordent une grande importance à leur clan ; son peuple respecte les fonctionnaires et craint les lois ; ses paysans collaborent dans les travaux des champs. Ce sont là les traditions survivantes des Trois Dynasties, des Han et des Tang[1] que ne pratiquent pas les autres commanderies. Au début de notre dynastie, la cour y trouva des lettrés spécialistes de musique, puis avant l'ère du *Sage céleste*[2], tandis que ceux qui étudiaient imitaient encore les défauts nés sous les Cinq Dynasties[3], seuls les lettrés de ma province qui comprenaient les *Classiques* et étudiaient l'antique trouvaient leurs modèles d'écriture dans les textes

1. Ce sont respectivement les dynasties des Xia 夏 (2207-1766 av. J.-C.) fondée par Yu le Grand 大禹, des Shang (1765-1122 av. J.-C.) fondée par Tang le Victorieux 盛湯, des Zhou (1121-222 av. J.-C.) établie par les Rois Wen et Wu文王、武王 ; les Han règnent de 206 av. J.-C. à 220 après J.-C. ; les Tang de 618 à 907.

2. Entre 1023 et 1032 sous le règne de Renzong 仁宗. Cette période marque le retour des études classiques et confucéennes et la reprise en main par les lettrés de leur héritage, en particulier contre la prégnance idéologique du bouddhisme, et préfigure, avec le travail de Hu Yuan 胡瑗 (993-1059), le néo-confucianisme qui se construit à la fin du XIe siècle.

3. Entre 907 et 960. Cette période de désunion et d'éclatement de la Chine est marquée dans les différents royaumes par le développement d'études considérées ultérieurement comme « mineures » où le bouddhisme et le taoïsme (en particulier l'alchimie intérieure) jouent un rôle plus important que le confucianisme. C'est aussi sous cette période, et au premier chef au Sichuan, que se développe un nouveau style d'écriture poétique : l'écriture de paroles de chansons [*ci* 詞] qui renouvellent l'écriture poétique et permettent d'échapper aux carcans et aux canons de la versification jugée en partie indépassable depuis la fin du VIIIe siècle.

漢文詞為宗師. 方是時, 四方指以為迂闊. 至於郡縣胥史, 皆挾經載筆, 應對進退, 有足觀者. 而大家顯人, 以門族相上, 推次甲乙, 皆有定品, 謂之江鄉. 非此族也, 雖貴且富, 不通婚姻. 其民事太守縣令, 如古君臣, 既去, 輒畫像事之, 而其賢者, 則記錄其行事以為口實, 至四五十年不忘. 商賈[52]小民, 常儲善物而別異之, 以待官吏之求. 家藏律令, 往往通念而不以為非, 雖薄刑小罪, 終身有不敢犯者.

52. [商賈]原作[富商], 今從郎本.

des Han Orientaux[4]. À cette époque, tous aux quatre orients, tenaient cette pratique pour irréalisable et aberrante. Même les greffiers des préfectures et des commanderies tenaient en main les *Classiques* et portaient des pinceaux, remarquables dans leurs réponses, comme lorsqu'ils s'avançaient ou se retiraient [de la vie publique].

Les hommes illustres des grandes familles estiment leur clan, définissent, une par une, les positions, chacun ayant une qualité déterminée, si bien qu'on nomme les branches de ces familles des « territoires aux nombreuses rivières ». Malgré leurs richesses et leur noblesse, si les familles n'appartiennent pas à ces clans, elles ne s'allient pas avec eux par des mariages.

Son peuple sert les gouverneurs ou les préfets comme ils le feraient de ministres d'anciens princes, et lorsqu'ils quittent leurs fonctions, il fait aussitôt peindre des portraits pour les honorer, allant même, pour les plus compétents d'entre eux, jusqu'à noter par écrit leurs actes et en faire des thèmes de conversation qui perdurent pendant quarante ou cinquante ans. Le petit peuple des marchands garde souvent en réserve de beaux objets qu'il classe en plusieurs catégories pour satisfaire les demandes des fonctionnaires et des employés. Dans les familles sont conservés les lois et les décrets qui sont souvent lus en commun pour s'interdire de faire le mal, et leurs membres ne se permettent pas d'y contrevenir toute leur vie durant, même pour les délits mineurs ou punis de peines légères.

---

4. Les Han Orientaux règnent de 25 à 220. Les études classiques connaissent un nouveau développement avec la profusion des commentaires qui, pour une large part, servent toujours de base aux examens mandarinaux ; se multiplient aussi à cette période des apocryphes [*chenwei* 讖緯] attribués à Confucius et qui prennent en charge la dimension ésotérique des textes canoniques. Su Shi fait aussi vraisemblablement référence à un style d'écriture pus proche de l'antique [*guwen* 古文] et différent des règles de la prose parallèle, rythmée par des suites de syntagmes de quatre et six caractères, qui obligent à « formater » la pensée dans un schéma prosodique strict et souvent routinier. Cette écriture reste jusqu'au milieu du XIe siècle le style obligé de la rédaction.

歲二月，農事始作．四月初吉，穀稚而草壯，耘者畢出．數十百人曹，立表下漏，鳴鼓以致眾．擇其徒為眾所畏信者二人，一人掌鼓，一人掌漏，進退作止，惟二人之聽．鼓之而不至，至而不力，皆有罰．量田計功，終事而會之，田多而丁少，則出錢以償眾．七月既望，穀艾而草衰，則仆鼓決漏，取罰金與償眾之錢，買羊豕酒醴，以祀田祖，作樂飲食，醉飽而去，歲以為常．其風俗蓋如此．

故其民皆聰明才智，務本而力作，易治而難服．守令始至，視其言語動作，輒了其為人．其明且能者，不復以事試，終日寂然．苟不以

Les travaux agricoles commencent au deuxième mois ; le premier jour du quatrième mois, lorsque les céréales sont jeunes et l'herbe haute, tous les paysans vont dans les champs pour sarcler. Des milliers d'hommes dressent des gnomons, posent des clepsydres et font résonner les tambours pour avertir les foules. Sont alors choisis parmi eux deux hommes qui jouissent de la confiance et du respect de la communauté : l'un frappe le tambour, l'autre a la responsabilité de la clepsydre, et tous les mouvements, gestes et arrêts, obéissent à leur rythme. Sont punis ceux qui, appelés, ne viennent pas et ceux qui, présents, ne mettent aucune ardeur au travail. Les champs sont mesurés, le mérite évalué, et quand les travaux sont finis, on se réunit : si les paysans sont trop peu nombreux pour [l'étendue de] leurs parcelles, les foules sont indemnisées de leur contribution par un salaire. Après la pleine lune du septième mois, lorsque les céréales blanchissent et les herbes flétrissent, le tambour est renversé et la clepsydre arrêtée ; on utilise l'argent des amendes et celui non dépensé pour indemniser les foules et achète des moutons et des porcs, des alcools et des liqueurs, et sacrifie à l'Ancêtre des champs[5] ; on chante, on mange, on boit, rentre chez soi, ivre et repu, et ainsi d'années en années.

Tels sont les us et coutumes de cette région. Aussi son peuple est-il vif, clairvoyant, talentueux et sage. Il s'applique à l'essentiel et travaille avec ardeur, facile à gouverner et difficile à soumettre. Les gouverneurs et les préfets, dès qu'ils arrivent dans leurs fonctions, prennent aussitôt la mesure de ces hommes à leurs paroles et à leurs actes. Les plus perspicaces et compétents ne multiplient pas les tests envers cette population et restent calmes et silencieux toute la journée. Mais si on ne se conforme pas à sa nature et à ses habitudes, ce peuple

---

5. Autre appellation du Divin Laboureur, Shennong 神農, inventeur de l'agriculture et un des Trois Augustes [*Sanhuang* 三皇] qui aurait régné, selon les chronologies traditionnelles, entre le quatrième et le milieu du troisième millénaire.

其道，則陳義秉法以譏切之，故不知者以為難治.

今太守黎侯希聲，軾先君子之友人也. 簡而文，剛而仁，明而不苛，衆以為易事. 既滿將代，不忍其去，相率而留之，上不奪其請. 既留三年，民益信，遂以無事. 因守居之北墉而增築之，作遠景樓，日與賓客僚吏游處其上. 軾方為徐州，吾州之人以書相往來，未嘗不道黎侯之善，而求文以為記.

嗟夫，軾之去鄉久矣. 所謂遠景樓者，雖想見其處，而不能道其詳矣. 然州人之所以樂斯樓之成而欲記焉者，豈非上有易事之長，而

rappelle les devoirs, a recours aux lois et raille et critique. Voilà pourquoi ceux qui ignorent cette situation pensent qu'il est difficile à gouverner.

Aujourd'hui, le gouverneur de la province est le marquis Li Xisheng[6], un ami de mon défunt père, simple et lettré, ferme mais humain, clairvoyant et rigoureux ; tous jugent qu'il est facile de le servir. Alors qu'il avait achevé ses trois années dans son poste et devait être remplacé, les habitants ne supportèrent pas l'idée de son départ, et les uns après les autres, voulurent le garder. Le Souverain n'oublia pas leur requête. Après qu'il fut resté trois années de plus, le peuple le trouva encore plus digne de foi et l'ordre régna, sans qu'il n'y ait plus à agir. Messire fit alors agrandir le rempart au nord de sa résidence et construire le Belvédère du panorama lointain où, chaque jour, il allait avec des amis et des fonctionnaires randonner ou loger.

Je suis actuellement en poste dans la province de Xu. Un homme de mon pays natal, porteur de lettres, est venu à plusieurs reprises, n'omettant jamais de me parler des vertus du Marquis Li et m'a demandé d'écrire un texte pour commémorer ce Belvédère.

Las ! J'ai quitté ma province depuis longtemps. Ce belvédère, je peux certes en imaginer le site, mais je ne saurais le décrire en détail. Toutefois, si les habitants de cette région se réjouissent de son achèvement et souhaitent pour lui une

6. Li Chun 李錞 de prénom social Xisheng (sans dates) est originaire de Yuzhang 豫章 (actuelle ville de Nanchang au Jiangxi) ; il obtient le doctorat pendant l'ère Qingli 慶歷 (1041-1048) et occupe le poste de préfet de Mei de 1072 à 1078. Son titre le plus élevé est assistant exécutif de la Bibliothèque impériale [*bishucheng*祕書丞]. La notice bibliographique de l'*Histoire des Song* lui attribue une édition du *Xunzi*荀子 et un commentaire des *Printemps et Automnes*, ainsi qu'un recueil de *Propos sur la poésie*. Voir *Songshi*, « Yiwen zhi » 藝文志, vol. 15, *juan* 205, respectivement p. 5172 et 5059.

下有易治之俗也哉！孔子曰：“吾猶及史之闕文也．有馬者借人乘之．今亡矣夫．”是二者，於道未有大損益也，然且錄之．今吾州近古之俗，獨能累世而不遷，蓋耆老昔人豈弟之澤，而賢守令撫循教誨不倦之力也，可不錄乎！若夫登臨覽觀之樂，山川風物之美，軾將歸老於故丘，布衣幅巾，從邦君於其上，酒酣樂作，援筆而賦之，以頌黎侯之遺愛，尚未晚也．

元豐元年七月十五日記[53]．

53. 據朗本補．

stèle commémorative, la raison n'en est-elle pas évidente ? Cette province a un dirigeant facile à servir à sa tête et une population facile à gouverner !

Maître Kong a dit : « J'ai encore vu le temps où les historiographes laissaient des blancs dans leur texte et où ceux qui en possédaient prêtaient leurs chevaux. Aujourd'hui, les choses ont bien changé...[7] » Ces deux remarques n'ajoutent et ne retranchent guère à la Voie ; pourtant elles furent enregistrées [dans les *Entretiens*]. Or, les mœurs proches de l'antique de ma province natale, qui, seules, peuvent de génération en génération perdurer sans être altérées – sans doute parce qu'elles bénéficient des faveurs pleines de cordialité et de loyauté des anciens et des hommes du passé –, et la vigueur des sages gouverneurs et préfets qui soulagent les souffrances et instruisent sans se lasser le peuple, peuvent-elles être passées sous silence ?

Les joies des ascensions et des panoramas, les beautés des monts et des rivières comme des sites naturels, j'attendrai de les goûter quand je rentrerai prendre ma retraite dans ces anciennes collines, où, simplement vêtu et un bandeau sur le front, j'irai avec les nobles personnes de cette contrée au sommet m'enivrer légèrement, faire de la musique, saisir un pinceau et composer des poèmes et chanter le Marquis Li et l'affection qu'il a laissée derrière lui. Il ne sera pas trop tard...

Le 15e jour du 7e mois, an 1 de l'ère de l'*Abondance originelle*.

7. *Entretiens*, XV, 25. Traduction Anne Cheng, p. 124.

N° 25

La Grande Salle de la préfecture de Xian
(1er septembre 1078)

De manière assez contournée et prudemment, Su Shi reprend un problème crucial qui se pose au personnel administratif de la dynastie des Song : la question du salaire. Si l'homme de bien ne se préoccupe guère que de la continuité de l'État, les employés qui sont sous ses ordres ou qui ne partagent pas son sens de la mission lettrée pourront, si les émoluments sont trop bas, se livrer à la corruption ; si le gouvernement opte au contraire pour des gratifications suffisantes, ce seront les populations qui en paieront le prix par une fiscalité accrue. En l'espèce, la seule solution pour attirer les compétences dans la bureaucratie semble être la continuité de la politique.

Un autre point est mis en valeur : la fidélité du lettré à ses propres exigences, indépendante des circonstances.

第二十五

滕縣公堂記

君子之仕也, 以其才易天下之養也. 才有大小, 故養有厚薄. 苟有益於人, 雖厲民以自養不為泰. 是故飲食必豐, 車服必安, 宮室必壯, 使令之人必給, 則人輕去其家而重去其國. 如使衣食菲惡不如吾私, 宮室弊陋不如吾廬, 使令之人朴野不足不如吾僮奴, 雖君子安之無不可者, 然人之情所以去父母捐墳墓而遠遊者, 豈厭安逸而思勞苦也哉! 至於宮室, 蓋有所從受, 而傳之無窮, 非獨以自養也. 今日

N° 25

La Grande Salle de la préfecture de Xian

L'homme de bien, quand il sert, modifie par ses talents les ressources qui nourrissent la vie dans le monde. Comme les talents sont plus ou moins grands, les ressources qu'il transforme sont proportionnellement plus ou moins importantes.

Si elles sont bénéfiques aux hommes, il sera peut-être conduit à contraindre le peuple, mais il ne se montrera pas avide de se nourrir lui-même. Voila pourquoi, si [les mandarins] exigent que leur boisson et leur nourriture soient abondantes, que leurs équipages et leurs vêtements de cérémonie soient confortables, que leurs bâtiments et leurs bureaux soient imposants et que leurs employés aient des salaires suffisants, les hommes ordinaires quitteront au mieux leur famille[1] et au pire leur pays natal.

Si, en revanche, leurs vêtements et leur nourriture sont plus rares et plus médiocres que ce dont ils pourraient disposer par eux-mêmes, si leurs bâtiments et leurs bureaux sont vétustes et exigus, moins agréables que leurs propres demeures, si les employés ont un train de vie simple et rustique et ne jouissent même pas des ressources de leurs domestiques, un homme de bien aura beau s'en contenter, tous les désordres seront possibles.

Ceci étant dit, qui fera croire qu'il est dans la nature des hommes de quitter leurs parents, de délaisser les tombes de leurs ancêtres et de s'en aller au loin sur les routes parce qu'ils détesteraient le confort et penseraient avec nostalgie à leurs souffrances !

Pour les bureaux et les bâtiments administratifs, il faut, me semble-t-il, une certaine continuité, et si on ne cesse de les rénover, ce n'est pas principalement pour se nourrir soi-même.

1. Pour échapper aux impôts en se faisant moine.

不治，後日之費必倍．而比年以來，所在務為儉陋，尤諱土木營造之功，欹仄腐壞，轉以相付，不敢擅易一椽，此何義也．

滕，古邑也．在宋、魯之間，號為難治．庭宇陋甚，莫有葺者．非惟不敢，亦不暇．自天聖元年，縣令太常博士張君太素，實始改作．凡五十有二年，而贊善大夫范君純粹，自公府掾謫為令，復一新之．公堂吏舍凡百一十

Ce qui n'est pas entretenu aujourd'hui coûtera deux fois plus cher plus tard. Depuis quelques années, la tendance est à l'économie et à la simplicité ; on s'interdit encore plus de faire œuvre de bâtisseur. Les fonctionnaires se transmettent, à chaque changement d'affectation, des bâtiments publics qui s'affaissent et se dégradent, n'osant même pas prendre sur eux de changer les lattes des charpentes. C'est incompréhensible !

La préfecture de Teng est un bourg ancien, situé entre le pays de Song et de Lu[2], il est réputé pour être difficile à gouverner. Le toit de la salle d'audience était extrêmement abîmé – il n'était plus couvert par du chaume –, pas seulement parce que les magistrats n'osaient pas le réparer, mais aussi parce qu'ils n'en avaient pas le temps. La première année de l'ère du *Sage céleste*[3], le préfet, Messire Zhang Taisu, érudit en cérémonial de la cour des Sacrifices, commença vraiment à le reconstruire. Cinquante-deux ans plus tard, le conseiller-censeur de l'héritier du trône, Messire Fan Chuncui[4], anciennement l'un des trois Ducs, y fut exilé comme préfet et le rénova de fond en comble.

2. La préfecture de Teng est située au Nord de la province de Xuzhou entre l'ancien pays de Song (Henan) et de Lu (au Shandong). Elle porte le même nom aujourd'hui.

3. En 1023, sous le règne de Renzong 仁宗 (r. 1023-1063).

4. Fan Chuncui (1032-1101), de prénom social Deru 德孺, est le quatrième fils du grand réformateur, Fan Zhongyan 范仲淹 (989-1052). Il entre dans la carrière administrative en bénéficiant du privilège [*yin* 蔭] de son père. Il est muté dans le bourg de Teng suite à un conflit avec ses collègues de la chambre de justice de la chancellerie [*zhongshu xingfang* 中書刑房], avant d'être rappelé et d'occuper le poste d'Intendant de la régie du thé à Chengdu [*tiju Chengdu zhulu chachang* 提舉成都諸路茶場]. Il sera à plusieurs reprises rétrogradé lorsque les réformateurs sont au pouvoir de 1068 à 1086, puis à partir de 1094. C'est aussi un calligraphe et un peintre. En 1085, Su Shi a longuement discuté avec lui de la réforme proposée par Wang Anshi concernant le remplacement de l'ancien système des corvées par une taxe permettant de recruter pour des besoins spécifiques des employés [*muyi fa* 募役法]. Voir « Jijin jitian muyi yi chazi » 繳進給田募役議劄子, SSWJ, vol. 2, *juan* 27, p. 793. Cf aussi la biographie de Fan Chuncui dans *L'Histoire des Song* [Songshi], vol. 29, *juan* 314, p. 10279-10281.

有六間，高明碩大，稱子男邦君之居．而寢室未治，范君非嫌於奉己也，曰："吾力有所未暇而已．"昔毛孝先、崔季珪用事，士皆變易車服以求名，而徐公不改其常，故天下以為泰．其後世俗日以奢靡，而徐公固自若也，故天下以為嗇．君子之度一也，時自二耳．

元豐元年七月二十二日，尚書祠部員外郎直史館權知徐州軍事蘇軾記．

Les bureaux des employés de la salle comptent cent seize pièces, hautes, claires, vastes et grandes, dignes des demeures des vicomtes, des barons et des seigneurs féodaux [de l'Antiquité]. Si les appartements privés n'ont pas été réaménagés, ce n'est pas parce que Messire Fan ne voulait pas être soupçonné de penser à son propre train de vie, mais plutôt, m'a-t-il dit, parce ses forces ne lui en donnaient pas le loisir.

Autrefois, lorsque Mao Xiaoxian et Cui Jigui[5] étaient au pouvoir, les gentilshommes réduisirent leur budget en vêtements et en équipage, voulant ainsi se faire un nom dans le monde. Messire Xu[6] ne modifia pas ses habitudes, si bien qu'il fut jugé avide. Plus tard, les mœurs changèrent pour plus de luxe et de dépenses somptuaires, mais Messire Xu resta fidèle à lui-même, si bien que le monde le jugea pingre. L'attitude de l'homme de bien est une, c'est l'époque qui change.

Commémoré le 22e jour du 7e mois, an 1 de l'ère de l'*Abondance originelle*, par Su Shi, Vice-directeur du Ministère des sacrifices dépendant de la chancellerie, auxiliaire de la cour d'histoire d'État et gouverneur de la commanderie de Xu.

---

5. Mao Jie 毛玠, de prénom social Xiaoxian (?-216) et Cui Yan 崔琰, de prénom social Jigui (163-216) se mettent à la fin des Han Orientaux au service de Cao Cao et sont responsables en 208 du système des examens. Ils valorisent alors les gentilshommes « purs, intègres et francs », ce qui entraînera une conversion à l'économie et à la simplicité et presque une « mode » parmi les lettrés. Voir sur ce point, *Le Miroir universel pour aider au gouvernement* de Sima Guang 司馬光 (1019-1086) [*Zizhi tongjian*資治通鑒], vol. 5, *juan* 65, p. 1079.

6. Il s'agit de Xu Miao 徐邈 (171-249), également fonctionnaire de Cao Cao et occupant plusieurs postes dans les provinces. Réputé pour son goût de l'alcool, il ne se restreint pas lors de la prohibition de 213, indiquant à son souverain que c'est précisément l'alcool qui l'aide à le servir. La constance de son attitude est mentionnée et louée, dans le *Miroir* (vol. 6, *juan* 75, p. 2385) et dans *L'Histoire des Trois Royaumes* [Sanguo zhi 三國志], vol. 3, *juan* 27, p. 741.

Su Shi joue aussi sans doute sur les mots, Messire Xu peut aussi le désigner, puisqu'il est alors gouverneur de Xu.

N° 26

Le Pavillon du lâcher des grues
(14 décembre 1078)

Le lettré est tiraillé entre deux aspirations contraires : le souci du monde d'un côté et le souci de soi ou la préservation et l'entretien de ses qualités morales de l'autre. Ce thème largement évoqué dans les commémorations du XI*e siècle est le plus souvent traité, comme ici, sur le mode de l'incompatibilité. Une amorce de solution est cependant donnée dans le chant. Le dernier vers rappelle la réflexion de la* Salle des dessins précieux *sur l'attention qui s'attarde dans les choses et celle qui loge temporairement.*

第二十六

放鶴亭記

熙寧十年秋，彭城大水，雲龍山人張君天驥[54]之草堂，水及其半扉．明年春，水落，遷於故居之東，東山之麓．升高[55]而望，得異境焉，作亭於其上．彭城之山，岡嶺四合，隱然如大環，獨缺其西十二，而山人之亭適當其缺．春夏之交，草木際天．秋冬雪月，千里一色．風雨晦明之間，俯仰百變．山人有二鶴，甚馴而善飛．旦則望西山之缺而放焉，縱其所如，或立於陂田，或翔於雲表，暮則傃東山而歸．故名之曰放鶴亭．

54. [天驥]二字原缺，據宋文鑑卷八十二補.
55. 宋文鑑[高]作[堂].

N° 26

Le Pavillon du lâcher des grues

À l'automne de l'an dix de l'ère de la Paix harmonieuse, il y eut une grande inondation à Pengcheng. La chaumière de Messire Zhang Tianji[1], l'ermite du dragon ennuagé, fut envahie par les eaux jusqu'à mi-hauteur des portes. Lorsque l'année suivante au printemps, l'eau se retira, il s'installa à l'est de son ancienne habitation, au pied de la Colline de l'Est, qu'il gravit et d'où il contempla un point de vue exceptionnel. Il fit construire un pavillon au sommet.

Les Monts de Pengcheng, entourés aux quatre orients de collines et de chaînes, semblent obscurément s'enrouler sur eux-mêmes pour former un vaste cirque qui s'ouvre seulement à l'Ouest sur une petite brèche. Le pavillon de Messire donne précisément sur cette ouverture. Au printemps et en été, les plantes et les arbres y touchent le ciel ; à l'automne et en hiver, au clair de lune ou sous la neige, une seule couleur à l'infini. Qu'il vente, qu'il pleuve, que le temps soit clair ou nuageux, mille changements s'offrent au regard. L'ermite possède deux grues, bien domestiquées et expertes dans le vol. À l'aube, il regarde au loin par la brèche dans la Colline de l'Ouest, et les lâche. Là, elles vont à leur guise, tantôt dressées dans les champs sur les coteaux, tantôt planant par-delà les nuées. Au crépuscule, elles font face à la Colline de l'Est et reviennent. Aussi Messire a-t-il appelé ce pavillon « Lâcher des grues ».

1. Zhang Tianji 张天骥 (né en 1040) a pour prénom social Shengtu 聖涂. Malgré ses talents, il refuse d'entrer dans la carrière administrative et se consacre aux arts taoïstes et à l'entretien de son principe vital. Résidant près de Xuzhou, au pied du Tertre du chaume jaune [Huangmao gang 黄茅冈], il cultive la terre et semble préfigurer la vie de Su Shi en exil à Huangzhou.

郡守蘇軾，時從賓客僚吏往見山人，飲酒於斯亭而樂之，揖山人而告之曰：“子知隱居之樂乎？雖南面之君，未可與易也.《易》曰：『鳴鶴在陰，其子和之.』《詩》曰：『鶴鳴于九皋，聲聞于天.』蓋其為物，清遠閒放，超然于塵垢之外，故《易》、《詩》人以比賢人君子隱德之士. 狎而玩之，宜若有益而無損者，然衛懿公好鶴則亡其國. 周公作

Gouverneur de la commanderie, je vais parfois, accompagné de quelques hôtes et fonctionnaires, rendre visite à cet ermite. Nous prenons plaisir à boire dans ce pavillon, et un jour, le saluant respectueusement, je lui dis : « Connaissez-vous votre joie de vivre retiré ? On ne l'échangerait pas pour la position d'un souverain[2]. » Il est dit dans le *Changement*[3] : « Quand une grue crie dans l'ombre, ses petits lui répondent » ; et dans les *Poèmes*[4] :

La grue appelle du plus profond des marais,
Son cri retentit jusqu'au ciel.

En effet, cet être est pur, noble, libre et nonchalant, aussi les auteurs du *Changement* et des *Poèmes* l'ont-ils comparé aux sages, aux gentilshommes et aux lettrés aux vertus cachées.

Il semble qu'à les fréquenter et s'en amuser, il n'y ait que des avantages. Pourtant le Duc Yi de Wei[5] a perdu sa principauté à cause de sa passion pour les grues. Le duc de

2. Littéralement « un souverain qui regarde face au Sud ». Le prince occupe le Nord qui correspond à l'eau, à l'hiver, et au moment où les énergies *yang* du renouveau et de l'initiative commencent à peine à poindre.

3. Su Shi cite la formule attachée au deuxième trait de l'hexagramme 61 de la « Confiance intérieure » [*Zhongfu* 中孚]. Dans son commentaire, il remarque que seul ce trait n'est pas en correspondance à distance avec un autre trait du trigramme supérieur. Il n'est donc attaché à rien et occupe la position du centre et possède de ce fait une confiance que Su Shi assimile au naturel. Voir le *Dongpo Yizhuan* 東坡易傳, *juan* 6, p. 113.

4. Citation du poème n° 184 intitulé « une grue crie » [*He ming* 鶴鳴] des « Petites odes » [*Xiaoya* 小雅] du *Shijing*. Selon Zhu Xi 朱熹 (1130-1200), ce poème développe quatre allégories en recourant au même thème de la grue : la vérité ne doit pas rester cachée ; l'application des principes doit varier en fonction des circonstances ; les meilleures choses ne sont pas exemptes de défaut ; les mauvaises choses ont des qualités louables. Voir la traduction de Séraphin Couvreur, *Cheu-king*, p. 207.

5. *Le Commentaire de Zuo* 左傳 aux Printemps et Automnes rapporte [3e année du Duc Min de Lu 魯閔公 (660 av. J.-C.)], que ce duc aimait tellement les grues qu'il leur accordait des chars réservés aux hauts dignitaires. Quand les barbares Di 狄 l'attaquèrent, ses soldats lui répondirent : « Envoyez donc vos grues. » Il périt peu après.

《酒誥》，衛武公作《抑》戒，以為荒惑敗亂無若酒者，而劉伶、阮籍之徒以此全其真而名後世. 嗟夫，南面之君，雖清遠閒放如鶴者猶不得好，好之則亡其國，而山林遁世之士，雖荒惑敗亂如酒者猶不能為害，而況於鶴乎. 由此觀之，其為樂未可以同日而語也.” 山人听然而笑曰：“有是哉.” 乃作放鶴招鶴之歌曰：

鶴飛去兮，西山之缺. 高翔而下覽兮，擇

Zhou a composé une « Mise en garde contre la boisson »[6] ; le Duc Wu de Wei une exhortation à la « Retenue »[7] : ils considéraient que rien n'est pire que l'alcool pour créer troubles, confusion, défaites et désordres. Pourtant [encore], des adeptes comme Ruan Ji et Liu Ling[8] parfirent, grâce à lui, la vérité d'eux-mêmes et devinrent célèbres.

Hélas ! Un souverain aussi pur, noble, libre et nonchalant que ces grues, ne peut s'y attacher par goût sous peine de perdre son royaume, tandis qu'un lettré qui vit retiré du monde dans les forêts et les montagnes ne sera [jamais] blessé par les troubles, la confusion, les défaites et les désordres qu'engendrent les vices de l'alcool. À plus forte raison par les grues ! En ce sens, les joies d'un souverain et d'un ermite sont incompatibles. »

L'ermite rit à gorge déployée et ajouta : « C'est loin d'être faux. »

Alors je composai un chant pour le lâcher et le rappel des grues :

Les grues s'envolent vers la brèche de la Colline de l'Ouest,
Planent haut dans le ciel, et voient le sol où se poser,

6. Écrit par le Duc de Zhou pour mettre en garde Kang Shu 康叔, fieffé sur l'ancien territoire de la dynastie des Shang par le roi Cheng 成王 des risques de l'alcool. Le dernier monarque des Shang, connut pour ses mœurs licencieuses et son goût de l'alcool, finit par être renversé. Voir *Le Livre des Documents* [Shangshu 尚書], *juan* 4, « Zhou shu 周書», chapitre 10 et Couvreur, *Chou-king*, p. 108-111.

7. Le duc Wu de Wei (853-758, il règne à partir de 812) compose ce poème pour son usage et se le fait lire jusqu'à l'âge de 95 ans. Il s'y reproche ses fautes passées (dont son goût pour l'alcool) et s'exhorte à l'exercice de ses devoirs de seigneur. Poème *Yi* 抑 des « Grandes odes » [Daya大雅], n° 256. Traduction Séraphin Couvreur, p. 326-318.

8. Ruan Ji (210-263) et Liu Ling (225 ?-280) font tous deux partie des sept sages de la forêt de bambous, célèbres pour leurs libertés de manières, leur mépris des convenances et leur goût pour l'ivresse. Liu Ling a composé un texte intitulé « Éloge de l'alcool » [*Jiu song* 酒頌]. Pour les sept sages, on pourra se reporter à l'étude de Balazs, dans *La Bureaucratie céleste*, p. 118-120. La biographie de Liu Ling se trouve dans *L'Histoire dynastique des Jin* [Jinshu 晉書], *juan* 49, p. 1375-1376.

所適. 翻然歛翼, 婉將集兮, 忽何所見, 矯然而復擊. 獨終日於澗谷之間兮, 啄蒼苔而履白石. 鶴歸來兮, 東山之陰. 其下有人兮, 黃冠草履葛衣而鼓琴. 躬耕而食兮, 其餘以汝飽. 歸來歸來兮, 西山不可以久留.

元豐元年十一月初八日記.

S'ébrouent, replient leurs ailes, paire gracieuse qui s'assemble.
Soudain – qu'ont-elles donc vu ? –
Elles se déploient et fouettent l'air.
Seules jusqu'à la nuit dans le torrent et le vallon,
Elles picorent des mousses bleues, arpentent des pierres
[blanches…

Les grues reviennent dans la nuit de la Colline de l'Est.
En bas un homme, coiffe jaune, sandales de paille,
Fibres de son habit, pince une cithare,
Mange ce qu'il bêche de ses mains ;
De ce qu'il reste nous rassasie.
Rentrons ! Rentrons ! Sur la Colline de l'Ouest
Il n'est permis de s'attarder.

N° 27

Le Temple ancestral de Maître Zhuang
(25 décembre 1078)

Le Zhuangzi *est selon les mots mêmes de Su Shi un livre qui a été une révélation. L'affinité est grande entre leurs idées et il emprunte à ce maître son art de l'apologue ou de la métaphore. La thèse que développe ce texte est inédite. Personne avant lui n'avait affirmé une collaboration entre cette pensée et celle qui s'exprime dans les* Entretiens. *Il est vrai que rien ne les unit en apparence : à la voie simple, discrète et ordinaire de Confucius, Zhuangzi oppose une forme d'exubérance et d'irrespect qui paraît difficilement compatible. Pourtant, le sage ne s'interdit rien ; il n'y a rien qui ne lui soit impossible. De nombreux passages le montrent mû par une nécessité intérieure qui l'éloigne d'une compréhension trop étroite du rituel.*

Cette commémoration est aussi un bon exemple de la manière dont Su Shi conçoit l'étude : elle vise non à isoler mais à ouvrir à de nouveaux rapprochements, à décloisonner.

第二十七

莊子祠堂記

莊子，蒙人也．嘗為蒙漆園吏．沒千餘歲，而蒙未有祀之者．縣令祕書丞王兢始作祠堂，求文以為記．

謹按《史記》，莊子與梁惠王、齊宣王同時，其學無所不闚，然要本歸於老子之言．故其著書十餘萬言，大抵率寓言也．作《漁父》、

N° 27

Le Temple ancestral de Maître Zhuang

Maître Zhuang est originaire de Meng où il fut un employé du Jardin des laques[1]. Mort depuis plus de mille années, il n'avait, à Meng, aucun lieu pour lui sacrifier. Le préfet, assistant exécutif de la Bibliothèque impériale, Wang Jing[2], pour la première fois, fit construire un temple ancestral et me demanda d'en rédiger la stèle commémorative.

Je remarque respectueusement que selon les *Mémoires historiques*, « Maître Zhuang vécut sous les règnes des rois Hui de Liang et Xuan de Qi[3]. Son enseignement touche tous les domaines, mais, dans son fondement, il trouve sa source dans les paroles de Laozi. Aussi ses écrits – plus de cent mille caractères – consistent-ils pour l'essentiel en paraboles

1. Meng 蒙, petite localité des Royaumes combattants était situé à quelques kilomètres au nord de l'actuelle Shangqiu 商丘 au Henan. Le Jardin des laques était à une cinquantaine de kilomètres de la ville de Yuanju 冤句, dans la province de Cao 曹州 (près de l'actuelle Dongming 東明 au Shandong et à 60 km au nord-ouest de Kaifeng 開封).

Ces éléments biographiques, comme plus loin la citation, sont extraits de la biographie de Maître Zhuang dans les *Mémoires historiques* [Shiji 史記], vol. 7, *juan* 63, p. 2143-2145.

2. Wang Jing (1032-1095), de prénom social Yanlu 彥履, obtient le doctorat pendant l'ère de la *Parfaite Bénédiction* [Jiayou 嘉祐 1056-1064]. Il occupe son poste le plus important entre 1086 et 1094 lorsqu'il est nommé intendant judiciaire du circuit du Hunan puis du circuit sud de l'ouest de la capitale. Là, il s'illustre en refusant de faire condamner à mort les pillards, convaincu qu'ils ne sont poussés que par la faim. Pour plus de renseignements, voir l'épitaphe que lui a consacrée Bi zhongyou 畢仲游 (1047-1121) : « Zuozhao qing dafu zhishi Wang gong muzhiming » 左朝請大夫致仕王公墓誌銘, in *Xitai ji* 西台集, *juan* 13.

3. Le roi Hui de Liang aurait régné de 370 à 335 av. J.-C. et Xuan de Qi de 342 à 324 av. J.-C.

《盜蹠》、《胠篋》，以詆訾孔子之徒，以明老子之術. 此知莊子之粗者. 余以為莊子蓋助孔子者，要不可以為法耳. 楚公子微服出亡，而門者難之. 其僕操箠而罵曰："隸也不力." 門者出之. 事固有倒行而逆施者. 以僕為不愛公子，則不可；以為事公子之法，亦不可. 故莊子之言，皆實予；而文不予，陽擠而陰助之，其正言蓋無幾. 至於詆訾孔子，未

et métaphores[4]. Il composa les chapitres intitulés « Le Vieux pêcheur », « Le Brigand Zhi » et « Le Vol des malles »[5] dans lesquels il se moqua des disciples de Maître Kong et mit en lumière l'art politique de Laozi. »

Ces propos témoignent d'une connaissance grossière de Maître Zhuang. Pour ma part, je pense que sa pensée seconde Maître Kong[6], mais qu'en général, elle ne peut servir de modèle.

Quand le prince héritier de Chu sortit, déguisé en habits ordinaires, de son palais, le portier le critiqua. Son serviteur brandit un fouet et l'insulta : « Toi, esclave sans pouvoir ! » Le gardien les laissa donc passer. Dans cette affaire, quelque chose va à l'encontre de l'ordre des choses et agit à rebours de la raison[7]. Mais il est impossible de dire que le serviteur n'est pas attaché au prince héritier, de même qu'il est impossible de voir dans cette conduite le modèle du service d'un prince.

Voilà pourquoi les paroles de Maître Zhuang s'accordent en réalité [avec la pensée de Maître Kong] mais s'y refusent dans l'expression, la brusquent ouvertement mais la secondent secrètement[8]. Très rares sont en effet les propos qui ne sont pas obliques.

---

4. Il s'agit littéralement de « paroles logées » [en autre chose]. C'est l'un des trois modes de discours – le plus largement mobilisé – du *Zhuangzi*, avec les paroles garanties par l'autorité des anciens et les paroles circonstancielles qui n'ont de validité que dans un dialogue précis et sont toujours adressées à quelqu'un.

5. Respectivement les chapitres 31 et 29 qui critiquent Maître Kong et le 10 qui expose les arts de Laozi.

6. Si la thèse de Su Shi est nouvelle, elle a peut-être un antécédent chez Han Yu 韓愈 qui avait construit une généalogie et fait de Zhuangzi l'héritier, *via* Tian Zifang 田子方, de Zixia 子夏, un des disciples importants dans les *Entretiens*. Il n'allait pas cependant jusqu'à affirmer la « collaboration » des deux pensées. Voir « Song Wang xiucai xu » 送王秀才序, in *Han Changli wen ji jiaozhu* 韓昌黎文集校注, p. 153.

7. L'expression « *you daoxing er nishi* » 有倒行而逆施 vient des *Mémoires historiques*, vol. 7, *juan* 66, « Biographie de Wu Zixu » [伍子胥], p. 2176.

8. L'attitude du serviteur du prince peut en effet être qualifiée d'« humaine » [*ren* 仁] mais pas de correcte [*zheng* 正].

嘗不微見其意．其論天下道術，自墨翟、禽滑釐、彭蒙、慎到、田騈、關尹、老聃之徒，以至於其身，皆以為一家，而孔子不與，其尊之也至矣．

然余嘗疑《盜蹠》、《漁公》，則若真詆孔子者．至於《讓王》、《說劍》，皆淺陋不

Quant aux railleries et au dénigrement envers le Maître, je n'ai jamais cessé d'en examiner avec la plus grande minutie le sens. Lors que Maître Zhuang discuta de la Voie et de ses arts dans le chapitre « Dans le monde » des disciples de Mo Di, Qin Huali, Peng Meng, Shen Dao, Tian Pian, Guan Yin et jusqu'à lui-même compris, toutes les familles de pensée forment un courant séparé[9] ; or, Maître Kong n'est pas évoqué, et [cette absence] traduit le comble du respect ![10]

Cependant, je me suis souvent[11] demandé si « Le Brigand Zhi » et le « Vieux pêcheur » ne dénigraient pas réellement Maître Kong. Les chapitres intitulés « Les Rois qui abdiquent » et « Le Discours sur les épées »[12] sont superficiels et vulgaires et ne proposent aucune entrée dans la Voie. Je n'ai cessé de

---

9. Le chapitre 33, le dernier du *Zhuangzi*, passe en revue les différentes familles de pensées de la fin des Printemps et Automnes jusqu'aux Royaumes combattants. Su Shi ne cite ici que les premières : refus des excentricités et de la prodigalité avec Mozi et Qin Huali, impartialité et adaptation au monde avec Peng Meng, Tian Pian et Shen Dao, accent mis sur le principe et mépris des réalités concrètes avec Laozi et le disciple le gardien de la Passe [de l'Oust], Yin, à qui il transmit son message ; valorisation de l'incessant changement avec Maître Zhuang. Nous renvoyons à la lecture en Liou, p. 348-358.

10. L'argument du silence est un véritable argument, auquel les commentateurs des *Classiques* recourent volontiers. Ainsi Wang Bi 王弼 (226-249), immense commentateur du *Laozi* et du *Classique du changement*, pour exprimer la préséance Maître Kong sur Laozi, rapporte que s'il ne parle pas du « Néant », c'est qu'il l'incarne tandis que Laozi, en en faisant une des notions fondamentales, en est encore éloigné. De la même façon, Zhang Zai 張載 (1020-1078), l'un des pères du néo-confucianisme sous les Song, remarque qu'un seul hexagramme n'est pas mentionné dans la « Suite hexagrammatique » [Xugua 序卦], commentaire attribué à Confucius où sont mis en série les signes du changement, *Xian* 咸, « l'Influence universelle », et que, pour cette raison, il doit être considéré comme le plus important après les deux premiers du livre. C'est un des aspects du « propos subtil » [*weiyan* 微言] des sages.

11. Je lis *chang* 嘗 comme *chang* 常.

12. Respectivement chapitres 28 et 30.

入於道．反復觀之[56]，得其《寓言》之終曰：“陽子居西遊於秦，遇老子．老子曰：『而睢睢，而盱盱，而誰與居．太白若辱，盛德若不足.』陽子居蹴然變容．其往也，舍者將迎其家，公執席，妻執巾櫛，舍者避席，煬者避灶．其反也，舍者與之爭席矣.” 去其《讓王》、《說劍》、《漁父》、《盜蹠》四篇，以合於《列禦寇》之篇，曰：“列禦寇之齊，中道而反，曰：『吾驚焉，吾食於十漿，而五漿先餽.』” 然後悟而笑曰：“是固一章也.” 莊子之言未終，而昧者勦之以入其言．余不可以不辨．凡分章名篇，皆出於世俗，非

56. [之]後原有[意]字，據《七集．前集》卷三十二刪.

méditer, d'y venir et d'y revenir, puis j'ai trouvé le dernier texte des « Paraboles » :

Yang Ziju voyageait vers l'Ouest dans le pays de Qin. Il y rencontra par hasard Laozi qui lui dit : « Tu écarquilles les yeux, plein de morgue, et regardes vers le ciel, qui voudrait habiter avec toi ? La grande blancheur paraît souillée, la vertu parfaite paraît incomplète. » Yang Ziju, craintif et respectueux, changea de mine. Lorsqu'il était arrivé à l'auberge, tous les habitants l'avaient accueilli et conduit dans la maison ; le tenancier lui avait tendu la natte, sa femme peigne et serviette ; tous lui avaient cédé leur place et le cuisinier s'était écarté du feu. Mais quand il revint, les gens dans l'auberge lui disputèrent la natte[13].

Si l'on élimine « Les Rois qui abdiquent », « Le Discours sur les épées », « Le Vieux pêcheur » et « Le Brigand Zhi », ce passage s'accorde [au début] du chapitre « Lie Refoule-démons » :

Lie Refoule-démons qui allait au pays de Qi revint alors qu'était à mi-chemin et dit : « J'ai pris peur. J'ai mangé dans dix tavernes et dans cinq, je fus servi en premier[14]. »

Mon esprit s'éveilla et dans un rire, je dis : « Ce sont là deux passages d'un même paragraphe. » Maître Zhuang n'avait pas fini de parler ; un sot a coupé ses paroles pour y glisser les siennes. Je ne pouvais laisser cette question non débattue. Globalement, la séparation en paragraphes et le nom

13. Yang Ziju revient de la conversation qu'il a eue dans sa chambre avec Laozi. Pour ce texte un peu modifié et raccourci par Su Shi, voir ZZJS, p. 413-414 et Liou, p. 305-306.

14. L'argument de Su Shi pourrait encore être renforcé par le fait que dans le *Liezi*, compilation de la fin du IIIe siècle ou du début du IVe, les deux textes cités figurent à la suite l'un de l'autre (même si l'ordre est inversé). Voir Yang Bojun 楊伯峻 (éd.), *Commentaires rassemblés sur le Liezi* [Liezi jishi 列子集釋], chapitre 2, §§ 14 et 15, p. 76-81.

莊子本意.

元豐元年十一月十九日記.

des chapitres sont l'œuvre de la vulgate et n'expriment pas l'intention première de Maître Zhuang.

Commémoré le 19ᵉ jour du 11ᵉ mois, an 1 de l'ère de la *Prospérité originelle*.

N° 28

Randonnée au Mont de Huan
(5 mars 1079)

Des commémorations de voyage célèbres depuis Liu Zongyuan (773-819), plus rien ne subsiste sinon la conclusion où Su Shi mentionne, comme l'avait fait Wang Anshi (1021-1086) dans la Promenade au mont du maître du dhyâna Bao, *ceux qui l'accompagnent. Peut-être faut-il d'ailleurs voir dans ce texte une réponse à Wang. Si leur début évoque dans les mots mêmes des* Entretiens *une aspiration lettrée et un moment de détente harmonieux, la suite développe une forme d'immortalité négative : la sottise éternelle de Huan Tui.*

第二十八

游桓山記

元豐二年正月己亥晦，春服既成，從二三子游於泗之上．登桓山，入石室，使道士戴日祥鼓雷氏之琴，操《履霜》之遺音，曰："噫嘻悲夫，此之司馬桓魋之墓也．"或曰：

N° 28

Randonnée au Mont de Huan

Le jour *jihai* du 1er mois, au crépuscule, an 2 de l'ère de l'*Abondance originelle*, en tunique légère printanière et en compagnie de quelques jeunes amis[1], je randonnai sur les rives de la Si, gravis le Mont de Huan, entrai dans une grotte où nous priâmes le maître du Tao Dai Rixiang[2] de jouer sur une cithare du luthier Lei[3]. Et dans les notes évanescentes de l'air « En marchant sur le givre »[4], il dit : « Las ! Las ! Ici était le tombeau du commandant de la cavalerie Huan Tui[5]…

1. Le début de ce texte est une variation sur un passage célèbre des *Entretiens* (XI, 25) où Confucius demande à ses disciples quelles sont leurs aspirations. Tandis que les premiers évoquent, plus ou moins prudemment, leur désir de servir, Zeng Dian, (de prénom social Zixi 子晳 et père de Maître Zeng 曾子, l'auteur du *Classique de la piété filiale*) qui n'a cessé d'effleurer la cithare pendant cette libre conversation, répond : « Mon plus grand désir est d'aller, à la fin du printemps, lorsque les vêtements de fête sont prêts, en compagnie de cinq ou six jeunes gens en âge de porter la coiffe et de six ou sept jeunes garçons, me purifier dans les eaux de la Yi, jouir de la brise aux Autels de la pluie, puis rentrer en chantant. » Le Maître, avec un profond soupir, aurait ajouté : « Je suis d'accord avec Zeng Xi. » (trad. Anne Cheng, p. 93)

2. Peu de renseignements existent sur ce taoïste. Dans un poème, Su Shi indique qu'il est originaire du Sud du Fleuve bleu et faisait commerce de remèdes à Xuzhou. Voir « Dai daoshi de si zi daizuo » 戴道士得四字代作, in SSSJ, vol. 3, *juan* 18, p. 923.

3. Célèbre famille de luthiers de la dynastie des Tang.

4. « En marchant sur le givre » [*Lü shuang* 履霜] est un air composé par Bo Qi 伯奇, fils aîné de Yin Jifu 尹吉甫, ministre et un des compilateurs du *Classique des poèmes* sous le règne du roi Xuan des Zhou 周宣王. Calomnié par sa belle-mère en 828 av. J.-C., il aurait été exilé par son père. Un matin, il aurait composé une musique et après l'avoir chantée, se serait jeté dans le Fleuve Jaune. Voir Guo Maoqian郭茂倩 (1041-1099), *Yuefu shiji* 樂府詩集, vol. 3, juan 57, p. 833.

5. Huan Tui 桓魋 est le ministre de la guerre du pays de Song, par lequel passe Confucius lorsqu'il se rend de la principauté de Wei衛 à celle de Chen 陳. D'après la légende, alors que Confucius était en train d'exé-

"鼓琴於墓，禮歟？"曰："禮也．季武子之喪，曾點倚其門而歌．仲尼，日月也，而魋以為可得而害也．且死為石椁，三年不成，古之愚人也．余將弔其藏，而其骨毛爪齒，既已化為飛塵，蕩為冷[57]風矣，而況於椁乎，況於

57. 《七集. 前集》卷三十二[冷]作[泠].

– Pincer la cithare sur une tombe, est-ce bien conforme aux rites ?

– Oui, répondit-il. Lors des funérailles du maître de Lu, Ji Wuzi, Zeng Dian chanta appuyé contre la porte de sa demeure[6]… Maître Kong était comme le soleil et la lune [que l'on ne peut outrepasser ni menacer][7], pourtant Huan crut pouvoir le saisir et l'assassiner. En outre, il se fit préparer pour sa mort un sarcophage qui ne fut même pas achevé en trois ans[8]. Exista-t-il homme plus sot dans l'Antiquité ! Même si je voulais pleurer ses restes, ses os, ses poils, sa peau et ses dents ne sont plus désormais que poussières balayées par un vent glacial ; que dire de son cercueil ou pire encore des serviteurs et des concubines qui l'ont accompagné dans la tombe ou

---

cuter un rituel sous un arbre, les hommes de Huan Tui tentèrent d'arracher l'arbre et le menacèrent de mort. Confucius aurait répondu : « C'est le ciel qui a fait naître en moi la force de la Vertu. Que peut sur moi un Huan Tui ! » (*Entretiens*, VII, 23, trad. Anne Cheng, p. 65).

6. Ji Wuzi ou Ji Sunxiu 季孫宿 (mort en 535 av. J.-C.) était le grand préfet de la principauté de Lu où il exerçait le pouvoir en maître, ne laissant qu'une autorité nominale au prince Xiang 襄公. Il se faisait rendre les honneurs dus à un prince et ne supportait pas que quiconque parût en habit de deuil devant lui. Seul Jiao Gu 蟜固 osa le faire et donna ainsi une leçon à l'usurpateur. Cet épisode est rapporté dans les *Mémoires sur les cérémonies* qui ajoutent que, lors de ses funérailles, Zeng Dian joua de la cithare. *Liji* 禮記, « Tangong xia » 檀弓下, trad. Séraphin Couvreur, vol. 1, 1re partie, p. 190-191.

7. Zigong dit dans les *Entretiens* (XIX, 24) : « Il est impossible de ternir le nom de Confucius. Auprès de lui, les autres sages ne sont qu'autant de tertres ou de collines aisément franchissables. Lui-même est soleil ou lune, que personne ne saurait outrepasser ni même effleurer par des menaces de sécession » (trad. Anne Cheng, p. 149).

8. Cet épisode est mentionné dans les *Mémoires sur les cérémonies*, « Tangong shang » 檀弓上, trad. Séraphin Couvreur, vol. 1, 1re partie, p. 164-167. Confucius aurait un jour prononcé cette parole : « Ce que doit faire un officier qui a perdu sa charge, c'est désirer d'être bientôt réduit à l'indigence et un homme mort d'être bientôt réduit en poussière. » Comme après sa mort, ses disciples cherchent à savoir si cette parole peut devenir une maxime, Maître You 有子 répond qu'il s'agit de paroles de circonstances prononcées seulement lorsque Confucius apprit la construction du cercueil de Huan Tui.

從死之臣妾、飯含之貝玉乎？使魋而無知也，余雖鼓琴而歌可也．使魋而有知也，聞余鼓琴而歌知哀樂之不可常、物化之無日也，其愚豈不少瘳乎？”

二三子喟然而歎，乃歌曰：

“桓山之上，維石嵯峨兮．司馬之惡，與石不磨兮．桓山之下，維水瀰瀰兮．司馬之藏，與水皆逝兮．”

歌闋而去．從游者八人：畢仲孫、舒煥、寇昌朝、王適、王遹、王肄、軾之子邁、煥之子彥舉．

des cauris et du jade placés dans sa bouche[9]. Si Huan Tui n'a plus conscience de rien, peu importe que je pince la cithare et chante ; et s'il en est encore doté, il entendra cette musique et ce chant, saura que joie et tristesse sont impermanentes, que la métamorphose est toujours imminente. Sa sottise n'en sera-t-elle pas quelque peu guérie ? »

Mes compagnons poussèrent un long soupir, puis entonnèrent ce chant :

Sur le pic de Huan
Roches abruptes, pierres hautes.
Là les tares du cavalier
Avec les pierres ne s'érodent.

En bas du pic
Une eau profonde et abondante,
Où les reliques du cavalier
Avecques l'onde s'en sont allées.

Lorsque les deux strophes de cette chanson furent terminées, nous partîmes. Huit personnes m'accompagnaient dans cette randonnée : Bi Zhongsun, Shu Huan, Kou Changchao, Wang Shi, Wang Yu, Wang Yi, mon fils Mai, celui de Huan, Yanju[10].

---

9. Depuis l'Antiquité, la coutume voulait que l'on place des grains de riz, du jade, des coquillages ou des perles dans la bouche des défunts pour ralentir la corruption du cadavre et favoriser son passage dans le monde des morts, les Sources Jaunes,

10. Bi Zhongsun est le frère de Bi Zhongyou畢仲游 (1047-1121), un brillant lettré qui sera classé premier de l'examen spécial que préside Su Shi à la capitale en 1086. Wang Shi (1055-1089), gendre de Su Zhe, et ses frères Wang Yi et Wang Yu, sont alors des fonctionnaires de Xuzhou où Shu Huan (1127-1131) est professeur. Su Mai (né en 1059) est le fils aîné de Su Shi.

N° 29

Le Jardin des Zhang à Lingbi (1er mai 1079)

Les jardins, lieux par excellence de la vie privée et de la retraite parfois en pleine ville, sont le thème de nombreuses commémorations des Song. Ouyang Xiu avait décrit ceux de Luoyang, Sima Guang le sien dans le Jardin des joies non partagées *où il était, « seul et heureux de l'être, incapable d'imaginer qu'il y ait entre ciel et terre des joies qui valent les siennes »*[1]*. Ces sites d'élection sont souvent l'occasion pour les lettrés de « se construire » une identité plus originelle, primordiale, détachée du lien au politique.*

Après s'être acquitté plutôt formellement de l'évocation des beautés du jardin, Su Shi reprend sa réflexion sur l'opposition entre les vies privée et publique et trouve dans la situation géographique du site, proche de la capitale, une nouvelle solution.

1. Traduction de Martine Vallette-Hémery, *Les Paradis naturels*, p. 44.

第二十九

靈壁張氏園亭記

道京師而東，水浮濁流，陸走黃塵，陂田蒼莽，行者倦厭. 凡八百里，始得靈壁張氏之園於汴之陽. 其外修竹森然以高，喬木蓊然以深. 其中因汴之餘浸，以為陂池，取山之怪石，以為巖阜. 蒲葦蓮芡，有江湖之思. 椅桐檜柏，有山林之氣. 奇花美草，有京洛之態. 華堂廈屋，有吳蜀之巧. 其深可以隱，其富可

N° 29

Le Jardin des Zhang à Lingbi

En route vers la capitale puis en allant vers l'Est, le voyageur navigue sur des eaux boueuses et court dans la poussière jaune entre des champs sur des coteaux à perte de vue qui le fatiguent et l'ennuient. Au bout de huit cents *lis*, il trouve enfin le jardin de Messire Zhang à Lingbi[2] sur la rive sud de la rivière Bian. À l'extérieur, d'immenses bambous denses lui donnent de la hauteur et de beaux arbres touffus de la profondeur ; à l'intérieur, les eaux lentes drainées de la Bian ont été aménagées en étang et les pierres étranges des montagnes environnantes en colline de rocaille. Les acores, les joncs, les lotus et les euryales évoquent avec nostalgie les paysages du Fleuve et des lacs ; les idésias, les paulownias, les genévriers et les cyprès le souffle puissant des forêts et des monts ; les fleurs étranges et les belles plantes l'allure des jardins de la capitale et de Luoyang[3] ; les bâtiments élancés et décorés l'habile architecture de Wu et de Shu[4]. Assez profond pour y

2. Lingbi est situé dans l'actuelle province de l'Anhui 安徽, au sud-est de Kaifeng 開封, capitale des Song du Nord. Le jardin est fondé pendant l'ère Tiansheng 天聖 (1024-1032) sous le règne de Renzong 仁宗. Très peu de renseignements subsistent sur l'identité réelle de ses propriétaires. Le jardin est largement chanté sous les Song du Nord par Su Shi lui-même [SSSJ, vol. 4, juan 25, p. 1323], Zeng Gong 曾鞏 (1019-1083), ami proche de Ouyang Xiu, Liu Zhi劉摯(1030-1097), Wang Anli王安禮 (1034-1095) ou Huang Shang黃裳 (1044-1130).

3. Les jardins de Luoyang sont depuis les Tang mais surtout sous les Song avec Ouyang Xiu et Sima Guang 司馬光 qui y fait construire le Jardin du comble de la joie [*Jile yuan* 極樂園] les modèles de cet art d'agrément. On pourra se reporter au n° 22 d'Extrême-Orient Extrême-Occident et à l'ouvrage de Yang Xiaoshan, *Metamorphosis of the Private Sphere – Gardens and Objects in Tang-Song Poetry*.

4. Wu désigne ici la région de Suzhou 蘇州 au Jiangsu actuel et Shu la partie orientale du Sichuan.

以養. 果蔬可以飽鄰里, 魚鱉筍[58]茹可以餽四方之賓客. 余自彭城移守吳興, 由宋登舟, 三宿而至其下. 肩輿叩門, 見張氏之子碩. 碩求余文以記之.

維張氏世有顯人, 自其伯父殿中君, 與其先人通判[59]府君, 始家靈壁, 而為此園, 作蘭皋之亭以養其親. 其後出仕於朝, 名聞一時, 推其餘力, 日增治之, 於今五十餘年矣. 其木皆十圍, 岸谷隱然. 凡園之百物, 無一不可人意者, 信其用力之多且久也.

古之君子, 不必仕, 不必不仕. 必仕則忘

58. [筍]原作[荀], 據朗本卷四十九改.
59. 朗本、宋文鑑卷八十二[判]作[州].

vivre en ermite, le jardin est aussi assez riche pour y nourrir le corps. Les fruits et les légumes pourraient rassasier le voisinage et ses poissons, tortues, pousses de bambou et autres gousses régaler les visiteurs venus des quatre orients.

Lorsque je quittai Pengcheng pour prendre le poste de gouverneur de Huzhou[5], j'empruntai une embarcation dans l'ancien pays de Song, voyageai trois nuits et arrivai en contrebas du jardin, m'y rendis en palanquin, frappai à la porte et vis le fils de Messire Zhang, Shuo[6] qui me demanda pour ce jardin une commémoration.

Seule la branche familiale de Messire Zhang est connue dans le monde. Depuis que son oncle paternel, attaché au Ministère de la maison impériale, et son défunt père, le vice-administrateur des provinces supérieures, se sont installés à Lingbi, ils ont aménagé ce jardin et fait construire le Pavillon de la rive des orchidées pour nourrir leurs proches. Par la suite, ils le quittèrent pour servir à la cour où ils devinrent célèbres en leur temps. L'énergie qu'il leur restait, ils la dédièrent à agrandir et à aménager chaque jour leur jardin. Plus de cinquante ans se sont écoulés depuis et les arbres ont tous dix empans de tour, cachent les vallons et les rives. Rien là qui ne comble l'esprit et sans doute possible, beaucoup de moyens et d'énergie lui furent consacrés.

Dans l'antiquité, un homme de bien n'était pas obligé de servir ; pas davantage il ne se sentait forcé de ne pas servir.

---

5. Su Shi quitte à regret Xuzhou [Pengcheng] dans le courant du mois d'avril 1079 et arrive à Huzhou 湖州 [actuelle région de Wuxing 吳興] le 23 mai. Voir *La Signature de Qin Taixu*. Il entreprend alors des démarches pour acheter des terres à Changzhou 常州.

6. Zhang Shuo 張碩 est très mal connu. Un poème de He Zhu 賀鑄 (1052-1125) sur ce jardin semble indiquer que le fondateur fut membre de l'Académie de l'Assemblée des Sages [*jixian yuan* 集賢院]. Pour une traduction du poème de He Zhu, voir Sargent, p. 75.

其身，必不仕則忘其君．譬之飲食，適於饑飽而已．然士罕能蹈其義、赴其節．處者安於故而難出，出者狃於利而忘返．於是有違親絕俗之譏，懷祿苟安之弊．今張氏之先君，所以為其子孫之計慮者遠且周，是故築室蓺園於汴、泗之間，舟車冠蓋之衝，凡朝夕之奉，燕遊之樂，不求而足．使其子孫開門而出仕，則跬步市朝之上，閉門而歸隱，則俯仰山林之下．於以養生治性，行義求志，無適而不可．故其子孫仕者皆有循吏良能之稱，處者皆有節士廉退之行．蓋其先君子之澤也．

Se contraindre à prendre un poste, c'est s'oublier ; s'obliger à ne pas en prendre, c'est oublier son prince. [Ce serait aussi absurde que] si, pour se nourrir, on n'avait le choix qu'entre la faim et la satiété.

Rares sont cependant les lettrés qui peuvent respecter l'équité et suivre leurs principes. Ceux qui vivent retirés, à l'aise dans leurs habitudes, ont du mal à en sortir, et ceux qui se sont engagés, avides de profits, oublient de rentrer chez eux. De là viennent les railleries envers ceux qui négligent leurs proches et se coupent des mœurs ordinaires, comme les vices des autres qui languissent pour un salaire et ne cherchent qu'un confort temporaire.

Or le défunt père de Messire Zhang a paré par des dispositions prévoyantes et complètes à l'avenir de ses fils et petits-fils, et c'est pourquoi il a construit sa demeure et installé ce jardin entre les rivières Bian et Si, à un carrefour où passent en bateau comme en équipage les mandarins. Les besoins de la journée, les joies des banquets, ils les ont en abondance sans avoir à les rechercher. Si ces fils et petits-fils ouvrent les portes du jardin et vont servir, ils sont à deux pas des places publiques ; si, en revanche, ils les referment et rentrent vivre dans la retraite, ils contemplent les montagnes et les forêts. Ils peuvent à leur gré et partout nourrir leur vie, cultiver leur nature, pratiquer la voie juste et poursuivre leur élan sans que rien ne s'y oppose[7]. Ainsi, s'ils sont en poste, ils jouissent d'une réputation de fonctionnaires respectueux des lois et compétents ; et s'ils vivent retirés, ils adoptent la conduite de lettrés tempérants et modestes. Ce sont là sans nul doute les bienfaits [des dispositions prises] par leur ancêtre.

---

7. Su Shi propose une variation positive sur un passage des *Entretiens* (XVI, 12) : 隱居以求其志，行義以達其道，吾聞其語而見其人也. « Vivre inconnu afin de poursuivre son idéal, pratiquer le Juste afin de répandre sa Voie, je l'ai entendu dire mais encore jamais vu illustrer par personne » (trad. Anne Cheng, p. 132).

余為彭城二年，樂其土風. 將去不忍，而彭城之父老亦莫余厭也，將買田於泗水之上而老焉. 南望靈壁，雞犬之聲相聞，幅巾杖屨，歲時往來於張氏之園，以與其子孫遊，將必有日矣.

元豐二年三月二十七日記.

Lors de ma seconde année comme gouverneur de Pengcheng, j'ai pris plaisir aux coutumes locales ; il m'est aujourd'hui difficile de quitter cette région, et comme les anciens de la ville ne sont pas non plus dégoûtés de moi, j'achèterai des terres sur les rives de la Si pour y finir mes jours. Au Sud, je verrai au loin Lingbi dont je percevrai la vie harmonieuse et naturelle[8]. Un jour viendra où, un bandeau sur le front, une canne à la main et en sandales, saison après saison, je fréquenterai le jardin de Messire Zhang et randonnerai avec ses fils et petits-fils…

Commémoré le 27ᵉ jour du 3ᵉ mois, an 2 de l'ère de l'*Abondance originelle.*

8. Littéralement : « Nous entendrons mutuellement les cris des poules et des chiens. » Depuis le *Laozi* et *La Source aux fleurs de pêchers* [Taohua yuan ji 桃花源記] de Tao Yuanming 陶淵明 (372-427), la mention de ces animaux est l'image traditionnelle de la vie simple, frugale et harmonieuse dans de petites communautés autonomes.

N° 30

Les Bambous courbés
du Val des Yundang peints par Yuke
(août 1079)

De cette commémoration ont surtout été retenus la réflexion sur l'art lettré et le devenir-bambou de Wen Tong. Il est vrai que Su Shi y expose très nettement comment la peinture est un élément à part entière de la culture de soi. La manière dont il peint et saisit sa vision doit effectivement être comprise comme un processus permettant d'atteindre le Tao.

Mais il faut aussi lire l'évocation d'une amitié, voir sur quelles bases elle se construit : une aspiration commune à l'élévation morale par l'art, une liberté de ton et de manières, l'humour, le rejet du renom et un goût partagé pour la poésie : autant d'éléments constitutifs pour Su Shi de la culture de soi et du détachement.

第三十

文與可畫篔簹谷偃竹記

竹之始生，一寸之萌耳，而節葉具焉．自蜩腹蛇蚹以至于劍拔十尋者，生而有之也．今畫者乃節節而為之，葉葉而累之，豈復有竹乎！故畫竹必先得成竹於胸中，執筆熟視，乃見其所欲畫者，急起從之，振筆直遂，以追其所見，如兔起鶻落，少縱則逝矣．與可之教予如此．予不能然也，而心識其所以然．夫既心識其所以然而不能然者，內外不一，心手不相應，不學之過也．故凡有見於中而操之不熟者，平居自視了然，而臨事忽焉喪之，豈獨竹乎！子由

N° 30

Les Bambous courbés du Val des Yundang peints par Yuke

À sa naissance, le bambou, qui n'est encore qu'une pousse haute d'un pouce, possède déjà nœuds et feuilles. Qu'il se dépouille de sa gaine de chaume comme une cigale qui s'extirpe de sa chrysalide ou un serpent qui mue[9], et s'arrache à la terre, droit comme une épée pour atteindre quatre-vingts pieds, il développe ce qu'il a virtuellement en lui. Or, les peintres d'aujourd'hui ajoutent nœud après nœud et accumulent feuille sur feuille. Comment serait-ce encore un bambou !

Ainsi lorsqu'on le peint, il faut préalablement s'être transformé en lui dans son for intérieur, et le pinceau à la main, le regard concentré et exercé, on voit alors ce que l'on doit peindre, s'ébranle sans tarder, manie la brosse brusquement pour coller à cette vision et la saisir aussi vivement qu'un faucon qui fond sur un lièvre qui bondit. Un instant de relâchement et tout s'évanouit…

Voilà ce que m'a enseigné Yuke[10] et que je n'ai pu maîtriser malgré ma connaissance des principes. Si j'échoue, c'est que l'intérieur et l'extérieur ne s'unissent pas, que le cœur et la main ne s'accordent pas et que je n'étudie pas. Ainsi chaque vision intérieure que l'on n'a pas exercée dans une longue pratique, on prétend en avoir une claire conscience quand on est au calme, mais dès qu'il faut la mettre en situation, elle disparaît. Ce n'est [malheureusement] pas seulement le cas

9. Su Shi reprend ici le thème de la mue et de la chrysalide au chapitre 2 du *Zhuangzi*. Voir ZZJS, p. 52 et Liou, p. 104.

10. Sur Wen Tong (1019-1079), voir *Le Monastère de la cause pure* (13 juin 1071) et *La Salle du prince de l'encre* (1072).

為《墨竹賦》以遺與可曰 ： “庖丁， 解牛者也， 而養生者取之. 輪扁， 斲輪者也， 而讀書者與之. 今夫夫子之託於斯竹也， 而予以為有道者， 則非耶？” 子由未嘗畫也， 故得其意而已. 若予者， 豈獨得其意， 并得其法.

與可畫竹， 初不自貴重， 四方之人持縑素而請者， 足相躡於其門. 與可厭之， 投諸地而罵

de la peinture de bambou. Mon frère Ziyou a composé pour Yuke une *Rhapsodie des bambous encrés* où il écrit : « Le boucher Ding n'est qu'un trancheur de bœuf mais ceux qui nourrissent leur vie s'en inspirent ; le charron Bian[11] qu'un faiseur de roue mais ceux qui étudient l'approuvent. Vous, Maître, vous placez tout votre être dans ces bambous et moi, j'y découvre une Voie, m'en blâmerez-vous ?[12] »

Ziyou n'a jamais pratiqué la peinture, aussi n'en a-t-il perçu que le sens ; quant à moi, j'en sais le sens et les règles.

Lorsque Yuke peignait des bambous, au début il n'accordait à ses œuvres ni valeur ni importance ; mais des quatre orients des gens vinrent lui tendre des soies blanches et le prier d'en tracer, se marchant les uns sur les autres à sa porte. Dégoûté, Yuke jeta à terre les rouleaux et les insulta : « Cessez ou j'en

---

11. Su Shi fait référence à deux histoires célèbres d'artisans du *Zhuangzi*. La première extraite du chapitre 3 « Nourrir la vie » [Yansheng pian 養生篇], le boucher Ding s'exprime ainsi : « Ce que votre serviteur prise dans son travail, c'est la façon même dont marchent les choses, au-delà de la simple technique. Lorsque je débutais, je ne voyais que le bœuf devant moi. Au bout de trois ans, je cessais de le voir comme un tout. À présent, je le trouve par l'esprit sans le concours des yeux : le savoir de mes sens n'a plus à intervenir et je laisse libre cours aux puissances de l'esprit, qui se guident sur la structure interne du bœuf. » (ZZJS, p. 55-58, trad. Romain Graziani.) Cette « technique » est devenue l'un des modèles de la pratique artistique comme une des « méthodes » de la culture de soi, visant à abolir la différence entre l'intérieur et l'extérieur, entre le sujet et l'objet et à penser la réalité comme un flux. La seconde est extraite du chapitre 13 « La Voie du ciel » [Tiandao pian 天道篇]: le charron Bian expose au duc Huan de Qi les difficultés et les spécificités de sa technique, laquelle ne peut être transmise : « Quand je taille une roue et que j'attaque trop doucement, mon coup ne mord pas. Quand j'attaque trop fort, il s'arrête [dans le bois]. Entre force et douceur, la main trouve et l'esprit répond. Il y a là un tour que je ne puis exprimer par des mots, de sorte que je n'ai pu le transmettre à mes fils, que mes fils n'ont pu le recevoir de moi et que, passé la septantaine, je suis encore là à tailler des roues malgré mon grand âge » (ZZJS, p. 216 trad. Jean-François Billeter, p. 21).

12. Le texte de Su Zhe se trouve dans ses œuvres littéraires, *Su Che ji* 蘇轍集, vol. 1, *juan* 17, p. 333-334.

曰："吾將以為襪材[60]." 士大夫傳之，以為口實. 及與可自洋州還，而余為徐州. 與可以書遺余曰："近語士大夫，吾墨竹一派，近在彭城，可往求之. 襪材當萃於子矣." 書尾復寫一詩，其略曰："擬將一段鵝谿絹，掃取寒梢[61]萬尺長." 予謂與可，竹長萬尺，當用絹二百五十匹，知公倦於筆硯，願得此絹而已. 與可無以答，則曰："吾言妄矣，世豈有萬尺竹也哉." 余因而實之，答其詩曰："世間亦有千尋竹，月落庭空[62]影許長." 與可笑曰："蘇子辯則辯矣[63]. 然二百五十匹，吾將買田而歸老焉." 因以所畫篔簹谷偃竹遺

60. 原無[材]字.
61. [梢]原作[稍]，據朗本卷四十九改.
62. [庭空]原作[空庭]，今從宋文鑑卷八十二.
63. [辯矣]原作[辨矣]，今從宋文鑑.

ferai des guêtres ! » Les mandarins se passèrent ce mot qui devint un sujet de plaisanterie.

Puis Yuke revint de la province de Yang, et quand je fus muté comme gouverneur de Xu[13], il me laissa une lettre : « J'ai dit, récemment à ces mandarins, écrivait-il, que nous venions, nous les peintres de l'école des bambous encrés, de nous installer à Pengcheng et qu'ils pouvaient vous en réclamer. Vous croulerez bientôt sous les guêtres blanches ! » À la fin de la lettre, il copia un poème dont un distique disait :

Sur une soie de la Ravine aux oies je ferai
De dix mille pieds de long un lavis de rameaux glacés[14].

Je lui répondis que, pour peindre un bambou de dix mille pieds, il faudrait un rouleau de mille toises et que, sachant Messire las des encres et des pinceaux, cette seule peinture me suffirait. Yuke ne rétorqua pas mais ajouta : « J'ai parlé inconsidérément. A-t-on jamais vu dans le monde un bambou aussi haut ? » Je lui prouvais le contraire en répondant à son poème :

Dans le monde vivent des bambous de dix mille pieds ;
Au clair de lune, dans la cour vide, telle est leur ombre longue.

Yuke éclata de rire : « Quel beau parleur vous faites, Maître Su ! Mais avec un rouleau de mille toises, j'achèterai plutôt une terre pour y finir mes jours. » Il me donna alors les bambous

13. Wen Tong prend sa charge de gouverneur de Yangzhou (au Shaanxi 陝西 actuel) en 1075. Xuzhou 徐州 ou Pengcheng 彭城, ville du nord du Jiangsu.

14. La Ravine aux oies, où est établie une célèbre fabrique de soie, se trouve au Sichuan au nord-ouest du district du Pavillon du sel [Yanting xian 鹽亭縣]. Le poème ne figure pas dans les œuvres de Wen Tong [*Danyuan ji* 丹淵集].

予，曰："此竹數尺耳，而有萬尺之勢."篔簹谷在洋州，與可嘗令予作《洋州三十詠》，篔簹谷其一也. 予詩云："漢川修竹賤如蓬，斤斧何曾赦籜龍. 料得清貧饞太守，渭濱千畝在胸中." 與可是日與其妻游谷中，燒筍晚食，發函得詩，失笑噴飯滿案.

元豐二年正月二十日，與可沒於陳州. 是歲七月七日，予在湖州曝書畫，見此竹，廢卷而

courbés du Val des *yundang*[15] qu'il avait peints et ajouta : « Ces bambous ont quelques pieds de haut mais leur propension les porte à s'élever de dix mille. »

Le Val des *yundang* est situé dans la province de Yang. Yuke m'avait demandé d'en chanter [les beautés] en trente poèmes. L'un, consacré à ce val, disait :

Les bambous hauts de la Han, vils comme herbe folle,
Seront-ils épargnés par les haches et les serpes ?
Je songe à un préfet, misérable et glouton,
Dont le ventre ingurgite terre de mille arpents[16].

Ce jour-là, Yuke était allé avec son épouse randonner dans le val et faisait cuire des pousses pour le repas du soir. Lorsqu'il brisa le sceau de la lettre et le lut le poème, il s'esclaffa et recracha son riz sur toute la table.

Le 20e jour du 1er mois, an 1 de l'ère de l'*Abondance originelle*[17], Yuke mourut dans la province de Chen. La même année, le 7e jour du 7e mois, je fis sécher au soleil à Hu[18] mes peintures et mes calligraphies. Lorsque je vis ces bambous, je laissai tomber les rouleaux et pleurai à grands cris.

---

15. *Yundang* désigne une sorte de bambou aquatique géant à l'écorce fine et aux sections très longues. Le val se trouve près de Yangzhou.

16. Le dernier vers dit littéralement : « dans sa poitrine sont contenus mille arpents de la rivière Wei ». La rivière Wei est une allusion à un passage des *Mémoires historiques* [Shiji 史記, *juan* 259, p. 3271-3272] où Sima Qian évoque un marquisat de Wei dont la production la plus importante est le bambou.

Les trente poèmes, écrits lorsque Su Shi est préfet de Mizhou, figurent dans ses *Œuvres poétiques* sous le titre « He Wen Yuke Yangchuan yuanchi sanshi shou » 和文與可洋川園池三十首, SSSJ, vol. 3, *juan* 14, p. 667-699.

17. Le 4 février 1079.

18. Chenzhou 陳州 est l'actuelle ville de Huaiyang 淮陽 au Henan ; Huzhou 湖州 est l'un des noms de Wuxing 吳興 à Su Shi est arrivé en mai 1079.

哭失聲. 昔曹孟德《祭橋公文》，有“車過”、“腹痛”之語，而予亦載與可疇昔戲笑之言者，以見與可於予親厚無間如此也.

Autrefois, lorsque Cao Mengde composa une *Oraison pour Messire Qiao*, il mentionna une plaisanterie qu'il lui avait faite : « Si, à ma mort, vous passez près de ma tombe et que vous ne sacrifiez pas poulets et alcools, ne vous étonnez pas si, passé trois pas, vous avez mal au ventre.[19] »

J'ai, quant à moi, rapporté les mots que Yuke avait prononcés par jeu et pour rire : on verra à quel point notre estime mutuelle et notre intimité étaient grandes.

19. Je rétablis dans la traduction la plaisanterie. Dans son oraison, Cao Cao 曹操 (155-220) nommé ici d'après son prénom social Mengde et qui unifiera la Chine du Nord après la chute des Han, rappelle que, lorsqu'il était jeune, Qiao Xuan 橋玄 (109-183) avait su reconnaître ses talents et indiqué que la sécurité de l'empire dépendrait de lui. Une amitié s'en était suivie malgré la différence d'âge. Le texte est cité dans la biographie de Qiao Xuan de *L'Histoire des Han postérieurs* [Hou Hanshu 後漢書], vol. 6, *juan* 51, p. 1697.

N° 31

La Signature de Qin Taixu
(25 août 1080)

Première des commémorations écrites par Su Shi à Huangzhou, cette « signature », c'est-à-dire l'inscription laissée pour attester d'un passage, rend hommage à la beauté du texte de Qin Guan et à la plénitude ressentie lors de cette excursion. Les lieux traversés, le nom des temples renvoient à ces « scènes pures » [qingjing 清境] *qu'évoquent souvent les poèmes de Su Shi où la nature ne semble plus vivre que pour elle-même, où les hommes qui y passent découvrent un autre monde. En témoigne le poème intitulé « Nocturne en barque »*[1] *:*

Une brise susurre, légère, dans les joncs.
J'ouvre la porte : une pluie mais de lune inonde le lac.
Équipage et sarcelles rêvent le même rêve ;
De grands poissons jaillissent tels des renards en fuite.
En cette nuit profonde où les hommes et les choses s'ignorent,
Seules ma forme et mon ombre jouent l'une avec l'autre.
La houle obscure sur les berges console les vers glacés ;
Une lune tombée entre les saules glisse comme une araignée.
Dans cette vie qui se hâte au milieu des soucis,
De simples scènes passent parfois mais durent-elles ?
Chant des coqs, cloche frappée, oiseaux qui se dispersent ;
Et déjà à l'avant, au rythme des tambours, on s'appelle.

1. « Zhou zhong ye qi » 舟中夜起, SSSJ, vol. 3, *juan* 18, p. 942.

第三十一

秦太虛題名記

元豐二年中秋後一日，余自吳興道杭，東還會稽．龍井有辯才大師，以書邀余入山．比出

N° 31

La Signature de Qin Taixu[2]

*Le lendemain de la mi-automne, an 2 de l'ère de l'*Abondance originelle[3], *je fis route de Wuxing[4] à Hangzhou et revins à l'est de Kuaiji[5]. Le grand maître du dhyāna Biancai[6]*, alias

---

2. Qin Guan 秦觀, de prénom social Taixu (1049-1100), originaire de Gaoyou (au Jiangsu actuel 江蘇), docteur en 1085, est l'un des quatre grands disciples de Su Shi, qu'il connaît depuis un premier échange de lettres en 1075. Connu pour ses ballades, délicates et sensuelles, c'est aussi un lettré qui développe particulièrement la pensée « artiste » de son maître et accentue la dimension esthétique de la recherche de la Voie. Sa mort en 1100 touche considérablement Su Shi et sa douleur peut être comparée, pour son intensité, à la perte par Maître Kong de son disciple préféré et le plus avancé, Yan Yuan 顏淵 (521-490 av. J.-C.). L'*Histoire des Song* lui a consacré une courte biographie [Songshi, vol. 37, juan 444, p. 13112-13113].

3. Soit le 13 septembre 1079.

4. Sous-préfecture du Zhejiang 浙江.

5. Ancienne sous-préfecture du Zhejiang aujourd'hui englobée dans la sous-préfecture de Shaoxing 紹興.

6. Biancai (1011-1091), parfois appelé Yuanjing 元淨, « pureté originelle » est un moine affilié à l'École de la Terrasse céleste [*Tiantai zong*], mais comme la plupart des moines sous les Song du Nord, c'est aussi un ardent défenseur des pratiques plus prosélytes et séculières de l'École de la Terre Pure [*jingtu zong*]. Il se serait brûlé trois doigts de la main gauche et deux de la main droite pour monter sa détermination à renaître dans le Paradis de l'Ouest. Il entre dans les ordres à l'âge de dix ans et se signale par son éloquence et son charisme. Su Shi le rencontre lors de son second poste comme vice-administrateur de Hangzhou en 1072 alors que Biancai est l'abbé du Monastère du puits du dragon du Mont Shang tianzhu 上天竺, à l'ouest du lac de l'Ouest. Il apprécie aussi particulièrement ses talents de guérisseur : son troisième fils Guo (1070-1123), qui, à trois ans, ne sait pas encore marcher, lui est présenté par Su Shi ; il le place devant une statue de Guanyin et lui appose les mains sur la tête ; peu après, Guo est guéri. Biancai jouit d'une telle réputation que, suite à une calomnie, il est obligé en 1079 de quitter le temple, avant d'être rétabli dans ses fonctions par l'empereur. Hormis les nombreux poèmes qu'il lui a adressés, Su Shi lui a consacré une oraison funèbre [*Ji Longjing Biancai wen* 祭龍井辯才文, SSWJ, vol. 5, *juan* 63, p. 1961]. Ces renseignements sont, pour une large part, extraits du *Fozu tongji* 佛祖統紀, T. 49, n° 2035, *juan* 10, p. 209c.

郭，日已夕[64]．航湖至普寧，遇道人參寥，問龍井所遣籃輿，則曰，以不時主去矣．是夕天

64. [已夕]原作[夕已]，今從《七集．續集》卷二十．

« l'Argumentateur » du Puits du dragon m'invita par une lettre à entrer dans les montagnes. Ensemble nous passâmes les remparts extérieurs, c'était déjà le soir. Nous naviguâmes sur le lac jusqu'au Temple de la paix universelle où nous rencontrâmes le moine Canliao[7] *qui s'enquit du palanquin en bambou qu'il avait fait parvenir au Puits du dragon. Biancai*

7. Canliao ou Daoqian 道潛 (1043-ca 1116) est aussi un excellent ami de Su Shi, qui le rencontre à Xuzhou en 1078 et l'accompagnera jusqu'à la fin de sa vie. C'est aussi un auteur apprécié, considéré comme l'un des huit poètes bouddhiques des Song dont les œuvres ont été conservées sous le titre *Canliao zi* ji 參廖子集dans le *Siku quanshu* 四庫全書.

Je donne ici un exemple daté de 1078 de la qualité des échanges poétiques entre Su Shi et Canliao : « Sur les rimes d'une lettre que m'avait envoyée Daoqian » [Ciyun seng Daoqian jianzeng 次韻僧潛見贈, in SSSJ, vol. 3, *juan* 17, p. 879-882].

Ton cœur, Homme du Tao, est un miroir d'eau pur / Où semblance s'annule sans que forme s'enfuie. / Dans l'ancien temple, seul, tu vis et plantes fleurs d'automne / Dont – ô comme je voudrais, poète, partager avec toi le repas de pétales ! / Dans le monde des hommes est-il un Nord, est-il un Sud, / Et se sont-elles jamais égarées dans l'Obscur, les files d'oies sauvages ? / Portes fermées, assis dans l'antre sur natte de pensée, / Au-dessus de ton front les années illustres s'étagent dans le Vide. / Te voici aujourd'hui dehors, en quête du Dharma / En allé affûtant le Glaive du jugement. / Des accrocs de ta robe usée de fraîche date émergent paysages, / Et tes favoris gris de givre mal rasés font la peur des enfants. / Les nobles des cités te chercheront en vain, / Eux qui soldent au marché tout sauf un beau visage. / Le vent d'automne mène mon rêve au bord de la Rivière, / J'imagine, je vois, pendus dans la cour vide, oranges et pomelos. / Nous sommes ces amis, chacun au bord du ciel, / Dont le regard se cherche, épars comme astres du matin. / Ton vieux préfet de bourg, en vaut-il bien la peine, / Qui mange aux fêtes entre mûriers et forêts de jujubes ? / Sans peur des cent collines qui t'éloignent de mon cabanon fruste, / Tu t'en viens promenant comme volent les singes. / Tours et stances polies sans fin, vivantes par mille, / Où toujours je ressens, tendre et allusive, l'émotion du poète. / Là où gibbons gémissent et glapissent hérons, rien, nulle intention ; / Ils ignorent qu'en bas voyage un voyageur. / Sur les degrés de jade la pluie est si naturellement pure, / D'où vient que le cœur serre et sanglote un fils sans frère ? / Ô aller dans les montagnes cueillir les immortelles ! / Mais à rester assis, ce panier renversé, jamais le remplirai-je ? / Registres et bastonnades font tâches quotidiennes ; / À la nuit m'en retourne pour un bouillon de thé avec des châtaignes… / Éclaire, je t'en prie, ces eaux troubles de ta perle Mani / Et regardons ensemble la lune qui s'incline comme écuelle d'or.

宇開霽，林間月明，可數毫髮，遂棄舟從參廖杖策並湖而行，出雷峰，度南屏，濯足於惠因澗，入靈石塢，得支徑，上風篁領，憩于龍井亭，酌泉據石而飲之. 自普寧凡經佛寺十五，皆寂不聞人聲，道傍廬舍，或燈人隱顯，草木深鬱，流水激激[65]悲鳴，殆非人間之境. 行二鼓矣，始至壽聖院，謁辯才於潮音堂，明日乃還. 高郵秦觀題.

65.《七集. 續集》[激激]作[止激]

répondit qu'il était parti sans avoir eu le temps de s'en occuper. Cette soirée-là, les nuages commencèrent à se dissiper, une lune si claire apparut que les moindres choses pouvaient être comptées. Puis nous laissâmes la barque et accompagnâmes Canliao qui marchait sur la rive du lac, une canne à la main. Nos sortîmes par le Pic de Messire Lei[8]*, passâmes le Paravent méridional, baignâmes nos pieds dans le Torrent de la cause bienveillante, pénétrâmes dans le Ravin de la pierre magique, trouvâmes un sentier et nous laissâmes guider par le vent haut entre les bambous jusqu'au Kiosque du Puits du Dragon où nous prîmes un peu de repos, puisâmes à la source et bûmes. Depuis la Paix universelle, nous avons traversé au total quinze temples, plongés dans le silence et où aucune voix humaine ne résonnait ; parfois la silhouette d'un homme, une lanterne à la main, apparaissait puis disparaissait, et dans la végétation dense et luxuriante, des ruisseaux vifs murmuraient tristement. On ne pensait plus être dans le monde des hommes.*

Nous nous remîmes en marche à la deuxième veille[9] *et parvînmes au Monastère de la sagesse et de la longévité où nous invitâmes Biancai dans la Salle de la psalmodie*[10]*. Je rentrai le lendemain.*

Signé Qin Guan de Gaoyou[11].

---

8. Il s'agit d'une colline où se trouve un stûpa dédié à Messire Lei, habitant du lieu.

9. Entre 9 et 11 heures du soir.

10. Littéralement « le bruit de la marée ». L'expression, dans le bouddhisme, désigne la récitation des soutras.

11. Qin Guan 秦觀, de prénom social Taixu (1049-1100), originaire de Gaoyou (au Jiangsu actuel 江蘇), docteur en 1085, est l'un des quatre grands disciples de Su Shi, qu'il connaît depuis un premier échange de lettres en 1075. Connu pour ses ballades, délicates et sensuelles, c'est aussi un lettré qui développe particulièrement la pensée « artiste » de son maître et accentue la dimension esthétique de la recherche de la Voie. Sa mort en 1100 touche considérablement Su Shi et sa douleur peut être comparée, pour son intensité, à la perte par Maître Kong de son disciple préféré et le plus avancé, Yan Yuan 顏淵 (521-490 av. J.-C.). L'*Histoire des Song* lui a consacré une courte biographie [Songshi, vol. 37, juan 444, p. 13112-13113].

覽太虛題名，皆予昔時游行處．閉目想之，了然可數．始予與辯才別五年，乃自徐州遷於湖．至高郵，見太虛、參寥，遂載與俱．辯才聞予至，欲扁舟相過，以結夏未果．太虛、參寥又相與適越，云秋盡當還．而予倉卒去郡，遂不復見．明年予謫居黃州，辯才、參寥遣人致問，且以題名相示．時去中秋不十日，秋潦方漲，水面千里，月出房、心間，風露浩然．所居去江無十步，獨與兒子邁棹小舟至赤壁，

Je viens de lire la signature de Taixu. Tous les lieux qu'il mentionne, j'y ai randonné et marché autrefois. Je ferme les yeux et les imagine, et peux tous les compter distinctement. Après être resté séparé de Biancai pendant cinq ans, je fus muté de la province de Xu à celle de Hu[12], j'atteignis Gaoyou où je vis Taixu et Canliao, et nous voyageâmes ensemble dans le même convoi. Biancai qui avait appris mon arrivée, voulait emprunter une barque et passer quelques jours, mais comme il était retenu par la retraite estivale[13], le projet n'aboutit pas. Taixu et Canliao se rendirent aussi au Yue[14] et me dirent qu'ils ne reviendraient pas avant la fin de l'automne. Moi-même, je quittai, pressé par les événements la commanderie [de Hu], et nous ne nous vîmes plus. L'année suivante, je fus exilé à Huangzhou[15]. Biancai et Canliao dépêchèrent un messager pour prendre de mes nouvelles et me montrer la signature.

Ce sera dans moins de dix jours la mi-automne : l'eau des pluies monte et couvre mille *lis* ; la lune se lève entre la Chambre et le Cœur[16] et se déverse dans le vent et la rosée. Comme je demeure à une dizaine de pas du Fleuve Bleu, je vais, accompagné seulement de mon fils Mai, ramer jusqu'à la Falaise rouge, contempler au loin vers l'Ouest Wuchang.

---

12. Su Shi est muté à Huzhou [actuelle Wuxing 武興 au Zhejiang 浙江] en avril 1079. Dans son voyage, il passe par Nandu 南都 où il reste quelques jours chez son frère Ziyou 子由. Le mois suivant, il arrive à Gaoyou où il rencontre Canliao et Qin Guan et se rend avec eux sur le Mont d'Or [Jinshan 金山]. Il parvient à Huzhou le 23 mai 1079. Il sera accusé le 27 août 1079 et démis de ses fonctions.

13. Les moines et les bonzesses devaient à partir du 15e jour du 4e mois et pendant une période de quatre-vingts jours résider dans leur monastère et ne pas le quitter pour une retraite appelée *jiexia* 結夏.

14. Nom qui désigne le Zhejiang.

15. Huangzhou au Hubei actuel, correspondant à la ville de Huanggang 黃岡.

16. Ce sont les noms de deux mansions célestes orientales comprenant des étoiles du Scorpion, du Loup et de la Balance.

西望武昌，山谷喬木蒼然，雲濤際天，因錄以寄參寥，使以示辯才，有便至高郵，亦可錄以寄太虛也.

Dans les montagnes et les vallées les arbres hauts sont d'un vert éclatant, la houle des nuages frappe le ciel…

Je note ceci pour l'envoyer à Canliao qui le montera à Biancai qui, s'il peut se rendre à Gaoyou, pourra aussi le copier et le remettre à Taixu.

N° 32

La Bibliothèque du Monastère du parfait phénomène (1080)

À Huangzhou où il parvient d'abord seul, Su Shi ne trouve de réconfort que dans le Temple de la Paix de l'État. Là il oublie ses fautes et se défait du lourd fardeau de sa condamnation. Cette commémoration témoigne de l'intérêt qu'il porte désormais à la pensée bouddhique et de la crise mystique qui le fit envisager un temps de se faire moine. Écrite, comme le rapporte le moine Huihong[1] *(1071-1128), d'un trait au sortir d'un moment d'ivresse, elle montre les progrès accomplis dans la connaissance des textes bouddhiques et le point qui le fascine : le don et l'abandon de soi, de ce que l'on a de plus intime, qui permet d'accumuler des mérites et de favoriser une meilleure réincarnation avant peut-être l'entrée dans le* nirvāna. *Su Shi offre et sacrifie la seule chose qui lui reste : son art de la parole et de l'écriture. Cela ne signifie pas qu'il y renonce mais qu'il le dédie à une cause plus noble.*

1. « Dongpo zangji » 東坡藏記, in *Lengzhai yehua* 冷齋夜話, *juan* 5.

第三十二

勝相院經藏記

元豐三年，歲在庚申，有大比丘惟簡，號曰寶月，修行如幻，三摩鉢提，在蜀成都，大聖慈寺，故中和院，賜名勝相，以無量寶、黃金丹砂、琉璃真珠、旃檀眾香，莊嚴佛語及菩薩語，作大寶藏．湧起于海，有大天龍，背負而出，及諸小龍，糾結環繞．諸化菩薩，及護法神，鎮守其門．天魔鬼神，各執其物，以禦不祥．是諸眾寶，及諸佛子，光色聲香，自相磨

N° 32

La Bibliothèque du Monastère du parfait phénomène

L'an 3 de l'ère de la *Prospérité originelle*, notée *gengshen*[2], un grand *bhikṣu*, Weijian[3], alias « Simplicité », dont le surnom est « Lune précieuse » et qui cultive le *samāpatti* de l'illusion[4], à Chengdu au pays de Shu, au Monastère du centre et de l'harmonie, qui reçut le nom de Parfait phénomène, sis dans le Temple de la compassion du grand Sage, a fait construire une grande bibliothèque emplie de biens précieux : joyaux innombrables, or, cinabre, lazurite, perles vraies, bois de santal et autres parfums, paroles des bouddhas et des *bodhisattvas* graves et solennelles. Jaillissant de la mer, un immense dragon céleste la porte sur son dos et émerge, ainsi que d'autres plus petits, assemblés en cercle autour de lui. Les corps de transformation des *bodhisattvas* et les esprits protecteurs de la Loi, garants de l'ordre, gardent les portes. *Devas*, *māras*[5], démons et dieux brandissent chacun une arme qui stoppe les mauvais présages. De multiples joyaux et différents bouddhas, resplendissant

2. Soit 1080.

3. Sur ce moine, voir la note n° 9 au *Monastère du Parfait phénomène centré et harmonieux*.

4. Le terme *samāpatti* désigne le recueillement et plus littéralement encore l'adéquation ou la co-incidence, soit la correspondance parfaite entre la nature des choses et la vision qu'en a le sujet. Ils sont traditionnellement au nombre de quatre et permettent à l'adepte qui s'est déjà hissé jusqu'à la méditation juste de se délivrer de ses habitudes mentales et schémas mentaux innés. Il s'agit de prendre conscience : 1) de l'infinité de l'espace ; 2) que tout n'existe qu'à l'intérieur de la conscience infinie ; 3) de la vacuité, née de l'intuition que rien n'a de réalité stable et d'en soi ; 4) de l'inexistence de la dualité. Dans le bouddhisme, c'est seulement après ces quatre « recueillements » que l'esprit est disponible à l'Éveil. Le *samāpatti* de l'illusion peut être assimilé au troisième.

5. Les *devas* et *māras* sont respectivement des dieux et des démons tentateurs et malfaisants.

激，璀璨芳郁，玲瓏宛轉，生出諸相，變化無窮．不假言語，自然顯見，苦空無我，無量妙義．凡見聞者，隨其根性，各有所得．如眾饑人，入於太[66]倉，雖未得食，已有飽意．又如病人，遊於藥市，聞眾藥香，病自衰減．更能取米，作無礙飯，恣食取飽，自然不饑．又能取藥，以療眾病，眾病有盡，而藥無窮，須臾之間，無病可療．以是因緣，度無量眾，時見聞者，皆爭捨施，富者出財，壯者出力，巧者出技，皆舍所愛，及諸結習，而作佛事，求脫煩惱，濁惡苦海．

66. [太]原作[大]，據朗本卷五十四改．

de couleurs, de sons et de parfums, une aura lumineuse, un effluve odoriférant, clairs comme le tintement du jade, doux et insinuants, donnent forme à d'infinis changements. Nul besoin de parler ; de lui-même se manifeste le sens merveilleux de la souffrance, de la Vacuité et de l'absence de moi[6]. Tous ceux qui les voient et les entendent y gagnent quelque chose, chacun selon sa nature et ses racines sensorielles[7] ; comme des foules affamées qui entrent dans un immense grenier à grains sont déjà rassasiées avant d'avoir mangé ; ou comme des malades errant dans une échoppe de remèdes voient leur mal s'atténuer dès qu'ils en hument les parfums. Et si ces affamés peuvent, en outre, prendre ce riz, en composer sans limite leur repas, manger librement jusqu'à la satiété, d'elle-même la faim disparaît ; et si encore ces malades peuvent se procurer ces simples pour guérir leurs maux, limités en regard des remèdes infinis, en un instant tout mal s'évanouit.

Ainsi traversant les causes et les connexions infinies, ceux qui alors voient et entendent [ces joyaux] rivalisent entre eux pour renoncer et donner : les riches leurs biens, les forts leur énergie, les habiles leurs arts. Ils délaissent les objets de leur attachement et leurs habitudes tenaces, pratiquent la foi bouddhique et cherchent à se délivrer de l'Océan de souffrances, turbide et mauvais, comme de leurs tourments.

---

6. Trois des notions cardinales du bouddhisme. La souffrance, qui fonde la première des quatre nobles vérités [*si zhendi* 四真谛] est liée au désir et aux cinq agrégats [corporéité, sensation, perception, intention et conscience] ; ce sont eux qui font rechercher les sensations agréables et rejeter les désagréables et orientent la conscience dans cette recherche, déterminant ainsi un moi factice que l'homme tend à prendre pour durable, autonome et unitaire alors qu'il n'est qu'un composé artificiel et provisoire. La vacuité désigne communément l'absence d'en-soi des choses, toutes étant en effet liées par des chaînes et connexions causales.

7. Les racines sensorielles sont les cinq organes des sens auxquels s'ajoute l'idée ou l'entendement [*yi* 意] qui construit à partir des données fournies par les sens des orientations karmiques. Le terme forme souvent un composé avec la nature pour dire les dispositions naturelles.

有一居士，其先蜀人，與是比丘，有大因緣. 去國流浪，在江淮間，聞是比丘，作是佛事，即欲隨眾，舍所愛習. 周視其身，及其室廬，求可捨者，了無一物. 如焦穀芽，如石女兒，乃至無有，毫髮可捨. 私自念言，我今惟有，無始已來，結習口業，妄言綺語，論說古今，是非成敗. 以是業故，所出言語，猶如鐘

Un ermite[8] dont les ancêtres sont de Shu, de grande connivence karmique avec ce *bhikṣu*, quitta son pays natal pour errer dans le monde. Entre le Fleuve Bleu et la Huai, il sut quelle était l'œuvre de ce moine et voulut suivre la foule de ces hommes et, comme eux, abandonner les habitudes qui l'attachaient. Il chercha en sa personne et dans sa chaumière chose qu'il pourrait abandonner, mais s'aperçut qu'il n'avait rien. Rien, pas même « le germe d'un grain calciné, pas même l'enfant d'une femme stérile »[9], pas la moindre chose à délaisser. Alors il pensa et se dit en lui-même : « Mon seul bien aujourd'hui est le *karman* de la parole[10], habitude tenace [que je pratique] depuis le non-commencement du monde : paroles aberrantes, langue douce comme la soie, analyses et débats sur le présent et le passé, sur le vrai et le faux sur les succès et les échecs. Par ce *karman*, les mots et les phrases qui sortent de ma bouche tintent comme cloches et pierres musicales, brillent

8. Le terme *jushi* 居士 peut désigner un ermite ou un dévot laïc adepte du bouddhisme qui n'entre pas dans les ordres. La seconde traduction pourrait sembler plus appropriée en ce contexte. Mais Su Shi, malgré l'intérêt qu'il porte à cette pensée, n'est pas bouddhiste. Jusqu'à la fin de sa vie, il affirmera qu'il ne sait comment « entrer » dans cette religion. Voir sur ce point *La Bibliothèque bouddhique du Monastère de la prospérité glorieuse dans la province de Qian* daté de 1095.

9. L'expression, vient de *L'Enseignement de Vimalakīrti*. Le sage Vimalakīrti [Weimojie 維摩詰] produit une suite d'images, insistant sur le peu de réalité des phénomènes et l'illusion, confinant à l'absurde et à l'impossible, des apparences : « Comme un sage voit la lune dans l'eau, comme l'apparence des choses dans un miroir [...], comme un cinquième élément, comme un sixième agrégat, comme un septième sentiment [...], comme la trace des oiseaux dans le ciel, comme le fils d'une femme stérile... ». Su Shi l'utilise ici pour indiquer que rien, même d'absurdes et impossibles phénomènes sont à sa disposition. Cf. T. 14, nº 475, *Vimalakīrti-nirdeśa*維摩詰所說經, *juan* 2, chap. 7 « Contemplation de tous les êtres vivants » [*Guan zhongsheng pin* 觀衆生品], p. 547b.

10. Le *karman* de la parole [*kouye* 口業] est avec le corps [*shenye* 身業] et l'esprit [*yiye* 意業] l'un des trois facteurs de production des actes et de leurs fruits. Il se traduit essentiellement par des mots orduriers, la duplicité de la langue, la diction élégante et séduisante et les propos aberrants de l'art d'écrire de Su Shi.

磬，黼黻文章，悅可耳目．如人善博，日勝日貧[67]，自云是巧，不知是業．今捨此業，作寶藏偈．願我今世，作是偈已，盡未來世，永斷諸業，客塵妄想，及事[68]理障．一切世間，無取無舍，無憎無愛，無可無不可．時此居士，稽首西望，而說偈言．

我遊多寶山，見山不見寶．巖谷及草木，虎豹諸龍蛇，雖知寶所在，欲取不可得．復有求

67. [貧]原作[負]，據朗本、《七集．前集》卷四十改．
68. [事]原作[諸]，今從據朗本、《七集．前集》．

des couleurs éclatantes des broderies, plaisantes à l'œil et à l'oreille. Je suis comme ces parieurs qui toujours gagnent et toujours s'appauvrissent, parlent de chance et ignorent qu'ils sont liés par ce *karman*. Aujourd'hui, je l'abandonne et compose ce *gāthā*[11] pour la Bibliothèque des joyaux, forme le vœu qu'après l'avoir achevé, dans cette vie, je détruise les réincarnations futures et annihile éternellement tous les *karmas*, tourments de la poussière de ce monde, pensées aberrantes et obstacles entre l'Absolu et les phénomènes[12]. Puisse dans tous les mondes disparaître accaparement ou abandon, haine ou attachement, possible ou impossible.

Puis cet ermite se prosterna, regarda au loin vers l'Ouest et énonça les stances de ce *gāthā* :

Je randonne dans le Mont des joyaux ;
Je vois le mont pas les joyaux[13].
Rochers, vallées, herbes et plantes,
Tigres, panthères, serpents, dragons,
Même s'ils savaient où ils se trouvent,
Le voudraient-ils, ne pourraient prendre.

11. *Ji* est l'abréviation de *jituo* 偈他, transcription phonétique du sanskrit *gāthā*, hymne ou chant inséré dans un soutra. À l'origine en vers de quatre caractères, ces poèmes peuvent suivre, lorsque les lettrés s'en emparent, les règles de la versification chinoise qui utilise plus ordinairement le pentasyllabe ou l'heptasyllabe.

12. Su Shi utilise deux notions qui ont pris corps dans la secte bouddhique de l'École de la guirlande de fleurs basée sur l'*Avatamsaka soutra* [Huayanjing 華嚴經]. Cette doctrine, purement chinoise, qui connaît son plus grand développement à la fin du VIIe siècle, affirme que l'Absolu [*li* 理, le vide ou la nature du Bouddha que possèdent tous les êtres vivants) n'est perceptible qu'à travers les manifestations phénoménales [*shi* 事], que le *Dharma* et le *dharma* communiquent l'un avec l'autre. La délivrance ne doit pas être recherchée dans une néantisation du monde mais dans la reconnaissance que la perception est originellement pure, voilée seulement par le désir. Cette conception est aussi un acquis de la pensée du *Chan* 禪宗.

13. Su Shi reprend métaphoriquement la distinction de l'École de la guirlande de Fleurs entre l'Absolu et le phénomène, en assimilant la montagne au premier et les joyaux au second.

寶者，自言已得寶，見寶不見山，亦未得寶故. 譬如夢中人，未嘗知是夢，既知是夢已，所夢即變滅. 見我不見夢，因以我為覺，不知真覺者，覺夢兩無有. 我觀大寶藏，如以蜜說甜. 眾生未諭故，復以甜說蜜. 甜蜜更相說，千劫無窮盡. 自蜜及甘蔗，查梨與橘柚，說甜而得酸，以及鹹辛苦. 忽然反自味，舌根有甜

Il y a aussi dans la montagne
Un autre chercheur de joyaux
Qui les possède, prétend-il,
Mais il les voit, pas la montagne
Et lui non plus n'a rien trouvé.

Comme un homme qui rêve,
Et qui jamais ne sait qu'il rêve.
Car lorsqu'il sait que c'est un rêve,
Détruit et autre ce qu'il rêve.
Il voit son moi et non le rêve
Et prend ce moi pour un Éveil,
L'Éveil authentique ignorant
Où veille et rêve ne sont plus[14].

Je contemple cette Salle des grands joyaux
Et c'est comme de décrire le doux par le miel.
Les hommes encore mal instruits [de la Loi]
Disent, eux, que le miel est doux.
Et le miel et le doux dits l'un par l'autre
Pour mille *kalpas* n'auront de fin.
Du miel jusqu'au sucre de canne,
Des poires jusqu'aux oranges et pomelos,
On dit le doux mais trouve l'acide
Et le salé, l'âcre et l'amer[15].

---

14. L'image du rêve est aussi bouddhique que taoïste, elle trouve sa source dans le *Zhuangzi* et sert constamment de référence au *Chan*. L'idée sous-jacente est que l'Éveil authentique correspond à un état de conscience où l'opposition entre la veille et le rêve n'a plus de validité, où ces deux aspects sont intégrés dans une réalité supérieure où le jeu des dichotomies et des disjonctions s'abolit. Comme l'écrit le chapitre 2 du *Zhuangzi*, « ce n'est que lors du grand réveil que l'on sait que tout n'a été qu'un grand rêve » (Voir ZZJS, p. 50 et Liou, p. 103).

15. L'idée est que les analogies produisent des associations qui éloignent chaque fois un peu plus de la réalité. C'est là une thématique constante chez Su Shi pour qui le risque des images est précisément dans la confu-

相，我爾默自知，不煩更相說．我今說此偈，於道亦云遠，如眼根自見，是眼非我有．當有無耳人，聽此非舌言，於一彈指頃，洗我千劫罪．

Soudain je retourne à la saveur première
Et à la racine de la langue découvre la douceur.
Alors en silence, je me connais et
Ne me tourmente plus de dire l'un par l'autre.

Aujourd'hui je récite ce *gāthā*
Bien loin encore de la Voie
Pareille à l'œil qui se verrait,
Œil qui ne m'appartient pas.
Il faudrait un homme sans oreille
Pour entendre ces mots émis par nulle langue[16]
Et dans un claquement de doigts alors serais-je
Lavé des crimes de mille *kalpas*.

---

sion entre la chose et son image. Le texte le plus significatif à cet égard est *L'Image du soleil* [Riyu 日喻] : « Si un aveugle de naissance ne sait pas ce qu'est le soleil et qu'il interroge quelqu'un qui l'a vu, celui-ci sans doute lui dira : "Le soleil ressemble à une assiette en cuivre." Alors, si l'aveugle frappe une assiette de métal, il entendra ainsi un son ; par la suite, entendant une cloche, il en conclura que c'est le soleil. Quelqu'un d'autre pourra lui dire : "La lumière du soleil est comme celle de la bougie." Alors, tâtant la bougie, il obtiendra une forme, si bien qu'en touchant une flûte, il croira que c'est le soleil. […] Il est encore plus difficile de voir le Tao que le soleil, et ceux qui ne l'ont pas compris sont comme un aveugle » [SSWJ, vol. 5, *juan* 64, p. 1980-1981 ; traduction Jacques Pimpaneau].

16. Ces propos rappellent Zhuang Zhou qui cherchait « quelqu'un qui a oublié les paroles pour discuter avec lui ». Su Shi évoque ici le moment de l'Illumination qui transcende toute verbalisation et s'opère dans un échange libre et sans but, où le langage ne dit plus rien mais est seulement le signe d'une présence pure de l'Absolu.

N° 33

Les Reliques de Messire Zhao
(28 décembre 1080)

Très discontinu, ce texte se situe, comme le précédent, dans la perspective de l'obtention de mérites. La possession de reliques en est un des aspects. Très vite cependant, Su Shi glisse vers le récit bref de la rencontre entre deux hommes d'exception. L'évocation de « Cruche » oriente le texte vers un monde fantastique où le Tao est promis aux excentriques et aux hommes apparemment fous, libérés des convenances et qui exercent sur Su Shi une séduction croissante à Huangzhou.

第三十三

趙先生舍利記

趙先生棠本蜀人, 孟氏節度使廷隱之後, 今為南海人. 仕至幕職, 官南海. 有潘冕者, 陽狂不測, 人謂之潘盎. 南海俚人謂心風為盎. 盎嘗與京師言法華偈頌往來. 言云 : “盎, 日光佛化也.” 先生棄官從盎遊, 盎以謂盡得我道.

N° 33

Les Reliques de Messire Zhao

Maître Zhao, prénommé Tang, dont le clan est originellement du pays de Shu, est le descendant de Tingyun[1], commandant à l'approvisionnement du [Souverain] Meng. La famille est aujourd'hui installée dans la préfecture des Mers du Sud. Son plus haut titre fut mandarin et il servit dans la même préfecture.

Il y avait, à Panyu[2], un nommé Mian qui feignait la folie et restait insondable, appelé par les habitants la « Cruche de Pan » – tel est le nom que les gens du commun donnent aux hommes pris par le vent de la démence[3]. La Cruche avait échangé à plusieurs reprises des *gāthās* et des hymnes avec le moine de la capitale, Yan[4], alias « Parole », qui en avait conclu : « L'instruction bouddhique de cette Cruche est comme l'éclat du soleil. » Maître Zhao démissionna de sa charge et accompagna, dans ses voyages, Cruche qui prétendit lui avoir complètement transmis sa Voie. Il s'en est allé vivre en ermite et on ne sait où il a fini ses jours. Maître Zhao s'est, lui aussi, assis [dans le silence] et métamorphosé[5].

1. Zhao Tingyin (884-949) sert sous le règne de Meng Zhixiang 孟知祥 qui sous les Cinq Dynasties fonde le Royaume des Shu postérieurs (vers 934) puis sous son successeur Meng Chang 孟昶 (r. 934-965).

2. Nom d'une préfecture au Guangdong actuel.

3. Littéralement le « vent du cœur ». Selon la médecine traditionnelle, tout mal est un vent qui produit une excitation pathogène. Celui-ci s'exerce sur le cœur, siège de la pensée et des émotions et conduit à l'hébétude ou à la folie.

4. Yan est ici l'abréviation de Zhiyan 志言. Ce moine est resté célèbre pour avoir prédit la succession de Yingzong 英宗 (r. 1063-1067) au trône impérial. Sa biographie dans *L'Histoire des Song* rappelle les liens étroits qu'il entretenait avec Zhao Tang et la Cruche de Pan. Voir *Songshi*, vol. 39, *juan* 462, p. 13518-13519.

5. L'expression *zuohua* 坐化 ou *zuowang* 坐亡 ne désigne pas seulement la mort physique mais une méditation qui fait basculer le corps et l'esprit dans l'immortalité ou l'extinction totale.

盎既隱去，不知其所終，而先生亦坐化. 焚其身[69]，得舍利數升. 軾與先生之子昶遊，故得此舍利四十八粒. 盎與先生異跡極多，張安道作先生

69. [身]原作[衣]，今從《外集》.

Lors de sa crémation, des reliques[6] – plusieurs dixièmes de boisseau – furent obtenues et, comme j'ai des relations avec son fils Chang, j'ai pu m'en procurer quarante-huit granules.

Extrêmement nombreuses sont les traces étranges laissées par Cruche et maître Zhao. Dans l'épitaphe qu'il a composée

6. L'épopée des reliques bouddhiques [sanskrit *sarīra* ; chinois *sheli* 舍利] commence à la mort du bouddha historique en 478 av. J.-C. La terre tremble, son corps rayonne, le feu du bûcher s'allume de lui-même et dans les cendres demeurent des fragments d'os et des dents ; et immédiatement s'ensuit une guerre des reliques. Ashoka au IIIe siècle av. J.-C., en réalisant l'unité de l'Inde, collecte ces reliques et aurait fait construire 84000 stûpas pour les vénérer. Elles donnent lieu dans le bouddhisme indien ou chinois à des cérémonies à base de procession et sont distinguées en quatre catégories : les soutras prononcés par le bouddha ; les reliques incorruptibles du bouddha historique ; les restes de la crémation et les perles-*sarīra*. Elles sont produites par l'observance des règles [*jie* 戒], la concentration et l'arrêt du flux mental de pensée [*ding* 定] ainsi que par la sagesse [*hui* 慧]. Le don des reliques permet de s'attirer des mérites et ainsi de se préparer une vie future meilleure.

On pourra pourtant mesurer le degré de croyance et de sérieux de Su Shi à leur égard à la lecture de ce texte extrait du *Dongpo zhilin* 東坡志林, *juan* 1, « Mengmei » 夢寐, anecdote nº 36, p. 31 :

C'est demain mon anniversaire. La nuit dernière, j'ai rêvé qu'avec mon frère cadet, nous allions de Meishan à la Capitale. Au col de Lizhou, nous vîmes sur le chemin deux moines. L'un avait les cheveux et la barbe d'un noir profond. Nous fîmes route avec lui. Quand on lui demanda vers quels bonheurs et malheurs il s'acheminait, il répondit : « Ma destination est très belle, il n'y a plus là-bas de désastre. » Nous lui demandâmes encore ce dont il avait besoin à la Capitale ; il voulait pour quelques pièces de cinabre. À la main, il tenait aussi un stûpa miniature fiché dans une mortaise. « Il contient, dit-il, une relique. » Je le pris dans la main, l'ouvrit et à l'intérieur, la relique étincelait comme une fleur. Nous demandâmes à la manger. Le moine la partagea alors en trois parts. Il en avala d'abord une, puis ce fut notre tour. Nous en prîmes chacun une once ; les morceaux, indifféremment fins ou plus grands, étaient tous très clairs, translucides et blancs ; d'autres se dispersèrent et volèrent dans le vide. Le moine dit : « Au départ, je voulais ériger un stûpa pour cette relique et voilà que j'ai fini par la manger ! » Mon frère répondit : « Bah, nous portons, tous les trois, un stûpa miniature sur l'épaule. » Et je repris : « Nous ne sommes rien d'autre, tous les trois, que des stûpas sans ouverture ! » Le moine rit et je me réveillais. Après avoir repris conscience, j'avais la tête lourde et le cœur oppressé, un peu comme s'il contenait quelque chose. Dans mon rêve, tout était très clair, aussi me suis-je amusé à le rapporter en guise de plaisanterie.

墓誌，具載其事．昶今為大理寺丞，知藤州．元豐三年十一月十五日，以舍利授寶月大師之孫悟清，使持歸本院供養．

趙郡蘇軾記．

[pour ce dernier], Zhang Andao[7] a rapporté en détail leur histoire.

Zhao Chang est aujourd'hui assistant à la cour suprême de justice et gouverneur de Teng[8].

Le 15e jour du 11e mois, an 3 de l'ère de l'*Abondance originelle*, je confie ces reliques au disciple, Pureté de l'Éveil, du maître du *dhyāna* Lune Précieuse[9] pour qu'il les rapporte dans son monastère et en fasse des objets de culte.

Commémoré par Su Shi de la commanderie de Zhao[10].

---

7. Zhang Fangping 張方平, de prénom social Andao (1107-1091), est aussi connu par son surnom, Lequan 樂全 « Joie intégrale ». C'est l'un des plus grands lettrés du XIe siècle, ami d'Ouyang Xiu ; c'est aussi un proche de Su Shi qui se rend assez régulièrement chez lui lorsqu'il est à la capitale ou près de Luoyang. Plutôt enclin à la foi bouddhique, il a composé une inscription pour Zhao Tang à laquelle fait référence Su Shi. Il rappelle la piété filiale de Zhao, qui aurait déménagé au Sud pour que sa mère souffrante puisse profiter d'un meilleur climat, se serait coupé un doigt quand celle-ci est mécontente de ses voyages. Il serait réapparu peu de temps après sa mort pour consoler ses proches. De Pan Mian, Zhang fangping indique que, depuis l'enfance, on ne sait s'il boit, mange, où il demeure, et qu'il porte le même vêtement été comme hiver. Impossible à fréquenter, il se lie d'amitié avec Zhao Tang et dialogue avec lui trois jours et trois nuits, ce qui précipite la démission du fonctionnaire. À l'issue de cette rencontre, Zhao ne souffre plus de la chaleur ni du froid et peut avaler poisons et nourritures mauvaises sans en mourir. Voir « You Song Nanhai dashi Zhao jun ta ming bing xu » 有宋南海大士趙君塔銘并序, in *Lequan ji* 樂全, *juan* 40 ; voir aussi la stèle consacrée à Zhiyan, « Da Song shangdu Zuojie Jingdesi Xianhua dashi beiming » 大宋上都左街景德寺顯化禪師碑銘, *ibid.*, *juan* 36.

8. Préfecture du Guangxi 廣西.

9. Pour ce moine (1012-1095) lié à la famille de Su Shi et ami de son père, voir la note 9 à la commémoration intitulée *Le Monastère du parfait phénomène, centré et harmonieux*.

10. Cette dénomination curieuse est aussi un déguisement. Dans la généalogie qu'il a élaborée, le père de Su Shi mentionne qu'au début de l'ère Shenlong des Tang (705-707), Su Weidao fut envoyé comme gouverneur de Mei où il mourut. Un de ses fils y demeura et cette branche marque le début du clan Su à Meishan. Or, Su Weidao est originaire de Luancheng de la province de Zhao (au Hubei actuel). C'est en référence à cette ville que Su Zhe 蘇轍, frère de Su Shi nommera ses œuvres littéraires. Pour la généalogie, voir Su Xun 蘇洵, *Jiayou* ji 嘉祐, « Su shi nianpu » 蘇氏年譜, p. 373.

N° 34

La Peinture de l'eau (30 janvier 1081)

Peindre l'eau, c'est peindre l'irreprésentable et à travers ce travail, essayer d'en percevoir le principe. C'est aussi une manière de se familiariser avec le Tao et sa puissance, puisque depuis le Laozi (§ 8), *elle est ce qui s'en rapproche le plus : tous deux n'ont pas de forme constante, épousent les conditions objectives sans se laisser entraver, sont dans un flux continu, pénètrent et nourrissent, « aptes à favoriser tous les êtres et ne rivalisant avec aucun ».*

Dans l'éloge qu'il fait des peintres, Su Shi met l'accent sur la créativité et l'invention d'une signification nouvelle.

第三十四

畫水記

古今畫水，多作平遠細皺，其善者不過能為波頭起伏．使人至以手捫之，謂有窪隆，以為至妙矣．然其品格，特與印板水紙爭工拙於毫釐間耳．唐廣明中，處士孫位始出新意，畫奔湍巨浪，與山石曲折，隨物賦形，畫水之變，

N° 34

La Peinture de l'eau

Dans la peinture ancienne et moderne de l'eau, on ne fait le plus souvent que de vastes étendues lointaines ou de fines rides. Les meilleurs peignent seulement les crêtes des vagues qui culminent ou se brisent. Et si, à leur vue, les gens viennent les caresser, on prétend qu'elles ont un relief avec des creux et des bosses et les tient pour le comble du merveilleux[1]. Mais leur qualité est seulement comparable aux gravures où l'on mesure l'habileté ou la maladresse dans les infimes détails.

Pendant l'ère de la Vaste Clarté sous la dynastie des Tang, le lettré retiré Sun Wei[2] a, pour la première fois, créé un sens nouveau : il peignit des torrents violents et des vagues immenses qui épousaient et contournaient les roches des montagnes, qui

---

1. Le « merveilleux » est l'une des catégories d'appréciation de la peinture et du caractère moral de son auteur. Il qualifie une réussite exceptionnelle dont l'art est inimitable et dont les règles sont si subtiles qu'elles semblent mystérieuses et absentes.

2. Sun Wei aussi appelé Sun Yu 孫遇 (IXe siècle) est un peintre de personnages, de sujets religieux, de roches et de bambous. Il vivait retiré au Mont Kuaiji 會稽 (au Zhejiang actuel) où il cultivait sa sensibilité qui le portait à la pureté et à la solitude. Pendant les troubles de l'ère de la *Vaste clarté* (880) il se rend au pays de Shu. La force de son pinceau est qualifiée de « sauvage et excentrique » [*kuangguai* 狂怪] et il se fait une réputation non pour l'application des couleurs mais pour son utilisation de l'encre. Ces renseignements comme ceux sur les peintres suivants sont extraits des *Notes sur ce que j'ai vu et entendu en peinture* [Tuhua jianwen zhi 圖畫見聞誌] de Guo Ruoxu 郭若虛 (2nde moitié du XIe siècle). L'ouvrage a été en partie traduit par Yolaine Escande, Éditions la Lettre volée, Bruxelles, 1994.

L'expression *chu xinyi* 出新意, littéralement « manifester une nouvelle idée, un nouveau motif » est constamment utilisée par Su Shi pour désigner la création et l'invention d'une nouvelle « signification » picturale et morale. Il s'agit en ce cas de devenir « vague » ou « cascade » et donc d'épouser les significations éthiques de l'eau.

號稱神逸. 其後蜀人黃筌、孫知微, 皆得其筆法. 始, 知微欲於大慈寺壽寧院壁作湖灘水石四堵, 營度經歲, 終不肯下筆. 一日, 倉皇入寺, 索筆墨甚急, 奮袂如風, 須臾而成. 作輸瀉跳蹙之勢, 洶洶欲崩屋也. 知微既死, 筆法中絕五十餘年.

se formaient au contact des choses et que l'on qualifia de vives et de libres[3]. Après lui, les hommes de Shu, Huang Quan et Sun Zhiwei[4], surent retrouver les règles de son pinceau.

Autrefois Zhiwei voulut peindre, sur les quatre parois du Monastère de la paix et de la longévité sis dans le Temple de la compassion absolue, une cascade et des récifs au milieu d'un lac ; il conçut cette peinture pendant une année entière mais finalement n'osa pas appliquer son pinceau. Un jour, il pénétra, agité et pressé, dans le temple, chercha pinceau et encre à toute allure, et tandis que ses manches tournoyaient et volaient comme le vent, en un instant il acheva cette œuvre. Il inventa des tracés et des motifs[5] où les eaux s'écoulaient en rouleaux ou jaillissaient par bonds, débordants et immenses comme si elles allaient abattre le toit d'une maison.

Après sa mort, les règles de son pinceau furent perdues pendant une cinquantaine d'années. Récemment Pu Yongsheng[6],

---

3. Autre catégorie picturale. Le terme *shen* que nous traduisons par « vif », mais qui pourrait l'être par « divin », signale un talent supérieur encore au « merveilleux ». Lorsqu'il est employé pour qualifier une œuvre ou un caractère, il indique que la représentation s'abolit au profit d'une réelle présence de l'objet représenté. Autrement dit, on ne voit plus, pour la peinture de paysage des motifs ; le spectateur est immédiatement *dans* le paysage.

4. Huang Quan (903-968), de prénom social Yaoshu 要叔 est originaire de Chengdu et placé à l'âge de 17 ans au service du second prince de Shu. Il deviendra par la suite conservateur du Trésor royal sous les règnes des Meng 孟 père et fils, souverain de Shu sous les Cinq dynasties. Peintre de fleurs, d'oiseaux, de sujets taoïstes ou bouddhiques, il est aussi réputé pour ses paysages et ses dragons aquatiques. Une de ses peintures d'oiseaux aurait suscité la méprise de faucons qui auraient fondu sur eux.

Sun Zhiwei, de prénom social Taigu 太古 (début du IXe siècle), allie œuvre de peintre et culture de soi : chaque fois qu'il peint le portrait de sages, il se purifie et jeûne préalablement. C'est aussi un adepte des arts du *Laozi* et un peintre de la lumière qui ne saisissait le pinceau que lorsqu'il était « détaché et profondément concentré » [*shujun* 疏浚]. .

5. Nous traduisons de manière un peu appuyée le terme de *shi* 勢 qui désigne en peinture la disposition et la composition comme les forces structurant le paysage.

6. Les renseignements donnés par Su Shi constituent la base des données biographiques sur Pu Yongsheng.

近歲成都人蒲永昇，嗜酒放浪，性與畫會，始作活水，得二孫本意．自黃居寀兄弟、李懷袞之流，皆不及也．王公富人或以勢力使之，永昇輒嘻笑捨去．遇其欲畫，不擇貴賤，頃刻而成．嘗與余臨壽寧院水，作二十四幅，每夏日挂之高堂素壁，即陰風襲人，毛髮為立．永昇今老矣，畫益難得，而世之識真者亦少．如往時董羽，近日常州戚氏畫水，世或傳寶之．如董、戚之流，可謂死水，未可與永昇同年而語也．

originaire de Chengdu, libre de toute contrainte et aimant l'alcool, dont la nature s'accorde parfaitement à l'esprit de la peinture, a commencé à tracer des eaux vives, et retrouvé l'intention originelle des deux Sun. Les peintres qui s'inspirent de Huang Jucai[7] et de son frère cadet ou de Li Huaigun[8], ne parviennent pas [à l'imiter].

Les membres de la famille impériale, les ducs ou les riches tentent parfois, en profitant de leur puissance, de le contraindre, mais Yongsheng aussitôt éclate de rire et les abandonne. Lorsqu'un désir le pousse à peindre, peu importe le sujet, vil ou noble, il le réalise d'un coup. Il m'a un jour donné une peinture intitulée « les Eaux surplombant le Monastère de la paix et de la longévité »[9], dont il a fait vingt-quatre vues. Chaque été, je les suspends sur un mur blanc de la salle haute et aussitôt le ciel s'assombrit, le vent souffle et glace les gens dont les cheveux se dressent sur la tête.

Quant aux eaux des disciples de Dong [Yu] et de Qi [Wenxiu][10], que l'on peut qualifier de « mortes », elles ne sont pas comparables à celle de Yongsheng.

---

7. Huang Jucai (933-993) et son frère aîné Huang Jubao 黄居寶 sont les fils de Huang Quan. Ils sont célèbres pour leurs sujets floraux et animaliers et leur peinture de pins et de rochers, et jouissentà Shu de la faveur des souverains Meng avant d'être traités avec égard par Taizong 太宗 (r. 976-997) des Song. Leurs cascades, malgré le jugement de Su Shi, sont appréciées.

8. Peintre du xe siècle, lui aussi du pays de Shu, qui prend Huang Quan comme maître. Il est surtout resté célèbre comme peintre de fleurs, de bambous et d'oiseaux.

9. Le temple se trouve à Chengdu.

10. Qi Wenxiu 戚文秀 (xie siècle) de Changghou 常州 (au Jiangsu actuel) est pourtant apprécié pour sa peinture des eaux et en particulier pour une peinture, « le Gué clair dans un torrent » où selon Guo Ruoxu, un seul trait de pinceau, vole et tourbillonne sur cinquante pieds de long.

Dong Yu 董羽 (fin du xe siècle), peintre bègue, obtient au début des Song un poste de lettré des arts. Sa peinture la plus importante était un paysage marin situé au Temple de la fraîcheur pure à Zhongling [Zhongling qingliang si 鐘陵清涼寺]. Taizong lui avait demandé de peindre à fresque des dragons aquatiques, œuvre qu'il mit six mois à réaliser et qui provoqua l'effroi du prince héritier, si bien que l'empereur ordonna de faire reblanchir les parois.

元豐三年十二月十八日夜，黄州臨皋亭西齋戲書[70].

70. 據集甲卷二十三補.

Écrit par jeu, la nuit du 18e jour du 12e mois, an 3 de l'ère de l'*Abondance originelle*, dans le Studio de l'Ouest du Pavillon Lingao à Huangzhou.

N° 35

Le Jardin des peintures de Messire Shi
(2 février 1081)

Cette commémoration est un pur prétexte à un portrait de géant, un original parmi d'autres auprès de qui Su Shi apprend le détachement. Elle s'apparente davantage au genre de la « biographie » des hommes exceptionnels entièrement dédiés à une passion par laquelle ils rejoignent un accomplissement d'eux-mêmes.

第三十五

石氏畫苑記

石康伯，字幼安，蜀之眉山人，故紫微舍人昌言之幼子也．舉進士不第，即棄去，當以蔭得官，亦不就，讀書作詩以自娛而已，不求人知．獨好法書、名畫、古器、異物，遇有所

N° 35

Le Jardin des peintures de Messire Shi

Shi Kangbo, de prénom social You'an et originaire des Monts Mei à Shu, est le plus jeune fils du rédacteur des documents officiels attaché à la Chancellerie des constellations pourpres et subtiles, Changyan[1]. Il se présenta au doctorat sans réussir et abandonna, pensait obtenir une charge de fonctionnaire en bénéficiant de « l'ombre »[2] [de son père], mais ce fut sans résultat.

Il se contente de lire, de composer des poèmes pour son propre plaisir sans chercher à être reconnu. Sa seule passion concerne les modèles de calligraphie, les peintures célèbres, les vases anciens et les objets étranges. Lorsqu'il a la chance

1. Shi Changyan 石昌言 (995-1057) appartient à une famille originellement de Jiangdu et qui déménage, à la 7e génération, à Meishan. Il est présenté au doctorat à 18 ans, et réussit à 43 ; vice-président du Ministère de la justice, rédacteur des édits impériaux (haut fonctionnaire chargé après un séjour d'un an à l'Académie, de rédiger les édits et les proclamations de l'empereur), il est envoyé comme émissaire chez les Khitan en 1056 où il tombe malade ; il est muté ensuite comme président du Ministère des travaux publics, mais peu après refuse et meurt.

Su Xun 苏洵 (1009—1066) a écrit, pour le départ de Shi Changyan chez les Khitan, un texte qui lui donne l'occasion de réaffirmer son bellicisme. Voir *Jiayou ji* 嘉祐集, *juan* 15, p. 419-423.

2. La voie des examens n'est pas le seul accès à la carrière mandarinale. L'autre possibilité aussi ancienne que la fondation de l'empire des Han et encore majoritaire sous les Song du Nord est de jouir du privilège « yin » accordé à un membre de l'administration qui peut recommander des membres de son clan à des postes administratifs. Étant donné son âge, il est très vraisemblable que Shi You'an a été bloqué dans cette accession lorsqu'au début des années 1040, Fan Zhongyan et les réformateurs, inquiets de l'incompétence des fonctionnaires et de leurs piètres qualités morales, décident de restreindre l'étendue de ce privilège. Sur cette question, voir Winston W. Lo, *An Introduction to the Civil Service of Sung China*, p. 102-109 et *Enquête sur le système du privilège sous la dynastie des Song* [Songdai yinbu zhidu yanjiu 宋代蔭補制度研究] de You Biao 游彪.

見, 脫衣輟食求之, 不問有無. 居京師四十年, 出入閭巷, 未嘗騎馬. 在稠人中, 耳目謏謏然, 專求其所好. 長七尺, 黑而髯, 如世所畫道人劍客, 而徒步塵埃中, 若有所營, 不知者以為異人也. 又善滑稽, 巧發微中, 旁人抵掌絕倒, 而幼安淡然不變色. 與人遊, 知其急難, 甚於為己. 有客於京師而病者, 輒舁置其家, 親飲食之, 死則棺斂之, 無難色. 凡識幼安者, 皆知其如此. 而余獨深知之. 幼安識慮甚遠, 獨口不言耳. 今年六十二, 狀貌如四十許人, 鬚三尺, 郁然無一莖白者, 此豈徒然者哉. 為亳州職官與富鄭公俱得罪者, 其子夷庚也.

d'en voir, il ôte ses vêtements ou cesse de se nourrir pour se les procurer, sans se demander s'il en a ou non les moyens. Il réside à la capitale depuis quarante ans, va et vient entre les ruelles et les allées, et ne monte jamais à cheval. Quand il est parmi la foule, les oreilles aux aguets et les yeux scrutateurs, concentré sur sa seule passion, il chine.

Haut de sept pieds[3], il a le visage noir et porte des favoris ; il marche et avance dans la poussière [de ce siècle], comme affairé. Ceux qui ne le comprennent pas voient un homme étrange. C'est aussi un excellent blagueur. Les habiles et subtiles plaisanteries qu'il découvre dans les moindres sujets suscitent de grands rires et les applaudissements des convives mais You'an, placide, ne bronche pas.

Dès qu'il apprend les difficultés ou la détresse des personnes avec qui il randonne de compagnie, leurs malheurs prennent le pas sur ses propres soucis. Un voyageur tomba malade à la capitale ; il le fit porter en palanquin chez lui, le nourrit et le fit boire ; et lorsqu'il mourut, il lui prépara toilette mortuaire et cercueil sans montrer une quelconque réticence. Tous ceux qui l'ont rencontré savent qu'il est ainsi, mais moi seul en ai une connaissance intime : son savoir et ses pensées sont extrêmement profonds, même si sa bouche n'en dit mot. Âgé aujourd'hui de soixante-deux ans, il en paraît quarante. Sa barbe de trois pieds de long, drue et abondante, n'a pas un poil blanc. Est-ce par hasard[4] ?

Le fonctionnaire de la province de Bo qui fut condamné en même temps que le Duc de Zheng, Fu Bi, est son fils Yigeng[5].

---

3. Si l'on s'en tient à l'équivalence ordinaire sous les Song (un pied = 31,2 cm), You'an est un géant de 2, 18 m.

4. Dans l'esprit de Su Shi, You'an est un homme du Tao qui est capable de soulager les souffrances et de se défaire des attachements pathogènes. C'est ce qu'il loue dans un billet qu'il lui adresse [SSWJ, vol. 4, *juan* 57, p. 1710].

5. En 1068, Fu Bi 富弼 (1004-1083), l'un des grands réformateurs de l'ère Qingli (1041-1048), développe des arguments sévères contre la mesure de prêts agricoles mis en place par Wang Anshi [*qingmiao fa* 青苗法].

其家書畫數百軸，取其毫末雜碎者，以冊編之，謂之石氏畫苑．幼安與文與可遊，如兄弟，故得其畫為多．而余亦善畫古木叢竹，因以遺之，使置之苑中．子由嘗言："所貴於畫者，為其似也．似猶可貴，況其真者．吾行都邑田野所見人物，皆吾畫筍也．所不見者，獨鬼神耳，當賴畫而識，然人亦何用見鬼．"此言真有理．

Chez lui, il possède une centaine de rouleaux de peintures et de calligraphies. Il a choisi parmi elles les pièces mineures et les plus petites pour les éditer en un album qu'il a appelé le « Jardin des peintures de Messire Shi ». You'an et Wen Yuke[6] randonnèrent ensemble comme deux frères, aussi a-t-il obtenu de lui nombre de ses encres, et comme je sais peindre de vieux arbres et des bosquets de bambous, je lui ai aussi fait don de quelques pièces.

Mon frère Ziyou a dit un jour : « Ce que l'on apprécie dans la peinture, c'est la ressemblance. N'accordera-t-on pas encore plus de valeur à sa vérité ? Les personnages que j'ai vus en parcourant les villes ou les campagnes peuvent, tous, entrer dans ma malle à peintures. Les seuls êtres que je n'ai pas vus, ce sont les fantômes et les démons dont la connaissance dépend des peintures qui les prennent pour thème. Ceci étant dit, à quoi sert-il d'en voir[7] ? » Ces mots sont conformes à la raison des choses.

Il est, à la suite de cette opposition très vive, muté à Bozhou 亳州 (dans l'actuelle province de l'Anhui) avant d'être déplacé à Ruzhou 汝州 comme simple juge [*puye* 僕射]. La destitution de ce grand serviteur de l'État ne fera qu'attiser le ressentiment de la faction dite « conservatrice » contre Wang Anshi. Yigeng, fils de Shi You'an a pour prénom Danfu.

Pour cette affaire, voir le *Songshi* 宋史, vol. 29, *juan* 313, « biographie de Fu Bi », p. 10256 et pour les critiques de Fu Bi envers la mesure des prêts, le *Xu Zizhi tongjian changbian* 續自治通鑒長編, vol. 16, *juan* 222, p. 222

6. Pour Wen Tong (1018-1079), peintre de bambous et ami de Su Shi, voir *La Salle du prince de l'encre* (1070).

7. Il y a là sans doute une réminiscence d'un propos du *Hanfeizi* 韓非子, juan 11, "Waichushuo zuo shang" 外儲說左上 32. Jean Lévi traduit ainsi (*Hanfeizi*, p. 321) : Le roi de Ts'i avait à sa cour un client qui s'adonnait à la peinture. Il lui demanda : – Qu'est-ce qui est le plus difficile à peindre ? – Les chiens et les chevaux. – Et le plus facile ? – Les démons et les esprits. Les chiens et les chevaux, tout le monde sait ce que c'est ; les ayant devant les yeux matin et soir, on ne peut se contenter d'une approximation. C'est pourquoi c'est difficile. Mais démons et génies, eux, n'ont pas de forme ; personne ne les ayant jamais vus, ils sont faciles à représenter.

今幼安好畫，乃其一病，無足錄者，獨著其為人之大略云爾.

元豐三年十二月二十日趙郡蘇軾書[71].

71. [趙郡蘇軾書]五字，據集甲卷三十三、郎本卷四十九補.

La passion de You'an pour la peinture, qui est sa seule manie, ne mérite pas d'être mentionnée ; je me suis donc contenté de noter à grands traits quelle sorte d'homme il fait.

Écrit par Su Shi de la commanderie de Zhao, le 20e jour du 12e mois, an 3 de l'ère de l'*Abondance originelle*.

N° 36

En réponse au rêve d'un *arhat*
(19 mai 1081)

En exil à Huangzhou, Su Shi découvre, outre la pratique religieuse bouddhique, l'étrange ; ou plutôt, il commence à noter, en laissant en suspens le sens, des rêves, des rencontres et des singularités.

La signature indique que Su Shi assume désormais sa condition de banni.

第三十六

應夢羅漢記

元豐四年正月二十一日，予將往岐亭．宿於團封，夢一僧破面流血，若有所訴．明日至岐亭，過一廟，中有阿羅漢像，左龍右虎，儀制甚古，而面為人所壞，顧之憫然，度幾疇昔所見乎！遂載以歸，完新而龕之，設于安國寺．四月八日，先妣武陽君忌日，飯僧于寺，乃記之．

責授黃州團練使眉山蘇軾記．

N° 36

En réponse au rêve d'un *arhat*

Le 21e jour, an 4 de l'ère de l'*Abondance originelle*[1], je devais me rendre à Qiting[2]. Je passai la nuit à Tuanfeng, où je rêvais d'un moine au visage cassé et sanguinolent qui semblait dire quelque chose. Le lendemain, arrivant à Qiting, je passai par un temple où il y avait une image d'un *arhat* flanqué à sa gauche d'un tigre et à sa droite d'un dragon. Son maintien et son allure étaient très anciens et son visage avait été endommagé par des gens. En le regardant, je sombrais dans la confusion : n'était-ce pas celui que j'avais vu la veille ?

Je l'emportai avec moi, la restaurai entièrement et fis faire une niche que je plaçais dans le Temple de la paix de l'État[3]. Le 8e jour du 4e mois, le jour anniversaire de ma défunte mère, Dame Wuyang, j'offris un repas aux moines et écrivis cette commémoration.

Su Shi des Mont Mei, dégradé au rang de commissaire de la milice locale de Huangzhou[4].

---

1. Soit le 4 mars 1081.

2. À 25 *lis* de Huangzhou où demeure son ami Chen Zao, de prénom social Jichang 陳季昌, alias maître Longqiu 龍丘 et plus jeune fils du préfet Chen Xiang 陳襄 sous les ordres duquel Su Shi a servi à Fengxiang.

3. La mère de Su Shi, dame Cheng [程氏], meurt en 1057, quand Su Shi, son frère et son père sont à la capitale. Fervente bouddhiste – elle prie par exemple plus de 7 ans Guanyin pour vaincre les problèmes d'infertilité dont elle souffre –, elle trouve aussi dans la religion un réconfort après la rupture des relations entre son clan et Su Xun en 1053.

4. Banni à Huangzhou, Su Shi est en réalité assigné à résidence ; il n'est pas non plus exclu de la nomenclature administrative puisqu'il dispose d'une fonction (purement nominative : il n'existe pas de milice locale à Huangzhou).

N° 37

La Demoiselle pourpre, esprit des latrines (février-mars 1082)

Cette commémoration, comme la suivante, est le récit d'un autre fait étrange : celle d'une rencontre entre un exilé et un esprit. Su Shi n'explique rien, se contente de noter scrupuleusement et de rapporter des propos.

Peut-être aussi se projette-t-il dans cette déesse, dont la condition est des plus viles mais le talent littéraire indéniable, et se dit-il à travers elle…

第三十七

紫姑神記

元豐三年正月朔日，　予始去京師來黃州．二月朔至郡．　至之明年，　進士潘丙謂予曰：“異哉，公之始受命，黃人未知也．有神降于州之僑人郭氏之第，　與人言如響，　且善賦詩，曰，蘇公將至，而吾不及見也．已而，公以是日至，而神以是日去．”

其明年正月，丙又曰：“神復降于郭氏．”予往觀之，則衣草木為婦人，而寘筯手中，二[72]小童子扶焉．以筯畫字曰：“妾，壽陽人也，

72. [二]原作[而]，今從《七集．續集》卷十二．

N° 37

La Demoiselle pourpre, esprit des latrines

Le 1er jour de l'an 3 de l'ère de l'*Abondance originelle*[1], je quittai la capitale pour Huangzhou. Le 1er jour du 2e mois, j'arrivai dans cette commanderie, et une année après, le docteur Pan Bing[2] me dit : « Étrange ! Lorsque vous avez reçu l'ordre [de votre nouvelle affectation], aucun des habitants d'ici ne le sut. Or, un esprit est descendu dans la résidence de Messire Guo, dont la famille a émigré dans cette province ; il parle et répond aussi rapidement que l'écho, et sait composer des poèmes. Il avait dit : "Messire Su est sur le point d'arriver et je ne le verrai pas." » Et effectivement, le jour même de votre venue, l'esprit est parti.

Le 1er jour de l'année suivante[3], Bing me dit encore : « L'esprit est à nouveau descendu dans la famille Guo[4]. » J'allai lui rendre visite et découvris une femme habillée d'herbes et de branchages ; elle portait à la main des baguettes et deux jeunes enfants la soutenaient. Elle écrivit avec les baguettes des caractères qui disaient : « L'humble concubine que je suis est originaire de Shouyang[5]. J'ai pour nom de famille

1. Soit le 25 janvier 1080.

2. Pan Bing est l'un des amis les plus proches de Su Shi à Huangzhou. Habitant tout près de sa première résidence, c'est lui qui l'aidera à trouver le terrain où sera construite en 1082 la Salle des neiges [*xuetang* 雪堂], laquelle sera confiée, lorsqu'il sera réintégré dans le service public en 1084 au frère aîné de Pan Bing, Pan Geng 潘鯁.

3. Le 1er février 1081.

4. Guo Gou 郭遘, de prénom social Xingzong 興宗, est un autre ami proche de Su Shi, auteur de chansons et parolier. Su Shi loue son sens de l'équité. C'est aussi vers lui qu'il se tourne quand, voulant réduire le taux des infanticides, fréquents dans la région, il cherche à recueillir les jeunes filles pour les éduquer. Guo Gou contribue financièrement à cette sorte d'orphelinat.

5. Ville de l'actuelle province du Shaanxi entre Xi'an 西安 et Luoyang 洛陽.

姓何氏，名媚，字麗卿．自幼知讀書屬文，為伶人婦．唐垂拱中，壽陽刺史害妾夫，納妾爲侍妾[73]，而其妻妬悍甚，見殺於厠．妾雖死不敢訴也，而天使見之，爲直其寃，且使有所識於人間．蓋世所謂子姑神者，其類甚衆，然未有如妾之卓然者也．公少留兒爲賦詩，且舞以娛公．”詩數十篇，敏捷立成，皆有妙思，雜以嘲笑．問神仙鬼佛變化之理，其荅皆出於人意外．坐客撫掌，作《道調梁州》，神起舞中節，曲終再拜以請曰：“公文名於天下，何惜方寸之紙，不使世人知有妾乎？”

73. *Shiqie* [侍妾] est écrit *shishu* [侍書] dans *l'éditionWaiji* 外集. Je ne suis pas cette leçon.

Heshi, me prénomme Mei la Gracieuse et porte l'appellation de Liqing la Belle et chère. Dans l'enfance, j'ai étudié et appris à rédiger des textes, puis je fus mariée à un musicien. Pendant l'ère de l'*Absence d'effort*[6], le gouverneur fit assassiner mon époux et m'a pris dans sa famille comme servante[7]. L'épouse principale se montra très jalouse et je fus tuée dans les latrines. Malgré cette mort, je ne me suis pas permise de dénoncer [le gouverneur]. Un messager céleste a vu ce préjudice, a redressé le tort subi et l'a fait connaître dans le monde. Celles qu'on nomme Dames pourpres dans le monde sont, sans nul doute, très nombreuses, mais aucune n'est plus éminente que moi. Demeurez, Messire, quelques instants, je vais faire pour vous des poèmes et exécuterai une danse pour vous divertir. »

Les dix poèmes vifs et habiles, qu'elle composa et acheva séance tenante, contenaient tous de merveilleuses pensées qu'elle avait mêlées de satire et de plaisanteries. Lorsque je lui demandai la raison qui préside aux transformations en esprits, démons, immortels et bouddhas, les réponses qu'elle me fit s'écartaient, toutes, des propos qui guident les intentions humaines. [Puis] elle fit asseoir les convives et leur demanda de frapper dans leurs mains ; on fit jouer « la musique de banquet de Liangzhou »[8] et l'esprit se mit à danser en gardant la mesure. Lorsque l'air fut terminé, elle salua deux fois et me fit cette prière : « Messire, vos écrits sont célèbres dans le monde. Que vous coûte un petit bout de papier ? Ne me ferez-vous pas connaître des hommes de ce siècle ? »

---

6. *Chuigong* 垂拱 signifie littéralement « vêtements pendants et mains jointes ». L'expression désigne ensuite le gouvernement sans effort ; elle est prise pour nom de règne (685-689) par l'impératrice Wu Zetian 武則天 (684-705).

7. Servante et concubine. Il existe une variante : *shishu* 侍書, secrétaire.

8. *Dadiao Liangzhou* 道調梁州 : c'est l'un des huit modes de la musique de cour et de banquet. C'est aussi le nom d'un air composé sur l'ordre de l'empereur Gaozong (r. 650-684) des Tang pour honorer Laozi.

予觀何氏之生，見掠于酷吏，而遇害於悍妻，其怨深矣．而終不指言刺史之姓名，似有禮者．客至逆知其平生，而終不言人之陰私與休咎，可謂知[74]矣．又知好文字而恥無聞於世，皆可賢者．粗為錄之，荅其意焉．

74. Lire *zhi* 智.

J'ai médité sur la vie de la demoiselle Heshi, une vie ravie par un fonctionnaire cruel, détruite par une épouse féroce. Il y avait vraiment là de quoi se plaindre mais jusqu'à la fin, elle [refusa] d'indiquer le nom et le prénom du gouverneur, comme si elle le respectait encore. Lorsque les hôtes devinèrent[9] la réalité de ce qu'elle avait vécue, pas davantage elle n'évoqua les secrets des hommes de son époque, ni leur bonne ou mauvaises fortunes, témoignant d'une très grande sagesse. En outre, elle sait apprécier les beaux caractères d'écriture et trouve honteux qu'ils ne soient pas connus de ce siècle. Ces deux attitudes sont aussi dignes d'estime.

J'ai donc noté sommairement son histoire pour répondre à son désir.

9. Su Shi a écrit un autre texte où il presse de questions l'esprit, intitulé « Questions et réponses de la Demoiselle immortelle » [*Xiangu wenda* 仙姑問答], in SSWJ, vol. 7, *juan* 72, p. 2314. Il a été aussi suffisamment touché par cette « rencontre » pour composer en 1082 une ballade [ci 詞] sur l'air « Shaonian you » 少年游. in *Dongpo ci biannian jianzheng* 東坡詞編年箋證, *juan* 2, p. 314-316.

N° 38

La Sigillaire céleste
(janvier-février 1083)

Comme le texte précédent, cette commémoration évoque une rencontre quasi surnaturelle. À travers elle, Su Shi s'inscrit aussi dans son époque : la pensée des Song se caractérise aussi par une dévalorisation générale de la connaissance perceptive (précisément à cause de ses limitations et de son incapacité à « voir et entendre » les transformations) au profit d'une intuition morale ou naturelle.

第三十八

天篆記

江淮間俗尚鬼. 歳正月, 必衣服箕箒為子姑神, 或能數數畫字. 黄州郭氏神最異. 予去歳作何氏録以記之.

今年黄人汪若谷家, 神尤奇. 以箸爲口, 置筆口中, 與人問答如響. 曰 : “吾天人也. 名全, 字德通, 姓李氏. 以若谷再世爲人, 吾是以降焉.” 著篆字, 筆勢奇妙, 而字不可識. 曰 : “此天篆也.” 與予篆三十字, 云是天蓬呪. 使以隷字釋之, 不可. 見黄之進士張炳, 曰 : “久濶無恙. ”炳問安所識. 荅曰 : “子獨不記劉苞乎? 吾即苞也.” 因道

N° 38

La Sigillaire céleste

Entre le Fleuve Bleu et la rivière Huai[1], il est de coutume d'honorer les démons. Chaque année, au premier mois, [une femme] est invariablement habillée d'une corbeille à poussières et d'un balai pour incarner une Dame pourpre. Certaines sont capables de compter ou de tracer des caractères. La plus étrange est l'esprit du clan Guo, et l'an dernier, j'ai pris quelques notes sur la Demoiselle Heshi et ai commémoré sa venue. Cette année, encore plus curieux est l'esprit [descendu] dans la famille de Wang Ruogu qui habite à Huang : sa bouche est faite de baguettes et lorsqu'on place un pinceau entre ses « lèvres », il répond aux questions aussi naturellement que l'écho.

« Je suis un immortel, a-t-il dit, me prénomme Quan "le Parfait", ai pour appellation sociale Detong "Vertu complète" et pour patronyme Li. Comme Ruogu est la réincarnation [d'une ancienne connaissance], je suis descendu dans sa famille. »

Il écrivit des caractères en sigillaire dont le tracé et la disposition étaient merveilleusement réussis mais qui demeuraient illisibles. « Telle est, ajouta-t-il, la sigillaire céleste. » Et il me donna un texte dans cette graphie de trente caractères. C'était, selon lui, *L'imprécation de l'Amiral des roseaux célestes*[2]. Je

---

1. Région située entre les provinces actuelles de l'Anhui 安徽 et du Jiangsu 江蘇.

2. *Tianpeng* est la septième des neuf étoiles du Boisseau. C'est aussi le nom d'une divinité taoïste à trois têtes et six bras, appelée Amiral des roseaux célestes [*Tianpeng yuanshuai* 天蓬元帥] qui devient sous la dynastie des Tang un des quatre Saints qui secondent l'Empereur de jade [*yudi* 玉帝], déité la plus importante du taoïsme religieux. Elle tient dans ses mains hache, épée, arc et flèches, hallebarde, corde et pointe, porte une cuirasse, est vêtue de noir et commande une armée céleste de 360 000 soldats divins

炳昔與苞起居語言狀甚詳. 炳大驚, 告予曰 : “昔嘗識苞京師, 青巾布裘, 文身而嗜酒, 自言齊州人. 今不知其所在. 豈真天人乎？”

或曰 : “天人豈肯附箕箒為子姑神從汪若谷遊哉！”予亦以爲不然. 全爲鬼爲仙, 固不可知, 然未可以其所托之陋疑之也. 彼誠有道, 視王宮豕牢一也. 其字雖不可識, 而意趣簡古, 非虛落間竊食愚鬼所能爲者. 昔長陵女子以乳死, 見神於先後宛若, 民多徃祠. 其後

lui demandai d'en expliciter le sens dans la calligraphie des scribes mais ce fut impossible.

À la vue du docteur Pan Bing, il s'écria : « Voilà longtemps que nous nous sommes quittés. Vous portez-vous bien ? » Lorsque Pan Bing lui demanda d'où il le connaissait, il répondit : « Auriez-vous oublié Liu Bao ? C'est moi. » Il narra alors en détail les paroles, les lettres et les faits de la vie quotidienne qu'ils avaient partagés. Déconcerté, Bing me regarda : « Autrefois, à la capitale, j'ai connu un Liu Bao ; vêtu d'un bonnet vert et d'une robe fourrée, il aimait l'alcool, portait des tatouages sur le corps et s'était présenté comme un habitant de Qizhou[3]. J'ignore où il demeure aujourd'hui. Serait-ce vraiment un immortel ? »

Quelqu'un objecta : « Comment un immortel pourrait-il emprunter un corps fait d'une corbeille à poussières et d'un balai, s'incarner en Dame pourpre et fréquenter Wang Ruogu ! » C'était aussi pour moi difficilement crédible. Il est proprement impossible de savoir si Quan est un esprit ou un immortel, mais on ne saurait être sceptique du seul fait qu'il a endossé un corps si vulgaire. Si, en effet, il possède réellement le Tao, il regardera palais royaux et enclos à cochons d'un même œil. Et les caractères qu'il a tracés, pour indéchiffrables qu'ils soient, ont le charme de la simplicité et de l'antique, que ne pourraient en aucun cas produire les démons stupides et chapardeurs de nourriture des hameaux et des villages. Autrefois, la jeune Dame de Changling[4] mourut alors qu'elle donnait le sein.

---

chargée de détruire et dévorer les démons. Le *Yunji qiqian* 雲笈七籤, encyclopédie taoïste des Cinq Dynasties, a recueilli une prière à l'Amiral des roseaux célestes. Voir vol. 5, *juan* 119, p. 2625-2627.

3. Qizhou est l'actuelle ville de Jinan au Shandong 山東濟南.

4. La Jeune Femme de Changling, peu de temps après le décès de son fils (ou comme ici, alors qu'elle l'allaite), meurt et devient un esprit auquel sa belle-sœur sacrifie dans la famille. Lorsque Wudi (r. 141-87 av. J.-C.) accède au trône, il décide de sacrifier à cette divinité au sein de son palais. Voir les *Mémoires historiques* [Shiji 史記], vol. 2, *juan* 12, p. 452-453 ou l'*Histoire des Han antérieurs* [Hanshu 漢書], vol. 4, *juan* 24 A, p. 1216.

漢武帝亦祠之，謂之神君，震動天下．若疑其所托，又陋於全矣．

世人所見常少，所不見常多，奚必於區區耳目之所及，度量世外事乎？姑藏其書，以待知者．

Son esprit se manifesta à sa belle-sœur Yuanruo, et les gens du peuple allèrent souvent lui sacrifier [dans sa famille]. Plus tard, l'empereur Wu des Han lui fit construire un sanctuaire, la nomma « Divine Dame » et son culte ébranla l'empire. Or, si on doit douter de son incarnation, force est de constater qu'elle est encore plus vile que celle de Quan.

Les gens voient peu comparé à ce qui échappe à leur regard. À quoi bon se fonder sur leurs minuscules perceptions pour juger des phénomènes hors du commun[5] ?

Conservons pour l'heure les caractères tracés par cet esprit et attendons qu'ils puissent être déchiffrés.

Selon un commentaire, elle aurait fait, une fois fantôme, des avances à Huo Qubing 霍去病 (140-117), un des généraux de Wudi. Elle figure aussi dans un ouvrage consacré aux arts de la chambre à coucher [*Han Wudi neizhuan* 漢武帝内傳], attribué à Ban Gu 班固 (32-92) et vraisemblablement datable du Ve ou VIe siècle. C'est sans doute cette conduite qui caractérise selon Su Shi son « infamie ».

5. Il y a là sans doute une réminiscence de l'anecdote célèbre du chapitre 2 du *Zhuangzi* sur les génies du Mont Gushe 姑射, dont la peau est comme neige brillante, qui hument le vent et boivent la rosée et dont la concentration de l'esprit guérit les maladies. Jianwu 肩吾 qui rapporte incrédule ces propos, se voit rétorquer : « L'aveugle ne voit pas les dessins et les ornements, le sourd n'entend pas le bruit de la cloche et du tambour. Non seulement le corps a sa cécité et sa surdité, mais l'intelligence aussi » (ZZJS, p. 16 et Liou, p. 90).

N° 39

Le Pavillon de l'affection laissée derrière soi (1083)

Rédigé à la place de Chao Yuanxiu

Ce nouvel éloge d'un sage administrateur et ami met en lumière ce que Su Shi entend par le non-agir. Loin de ne rien faire, un gentilhomme s'active en suivant les lignes de forces des situations [li 理], a perçu le plus tôt possible leur déploiement (comme Wen Tong voyait le bambou géant dans la jeune pousse), les accompagne et les oriente dans un sens bénéfique ; puis, lorsqu'elles se sont totalement développées, s'arrête, fait retour en lui-même et les oublie. Il dégage ainsi une marge de manœuvre qui se manifeste dans la conduite par l'aisance et l'oisiveté. Libéré de tout souci, de toute intention et de la recherche du renom, il inspire naturellement une confiance aux peuples dont il a la charge, parce qu'il ne leur a rien imposé, parce qu'il s'est contenté de faire ce que prescrivait une situation à peine amorcée, parce que le changement enfin s'est effectué de lui-même.

Si la commémoration est commandée à Chao Gu, c'est parce que la prudence commande à Su Shi, en sa qualité de banni, de ne pas écrire de textes politiques.

第三十九

遺愛亭記 [代巢元脩]

何武所至，無赫赫名，去而人思之，此之謂遺愛.

夫君子循理而動，理窮而止，應物而作，物去而復，夫何赫赫名之有哉！

東海徐君猷，以朝散郎為黄州，未嘗怒也，

N° 39

Le Pavillon de l'affection laissée derrière soi

Rédigé à la place de Chao Yuanxiu

Lorsque He Wu[1] prit son poste, il ne jouissait d'aucune illustre réputation, mais lorsqu'il partit, les habitants pensaient avec nostalgie à lui. Voilà ce qu'on appelle « l'affection laissée derrière soi ».

Or, un homme de bien agit en se conformant à la raison des choses, et s'arrête lorsqu'elle a atteint son plein épanouissement ; s'affaire en réponse aux situations et, lorsqu'elles n'ont plus lieu d'être, revient [en lui-même]. Quel renom illustre y aurait-il là à poursuivre !

Xu Junyou[2] de la Mer de l'Est vint, avec le titre de Grand maître de la clôture d'audience, gouverner la province de Huang. Ce peuple ne contrevenait pas aux lois sans que jamais

1. He Wu (72 av. J.-C.-3) est sous l'empereur Chengdi des Han (r.) Grand ministre des Travaux publics et le promoteur d'une réforme harmonisant le pouvoir des chanceliers, des ministres de la Guerre et des Travaux publics. Dans la biographie du *Hanshu* 漢書 [vol. 10, *juan* 86, p. 3485], sont rappelés son mépris d'une belle réputation, l'intérêt qu'il portait au bien-être des populations qu'il administrait et le souvenir nostalgique qu'il laissa.

2. Xu Dashou 徐大受, de prénom social Junyou est préfet de Huangzhou de la mi-août 1080, quelques mois après l'arrivée de Su Shi dans son lieu d'exil, jusqu'à la mi-août 1083. Dans une lettre au frère cadet, Xu Dezhi, il indique qu'à son arrivée, il était seul et sans famille, mais que dès sa prise de poste, le nouveau préfet « le traita comme sa propre chair », fait d'autant plus remarquable que l'exilé devait être soumis à un strict contrôle sur ses déplacements et ses écrits. Junyou meurt en chemin vers son nouveau poste en décembre 1083. L'amitié qui les lie est attestée par de nombreuses ballades dédiées à Xu Junyou pendant ces trois années. Pour la lettre, voir « Yu Xu Dezhi shisi shou zhi yi » 與徐得之十四首之一, in SSWJ 蘇軾文集, vol. 4, *juan* 57, p. 1721.

而民不犯，未嘗察也，而吏不欺，終日無事，嘯詠而已．每歲之春，與眉陽子瞻游於安國寺，飲酒於竹間亭，擷亭下之茶，烹而食之．公既去郡，寺僧繼連請名．子瞻名之曰遺愛．時轂自蜀來，客於子瞻，因子瞻以見公，公命轂記之．轂愚樸，羈旅人也，何足以知公．採道路之言，質之於子瞻，以爲之記．

il n'ait eu à montrer de l'irritation ; les petits fonctionnaires ne le trompaient pas sans qu'il ait eu à mener des enquêtes. Toute la journée, il vivait sans agitation, chantant et sifflant. Au printemps de chaque année, il randonnait avec Zizhan[3] de Meiyang au Temple de la Paix de l'État[4], buvait de l'alcool dans un kiosque parmi les bambous, cueillait du thé en contrebas, et le buvait après l'avoir fait infusé.

Après son départ, le moine Jilian, *alias* « le Continuateur » demanda un nom pour ce pavillon et Zizhan proposa : « l'affection laissée derrière soi ». À cette époque, moi, Gu[5], je vins de Shu et fus l'hôte de Zizhan par l'entremise duquel j'ai connu Messire, lequel me pria d'écrire cette commémoration. Mais je suis sot et fruste, un simple voyageur, comment pourrais-je connaître Messire ?

Je me suis contenté de recueillir les propos que nous avions échangés en chemin, et les ai fait confirmer par Zizhan pour en faire la stèle.

3. Il s'agit de Su Shi, nommé d'après son prénom social par Chao Gu.

4. Pour ce Temple dont l'abbé est Jilian, voir *Le Temple de la paix de l'État* (13 mai 1084).

5. Chao Gu, de prénom social Yuanxiu, est issu d'une famille de paysans des Monts Mei ; il commença par étudier sous son père avant de se prendre de passion pour les arts de la guerre. Une amitié malencontreuse avec un commandant condamné l'obligea à se cacher. Il ne reparaît que dans les années 1080, lorsque les deux frères Su sont en exil, et les accompagne ensuite dans leur exil à partir de 1094. Souhaitant rejoindre Su Shi à Hainan (projet dont essaie de le dissuader Su Zhe), il se fait dérober sa bourse et meurt de maladie en chemin. Su Zhe a écrit un beau texte qui fut ensuite inséré partiellement dans les biographies consacrées aux « conduites éminentes » [*zhuoxing* 卓行] de *L'Histoire dynastique des Song*. Voir Su Zhe, « Chao Gu zhuan » 巢谷傳, in *Su Zhe ji* 蘇轍集, vol. 4, *Luancheng houji* 欒城後集, *juan* 24, , p. 1139-1140 et *Songshi*, vol 38, *juan* 459, p. 13472.

N° 40

Le Temple de la Paix de l'État à Huangzhou
(13 mai 1084)

Ce récit rétrospectif de la crise morale qui frappe Su Shi après son procès en 1079 est aussi celui d'une libération et d'une conversion, non au bouddhisme mais au vide de la conscience. Par la méditation, il oublie, randonne et découvre que l'esprit est originellement pur, sans tache, dans un mouvement qui rappelle le quatrain de Huineng 惠能 *(638-713), le père du subitisme chan :*

Mon esprit est l'arbre de l'Éveil ;
Mon corps est un clair miroir.
Un clair miroir forcément pur :
Comment la poussière pourrait-elle le souiller ?[1]

1. Traduction de Patrick Carré, in *Fahai, Le Soutra de l'estrade du sixième patriarche Houei-neng*, p. 26.

第四十

黃州安國寺記

元豐二年十二月，余自吳興守得罪，上不忍誅，以為黃州團練副使，使思過而自新焉．其明年二月，至黃．舍館粗定，衣食稍給，閉門卻掃，收召魂魄，退伏思念，求所以自新之方，反觀從來舉意動作，皆不中道，非獨今之所以得罪者也．欲新其一，恐失其二．觸類而求之，有不可勝悔者．於是，喟然歎曰："道不足以御氣，性不足以勝習．不鋤其本，而耘其末，今雖改之，後必復作．盍歸誠佛僧，求一洗之？"

N° 40

Le Temple de la Paix de l'État à Huangzhou

L'an 2 de l'ère de la *Prospérité originelle*, au 12e mois[2], tandis que j'étais préfet de Wuxing, je fus accusé d'un crime. Sa Majesté m'épargna la peine capitale et je fus banni à Huangzhou comme sous-brigadier de la milice locale pour me permettre de revenir sur mes fautes et de prendre un nouveau départ. L'année suivante au deuxième mois[3], je suis arrivé à Huangzhou. Après avoir sommairement réglé la question du logement et m'être assuré de provisions de vivres et de vêtements tout juste suffisantes, je fermai ma porte et ne reçus plus personne, je rassemblai et convoquai mes esprits, me retirai pour méditer, et cherchai la direction qui me permettrait de m'amender et de me renouveler intérieurement. Je fis retour sur ma conduite, mes motivations et mes actes passés, [et m'aperçus] qu'aucun n'était conforme à la Voie. Ce n'était pas seulement ma [conduite] récente qui m'avait valu d'être incriminé ! Mais, en voulant m'amender sur un point, je craignais d'en omettre un autre. Je cherchai méthodiquement un [moyen d'en sortir] et me vins un infini regret. Alors, je poussai un long soupir de dépit : « [Ta] Voie ne te permet pas de conduire tes souffles, [ta] nature ne suffit pas à vaincre tes habitudes ! Tu ne sarcles pas à la racine mais émondes les branches. Même si aujourd'hui tu changeais, à l'avenir tu commettrais les mêmes [erreurs] ! Pourquoi ne pas retourner chez toi et te faire vraiment bonze, rechercher l'Un et te purifier ?

Je trouvai au sud de la ville un monastère connu sous le nom de Temple de la Paix de l'État. Les forêts y étaient belles,

2. Le douzième mois commence le 26 décembre 1079.
3. Soit fin février 1080.

得城南精舍曰安國寺，有茂林修竹，陂池亭榭．間一二日輒往，焚香默坐，深自省察，則物我相忘，身心皆空，求罪垢所從生而不可得．一念清淨，染汙自落，表裏翛然，無所附麗．私竊樂之．旦往而暮還者，五年於此矣．

寺僧曰繼連，為僧首七年，得賜衣．又七年，當賜號，欲謝去，其徒與父老相率留之．連笑曰："知足不辱，知止不殆．"卒謝去．余是以媿其人．七年，余將有臨汝之行．連曰："寺未有記．"具石請記之．余不得辭．

寺立於僞唐保大二年，始名護國，嘉祐八

les bosquets de bambous vigoureux ; autour, bassins, pavillons et belvédères. J'y allais presque chaque jour brûler de l'encens et je restais là, assis en tailleur et silencieux, et m'examinais en profondeur ; je m'oubliais et les choses disparaissaient, le corps et l'esprit me parurent vides, je me demandais d'où venait la poussière de mes crimes et ne trouvais rien. L'espace de ma pensée devint limpide et clair, la crasse de mes habitudes me quittait, je retournais l'étoffe et la doublure des choses, tout était aboli, plus rien ne me retenait. Ce fut une joie secrète qui dura cinq années. Je partais à l'aube et revenais à la tombée de la nuit.

Un moine du temple, Jilian[4], *alias* « le Continuateur », après sept années à sa tête, reçut la robe du *Dharma*. Sept ans plus tard, devait encore lui être octroyé un surnom. Il voulait y renoncer, mais ses disciples et les anciens se relayaient pour l'en dissuader. Lian sourit : « Une reconnaissance suffisante n'est pas honteuse, prends seulement garde qu'elle ne s'étende. » Il finit par refuser. Après lui, j'eus honte de ce que j'étais. La 7e année[5], comme je m'apprêtais à me rendre à Ruzhou[6], Lian me dit : « Notre monastère n'a pas encore de stèle. » Il me montra la pierre et me pria d'en composer le texte. Je ne pus refuser :

Le monastère fut fondé sous les usurpateurs Tang, la 2e année de l'ère de la *Préservation de l'absolu*[7]. On l'appela d'abord « Temple de la Protection de l'État » ; il prit son nom

4. Le moine n'est pas autrement connu.

5. En 1084.

6. Ancienne préfecture correspondant à l'actuel district de Linru 臨如 au Henan.

7. En 944, sous la dynastie des Tang du Sud (937-975) pendant la période de désunion des Cinq Dynasties et des Dix Royaumes [Wudai shiguo 五代十國] (907-960). À partir de 960, date de l'accession des Song au pouvoir, le dernier souverain est en réalité assigné à résidence avant d'être conduit au suicide.

年，賜今名．堂宇齋閣，連皆易新之，嚴麗深穩，悅可人意，至者忘歸．歲正月，男女萬人會庭中，飲食作樂，且祠瘟神，江淮舊俗也．

四月六日，汝州團練副使眉山蘇軾記．

actuel la 8e année de l'ère de la *Bénédiction parfaite*[8]. La rénovation des salles, des toits, des cellules et des étages est l'œuvre de Lian. Les pensées y sont joyeuses et on oublie d'en repartir. Chaque année, le premier jour, dix mille hommes et femmes s'assemblent dans la cour, mangent, boivent, jouent et chantent et rendent hommage au Disséminateur[9]. La coutume est ancienne au sud du Fleuve Bleu…

Commémoré le 6e jour du 4e mois par Su Shi des Monts Mei, sous-brigadier de la milice de Huangzhou.

---

8. En 1070.

9. Wenshen 瘟神 est le plus souvent hypostasié en cinq divinités appelées « les cinq messagers des épidémies » [*wu wen shenshi* 五瘟使者]. Le culte aurait commencé sous le règne de l'empereur Wudi des Sui lorsqu'en 596, cinq puissants gentilshommes seraient apparus dans le ciel et auraient été identifiés comme des divinités des cinq orients [les quatre points cardinaux et le centre] associées aux saisons : Zhang Yuanbo des épidémies du printemps春瘟張元伯, Liu Yuanda des épidémies de l'été 夏瘟劉元達, Zhao Gongming des épidémies de l'automne 秋瘟趙公明, Zhong Rengui des épidémies de l'hiver冬瘟鐘仁貴et Shi Wenye des épidémies du centre中瘟史文業. Le culte saisonnier qui leur est rendu a pour but de chasser les maladies et met en jeu des rituels de transe chamanique dans lesquels des pantins sont censés incarner chacune de ces divinités.

N° 41

Le Mont de la cloche de pierre
(14 juillet 1084)

Voici un nouvel exemple de la manière dont Su Shi conçoit l'étude : la connaissance des textes anciens, la confrontation avec les faits réels, l'expérience et la curiosité et un certain goût de l'aventure en sont les marques.

Le troisième paragraphe rappelle par son écriture la seconde Rhapsodie sur la Falaise rouge, *écrite en 1082, où dans un semblable moment d'effroi, quelque chose, comme ici, apparaissait. De nombreux textes écrits pendant son premier exil relatent cet accès à une vérité au moment où la confusion de l'esprit est extrême.*

第四十一

石鐘山記

《水經》云：彭蠡之口，有石鐘山焉. 酈元以為下臨深潭，微風鼓浪，水石相搏，聲如洪鐘. 是說也，人常疑之. 今以鐘磬置水中，雖大風浪，不能鳴也，而況石乎！至唐李渤始訪其遺蹤，得雙石於潭上，扣而聆之，南聲函胡，北音清越，枹止響騰，餘韻徐歇，自以為

N° 41

Le Mont de la cloche de pierre

Il est écrit dans le *Classique des eaux*[1] : « À l'embouchure du lac Pengli[2] se trouve le Mont de la cloche de pierre[3]. » Le [commentateur] Li Yuan[4] pensait que sa base surplombait un gouffre rempli d'eau très profond et que sous la brise, des vagues se levaient, qui frappaient la roche avec un bruit de cloche immense. Ces propos ont suscité des doutes constants : si, aujourd'hui, on place des cloches et des lithophones au milieu des eaux, même par grand vent et agitées par une forte houle, elles ne peuvent résonner ; à plus forte raison une roche ! C'est sous la dynastie des Tang que Li Bo[5] commença à en chercher les traces. Au-dessus du gouffre, il découvrit deux pierres qui tintaient lorsqu'il les frappa : celle du Sud émettait un bruit étouffé ; l'autre du Nord un son clair et long, et lorsqu'il

1. Le *Classique des eaux* est attribué à Sang Qin 桑欽, mais à considérer les renseignements géographiques donnés, il est sans doute compilé sous les Trois Royaumes (222-265). Les voies d'eau et les rivières mentionnées forment un total de 137 articles. Le texte cité par Su Shi ne figure pas dans l'ouvrage.

2. Le lac Pengli est le lac Poyang 鄱陽湖, un des cinq grands lacs du Jiangxi. Il est déjà mentionné dans « Le Tribut de Yu » du *Livre des documents*.

3. Les Monts de la cloche de pierre se trouvent au Jiangxi actuel à Huxiankou 湖縣口. On distingue celui au sud du siège administratif de Hukou et celui du Nord.

4. Li Yuan est le nom abrégé de Li Daoyuan 酈道元 (472-527), le plus grand commentateur du *Classique des eaux*. Il rajoute 1252 articles et augmente de près de vingt fois le texte original. Ses annotations ne concernent pas seulement les voies d'eau mais décrivent aussi les environs, les sites historiques et les coutumes locales dans un style émouvant et riche ponctué de nombreuses citations d'auteurs anciens.

5. Li Bo (?-831), de prénom social Junzhi 瀋之, est originaire de Luoyang 洛陽. Pendant l'ère Yuanhe 元和 (806-820) sous le règne de Xuanzong 宣宗 des Tang, il est préfet de Jiangzhou 江州. Il est l'auteur d'une commémoration datée du 23 août 798, « Discussion sur le Mont de la cloche de pierre » [*Bian Shizhong shan ji* 辨石鐘山記] citée par Su Shi au début de son texte.

得之矣. 然是說也, 余尤疑之. 石之鏗然有聲者, 所在皆是也, 而此獨以鐘鳴, 何哉?

元豐七年六月丁丑, 余自齊安舟行適臨汝, 而長子邁將赴饒之德興尉, 送之至湖口, 因得觀所謂石鐘者. 寺僧使小童持斧, 於亂石間擇其一二扣之, 硿硿[75]焉, 余固笑而不信也. 至暮夜月明, 獨與邁乘小舟至絕壁下, 大石側立千仞, 如猛獸奇鬼, 森然欲搏人. 而山上栖鶻, 聞人聲亦驚起, 磔磔雲霄間. 又有若老人

75. 朗本卷四十九[硿硿]作[空空].

cessa de les heurter avec un bâton, le son s'amplifia et l'écho persistant cessa lentement. Il en déduisit qu'il avait trouvé les cloches de pierre. Mais à l'égard de ces propos, mon scepticisme est encore plus grand. Toutes les pierres retentissent d'un son métallique quand on les frappe ; pourquoi seules celles-ci sonneraient-elles comme des cloches ?

Le jour *dingchou* du 6e mois, an 7 de l'ère de la *Prospérité originelle*, j'allai en barque de Qi'an à Linru[6], et comme mon fils aîné Mai devait prendre son poste de magistrat de la préfecture de Dexing dans la province de Rao, je l'accompagnai jusqu'à l'embouchure du lac[7] où je pus voir ces soi-disant cloches de pierre. Un moine du temple ordonna à un novice de se saisir d'une hachette et de choisir, dans un amas chaotique de pierres, une ou deux et de les heurter : « Klong ! » firent-elles. Évidemment, je me mis à rire et n'accordai plus aucun crédit [aux dires de Li Bo].

Cette nuit même, au clair de lune, j'allai sur une petite barque avec mon fils au pied de la Falaise rouge[8]. Une roche haute de mille toises se dressait, pareille à une bête féroce ou à un démon étrange qui, lugubres, s'apprêtaient à capturer des hommes. Une buse perchée dans la montagne, ayant perçu des voix humaines, effrayée, prit son envol et piaula haut dans

---

6. Qi'an est un autre nom pour Huangzhou 黃州 au Hubei où Su Shi est assigné à résidence ; Linru désigne la province de Ru 汝州 au Henan où Su Shi se rend à partir de juillet 1084.

7. Dexing se trouve dans l'actuelle province du Jiangxi comme Raozhou (actuelle Poyang 鄱陽) et Hukou 湖口.

8. La Falaise rouge est le nom d'une des plus célèbres batailles des Trois Royaumes. Cao Cao y fut vaincue en 208 par Sun Quan et Liu Bei qui mirent un terme à ses projets d'unification de l'empire. Voir la note 4 à *La Salle des dessins précieux* (1077).

Su shi a écrit à Huangzhou deux de ses plus célèbres rhapsodies, portant ce titre. Pour une traduction, voir Su Shi, *Un Ermite reclus dans l'alcool et autres rhapsodies*, (Stéphane Feuillas, trad.), p. 63-73. L'excursion en barque évoquée ici par Su Shi n'est pas sans rappeler l'effroi que manifestait la seconde rhapsodie.

欬且笑於山谷中者，或曰，此鸛鶴也. 余方心動欲還，而大聲發於水上，噌吰如鐘鼓不絕，舟人大恐. 徐而察之，則山下皆石穴罅，不知其淺深，微波入焉，涵澹澎湃而為此也. 舟迴至兩山間，將入港口，有大石當中流，可坐百人，空中而多竅，與風水相吞吐，有窾坎鏜鞳之聲，與向之噌吰者相應，如樂作焉.

因笑謂邁曰："汝識之乎？噌吰者，周景王之無射也. 窾坎鏜鞳者，魏莊子之歌鐘也. 古之人不余欺也. 事不目見耳聞，而臆斷其有

le ciel. Il y eut encore dans le val comme les rires d'un vieil homme étouffés par une toux. « Un héron », dit quelqu'un. Comme, inquiet, je voulais rentrer, un vacarme énorme se fit à la surface de l'eau, sourd comme des tambours et des cloches frappés sans cesse. Le batelier paniqua. Je repris lentement mes esprits et enquêtai. Je découvris qu'au pied de la montagne, il y avait de grandes anfractuosités rocheuses d'une profondeur inconnue ; le bruit provenait des fines vagues qui y pénétraient et clapotaient avec fracas contre les parois. De retour, la barque dériva dans un défilé entre deux montagnes ; tandis que nous approchions du débarcadère, au milieu du courant une roche immense se tenait, si grande que des centaines d'hommes auraient pu s'y asseoir ; poreuse et percée de multiples orifices, elle avalait et recrachait le vent et les vagues, et résonnait clair comme si elle était frappée par des coups violents et répétés ; elle répondait, comme dans une harmonie concertante, à la résonance sourde entendue peu de temps auparavant.

En riant, je dis à mon fils Mai : « Sais-tu ? Le bruit sourd est la cloche *wuyi* du Roi Jing des Zhou et le son violent de heurtoir la cloche chantante du Vicomte Zhuang du pays de Wei[9]. Les anciens ne nous ont pas trompés. Peut-on juger

---

9. Le Roi Jing de la dynastie des Zhou, la 24e année de son règne (521 av. J.-C.), fit fondre une cloche accordée au ton *wuyi* [sans relâche], le quatrième de la gamme standard des douze tubes musicaux. Dans les *Discours des Principautés* qui mentionnent ce fait, les ministres critiquent la fabrication de cette cloche, parce que le véritable accord ne doit pas seulement être musical, mais plutôt avec les sentiments du peuple. Le roi ne suit pas cet avis ; il meurt l'année suivante. Voir *Guoyu* 國語, « Zhouyu » 周語, 2e partie, anecdote nº 6, p. 130-139.

Le vicomte Zhuang est le nom posthume de Wei Jiang 魏絳, haut dignitaire du pays de Jin 晉, commandant en chef de la cavalerie en 573 av. J.-C. En 562, lorsque le pays de Jin attaque le Zheng 鄭, ses habitants offrent femmes, musiciens, danseuses et cloches chantantes pour acheter la paix. Le Duc de Jin donne deux de ces cloches à son ministre qui cède devant les éloges que lui fait son prince. Voir *Guoyu*, « Jinyu » 晉語, anecdote nº 8, p. 500-502.

無，可乎？”酈元之所見聞，殆與余同，而言之不詳．士大夫終不肯以小舟夜泊絕壁之下，故莫能知．而漁工水師，雖知而不能言．此世所以不傳也．而陋者乃以斧斤考擊而求之，自以為得其實．余是以記之，蓋歎酈元之簡，而笑李渤之陋也．

en pensée de l'existence ou non de quelque chose sans l'avoir vu ou entendu soi-même ? » Li Yuan et moi avons sans doute entendu et vu le même [phénomène], mais ses paroles ne sont pas assez précises. Les mandarins n'osent jamais emprunter un esquif pour s'amarrer de nuit au pied de la Falaise rouge, aussi aucun n'a pu en prendre connaissance. De leur côté, les pêcheurs et les bateliers, s'ils connaissent ce phénomène, ne peuvent en parler. Voilà pourquoi la nature des cloches de pierre n'a pu être transmise dans le monde et des hommes au savoir superficiel l'ont cherchée en faisant tinter des haches et ont prétendu les avoir découvertes !

J'ai ainsi rédigé cette commémoration, essentiellement pour regretter la concision de Li Yuan et railler la misérable science de Li Bo.

N° 42

Les Cinq cents *arhats* du Temple du *dhyāna* de l'offrande de la sincérité (1085)

Su Shi contraste ici l'œuvre d'un moine qui, inlassablement, met ses projets à exécution et les lettrés qui, préoccupés de leur renom, entreprennent sans achever.

Cette commémoration témoigne aussi du rôle et de la place du bouddhisme dans la gestion des affaires sous les Song et s'oppose à la dénonciation fréquente dans la première moitié du XI*e siècle d'une religion de parasites.*

第四十二

薦誠禪院五百羅漢記

熙寧十年，余方守徐州，聞河決澶淵，入巨野，首灌東平. 吏民恟懼，不知所為. 有僧應言建策，鑿清泠口，道積水北入于古廢河，又北東入于海. 吏方持其議，言彊力辯口，慨然論河決狀甚明. 吏不能奪，卒以其言決之，水所入如其言，東平以安，言有力焉. 衆欲為請賞，言笑謝去. 余固異其人. 後二年，移守湖州，而言自鄆來，見余於宋，曰："吾鄆

N° 42

Les Cinq cents *arhats* du Temple du *dhyāna* de l'offrande de la sincérité

La 10ᵉ année de l'ère de la *Paix harmonieuse*, tandis que j'étais gouverneur de Xu, j'appris que le Fleuve Jaune était sorti de son lit à Chanyuan[1], avait pénétré dans de vastes terres et que le front de la crue s'était déversé dans les plaines de l'Est. Les employés comme les gens du peuple, effrayés, ne surent que faire. Le moine Yingyan[2], alias « Répartie » proposa dans un plan de forer à l'embouchure de Qingleng, de drainer les eaux accumulées et de les faire entrer au Nord dans l'ancien lit et au Nord-Est dans la mer. Comme les employés s'en tenaient à leurs [hésitants] débats, Yan mit toute son énergie et toute son éloquence à les convaincre, et discuta, dans un mémoire, avec beaucoup d'émotion et de clarté, de la crue. Les fonctionnaires ne parvenaient pas à se résoudre à une solution. On s'en remit finalement à ses paroles pour régler la situation : les eaux furent drainées comme il l'avait dit, et si la paix revint dans les plaines de l'Est, le mérite en revient à l'énergie déployée par Yan. La foule voulut demander pour lui une récompense, mais Yan refusa en riant et s'en alla. C'est alors [que j'ai commencé] à trouver cet homme remarquable.

Deux ans plus tard, je fus muté comme gouverneur de Huzhou, et Yan qui venait de la Province de Yue[3], me rendit visite au Song et me dit : « Je suis originaire de Yun[4], moine

1. Chanyuan est l'actuelle ville de Qingfeng 淸豐 au Henan. Pour cette crue du Fleuve Jaune, voir aussi *La Récompense écrite de la main de l'empereur* (1078).

2. Ce moine n'est pas autrement connu dans les sources bouddhiques.

3. Autre nom du Zhejiang 浙江.

4. Nom de province correspondant à l'actuelle ville de Wan'an 萬安 au Shandong.

人也，少為僧，以講為事．始錢公子飛使吾創精舍於鄆之東阿北新橋鎮，且造鐵浮屠十有三級，高百二十尺．既成，而趙公叔平請諸朝，名吾院曰薦誠，歲度僧以守之．今將造五百羅漢像於錢塘，而載以歸，度用錢五百萬，自丞相潞公以降，皆吾檀越也．”余於是益知言真

depuis l'enfance, j'ai pour charge d'enseigner et de commenter les soutras. Naguère, Messire Qian Zifei[5] m'a prié de faire construire un temple au bourg du Pont neuf, au nord de la colline de l'Est, situé dans la province de Yue, et de faire fondre treize statues bouddhiques de fer, hautes de vingt pieds. Ce travail achevé, Messire Zhao Shuping[6] présenta une requête à la cour, on nomma le Monastère « Offrande de la sincérité » et le fit garder par le moine Suidu alias « Novice de l'année ». Aujourd'hui je dois construire cinq cents statues d'*arhats* à Qiantang et les faire transporter pour les ramener au monastère. J'estime le coût à cinq millions de sapèques et compte, parmi le premier de mes donateurs, [l'ancien] chancelier, le Duc de Lu[7]. » Je me rendis compte, davantage encore, que Yan surpassait les autres hommes.

---

5. Qian Mingyi (1015-1071) de prénom social Zifei, accède avec la recommandation de Lü Yijian, l'eunuque ennemi des réformateurs de l'ère Qingli (1041-1048), très rapidement au poste de censeur et est en partie responsable de leur éloignement de la cour. Il fait partie de l'Académie de la forêt de pinceaux en 1064, mais est déchu de ce titre avec l'arrivée de Shenzong 神宗 au pouvoir en 1068. Voir sa biographie dans *L'Histoire des Song* [*Songshi*], vol 30, *juan* 317, p. 10347-10348.

Su Shi rapporte incidemment qu'il possédait un art permettant de guérir la lèpre mais qu'il y aurait renoncé à la suite d'un rêve. Un messager céleste l'aurait convaincu qu'il avait irrité le ciel. In *Dongpo zhilin*, « Jishu », anecdote nº 22, p. 101.

6. Zhao Gai 趙槩 (996-1083), de prénom social Shuping, est surtout connu pour le mépris qu'avait pour lui Ouyang Xiu qui, lorsqu'il rédige les brouillons des édits impériaux, n'hésite pas à le faire critiquer. Mais Zhao se serait montré serein et calme. Puis, lorsque Ouyang est accusé d'inceste avec sa nièce, Zhao prend sa défense ; il demande aussi son retour en grâce quand celui-ci est en exil à Chuzhou 滁州. Il accède à la fin de sa vie au rang d'académicien de la forêt des pinceaux. Voir sa biographie dans *L'Histoire des Song*, vol. 30, *juan* 318, p. 10364-10366.

7. Il s'agit de Wen Yanbo 文彥博 (1006-1097). Ami des réformateurs de l'ère Qingli, il rencontre le père de Su Shi en 1056, lorsqu'il est en poste au Sichuan et le recommande auprès d'Ouyang Xiu. Chancelier à plusieurs reprises, il s'oppose fermement aux réformes de Wang Anshi et est tenu éloigné de la cour. Il a de très fortes sympathies pour le bouddhisme, en particulier pour la secte de la Terre pure [*Jingtu zong* 淨土宗]. Lire sa biographie dans *L'Histoire des Song*, vol. 29, *juan* 313, p. 10258-10264.

有過人者. 又六年, 余自黄州遷于汝, 過宋, 而言適在焉. 曰 : “像已成, 請為我記之.”

嗚呼, 士以功名為貴, 然論事易, 作事難, 作事易, 成事難. 使天下士皆如言, 論必作, 作必成者, 其功名豈少哉! 其可不為一言.

Six ans plus tard, lorsque je quittai Huang pour la province de Ru, je passai par le Song où était précisément Yan. Il me dit : « Les statues sont terminées. En rédigeriez-vous la commémoration ? »

Ah ! Un lettré attache de la valeur à son renom et à son mérite, mais il est facile de discuter d'un problème, plus difficile de mettre en œuvre la solution, facile encore de la mettre en œuvre, mais l'achever est une autre affaire. Si, dans le monde, tous les lettrés étaient semblables à Yan pour qui un plan doit être effectif et mené à son terme, moins rares seraient leur renom et leur mérite ! Je ne pouvais pas ne pas dire les choses d'un mot.

N° 43

L'Édit de la main impériale de l'ère de la *Paix harmonieuse* (29 novembre 1088)

Yang Hui, avec qui Su Shi est profondément lié depuis son poste de vice-gouverneur en 1074, est un des modèles du censeur fidèle à lui-même et à ses idéaux, chargé, sous les Song du Nord, de critiquer aussi bien la politique gouvernementale, les faits et gestes de l'empereur que les fonctionnaires dans les provinces.

En 1088, Su Shi vient d'obtenir à sa demande le poste de gouverneur de Hangzhou, fuyant la cour où il était pris dans le jeu de différentes factions hostiles aux réformes. Il faut sans doute lire en creux une exhortation à ne pas commettre les mêmes erreurs que sous le règne de Shenzong (r. 1067-1085) et à ne pas laisser les querelles de partis reléguer dans les provinces les serviteurs intègres.

第四十三

熙寧手詔記

楊繪累奏，以罷諫職，堅求外補，及乞明加黜責. 蓋繪未深究朕意. 繪疏跡遠人，立朝寡識，不畏強禦，知無不為. 朕一見之，便知其

N° 43

L'Édit de la main impériale de l'ère de la *Paix harmonieuse*

Vous avez, Yang Hui[1]*, à plusieurs reprises, rédigé des mémoires pour être libéré de votre charge de censeur, réclamé avec fermeté d'être envoyé dans un poste vacant dans les provinces et sollicité d'être clairement ajouté à la liste des bannis. Mais vous n'avez, semble-t-il, pas examiné avec assez de profondeur l'intention de votre Souverain. Hui, les marques de votre talent sont illustres partout et exceptionnelles, mais lorsque vous avez été appelé à la cour, vous étiez peu familier [des usages], ne craigniez pas de montrer [votre opposition] aux forts et aux puissants et votre intelligence ne vous interdisait pas d'agir. Moi, votre Souverain, j'ai vu cette conduite et*

---

1. Yang Hui, de prénom social Yuansu (1027-1088) et originaire de Mianzhu 綿竹 au Sichuan, obtient le doctorat en 1053. Il sert d'abord dans les provinces et sera quelques mois, de juin à juillet 1074, préfet de Hangzhou où il est le supérieur de Su Shi, lui-même bientôt appelé à Mizhou. Une profonde amitié les lie cependant, dont témoignent de très nombreuses ballades [*ci* 詞]. Au début du règne de Shenzong (r. 1067-1085), il est secrétaire chargé de noter les faits et gestes de l'empereur [*xiu qiju zhu* 修起居注], rédacteur des édits et proclamations impériaux et censeur à la cour des remontrances. Il se montre dans ces fonctions particulièrement attentif à ne pas laisser les liens familiaux de l'empereur et les eunuques empiéter sur la politique de l'État. Écarté par le souverain à cause de son conflit avec Zeng, mais aussi pour sa vive opposition aux réformes de Wang Anshi, il occupe différents postes de gouverneurs en province, avant d'obtenir à nouveau, sous la régence de l'impératrice douairière Xuanren 宣仁 (1032-1093) à partir de 1086, le titre d'académicien du Pavillon des Écrits célestes et de gouverner Hangzhou.

C'est l'un des modèles des fonctionnaires loyaux et francs sous les Song comme des censeurs de la politique impériale. Voir Fan Zuyu范祖禹(1041-198), « Épitaphe du lettré en réserve d'un édit impérial du Pavillon des Écrits célestes, Messire Yang » [天章閣待制楊公墓誌銘], in *Œuvres de l'historien Fan* 范太史集, *juan* 39 qui sert de base à la biographie de *L'Histoire dynastique des Song* [Songshi], vol. 30, *juan* 322, p. 10448-10450.

忠直可信，　故翌日擢置言職，　知任亦甚篤矣. 今日除命，　蓋為難與曾公亮兩立於輕重之間，故當且少避之. 卿可請來，子細論朕此意，令早承命，或示朕此札亦不妨.

熙寧元年三月，　故翰林學士楊繪以知制誥知諫院上疏論故相曾公亮事，先帝直其言，然未欲遽行也，故除公兼待讀. 公力辭不已，乃

immédiatement compris que vous étiez loyal, droit et digne de foi, aussi avez-vous été choisi le lendemain même comme censeur, tâche dans laquelle vous vous êtes illustré par un extrême sérieux. Si, aujourd'hui, je vous affecte à un nouveau poste, c'est qu'il est difficile, à cause du différend qui vous oppose à Zeng Gongliang[2]*, de vous maintenir tous deux [à la cour] et de vous départager. Aussi me faut-il vous écarter temporairement. Vous pourrez, cher Ministre, être à nouveau appelé... Étudiez avec soin l'intention de votre Souverain qui vous enjoint d'accepter le plus rapidement possible votre [nouvelle] affectation. Rien ne vous empêche non plus de produire à l'occasion cette lettre de ma main.*

Le 3e mois, an 1 de l'ère de la *Paix harmonieuse*[3], l'ancien académicien de la Forêt des pinceaux, Yang Hui, rédacteur des édits impériaux et administrateur de la cour des remontrances, rédigea un mémoire au trône concernant les manœuvres de l'ancien chancelier Zeng Gonliang. Le défunt empereur[4] examina avec discernement ses propos, mais ne voulant agir dans la précipitation, il enjoignit Messire de prendre en plus de sa charge une poste de lecteur. Comme Yang Hui ne cessait avec force de refuser,

2. Zeng Gongliang, de prénom social Mingzhong 明仲 (999-1078) est, en 1041, un des membres du parti réformateur avec Fan Zhongyan, Ouyang Xiu ou Han Qi, et occupe à la cour le poste de chancelier. Le différend avec Yang Hui commence quand il demande que son fils soit nommé à la Cour des tambours pour annoncer les pétitions et doléances. Yang Hui l'accuse alors de népotisme, d'être un accapareur et de s'être arrogé des terres quand il était en charge au Zhejiang. Zeng est aussi assez duplice dans sa relation à Wang Anshi qui est appelé à la cour en partie sous sa recommandation et qui sera convaincu de rester au pouvoir par lui, lorsque les critiques sur les prêts agricoles l'incitent à démissionner. C'est aussi en 1044 le compilateur du *Wujing zongyao* 武經総要, important ouvrage de stratégie et d'équipement militaire.

Pour sa biographie, voir *L'Histoire des Song* [Songshi], vol. 29, *juan* 312, p. 10232-10234 et pour le différend avec Yang Hui, la biographie de Yang, *ibid.*, p. 10449.

3. À partir du 5 avril 1068.

4. Shenzong 神宗 (r. 1067-1085).

以手詔賜今龍圖閣學士滕公元發，使以手詔賜公．公卒不受命，而詔遂藏于家．是歲四月，復除公知諫院，會公以母憂去官．其後二十年，公沒於杭州，喪過京師，其子久中以手詔相示，且請記之．謹按先帝臨御之初，公與滕公，皆蒙國士非常之知．凡所以開心見誠相期於度外者，類皆如此．未究其用，為小人所誣，故困於外十有餘年．先帝謹於用法，故未即起公，然知之蓋未始少衰也．使先帝尚在，公豈流落而不用終身者哉？悲夫！

le souverain remit un édit de sa main à l'actuel académicien du Pavillon des Diagrammes célestes, Teng Yuanfa[5], pour qu'il le remette à Messire. Il décéda avant de recevoir l'ordre [de revenir à la cour] et l'édit impérial resta dans sa famille.

La même année au 4e mois, on appointa à nouveau Messire comme censeur à la cour des remontrances, mais à ce moment, Messire, inquiet pour sa mère, démissionna. Vingt ans plus tard, Messire mourut à Hangzhou. Pour ses funérailles, la famille passa par la capitale et son fils Jingzhong me montra l'édit impérial et me pria de rédiger une commémoration.

Je me permets de remarquer respectueusement que, lors de l'accession au trône de notre défunt Souverain, Messires Yang et Teng jouissaient d'une reconnaissance exceptionnelle parmi les talents supérieurs de l'État. Tous ceux qui, ouverts d'esprit et francs, se rencontrent hors de toute considération sociale, leur sont comparables.

Messire ne put être employé dans toutes ses capacités et a été trompé par des hommes de peu. Aussi a-t-il traversé des épreuves loin de la cour pendant plus de dix ans. Comme notre défunt Empereur se consacra avec énergie à mettre en œuvre les [nouvelles] lois, il ne put promouvoir Messire, mais l'estime qu'il avait pour lui n'a jamais faibli. Si le Souverain était encore de ce monde, comment Messire aurait-il mené la vie errante qui fut la sienne et demeurer sans emploi [à la cour] jusqu'à la fin de ses jours ? Quelle tristesse !

---

5. Teng Yuanfa (1020-1090), de prénom social Dadao 达道, est nommé censeur à l'arrivée de Shenzong au pouvoir et enjoint l'empereur à ne pas laisser les factions diriger la politique de l'empire. Mais Wang Anshi, inquiet de son prestige et de son intimité avec le Souverain, lorsqu'il commence à mettre en œuvre ses réformes, le fait éloigner de la cour d'où il ne cesse d'avertir (sans succès) des difficultés que cause la nouvelle politique dans les populations. Su Shi a écrit son épitaphe : « Gu Longtu ge xueshi Teng gong muzhi » 故龍圖閣學士滕公墓誌, in SSWJ, vol. 2, *juan* 15, p. 459-466 ; voir aussi sa biographie dans *L'Histoire des Song*, vol. 31, *juan* 332, p. 10673-10676.

元祐三年十一月十四日翰林學士朝奉郎知制誥兼侍讀臣某謹記[76].

76. 據《外集》卷三十一.

Commémoré respectueusement le 14e jour du 11e mois, an 3 de l'ère de la *Bénédiction originelle*, par l'académicien de la forêt des pinceaux, gentilhomme du service de cour, le Serviteur Untel, rédacteur des édits impériaux et lecteur.

N° 44

La Pierre de salutation rituelle dans le Temple du nuage de la Loi[1] (août 1093)

Cette commémoration écrite pour un eunuque et signée par lui est de nature religieuse : elle se situe dans le cadre de l'obtention des mérites. Su Shi y met en avant, plus que l'offrande de la pierre en elle-même, « l'offrande de la pensée » qui se loge, comme les pies, dans l'esprit du bouddha et en reçoit les bienfaits.

1. Il s'agit d'un des temples les plus célèbres de Hangzhou.

第四十四

法雲寺禮拜石記

夫供養之具，最爲佛事先，其法不一. 他山之石，平不容垢，橫展如席，願為一座具之用. 晨夕禮佛，以此皈依. 當敬禮無所觀時，運心廣博，無所不在，天上人間，以至地下，悉觸智光. 聞我佛修道時，芻尼巢頂，霑佛氣分，後皆受報. 則禮佛也，其心實重. 有德者至，是禮也，願一拜一起，無過父母. 乘此願

N° 44

La Pierre de salutation rituelle dans le Temple du nuage de la Loi

Les objets d'offrande sont, dans la foi bouddhique, un aspect majeur dont les règles sont multiples. Cette pierre d'une autre montagne[2], est plate et sans souillure. En la plaçant en long comme une natte, je forme le vœu qu'elle serve de banc. Que chaque matin et chaque soir, on rende hommage au bouddha et que, par elle, on prenne refuge [dans les trois piliers[3]].

Lorsqu'on rend hommage et ne contemple rien, que l'offrande des pensées[4] soit vaste et immense, s'étende partout et au plus haut du ciel, parmi les hommes et jusqu'aux terres souterraines, et qu'elle soit touchée par la lumière de sa Sagesse. J'ai appris que, lorsque le bouddha cultivait la Voie, des pies[5] vinrent nicher au sommet de son crâne et jouirent des bienfaits de ses souffles et de sa dignité, et reçurent ensuite une rétribution. Ainsi, dans l'hommage au bouddha, la sincérité du cœur est majeure.

Que les vertueux viennent, et pour cet hommage, je forme le vœu qu'ils saluent et se lèvent et se consacrent uniquement à

2. que celles de Hangzhou.

3. Les trois piliers sont le bouddha [Fo 佛], la Loi [*Dharma*, chinois *fa* 法] et la communauté des moines [*samgha*, chinois *sengqie* 僧伽]

4. L'expression *yunxin* désigne dans le bouddhisme une des quatre offrandes majeures [*pūjanā*] : celle de la pensée ; les trois autres sont les mains jointes [*hezhang* 合掌], eau parfumée [*arghya*, chinois *eqie* 閼伽] et les *mudras* [*munaluo* 慕捺羅] signes ou sceaux faits avec les doigts de la main.

5. La nichée des pies [*chuni* 芻尼], qui devinrent, après son Illumination, reines du Royaume de Ti 提國, est un épisode célèbre de la légende du bouddha. Il est mentionné dans de nombreuses sources bouddhiques comme le *Recueil de la Transmission de la Lampe de l'ère Jingde* [景德傳燈錄 T. 51, n° 2076, *juan* 2, p. 213bc] ou le *Fozu tongji* [佛祖統紀, T. 49, n° 2035, *juan* 5, p. 176c].

力，不墮三塗.

佛力不可盡，石不可盡，願力不可盡. 三者既不可盡，二親獲福，生生世世，亦不可盡. 今對佛宣白，惟佛實臨之.

元祐八年七月中旬，內殿崇班馬[77]惟寬捨.

77.《外集》卷三十一[馬]作[馮].

leurs parents. Que ceux-ci jouissent de la puissance de ce vœu, et ne tombent pas dans les trois destinées [mauvaises][6].

La puissance du bouddha est inextinguible, cette pierre d'offrande est infinie, la puissance de ce vœu est infinie. Et si elles le sont, pères et mères vivront heureux, de renaissance en renaissance, de siècle en siècle, infiniment.

Maintenant, je salue respectueusement le bouddha et qu'on s'approche [de cette pierre] seulement pour exprimer sa foi.

Offert la première décade du 7e mois, an 8 de l'ère de la Bénédiction originelle par l'intendant impérial de la Salle intérieure, Ma Weikuan[7].

---

6. Les trois destinées mauvaises [*gāti*] sont les réincarnations parmi les damnés des enfers, les animaux et les esprits errants ou affamés.

7. Le personnage n'est pas autrement connu ; son titre indique qu'il s'agit d'un eunuque.

N° 45

Les Douze pierres de la Mer du nord
(6 septembre 1093)

Les pierres ne sont pas seulement des objets décoratifs ; elles portent en elle une histoire et leur contemplation est souvent liée à la recherche du Tao. Leurs formes, leurs irisations, leurs ouvertures évoquent les montagnes taoïstes qui communiquent avec le ciel et ouvrent, par des boyaux, sur des mondes inconnus. Celles qui sont évoquées ici sont des « morceaux » d'immortalité.

La conclusion enregistre le déplacement de la culture du Sud au Nord accompli dès la fin de la dynastie des Tang (618-907).

第四十五

北海十二石記

登州下臨大海，目力所及，沙門、鼉磯、車牛、大竹、小竹凡五島. 惟沙門最近，兀然焦枯. 其餘皆紫翠巉絕，出沒濤中，真神仙所宅也. 上生石芝，草木皆奇瑋，多不識名者. 又多美石，五采斑斕，或作金文. 熙寧己酉歲，

N° 45

Les Douze pierres de la Mer du nord

La ville de Dengzhou[1] surplombe la mer et on peut à l'œil nu voir cinq îles nommées le Śramana, le Récif du crocodile, le Bœuf attelé, le Haut et le Petit bambou. L'île du Śramana est la plus proche, escarpée et brûlée par le soleil. Les autres sont violettes ou émeraude, à pic et extraordinaires ; elles apparaissent et disparaissent avec les marées et là habitent les parfaits immortels divins[2] ; y poussent des agarics de pierre[3] ; les arbres et les plantes y sont tous gigantesques et beaucoup n'ont pas de nom connu. On y trouve encore beaucoup de belles pierres zébrées et diaprées des cinq couleurs et certaines semblent porter des caractères semblables aux inscriptions sur bronze[4].

En l'an *jiyou* de l'ère de la *Paix harmonieuse*[5], quand Messire Li du Cabinet des compositions célestes[6] était gou-

1. Ancienne province et ville instituée en 692 située sur la préfecture de Penglai 蓬萊, dans l'actuel Shandong.

2. Les îles Penglai sont depuis l'Antiquité la résidence des immortels. Dans le taoïsme religieux, les termes Parfaits désignent plutôt les immortels enrôlés dans la bureaucratie céleste tandis que les immortels divins peuvent à leur gré évoluer entre les mondes terrestre et céleste.

3. Il s'agit sans doute de coraux. J'ai préféré cette traduction à cause de la connotation qu'a dans les arts de la longévité l'agaric, champignon magique dont la découverte et l'ingestion sont censées rendre le corps immortel.

4. Les inscriptions sur bronze désignent les graphies anciennes de la dynastie des Zhou en sigillaire ancienne.

5. Soit 1069.

6. Il s'agit de Li Shizhong 李師中 (1013-1078), de prénom social Chengzhi 誠之. Il est nommé ici d'après son titre qui correspond à une charge d'académicien chargé de collecter les écrits de l'empereur. Docteur, il occupe différents postes administratifs à la cour et dans les provinces avant d'être banni comme « vice-commissaire » à la milice locale de Hezhou 和

李天章為登守，吳子野往從之遊．時解貳卿致政，退居于登，使人入諸島取石，得十二株，皆秀色粲然．適有舶在岸下，將轉海至潮．子野請於解公，盡得十二石以歸，置所居歲寒堂下．

verneur de la ville, Wu Ziye[7] l'accompagna et voyagea avec lui. À cette époque, le vice-ministre Jie[8], qui avait quitté le service public et s'était retiré à Deng, envoya des hommes collecter des pierres sur les îles et en obtint douze, colorées et lumineuses. Était alors amarrée au port une jonque de haute mer qui devait prendre la mer jusqu'à la province de Chao[9]. Ziye pria Messire Jie de lui donner quelques pierres et les obtint toutes. Il rentra dans son pays natal et les plaça au pied de la Salle du froid hivernal[10] où il habite.

州par celui qui a remplacé Wang Anshi dans la mise en œuvre des réformes, Lü Huiqing 呂惠卿 (1032-1111). C'est aussi un grand auteur de poèmes [*shi* 詩] et de ballades [*ci* 詞]. *L'Histoire des Song* lui a consacré une biographie : *Songshi*, vol. 31, *juan* 332, p. 10676-10679.

7. Wu Fugu 吴復古 dont le prénom social est Ziye (1004-1099) est originaire de Jieyang 揭陽, une préfecture du Guangdong. Les sources historiques le présentent comme un homme préoccupé de nourrir sa vie plutôt que de suivre, comme son père, une carrière de fonctionnaire. Su Shi fait sa connaissance en 1077 par l'intermédiaire de Li Shizhong, et lors de cette première entrevue, il reçoit de lui une première leçon sur « l'art de quitter le monde » [*chushi fa* 出世法], basée non sur la recherche de l'immortalité physique ni sur les pratiques alchimiques mais sur l'entretien d'un état d'esprit qui rend imperméable aux vicissitudes du monde. Il accompagnera, à partir de 1094, Su Shi dans son nouveau lieu d'exil, Huizhou au Guangdong, et lui expliquera encore comment « nourrir sa vie ». Su Shi a rapporté cette méthode dans un texte qui met en avant deux notions, le « calme » [*an* 安] et « l'harmonie » [*he* 和]. Par la première, lorsque les choses extérieures entrent en contact avec moi, l'interaction est légère et facile ; par la seconde, la réponse que je leur fais est sans obstacle. Voir *Questions sur l'entretien de la vie* [*Yang sheng fa* 養生法], SSWJ, vol. 5, *juan* 64, p. 1982.

8. Vraisemblablement Jie Binwang 解賓王 (998-1073), de prénom social Bojing 伯京 et originaire de la préfecture de Penglai. Il obtient le doctorat sous le règne de Renzong 仁宗 entre 1023 et 1032 et occupe le poste de gouverneur de Dengzhou en 1061. Le titre de vice-ministre désigne ici le poste de vice-directeur du ministère des Travaux publics [gongbu shilang 工部侍郎] qu'il reçoit peu de temps avant sa mort.

9. Province et ville situées au Guangdong 廣東 près de la frontière du Fujian 福建.

10. *Suihan* le froid saisonnier est sans doute une allusion aux trois compagnons de l'hiver : le pin, le bambou et l'abricotier qui ne subissent pas les rigueurs de l'hiver et sont le symbole de l'amitié durable.

近世好事能致石者多矣，未有取北海而置南海者也.

元祐八年八月十五日，東坡居士蘇軾記.

Nombreux sont dans les époques récentes les amateurs qui peuvent se procurer des pierres, mais aucune encore n'avait été collectée dans la Mer du Nord et déplacée dans celle du Sud.

Commémoré par l'ermite de la Pente de l'Est, Su Shi, le 15e jour du 8e mois, an 8 de l'ère de la *Bénédiction originelle*.

N° 46

La Bibliothèque bouddhique du Monastère de la prospérité glorieuse dans la province de Qian (1er juillet 1095)

Cette commémoration s'acquitte des pré-requis du genre : souvenir et éloge de l'homme qui lui a fait découvrir la bibliothèque tournante. Mais ce ne sont là que prétextes à une description de la manière dont on parvient au naturel. Quel que soit le degré de réalisation, que l'on devienne un bouddha ou un habile artisan, la méthode est une : elle commence par un apprentissage et une familiarisation continue, dans des exercices qui sont progressivement oubliés. Le parcours fait passer d'un savoir à un non-savoir. On sait parler quand on ne se pose plus la question du langage, on sait calligraphier quand on ne sait plus ce qu'est l'écriture, quand la main trace dans l'oubli de ses acquis. Ce passage est inexplicable, il s'opère de lui-même, à la condition cependant que plus aucune intention ne vienne le bloquer. Ce franchissement vers l'inconnu n'est merveilleux que pour celui qui n'en est pas capable ; pour celui qui, sans le posséder, le met en œuvre, il est seulement ainsi.

第四十六

虔州崇慶禪院新經藏記

如來得阿耨多羅三藐三菩提，曰：“以無所得故而得”．舍利弗得阿羅漢道，亦曰：“以無所得故而得”．如來與舍利弗若是同乎？曰：何獨舍利弗，至于百工賤技，承蜩意鉤，履豨畫墁，未有不同者也．夫道之大小，雖至

N° 46

La Bibliothèque bouddhique du Monastère de la prospérité glorieuse dans la province de Qian

L'Ainsi-venu atteignit l'*Anuttara-samyak-sambodhi*[1] et dit : « Je l'ai atteint sans [vouloir] l'atteindre ; et lorsque Sāriputra parvint à la voie de l'*arha*t, il dit de même : « Je l'ai atteinte sans le vouloir. » L'Ainsi-venu et Sāriputra[2] seraient-ils donc semblables ?

– Pourquoi serait-ce seulement le cas de Sāriputra ? Il en est de même pour tous les artisans aux viles techniques comme l'attrapeur de cigales, l'orfèvre ciselant des agrafes, les éleveurs qui marchent sur les porcs pour en tâter le gras ou les plâtriers[3]. Or, que la voie à laquelle ils sont parvenus soit

---

1. L'*Anuttara-samyak-sambodhi* est la traduction phonétique d'une des notions cardinales du *Soutra du diamant* traduit du sanskrit par Kumārajīva 鳩摩羅什 vers l'an 400. La traduction sémantique en est la « sagesse universelle insurpassable » [*wushang zhengbian zhi* 無上正徧智] et désigne la conscience du bouddha historique une fois qu'il a atteint l'Éveil. Voir *Le Soutra de la perfection de sagesse coupante comme du diamant* [Jinggang banruo boluomi jing 金剛般若波羅蜜經], T. 8, n° 235, *passim*.

2. Sāriputra, « le premier des sages », se met à l'école du bouddha historique, « l'Ainsi-venu » (sanskrit *tathāgata*), avec Maugdalana, « le premier de ceux qui possèdent les pouvoirs extraordinaires » après avoir entendu un homme nommé Aśvajit lui résumer la doctrine bouddhique. Il atteint la voie personnelle de libération, celle de *l'arhat* et devient le maître de la sagesse, reconnu comme spécialiste des soutras et des commentaires. Ils sont généralement tous deux représentés, dans la statuaire, en habit de moine à la gauche et à la droite du bouddha.

3. Su Shi fait sans doute allusion à la galerie singulière et cocasse des artisans présentés dans le *Zhuangzi* qui servent pour une large part de modèle à la pratique artistique et à la lente maturation et à la concentration par laquelle on rejoint le parfait naturel. Le bossu qui attrape les cigales aussi sûrement que s'il les ramassait par terre est parvenu à cette maîtrise par un patient entraînement avec des boules qui doivent rester immobiles sur sa perche, puis lorsqu'il est capable d'en maintenir cinq, il est parfaitement im-

於大菩薩，其視如來，猶若天淵然，及其以無所得故而得，則承蜩意鉤，屐狶畫墁，未有不與如來同者也．以吾之所知，推至其所不知，嬰兒生而導之言，稍長而教之書，口必至於忘聲而後能言，手必至於忘筆而後能書，此吾之所知也．口不能忘聲，則語言難於屬文，手不能忘筆，則字畫難於刻琱．及其相忘之至也，則形容心術，酬酢萬物之變，忽然而不自

grande ou petite, et même s'ils deviennent des *bodhisattvas*, ils voient toujours l'Ainsi-venu [à une distance infinie comme celle qui sépare] le ciel des abîmes. Mais, [pour ce qui est de la méthode] – atteindre sans vouloir atteindre –, rien ne les différencie du bouddha.

Déduisons de ce que nous savons ce qui ne peut être connu : un enfant, dès sa naissance, est guidé progressivement vers l'usage de la parole, puis, quand il a un peu grandi, l'écriture lui est enseignée. Sa bouche doit parvenir à oublier les sons pour qu'il puisse parler, et sa main le pinceau pour qu'il puisse écrire. Voilà ce que nous savons. Mais si la bouche est incapable d'oublier les sons, la langue que l'on parle sera difficile à utiliser pour rédiger des compositions littéraires, et [de même] si la main est incapable d'oublier le pinceau, les traits des caractères seront difficiles à graver[4]. Lorsque ce double oubli est porté à son comble, le maintien du corps et les mouvements du cœur répondent aux infinis changements, soudainement et sans plus avoir conscience d'eux-mêmes.

---

mobile et ne fait plus qu'un avec une branche que mes cigales prennent pour perchoir ; il se confond dès lors avec le monde qui l'entoure et « ne connaît plus que les cigales » (ZZJS, chap. 19, p. 281 et Liou, p. 222) ; le ciseleur d'agrafes de ceinture est un forgeron obstiné de quatre-vingts ans qui ne voit et n'examine que ses agrafes (ZZJS, chap. 22, p. 331 et Liou, p. 257) ; l'éleveur est en réalité un employé de l'abattoir qui mesure de ses pieds la graisse des cochons et dont l'expérience est physique et corporelle (ZZJS, chap. 22, p. 327, et Liou, p. 254) ; le plâtrier renvoie vraisemblablement à l'anecdote de l'homme qui était capable d'ôter d'un coup de hache les souillures sur le bout du nez de son ami Ying (ZZJS, chap. 24, p. 364-365 et trad. Liou, p. 276). Comme l'indique déjà ce texte et comme le réaffirmera *La Salle des mille merveilles*, Su Shi est de plus en plus sceptique sur ces arts, même s'il valorise le moment où la connaissance s'abolit dans une nescience quasi magique.

4. La littérature chinoise (même si elle commence à le faire sous l'influence du bouddhisme *chan*) ne restitue pas la langue parlée ; il faut donc pour rédiger « oublier » le langage ; de même, un respect strict des canons de l'écriture empêchera de parvenir à une œuvre calligraphique susceptible d'être gravée sur pierre. Le passage à l'art doit donc être compris, comme Su Shi l'indique, par un oubli des règles et du savoir propre à ces disciplines.

知也．自不能者而觀之，其神智妙達，不既超然與如來同乎！故《金剛經》曰：一切賢聖，皆以無為法，而有差別．以是為技，則技疑神，以是為道，則道疑聖．古之人與人皆學，而獨至於是，其必有道矣．

吾非學佛者，不知其所自入，獨聞之孔子曰："《詩》三百，一言以蔽之，曰，思無邪．"夫有思皆邪也，善惡同而無思，則土木也，云何能使有思而無邪，無思而非土木乎！

Du point de vue de ceux qui sont incapables [d'atteindre un tel état], cette sagesse divine merveilleuse et accomplie n'est-elle pas aussi transcendante que celle de l'Ainsi-venu ? Voilà pourquoi le *Soutra du diamant* dit : « Tous les sages et les saints ont pris la vacuité pour règle, mais leurs méthodes divergent[5]. » Si celle-ci est une technique, on se demande si elle n'est pas « divine » ; si celle-ci est une Voie, on se demande si elle n'est pas sagesse. Les hommes de l'Antiquité approuvaient que tous les hommes étudient, mais seuls ceux qui parvinrent à un tel accomplissement possédaient assurément une Voie !

Je n'étudie pas le bouddhisme, car je ne sais comment y entrer[6]. J'ai seulement appris de maître Kong ceci : « Les *Poèmes* comptent trois cents pièces, mais pour les résumer d'un mot, je dirais : "penser sans dévier"[7]. » Or toute pensée est déviante. Et si le bien et le mal ne sont pas distingués et que l'on ne pense pas, on n'est plus qu'une motte de terre ou un végétal. Comment pourra-t-on faire que l'on pense sans dévier

5. *Le Soutra de la perfection de sagesse coupante comme du diamant*, T. 8, n° 235, p. 479b.

6. La réticence de Su Shi envers le bouddhisme est ancienne. Le rapport qu'il entretient avec lui est essentiellement intellectuel : il prend dans les différents textes et dans sa fréquentation des moines des arguments pour développer ses propres conceptions. Il y a tout lieu de penser que les quatre vérités qui signent l'entrée dans la croyance bouddhique, et en particulier la première (« tout est souffrance ») sont inadmissibles pour un esprit aussi peu dogmatique que Su Shi.

7. Maître Kong cite un vers du poème des « Hymnes », [*Shijing* 詩經, « Song », *Jiong* 駉, n° 297] : *Si wuxie* 思無邪, dans lequel le premier caractère est sans doute à l'origine une particule euphonique. La tradition lui a cependant donné un sens plein : « penser » ou « méditer ». La perplexité de Su Shi est d'autant plus grande que Confucius rejette généralement la méditation jugée inutile au profit de l'étude. Voir les *Entretiens*, II, 2 pour le texte cité et pour le rejet de la méditation, XV, 30. Pour Su Shi, la pensée comme la méditation sont frappées du sceau de l'intention, et que celle-ci soit bonne ou mauvaise, elle rend inapte à accueillir les choses comme elles viennent.

嗚呼，吾老矣，安得數年之暇，託於佛僧之宇，盡發其書，以無所思心會如來意，庶幾於無所得故而得者．謫居惠州，終歲無事，宜若得行其志．而州之僧舍無所謂經藏者，獨榜其所居室曰思無邪齋，而銘之致其志焉．

始吾南遷，過虔州，與通守承議郎俞君括遊．一日，訪廉泉，入崇慶院，觀寶輪藏．君曰："是於江南壯麗為第一，其費二千餘萬，

ou que l'on ne pense pas et ne soit pas terre ou végétal ?

Hélas ! Je suis vieux désormais... Si je vis en paix et obtiens quelques années de loisir, je me placerai sous la protection de moines bouddhiques, lirai jusqu'au bout leurs livres et d'un cœur sans pensée déviante m'accorderai à l'esprit du bouddha. Peut-être y obtiendrai-je quelque chose sans avoir voulu l'obtenir...

Je suis banni dans la province de Hui, n'ai aucune activité toute l'année et il semble bien que je puisse me dédier à cette aspiration. Or, comme les cellules des moines de cette province ne possèdent rien qu'on puisse appeler une bibliothèque, j'ai seulement donné au panneau apposé sur leurs chambres le nom de « Studio de la pensée sans déviance » et écrit une inscription[8] pour m'astreindre à cette aspiration.

Lorsque je fus exilé dans le Sud, je passai par la ville de Qian[9] et randonnai avec le gouverneur adjoint, gentilhomme des conseils de la cour, Messire Yu Gua. Un jour, nous visitâmes la Source intègre et entrâmes dans le Monastère de la glorieuse prospérité où nous contemplâmes une bibliothèque tournante. « C'est au sud du Fleuve Bleu, me dit-il, la plus belle et la plus robuste, elle a coûté plus de vingt millions de sapèques et fut commencée sous l'égide de l'abbé Tanxiu[10], alias Beau ciel

8. Dans la préface à cette inscription, Su Shi rappelle qu'il a interrogé son frère sur la méthode pour parvenir à la Voie et en a obtenu cette réponse : « La conscience originelle est nécessairement connaissance et c'est dans l'ignorance qu'elle est connaissance » [*benjue bi ming, wuming ming jue*本覺必明，無明明覺]. Su Shi rapproche cet argument du propos de Confucius, et ajoute que cette contradiction même est la Voie à suivre, dans « une pensée qui ne pense à rien » [qi *wei you si er wu suo si hu* ? 其惟有思而無所思乎]. Voir SSWJ, vol. 2, *juan* 19, p. 574-575.

9. La ville est l'actuelle ville de Kanzhou 贛州市 dans la province du Jiangxi 江西.

10. Ce maître du *dhyâna* est placé dans la lignée du Maître Huanglong Huinan 黄龍慧南 parmi cinquante-sept autres moines dans le *Supplément à la Transmission de la lampe*. Il semble pratiquer un enseignement *chan* assez orthodoxe visant à déstabiliser les disciples. Voici deux de ses répon-

前長老曇秀始作之，幾於成而寂．今長老惟湜嗣成之．奔走二老之間，勸導經營，銖積寸累十有六年而成者，僧知錫也．子能愍此三士之勞，為一言記之乎？” 吾蓋心許之．

俞君博學能文，敏於從政，而恬於進取．數與吾書，欲棄官相從學道．自虔罷歸，道病卒於廬陵．虔之士民，有巷哭者，吾亦為出涕．故作此文以遺湜、錫，并論孔子思無邪之意，

voilé ; elle était presque achevée quand il entra dans le silence. C'est son successeur actuel, l'abbé Weishi[11], Transparence, qui l'a achevée. L'homme qui a déployé toute son industrie pour ces deux maîtres, conseillant et menant les opérations, accumulant pendant seize ans sous après sous, est le moine Zhixi, Étain de sagesse. Pourriez-vous prendre en considération le labeur de ces trois lettrés et d'un mot écrire une commémoration ? » Et en effet, j'y consentis.

Messire Yu, lettré au vaste savoir et écrivain habile était un administrateur zélé, calme lorsqu'il prenait des initiatives. À plusieurs reprises, il m'a écrit pour me faire part de son désir d'abandonner sa charge et de m'accompagner dans l'étude de la Voie[12]. Comme il rentrait dans son pays natal après avoir démissionné, il est mort de maladie en chemin à Luling[13]. Les lettrés et le petit peuple de Qian le pleurèrent et je versai aussi des larmes. Aussi ai-je écrit ce texte pour le laisser en partage à Weishi et Zhixi, j'y ai discuté de la signification des propos

---

ses exemplaires : « Comment un apprenant entre-t-il [dans l'Absolu] ? – En balayant et arrosant les fleurs » ; « Comment un apprenant parvient-il à être intime [avec le bouddha] ? – Sur un haut oreiller ». Voir T. 51, nº 2077, *Xu Chuandeng lu* 續傳燈錄, *juan* 9, p. 572c.

11. Autre maître du *chan* placé, lui, dans la lignée du Maître Fushan yuan 浮山遠 parmi 18 autres disciples. Son propos le plus célèbre est celui-ci : « Un moine demanda : "Comment est la Voie ? – une ruelle courbe dans une rue oblique. – Comment est l'homme sur cette voie ? – Il possède cent arts cent fois épuisés." ». Voir T. 51, nº 2077, *Xu Chuandeng lu*續傳燈錄, *juan* 9, p. 520c.

12. De Yu Gua, peu de choses sont connues en dehors des renseignements donnés par Su Shi. Il obtient le doctorat en 1073. Dans une lettre que lui adresse Su Shi, sont loués dix textes en prose sur l'histoire pour leur portée politique ainsi que pour la simplicité de leur style peu préoccupé d'ornementation, deux qualités que Su Shi « espère de [ses] amis et de tous ceux qui étudient la Voie ». Il craint cependant que ces œuvres ne soient guère appréciées du public qui préfère aujourd'hui les médecines sucrées aux remèdes efficaces. Voir « Da Qiancui Yu Gua fengyi shu » [答虔倅俞括奉議書], in SSWJ, IV, *juan* 58, p. 1793.

13. Ancien nom de la préfecture de Ji'an 吉安 au Jiangxi. C'est le pays natal d'Ouyang Xiu.

與吾有志無書之歎，使刻于石，且與俞君結未來之因乎？

紹聖二年五月二十七日記.

de Maître Kong sur la pensée sans déviance ainsi que mon regret de ne pouvoir écrire mon aspiration, et l'ai fait graver sur pierre. Peut-être est-ce aussi pour nouer des liens avec Yu Gua dans une vie future…

Commémoré le 27e jour du 5e mois, an 2 de l'ère du *Continuateur de l'œuvre du Sage*.

N° 47

Le Pavillon des rustres employés
(8 décembre 1096)

Dans cette brève commémoration écrite lorsqu'il est en exil à Huizhou, Su Shi fait certes l'éloge d'un fonctionnaire aux mœurs simples, mais il évoque par ce biais, à la fin de sa vie, sa propre aspiration et son désir de servir, quel que soit le lieu d'affectation.

第四十七

野吏亭記

故相陳文惠公建立此亭，榜曰野吏，蓋孔子所謂先進於禮樂者.

公在政府，獨眷眷此邦，然庭[78]宇日就圮缺. 凡九十七年，太守朝奉郎方侯子容南圭，

78. 《外集》卷三十一[庭]作[亭].

N° 47

Le Pavillon des rustres employés

L'ancien seigneur Chen[1], Duc des lettres et de la bienveillance a construit ce pavillon dont le panneau porte l'inscription « Rustre employé », faisant vraisemblablement référence au peuple des faubourgs qui, les premiers, se mirent à l'école des rites et de la musique et qu'à tout prendre, préférait Maître Kong[2].

De toutes ses résidences administratives, le Duc ne s'éprit que de celle-ci et du pays sur lequel elle ouvrait. Or, le toit s'en était peu à peu effondré et quatre-vingt-dix ans se sont écoulés avant que le Gentilhomme du service de Cour, préfet et

1. Chen Yaozuo 陳堯佐 (963-1044), appelé ici d'après son nom posthume, docteur en 988, accède au poste de ministre d'État dans les premières années du XIe siècle sous le règne de Renzong (998-1022). Réputé pour son expertise en ingénierie hydraulique, fonctionnaire accommodant, audacieux et juste, c'est aussi un poète remarquable, en ce début de siècle, par la simplicité de son style, son refus de l'ornementation alors à la mode, et un auteur de ballades. Il est muté après le bannissement de l'année précédente comme préfet à Zhenzhou 禎州 (actuelle Huiyang 惠阳 au Guangdong) en 999, avant d'être rappelé en 1100 à la cour. Deux poèmes au moins attestent de son attachement pour le paysage qu'il contemple depuis le pavillon : « Près la commanderie au pied des Monts Luofu, dans la haute tour, allongé sous la mer azur du ciel, Qui connaîtra l'élan dans le loisir et la brise légère au sein du pavillon. » [Envoyé pour l'inscrire sur le Pavillon du rustre employé à Huizhou 寄題惠州野吏亭]. Une biographie lui est consacrée dans l'*Histoire dynastique de Song* (Songshi 宋史, vol. 27, *juan* 284, p. 9581-9584).

2. *Entretiens*, XI, 1. Dans l'interprétation traditionnelle, Confucius préfère les gens des faubourgs ou ceux que ses contemporains désignent ainsi par contraste avec les nobles gentilshommes, car leur pratique rituelle a une saveur plus ancienne, simple et élémentaire, plus équilibrée que le décorum ultérieur.

復完新之.

紹聖三年十一月二十一日記[79].

79. 原缺，據《外集》補.

Marquis, Fang Zirong, de prénom social Nangui[3], ne l'achève et ne la rénove.

Commémoré le 13e jour du 11e mois, an 3 de l'ère de la Sagesse Continuée (8 septembre 1096).

3. Fang Zirong, docteur en 1053, est nommé, à l'automne 1096, préfet de Huizhou où il remplace Zhan Fan 詹範. Tous deux, malgré la stricte surveillance qu'ils doivent exercer sur les bannis, se lient d'amitié avec Su Shi, échangent des poèmes et le consolent en partie de la mort de sa concubine Zhaoyun 朝雲. Fang Zirong met aussi à sa disposition la riche collection familiale d'œuvres littéraires et de peintures, pour lesquelles il aurait écrit plus de 400 colophons.

N° 48

La Salle des mille merveilles[1]
(19 avril 1098)

Sur l'île de Hainan, Su Shi remet en cause toute la réflexion qu'il avait patiemment élaborée sur le naturel. L'Absolu ou la merveille ne semblent plus pouvoir être rejoints par la pratique artistique qui crée encore un hiatus avec la Voie. Celle-ci se donne à lire ici comme l'alternance de la pure répétition et de la transformation confuse et inexplicable. La merveille, elle-même, n'en est pas une : elle n'a aucune unité, elle est partout, dans les coqs et les cigales par exemple.

Sans doute faut-il lire ici une remise en mouvement de la part de Su Shi de ses idées arrêtées sur la Voie, un ré-embrayage qui permet de retrouver une marge de manœuvre. C'est aussi peut-être, au seuil de sa mort, le constat d'un échec ou d'une déception.

1. À l'est de la ville de Guangzhou ; fondé sous l'ère *Kaiyuan* (713-742) des Tang et appelé Temple de la merveille obscure (Xuanmiao guan玄妙觀), il est renommé Temple des Bienfaits célestes (Tianqing guan天慶觀) pendant l'ère *Daxiang zhongfu* 大祥中符 (1008-1017).

第四十八

衆妙堂記

眉山道士張易簡教小學，常百人，予幼時亦與焉. 居天慶觀北極院，予蓋從之三年. 謫居海南，一日夢至其處，見張道士如平昔，汛治庭宇，若有所待者，曰："老先生且至." 其徒有誦《老子》者曰："玄之又玄，衆妙之門." 予曰："妙一而已，容有衆乎？" 道士笑曰："一已陋矣，何妙之有. 若審妙也，雖衆可也." 因指灑水薙草者曰："是各一妙也." 予復視之，則二人者手若風雨，而步中規矩，蓋渙然霧除，霍然雲散. 予驚歎

N° 48

La Salle des mille merveilles

Le maître taoïste des monts Mei, Zhang Yijian[2] enseignait dans une école élémentaire où il comptait souvent une centaine d'élèves. Enfant, j'ai aussi suivi pendant trois ans ses classes dans l'Abbaye de l'étoile polaire sise dans le Monastère des bienfaits célestes.

Exilé sur l'île de Hainan, j'ai rêvé un jour que je m'y retrouvais, je voyais le même Zhang qu'autrefois, aspergeant et nettoyant la cour. Comme s'il semblait attendre quelque chose, il me dit : « Venez, vieux maître. » Un de ses disciples récitait un verset du *Laozi* : « Obscure, obscure, la porte des mille merveilles[3]. »

– La merveille est une, quelle multiplicité pourrait-elle comporter ? » dis-je. Le maître taoïste sourit : « La réduire à l'unité, c'est déjà faire preuve de vulgarité ! Au fond qu'existe-t-il de merveilleux ? Si maintenant on voulait l'examiner, il serait tout à fait possible de la déceler dans le multiple. »

Il me montra alors les gestes de ceux qui aspergeaient d'eau et binaient la cour : « Chacun est en lui-même une merveille. » Je regardais à nouveau et vis que les mains des deux hommes étaient comme vent et pluie, tandis que leurs pas étaient bien réglés. Aussi vifs que s'ils dispersaient la brume, aussi rapidement que s'ils balayaient les nuages. Étonné, je

2. Su Shi commence ses classes auprès de Maître Yijian « Facile et simple ». Peu de choses sont connues de lui. La pièce en fait un guide patient et doux ; un autre texte rapporte qu'il aurait très tôt distingué Su Shi et un de ses camarades, Chen Taichu 陳太初, « Le Grand commencement », lequel se serait « libéré de son cadavre » et devenu immortel pendant que lui était assigné à résidence à Huangzhou. Cf. *Dongpo zhilin*, « Faits étranges » [*Yishi* 異事] 1, anecdote 11, p. 82.

3. *Laozi*, § 1.

曰：“妙蓋至此乎！庖丁之理解，郢人之鼻斲，信矣.”二人者釋技而上，曰：“子未睹真妙，庖、郢非其人也．是技與道相半，習與空相會，非無挾而徑造者也．子亦見夫蜩與雞乎？夫蜩登木而號，不知止也．夫雞俯首而啄，不知仰也．其固也如此．然至蛻與伏也，則無視無聽，無饑無渴，默化於荒忽之中，候

soupirai : « On peut donc atteindre une telle merveille ! Les histoires du boucher Ding qui effilait un bœuf ou de l'homme de Ying dont le charpentier ôtait le plâtre au bout de son nez d'un coup de hache sont dignes de foi ![4] » Abandonnant leur art, les deux hommes s'avancèrent et dirent : « Vous n'avez encore jamais vu la merveille authentique : les méthodes de Ding et de Ying n'en rendent pas compte. Avec eux, les arts et la Voie se scindent en deux parts, la pratique et le vide ne font que se rejoindre, bien loin de ceux qui y parviennent doucement et aisément, sans médiation et sans contrainte ! N'avez-vous jamais vu les cigales ni les coqs ? Les premières montent aux arbres et chantent sans savoir s'arrêter ; les seconds baissent la tête tout le jour et picorent sans jamais savoir la lever. Or, quand les unes muent ou que les seconds sont aux aguets, ils n'entendent et ne voient rien, n'ont plus ni faim ni soif, les unes se transforment silencieusement au sein de la

4. Référence à deux histoires célèbres du *Zhuangzi*. Dans la première, extraite du chapitre 3 « Nourrir la vie » (Yansheng 養生), le boucher Ding décrit le parfait naturel que cet artisan a rejoint à la suite d'une pratique rigoureuse : « Ce que votre serviteur prise dans son travail, c'est la façon même dont marchent les choses, au-delà de la simple technique. Lorsque je débutais, je ne voyais que le bœuf devant moi. Au bout de trois ans, je cessais de le voir comme un tout. À présent, je le trouve par l'esprit sans le concours des yeux : le savoir de mes sens n'a plus à intervenir et je laisse libre cours aux puissances de l'esprit, qui se guident sur la structure interne du bœuf » (ZZJS, p. 55-58, trad. Romain Graziani, p. 41). La seconde figure dans le chapitre 24 « Xu Wugui » (Xu Wugui 徐無鬼) : pour évoquer son amitié avec le sophiste Maître Hui (惠子), Zhuang Zhou donne en exemple l'art d'un charpentier capable d'ôter d'un coup de hache la boue qui souille le nez de son ami plâtrier Ying (ZZJS, 364-365 et trad. Liou, p. 276). Ces deux gestes sont constamment associés par Su Shi à l'art suprême, en particulier à celui du peintre Wu Daozi (*ca* 710-*ca* 760) qui « restitue de nouveaux acquis de conscience au sein même des règles et transmet la raison merveilleuse des choses au-delà de la démesure, libre maniement de la lame dans les espaces vides, air levé par la hache qui tournoie » (« Colophon à une peinture de Wu Daozi » 書吳道子畫後, SSWJ, vol. 5, *juan* 70, p. 2210). Plus largement, cette « inconscience » et cette spontanéité renvoient au degré le plus élevé dans la culture de soi : marge de manœuvre absolue de l'esprit et réponse singulière et appropriée.

伺於毫髮之間，雖聖智不及也．是豈技與習之助乎？”二人者出．道士曰：“子少安，須老先生至而問焉．”二人者顧曰：“老先生未必知也．子往見蜩與雞而問之，可以養生，可以長年．”

廣州道士崇道大師何德順，學道而至於妙者也．作堂榜曰眾妙．以書來海南，求文以記之．予不暇作也，獨書夢中語以示之．

戊寅三月十五日，蜀人蘇軾書．

confusion et les autres guettent l'occasion dans l'infime. Même l'homme le plus sage n'en est pas capable. À quoi serviraient en l'espèce les arts et la pratique ? » Les deux hommes s'en allèrent. « Calmez-vous un peu », me dit le maître, « quand vous en serez là, vous pourrez [vous] interroger ». Les deux hommes se retournèrent : « Vieux maître, vous ne connaîtrez peut-être jamais cela, allez questionner les cigales et les coqs, ils pourront nourrir votre vie et accroître votre longévité. »

Un maître taoïste de Guangzhou, le grand moine « Estime du Tao », alias Deshun[5], avait atteint dans l'étude du Tao le merveilleux. Il fit construire une salle sur le panneau de laquelle était écrit « Mille merveilles » et me fit parvenir une lettre à Hainan, où il me demandait d'écrire la stèle commémorative. N'ayant guère le loisir de la composer, je me contentai de noter les paroles que j'avais entendues en rêve et les lui présentai.

Écrit par Su Shi des Mont Mei le 15e jour du 3e mois de l'an *wuyin* (19 avril 1098).

---

5. Su Shi le rencontre lors de son exil à Huizhou à l'automne 1094 et rapporte qu'une immortelle est venue le visiter, poétesse dont les vers « transcendent la poussière du monde » (DPZL, « Yishi » 2, anecdote nº 14, p. 96). Su Shi a consacré un poème à cette salle et à He Deshun : « Intensément calme et ne méditant pas, un Parfait des anciens temps / Moi qui le contemple, seul, à la porte des Mille merveilles. / Choses entrelacées, emmêlés retournent chacune à sa racine / et du Multiple le Un extrait maintient le Tao vivant » (SSSJ, vol. 7, *juan* 44, p. 2398).

N° 49

La Source souterraine du Mont Hui dans la province de Qiong (25 juillet 1100)

Tout en explicitant le nom donné à une source, cette commémoration évoque un des champs de l'étude : déceler les « rivières souterraines » qui coulent entre les choses, dégager les fils invisibles qui relient entre elles des réalités apparemment séparées.

第四十九

瓊州惠通泉記

《禹貢》：“濟水入於河，溢為滎河.”南曰滎陽河，北曰滎澤. 沱、潛本梁二水，亦見於荊州. 水行地中，出沒數千里外，雖河海不能絕也.

唐相李文饒，好飲惠山泉，置驛以取水. 有

N° 49

La Source souterraine du Mont Hui dans la province de Qiong

Il est écrit dans le « Tribut de Yu » : « La rivière Ji se jette dans le Fleuve Jaune, puis en déborde pour devenir la Xing[1]. » Au Sud, elle est appelée le fleuve Xingyang et au Nord, le marais Xing. La Tuo et la Qian sont originellement deux rivières du pays de Liang qui sont aussi visibles dans la province de Jing[2]. Ces eaux circulent souterrainement, apparaissent et plongent dans la terre sur mille *lis* ; le Fleuve Jaune pas plus que la mer ne peuvent les interrompre.

Le chancelier Li Wenrao[3] aimait boire l'eau de source du

1. « Le Tribut de Yu », chapitre du *Classique des Documents* [*Shujing* 書經], est le premier ouvrage de géographie chinoise. Il se fonde sur une division du territoire en neuf provinces pour lesquelles il signale le relief, les rivières les montagnes et les différentes ressources (végétation, pierres et productions locales, animaux) qui servent de tributs offerts au souverain fondateur de la dynastie des Xia (r. selon la chronologie traditionnelle de 2207 à 2197 av. J.-C.).

2. La Tuo et la Xing sont deux rivières qui prennent leur source dans la province de Liang (une des neuf divisions du Tribut de Yu, comprenant une partie de l'actuel Shaanxi陝西et du Sichuan). Dans son commentaire au *Classique des Documents*, Su Shi rappelle que la rivière Ji porte le nom de Tuo lorsqu'elle sort du Fleuve Bleu et de Qian quand elle sort de la rivière Han 漢水. Elles traversent la province de Jing (autre division du « Tribut ») qui correspond à des territoires des provinces actuelles au Hunan 湖南, Hubei 湖北, Sichuan, Guangxi 廣西 et Guizhou 貴州. Su Shi ajoute que la seule façon de reconnaître ces rivières est de les goûter. Voir *Dongpo shuzhuan* 東坡書傳, *juan* 5.

3. Li Deyu 李德裕, de prénom social Wenrao (787-850) est issu d'une famille de hauts fonctionnaires. Chancelier des empereurs Wenzong 文宗 (826-840), de son frère Wuzong 武宗 (r. 840-846) et brièvement de leur oncle, Xuanzong 宣宗 (846-859), il reprend le pouvoir aux eunuques du palais et domine à la cour pendant les campagnes militaires contre la rébellion de certaines forces ouïghoures, ancien allié des Tang et contre le seigneur de la guerre Liu Zhen 劉稹 (mort en 844). Il est démis et meurt en exil sous le règne de Xuanzong.

僧言長安昊天觀井水，與惠山泉通．雜以他水十餘缶試之，僧獨指其一曰：“此惠山泉也.” 文饒為罷水驛.

瓊州之東五十里曰三山庵，庵下有泉，味類惠山．東坡居士過瓊，庵僧惟德以水餉焉，而求為之名，名之曰惠通.

元符三年六月十七日記.

Mont Hui[4] et avait établi là un relais de poste pour en recueillir. Un moine dit [un jour] que l'eau du puits du Temple taoïste du firmament à Chang'an[5] communiquait avec la source du Mont Hui. On plaça cette eau parmi une dizaine de carafes contenant des eaux d'une autre provenance et le testa. Le moine en pointa du doigt seulement une et dit : « Voilà l'eau de source du Mont Hui ![6] » Wenrao cessa, pour cette raison, de puiser de l'eau au relais de poste.

À cinquante *lis* à l'est de la ville de Qiong se trouve l'ermitage des Trois Monts ; en contrebas, une source a un goût semblable à celle du Mont Hui. Lorsque l'ermite de la Pente de l'Est passa par Qiong, le moine de l'ermitage, Weide[7], *alias* Vertu, me fit don de cette eau et me pria de lui donner un nom. Je l'ai appelée « Source souterraine[8] du Mont Hui ».

Commémoré le 17ᵉ jour du 6ᵉ mois, an 3 de l'ère du *Talisman originel*.

---

4. La source du Mont Hui se trouve dans la banlieue ouest de Wuxi au jiangsu. Elle est classée par le célèbre auteur du Classique du thé [*Chajing* 茶經], Lu Yu 陸羽 (733-804) comme la seconde meilleure source de l'empire qui, par sa douceur, confère au thé un parfum délicat. Elle est forée et mise en valeur en 766 et ses eaux restent sous les Song, en particulier sous l'empereur Huizong 徽宗 (r. 1100-1125) un présent de choix offert en tribut et sont acheminées jusqu'à la capitale Kaifeng par bateau.

5. Capitale de la dynastie des Tang, actuelle Xi'an 西安 au Shaanxi.

6. L'anecdote est célèbre. On la trouve en particulier dans un ouvrage anonyme intitulé *Le Livre du Maître de la source de jade* [Yuquanzi 玉泉子], recueil d'anecdotes en un *juan* rapportant pour une large part des faits de la dynastie des Tang.

7. Je n'ai pu identifier avec certitude ce moine. Il est possible qu'il s'agisse du maître du *dhyāna* Weide des Monts parfumés à Luling [Luling Xiangshan 廬陵香山] que mentionne le *Supplément à la Transmission de la lampe* [Xu chuandeng lu續傳燈錄], T. 51, nº 2077, *juan* 25, p. 642a.

8. Qiongzhou est le nom d'une province et la ville principale située sur l'île de Hainan 海南島 au sud-ouest de la Chine, ainsi nommée à cause de ses belles pierres de couleur agate [*qiong* 瓊]. Su Shi y passe trois années d'exil avant de refaire route vers le continent et de mourir en chemin vers Changzhou 常州.

N° 50

La Tour des *arhats* dans le Temple du *dhyâna* des bonheurs accumulés sis dans la préfecture de Dongwan de la province de Guang (9 novembre 1100)

Su Shi aborde plusieurs facettes du détachement et de l'intention. Se fondant sur la seconde des quatre nobles vérités bouddhiques selon laquelle la cause de la souffrance est dans le désir ou l'attachement, il indique tout d'abord que ceux-ci ne sont pas innés, puisque les hommes peuvent sacrifier ce qu'ils ont de plus cher (le corps) pour leurs parents. Le don de soi et l'abandon sont même plus constitutifs, inscrits à la racine de leur vie.

Le deuxième aspect concerne la pédagogie du détachement. Un homme réellement dénué d'intention, détaché, inspire la confiance et dispose d'un pouvoir d'attraction et d'influence naturels, tout simplement parce qu'il est cordial, joyeux et sans souci.

Dans un troisième temps, Su Shi évoque les réactions spontanées des hommes : le don pour personne sera toujours préférable au gâchis.

Enfin, l'homme détaché et l'homme mû par une intention ne se différencient pas nécessairement par leurs actes. Mais vouloir le bien est le plus sûr moyen de ne jamais l'atteindre et de ne jamais influencer quiconque. Su Shi fait donc du détachement la vraie nature de l'homme que vient voiler et détruire l'intention.

Le détachement authentique, comme le montre l'éloge des gens du Sud, est un sentiment de dépossession, de soi, de son corps, de sa vie, quand l'on comprend qu'on ne s'appartient pas.

第五十

廣州東莞縣資福禪寺羅漢閣記[80]

眾生以愛, 故入生死. 由於愛境, 有逆有順. 而生喜怒, 造種種業. 展轉六趣, 至千萬劫. 本所從來, 唯有一愛, 更無餘病. 佛大醫王, 對病為藥. 唯有一捨, 更無餘藥, 常以此藥, 而治此病. 如水救火, 應手當滅. 云何眾生, 不滅此病. 是導師過, 非眾生咎. 何以故? 眾生所愛, 無過身體. 父母有疾, 割肉刺血, 初

80. 《七集. 後集》卷二十題作《廣州資福寺羅漢閣碑》.

N° 50

La Tour des *arhats* dans le Temple du *dhyâna* des bonheurs accumulés sis dans la préfecture de Dongwan de la province de Guang

Les êtres vivants, par le désir[1], entrent dans le cycle de la vie et de la mort, et dans le monde du désir, il y a conflit ou bien accord, qui engendrent plaisir et colère, créent mille sortes de *karma*, et font errer les corps dans les six destinées[2], pour des myriades de *kalpas*. Or, à la source [des renaissances], pas d'autre mal que le désir. Le bouddha, grand roi-guérisseur, contre ce mal, a le remède, remède unique, le détachement[3], qui toujours soigne ce haut mal, pareil à l'eau qui du feu sauve et l'annihile aisément. Pourquoi alors tous ceux qui vivent ne détruisent pas ce mal de vivre ? La faute incombe non aux vivants, mais aux maîtres qui les guident. La raison de cela ?

Le désir des hommes porte sur leur corps et se limite à leur personne. Mais, si leurs proches – père et mère – souffrent, ils tranchent la chair, se piquent, saignent[4] et point ne bronchent.

---

1. Le terme *ai* désigne l'attachement. Il traduit dans le bouddhisme chinois la notion de soif ou de convoitise, *tṛṣṇā* en sanskrit, élément principal de la seconde des quatre nobles vérités bouddhiques, source de la souffrance et moteur de la chaîne des causes.

2. Les cinq destinées sont les formes possibles de réincarnations. Les trois premières sont mauvaises : animal [*chusheng* 畜生], esprit affamé ou *preta* [*egui* 餓鬼] ou damné aux enfers [*diyu* 地獄] ; les deux dernières sont meilleures : dieu ou *deva* [*tian* 天], homme. S'est rajoutée ensuite une sixième destinée, celle des titans ou anti-dieux *asura* [*axiuluo* 阿修儸], Le but de l'illumination bouddhique est, rappelons-le, la libération totale de la chaîne des renaissances et donc l'extinction.

3. *She* : abandon, renoncement, détachement, comparable au don ou à l'offrande [sanskrit d*āna, chinois shi* 施].

4. Le sacrifice de son corps est l'une des expressions et une image traditionnelle de la piété filiale. Le raisonnement de Su Shi tend à affirmer

無難色. 若復鄰人, 從其求乞, 一爪一髮, 終不可得. 有二導師, 其一清淨, 不入諸相, 能知眾生, 生死之本, 能使眾生, 了然見知. 不生不滅, 出輪回處. 是處安樂, 堪永依怙, 無異父母. 支體可捨, 而況財物. 其一導師, 以有為心, 行有為法. 縱不求利, 即自求名. 譬如鄰人, 求乞爪髮, 終不可得, 而況肌肉. 以此觀之, 愛吝不捨, 是導師過. 設如有人, 無故取米, 投坑穽中, 見者皆恨. 若以此米, 施諸鳥雀, 見者皆喜. 鳥雀無知, 受我此施, 何異坑穽. 而人自然, 有喜有慍. 如使導師, 有心有為, 則此施者, 與棄無異. 以此觀之, 愛吝不捨, 非眾生咎.

Mais que survienne un riverain, qui leur demande et les en prie, ni poil ni ongle n'obtiendra.

Voici deux maîtres et deux guides : l'esprit de l'un, très clair et pur, ne prend nulle part aux apparences[5], peut de la vie et de la mort connaître l'origine, et tous les êtres éveiller à la distincte connaissance : là où rien ne naît et rien ne meurt, là où l'on sort du *samsāra*[6]. Et en ce lieu calme et joyeux, ils trouvent appui durable et aussi fort que le soutien des parents pour qui ils renoncent à leur corps, et combien plus facilement encore à leurs biens ! L'esprit de l'autre, plein d'intentions, a pour seule loi de les « agir » ; si du profit n'a nulle quête, de son renom il se soucie, pareil au riverain qui mande et poil ni ongle n'obtiendra, et encore moins un bout de chair ou bien de peau ! À voir les choses de la sorte, si au désir, à l'avarice, ils ne renoncent, c'est bien la faute de leur maître.

Supposons qu'un homme sans raison jette des poignées de riz dans une fosse ; tous ceux qui le verront le haïront[7] ; s'il les donne aux oiseaux, aux moineaux, les mêmes seront gais. Ces bêtes pourtant ne sont pas conscientes et reçoivent ce don comme les fosses stupides, mais les hommes, tout naturellement, en conçoivent colère ou haine. Et supposons qu'un guide mû par une intention qui le porte à l'action, fasse de même, le don [qu'il pourrait faire] serait perçu à l'instar du gâchis. À voir les choses de la sorte, si au désir, à l'avarice, les hommes ne renoncent, la faute ne leur incombe.

---

que le maître bouddhique doit être un soutien aussi solide et stable que l'appui que l'on trouve chez ses parents pour lesquels on sacrifie son bien le plus cher : le corps.

5. Le terme *xiang* traduit le sanskrit lak*ṣāṇa*, marque, phénomène et désigne l'apparence sensible illusoire, projection que la conscience tend à considérer comme stable, réelle et autonome alors qu'elle n'est que provisoire, sans consistance propre et *vide*, c'est-à-dire privée d'en-soi.

6. Ou chaîne des renaissances.

7. Terme aussi traduit du sanskrit dve*ṣa* qui désigne la haine ou la colère, un des trois poisons (*triviṣa*) avec l'attachement (*rāga*) et l'erreur (*moha*) issus du désir.

四方之民，皆以勤苦，而得衣食，所得毫末，其苦無量．獨此南越，嶺海之民，貿遷重寶，坐獲富樂．得之也易，享之也愧．是故其人，以愧故捨．海道幽險，死生之間，曾不容髮．而況飄墮，羅刹鬼國，呼號神天，佛菩薩僧，以脫須臾．當此之時，身非己有，而況財物，實同糞土．是故其人，以懼故捨．愧懼二法，助發善心，是故 越人，輕施樂捨，甲於四方．

東莞古邑，資福禪寺，有老比丘，祖堂其名，未嘗戒也，而律自嚴，未嘗求也，而人自

Les peuples des quatre orients trouvent nourriture et vêtements dans le labeur et la souffrance, obtiennent bien peu pour d'infinies souffrances. Mais seul ce peuple entre les Monts et la Mer des Yue du Sud[8] qui fait commerce de joyaux[9], naturellement connaît richesses et joies. Comme ils en vivent sans effort, d'en jouir ils voient un déshonneur. Aussi ces hommes s'en détachent-ils par la honte. La voie des mers est périlleuse et obscure ; leur vie souvent tient à un fil ; que dire alors lorsqu'ils tombent, ballottés par le vent, dans le pays des *rākṣasa*[10] et invoquent dieux, bouddhas, *bodhisattvas* et moines, pour s'en délivrer un instant. À ce moment, leur corps ne leur appartient plus, moins encore les richesses qui ne sont que terre et déchets. Aussi ces hommes s'en détachent-ils par l'effroi. Et ces deux *dharmas* – la honte et l'effroi – favorisent et stimulent leur cœur au bien. Ainsi ces gens du Sud qui donnent simplement et se détachent dans la joie, sont-ils le premier des peuples de l'empire.

Dans l'ancien bourg de Dongwan[11], au Temple des bonheurs accumulés, un vénérable moine appelé « Salle des patriarches », sans jamais affirmer la pratique morale, a vu la discipline d'elle-même respectée[12], sans jamais rien mander,

---

8. Il s'agit de la région tropicale comprise entre le sud du massif des cinq cols (Wuling 五嶺) et la mer du Sud (Nanhai 南海) comprenant le Guangxi, le Guangdong actuels et le nord de l'Annam.

9. Su Shi fait ici allusion aux perles et aux coquillages précieux, qui sont mentionnés un peu plus loin dans le poème ; il a aussi vraisemblablement en vue le climat propice à l'agriculture maraîchère.

10. Ce sont, dans le bouddhisme, les démons ennemis des humains.

11. La ville porte aujourd'hui le même nom et se situe à une soixantaine de kilomètres à l'est de Canton.

12. La pratique morale ou moralité [sankrit *şīla* ; chinois *jie* 戒] peut être différemment comprise : elle peut désigner trois des voies de l'octuple chemin [*ba zhengdao* 八正道], la parole juste, l'activité juste et les moyens d'existence justes ; ou le respect des dix règles interdisant : meurtre ; vol ; impureté ; mensonge ; boissons fermentées ; repas après-midi ; danse, musique et spectacles ; guirlandes, parfums et onguents ; literie de luxe ; usage de

施. 人之施堂, 如物在衡, 損益銖黍, 了然覺知. 堂之受施, 如水涵影, 雖千萬過, 無一留者. 堂以是故, 創作五百, 大阿羅漢, 嚴淨寶閣, 涌地千柱, 浮空三成, 壯麗之極, 實冠南越. 東坡居士, 見聞隨喜, 而說偈言.

五百大士栖此城, 南珠大貝皆東傾. 衆心回春柏再榮, 鐵林東來閣乃成. 寶骨未到先通

a vu les hommes spontanément donner. Les gens qui firent ces offrandes, pesées au grain de millet près, comme dans une balance, eurent une claire conscience [de la Loi], et le moine fut pareil en esprit à l'eau qui reflète mille formes qui passent mais jamais ne demeurent. Ainsi une tour précieuse il fit construire, imposante et pure, pour cinq cents grands *arhats*, aux mille piliers jaillissant de terre, de trois étages flottant dans le ciel, comble de magnificence, chef-d'œuvre dans le Sud. L'ermite Pente de l'Est, vit, entendit, fut ravi et alors prononça les stances de ce *gāthā* :

Cinq cents grands gentilshommes perchent sur la muraille ;
Perles du Sud, conques immenses vers le Levant s'inclinent.
Nouveau printemps des cœurs, cyprès[13] qui reverdissent ;
De retour de la forêt de fer[14], la Tour est achevée.
La relique[15] qui vient déjà exerce sa magie ;

l'or et de l'argent. La discipline [*vinaya* en sanskrit ; *lü* 律 en chinois] est l'ensemble des règles qui régissent la communauté des moines ; leur nombre peut varier mais elles ne comportent pas moins de 250 prescriptions.

13. Les cyprès sont généralement plantés auprès des tombes comme les pins. Su Shi évoque ici un moment – le printemps – mais aussi le dépassement de la vie et de la mort que procure la foi bouddhique.

14. La « Forêt de fer » est sans doute le nom d'un temple construit au début de la dynastie des Song et situé à Shantou 汕头 à l'est de l'actuelle province du Guangdong 廣東.

15. L'expression *baogu* 寳骨, « l'ossement précieux » renvoie à une relique pour laquelle Su Shi écrit à la même époque une inscription. En voici la description : « elle a la forme d'une coupelle renversée, d'une circonférence de cinq pouces, haute de deux, et pèse deux livres et demie ; elle est dense à l'extérieur et poreuse à l'intérieur et porte des nervures semblables aux feuilles de bananier. Les reliques qui naissent en elles sont innombrables et brillent des cinq couleurs. C'est sûrement le reste du corps d'un parfait ou d'un grand lettré et sans doute un cerveau dont le crâne a disparu. » Le moine Zutang a pu l'obtenir et se propose de la placer dans un reliquaire spécialement construit à cet effet. Il échange aussi contre une ceinture de rhinocéros un disque de jade blanc qui s'emboîte parfaitement avec la relique. Voir « Guangzhou Dongwan xian Zifu si shelita ming » 廣州東莞縣資福寺舍利塔銘并敘, SSWJ, vol. 2, *juan* 19, p. 580-581.

靈，赤蛇白璧珠夜明．三十襲吉誰敢爭，層簷飛空俯日星．海波不搖颶無聲，天風徐來韻流鈴．一洗瘴霧水雪清，人無南北壽且寧．

Serpent rouge[16], disque blanc, perles qui brillent nuitamment,
Signes trente fois redoublés, faste incontestable.
Sous les toits étagés qui flottent dans le vide,
Je vois en bas les étoiles et l'astre solaire.
Vagues de la mer apaisées, typhons muets ;
Brise céleste où s'écoule et résonne le timbre des grelots
Purifiant miasmes et brumes, air comme neige et eau,
Où les hommes en paix partout[17] vivent toute leur vie.

16. Les serpents rouges sont plus métaphoriques que réels ; ce sont des signes dont la venue annonce d'heureux présages.

17. Nous traduisons ainsi *wu nanbei* 無南北, littéralement « sans Nord et sans Sud » ; l'expression désigne aussi un état d'esprit dans lequel les habituelles dichotomies (orientation de la pensée, vrai et faux, ici et là-bas) n'existent plus, un état dans lequel la conscience est restituée à son vide premier, semblable au miroir spirituel de Zutang, capable de contenir toutes les représentations phénoménales sans les « retenir » ou s'y attacher. On peut, de ce point de vue, le mettre en relation avec le regard « inversé » de Su Shi dans la Tour.

N° 51

La Signature de l'abbé de l'Éclat du Sud (31 janvier 1101)

L'une des spécificités de la philosophie chinoise depuis les Entretiens *est de penser la sagesse comme un horizon* et *une présence immédiate. Elle est accessible à tous et pourtant jamais entièrement réalisée. Car elle n'est pas seulement un état de la conscience, c'est surtout une pratique. Il suffit donc d'un moment de non-pensée et que je coïncide avec ce qui vient pour que je sois pleinement sage et que rien ne me différencie des grands maîtres. Toute la difficulté est dans la durée. Puisque cet état ne m'appartient pas, toute occasion nouvelle sera susceptible de me prendre en défaut.*

Les sages entrent parfois par effraction dans les consciences, en forçant l'ordre naturel et les voleurs sont parfois sages.

Là encore tout est affaire d'intention, mais jusqu'où la traquer ?

Travail infini et gain instantané se complètent, comme l'engagement confucéen et le dégagement bouddhique. La vraie sagesse, selon Su Shi, est de faire tenir ensemble ces orientations contraires, être hors du monde et dans le monde tout à la fois.

第五十一

南華長老題名記

學者以成佛為難乎？累土畫沙，　童子戲也，皆足以成佛.　以為易乎？受記得道，　如菩薩大弟子，皆不任問疾.　是義安在？方其迷亂顛倒流浪苦海之中，一念正真，　萬法皆具.　及其勤苦功用，　為山九仞之後，　毫釐差失，千劫不

N° 51

La Signature de l'abbé de l'Éclat du Sud

Ceux qui étudient pensent-ils qu'il est difficile de devenir un bouddha ? Entasser de la terre et dessiner dans le sable[1], activités qui ne sont que des jeux d'enfants, suffisent pourtant à le devenir. Pensent-ils [au contraire] que c'est facile ? Ceux qui se sont promis à la Voie par l'enseignement qu'ils ont reçu, comme les *bodhisattvas* ou les grands disciples, n'osèrent cependant pas s'informer de la santé [de Vimalakīrti][2]. Quelle signification donner à cette [contradiction] ? Lorsque quelqu'un est perdu, confus, l'esprit sens dessus dessous, et erre dans la mer des souffrances, il suffit que la pensée d'un instant soit correcte et vraie pour que les dix mille *dharmas* soient virtuellement là [en lui]. Mais s'il travaille laborieusement à accumuler des mérites hauts comme une montagne de neuf toises[3], s'il se relâche et s'écarte [de cette Voie], ne serait-ce

1. Su Shi fait sans doute allusion à un passage du *Soutra du Lotus* : « Certains, dans les vastes plaines, / amassent terre et font des temples ; / et des enfants, par jeu, / empilent du sable et font des stûpas. / De telles personnes / ont, toutes, réalisé la Voie du bouddha. » Voir *Miaofa lianhua jing* 妙法蓮華經, T. 9, n° 262, *juan* 1, « Fangbian pin 2 » 方便品第二, p. 8c.

2. Dans le chapitre 3 de *L'Enseignement de Vimalakīrti*, le bouddha invite ses dix principaux disciples à se rendre auprès de Vimalakīrti, mais tous se montrent réticents, rappelant que, lorsqu'ils étaient allés s'informer de sa santé, ce maître leur avait assez sévèrement montré les imperfections de leur apprentissage de la voie bouddhique et leur attachement aux doctrines. Voir *Weimojie suo shuo jing* 維摩詰所說經, T. 14, n° 475, *juan* 1, p. 539c *sq*.

3. La montagne de neuf toises renvoie à un passage du chapitre « Le Chien de Liu » [*Shiliu*旅獒] du *Livre des Documents*. Dans ce mémoire rédigé pour l'instruction du roi Wu des Zhou 周武王, il est écrit : « Oh ! Du matin jusqu'au soir, travaillez avec ardeur et sans relâche. Si vous n'êtes pas attentif à vos moindres actes, enfin votre vertu fera défaut dans les grandes choses. Vous serez semblable à un homme qui élève chaque jour un monticule de 72 pieds et laisse le travail inachevé, faute d'un panier de terre » (Séraphin Couvreur trad., *Chou-king*, p. 93). L'utilisation par Su Shi

復. 嗚呼, 道固如是也, 豈獨佛乎!

子思子曰："夫婦之不肖, 可以能行焉, 及其至也, 雖聖人亦有所不能焉." 孟子則以為聖人之道, 始於不為穿窬, 而穿窬之惡, 成於言不言. 人未有欲為穿窬者, 雖穿窬亦不欲也. 自其不欲為之心而求之, 則穿窬足以為聖人. 可以言而不言, 不可以言而言, 雖賢人

que d'un infime poil, il ne pourra plus revenir en arrière en mille *kalpas*[4].

Las ! Telle est vraiment la Voie et pas seulement dans le bouddhisme !

Maître Zisi disait : « Même les hommes et les femmes indignes ont la possibilité de la pratiquer, mais lorsqu'elle est portée à sa perfection, même les sages ne peuvent [y accéder][5]. » Quant à Maître Meng, il pensait que la Voie des Sages commençait par ne pas entrer par effraction comme un voleur, et que cette mauvaise conduite se traduisait finalement dans le fait de parler à qui on ne doit pas parler[6]. Certains hommes n'ont jamais eu le désir de s'introduire par effraction mais il peut leur arriver de le faire ; [d'autres] l'ont peut-être fait, mais ils ne voulaient pas non plus.

Ainsi, si l'on se place du point de vue d'une conscience qui n'en a pas le désir, on pourra devenir un sage même si l'on s'introduit par effraction. [Inversement,] ne pas parler à quelqu'un à qui on peut parler et parler à quelqu'un à qui il n'est pas possible de parler, les hommes avisés et les hommes de bien ne peuvent toujours

---

en ce contexte d'une expression extraite des *Classiques* rend bien compte de l'unité des Voies bouddhiques et confucéennes.

4. Rappelons qu'un *kalpa* [chinois *jiebo* 刼波 abrégé en *jie* 刼] est une période cosmique qui dans le bouddhisme s'étend de la création d'un univers à la création du suivant. Il se subdivise en quatre périodes de 336 millions d'années : formation, durée de vie, durée de destruction et chaos.

5. Citation du paragraphe 12 du *Zhongyong* 中庸. Voir Rémi Mathieu (trad.), « La Pratique équilibrée », in *Philosophes confucianistes*, p. 580.

6. Le *Mencius* (VII, B, 21) écrit : « Si un homme peut éliminer de son cœur tout désir de nuire à autrui, le sens de l'humain sera inépuisable ; et s'il peut éliminer de son cœur tout désir d'entrer par effraction comme un voleur [chez autrui], le sens de l'équité sera inépuisable. [...] Le gentilhomme, qui parle à quelqu'un à qui il ne peut pas parler, utilise le langage comme un appât ; inversement, celui qui ne parle pas à quelqu'un à qui il peut parler, utilise aussi le silence comme un appât. Dans les deux cas, [ces actions] sont du même ordre qu'entrer par effraction chez quelqu'un. »

君子有不能免也. 因其不能免之過而遂之, 則賢人君子有時而為盜. 是二法者, 相反而相為用. 儒與釋皆然.

南華長老明公, 其始蓋學於子思、孟子者, 其後棄家為浮屠氏. 不知者以為逃儒歸佛, 不知其猶儒也. 南華自六祖大鑒示滅, 其傳法得眼者, 散而之四方. 故南華為律寺. 至吾宋天僖三年, 始有詔以智度禪師普遂住持, 至今明公蓋十一世矣.

明公告東坡居士曰 : "宰官行世間法, 沙

l'éviter. Et on peut déduire, à cause de l'erreur qu'ils n'ont pas su éviter, que parfois ils deviennent des voleurs.

Les deux méthodes sont contraires mais utiles l'une à l'autre. Et de même pour les pensées bouddhique et confucéenne.

Messire Ming, *alias* « Clarté », abbé de l'Éclat du Sud[7], a commencé à étudier dans les livres de Zisi et de Maître Meng, puis a quitté sa famille pour devenir bouddhiste. Les ignorants pensent qu'il a fui la pensée confucéenne pour se tourner vers la doctrine bouddhique ; ils ne comprennent pas qu'il est encore confucéen.

Dans le Temple, depuis que le sixième patriarche, « Miroir absolu » a atteint le *parinirvāna*, ceux qui ont reçu son *Dharma* et sont sortis de l'aveuglement[8] se sont dispersés aux quatre orients. Aussi le temple est-il resté dédié au *vinaya*. C'est seulement la 3e année de l'ère du *Plaisir céleste*[9] qu'un édit appela le maître du *dhyāna* Zhidu[10], surnommé Pusui, « le Continuateur universel » à le diriger. Messire Clarté en est aujourd'hui le descendant à la onzième génération.

Messire Clarté[11] dit à l'ermite de la Pente de l'Est : « Ministres et fonctionnaires pratiquent le *Dharma* de

7. Le temple se trouve à Caoxi 曹溪 dans la province de Zhaozhou 韶州 (au sud-est du district actuel de Qujiang 曲江 au Guangdong). C'est le lieu où le sixième patriarche du *chan* 禪, Huineng 慧能 (638-713), alias « Miroir originel », a exposé sa doctrine. Auteur présumé du *Soutra de l'estrade* [Tanjing 壇經], il fonde l'école du Sud du bouddhisme *chan* qui développe la doctrine de l'Éveil subit [*dunwu* 頓悟].

8. Le *parnirvāna* désigne l'extinction complète d'un bouddha, sa mort définitive sans possibilité de renaissance. L'expression *deyan* 得眼 qui marque la sortie hors de l'aveuglement est souvent synonyme de l'Éveil.

9. En 1019, date à laquelle le temple n'est plus dédié à la « discipline » mais au *chan*.

10. Ce moine a pour surnom « Franchissement de la sagesse ». Il est mentionné dans le *Shishi jigu lue* 釋氏稽古略, T. 51, n° 2037, *juan* 4, p. 864c où sa nomination au Temple de l'éclat céleste est datée de 1032.

11. Ce moine est mentionné dans le *Supplément de la transmission de la lampe* [Xu Chuandeng lu 續傳登錄, T. 51, n° 2077, p 695c] mais aucun de ses propos n'est rapporté.

門行出世間法，世間即出世間，等無有二．今宰官傳授，皆有題名壁記，而沙門獨無有．矧吾道場，實補佛祖處，其可不嚴其傳，子為我記之．”居士曰：“諾．”乃為論儒釋不謀而同者以為記．

建中靖國元年正月一日記．

[l'engagement] dans le monde ; les *śramanas* celui de la sortie hors du monde. Ils sont pourtant équivalents. Or, lorsque les fonctionnaires transmettent et enseignent, ils apposent leur signature qui est commémorée sur les murs ; seuls les *śramanas* n'en ont aucune. De plus, notre aire du Tao[12] est vraiment le lieu où l'on complète l'enseignement de nos patriarches, peut-on vraiment en négliger la transmission ? Écririez-vous une commémoration ? »

L'ermite acquiesça et rédigea ce texte où il discute de l'identité non concertée entre les pensées bouddhiques et confucéennes.

Le 1er jour du 1er mois, an 1 de l'ère de la *Fondation de l'Empire du Milieu pacifié*.

12. L'aire du Tao désigne d'abord le lieu où le bouddha atteignit l'Illumination, puis le lieu où l'on enseigne sa doctrine.

N° 52

L'École de la commanderie de Nan'an (7 avril 1101)

On peut lire dans ce texte le testament politique de Su Shi. En glosant un passage des Classiques, *il réaffirme ce qu'est pour lui le gouvernement par la vertu qui s'efforce d'intégrer les hommes dans une communauté harmonieuse et ne les exclut qu'en ultime recours.*

Le tir à l'arc constituait dans l'Antiquité une des disciplines de l'étude au même titre que l'écriture, le calcul ou la conduite des chars. Son but était de familiariser avec la concentration et l'idée de centralité, puisque toucher la cible et le centre s'écrivent de la même façon [zhong 中]. *Su Shi ne l'explicite cependant pas ainsi : pour lui, ce n'est pas tant l'exercice qui importe que l'occasion donnée dans le tir à l'arc de réunir la communauté et de sélectionner les hommes talentueux et vertueux. C'est dans l'assentiment général que les gentilshommes étaient recrutés, et sans doute Su Shi veut-il, par cette réinterprétation de la tradition, exhorter le nouveau règne qui commence avec l'empereur Huizong et la régence de l'impératrice douairière à la cessation définitive des luttes de faction.*

L'ouverture politique est aussi manifeste dans l'exemple de Zichan : l'école n'est pas un lieu de dressage mais de débat sur la conduite des affaires.

第五十二

南安軍學記

古之為國者四，井田也，肉刑也，封建也，學校也．今亡矣，獨學校僅存耳．古之為學者四，其大者則取士論政，而其小者則絃誦也．

N° 52

L'École de la commanderie de Nan'an

Le gouvernement d'un État dans l'Antiquité était centré sur quatre points : la répartition des champs en damier[1], les châtiments corporels[2], l'inféodation[3], les écoles. Ils ont aujourd'hui, à l'exception du dernier, disparu. Et dans l'Antiquité, l'éducation avait quatre objectifs : il s'agissait pour les meilleurs des élèves de recruter des gentilshommes et de discuter de la politique, et à un moindre niveau, d'apprendre

---

1. Jusqu'aux Royaumes combattants au moins, les champs étaient découpés en damier selon la forme du caractère du puits *jing* 井 : la parcelle centrale était travaillée par tous les hommes de la communauté et les productions revenaient directement à l'État, les huit autres étaient exploitées à titre privé. En réalité, on ne sait trop si ce système a réellement existé. Il fait l'objet sous les Song du Nord de nombreuses discussions, essentiellement parce qu'il apparaît comme un remède possible à la concentration des terres pour les grands propriétaires. Un des fondateurs du néo-confucianisme, Zhang Zai 張載 (1020-1078), alla même jusqu'à acheter des terres avec quelques-uns de ses disciples et à le mettre en vigueur à petite échelle, tentative qui échoua. Sous les Song du Sud, cette méthode a perdu de son prestige et Zhu Xi朱熹 (1130-1200), par exemple, la juge impossible. Voir par exemple la critique du système préconisé par Zhang Zai dans le *Zhuzi yulei* 朱子語類, « Zhangzi zhi shu yi » 張子之書一, vol. 7, p. 2531.

2. Les cinq châtiments sont par ordre croissant de gravité : le tatouage marqué au fer blanc (puis à l'encre) [*mo*墨 ou *qing* 黥] ; l'ablation du nez [*yi* 劓] ; l'amputation des pieds [*yue* 刖] ; la castration [*gong* 宮 ou *zhuo* 椓] ; la peine de mort par décollation [*dapi* 大辟 ou *sha* 殺]. Sous les Song, ce système de peine n'existe plus. Le premier et le cinquième châtiments demeurent mais les peines intermédiaires sont souvent faites d'un complexe système d'échelonnement des coups de bâtons et de relégation.

3. L'inféodation est le mode de gouvernement de la dynastie des Zhou. Le roi fieffe sur son territoire des seigneurs féodaux avec qui il entretient le plus souvent des liens familiaux (alliances et mariages). Ces seigneurs exercent sur leur territoire le pouvoir, sauf les prérogatives religieuses et militaires. Le système est pratiquement caduc au début des Printemps et Automnes lorsque la puissance militaire royale est désormais trop faible. Dans l'histoire chinoise, la réflexion sur la féodalité a toujours servi à limiter le pouvoir bureaucratique qui se met en place avec le premier empire.

今亡矣，直誦而已．舜之言曰："庶頑讒說，若不在時．候以明之，撻以記之．書用識哉，欲並生哉．工以納言，時而颺之．格則承之庸之，否則威之．"格之言改也．《論語》曰："有恥且格．"承之言薦也．《春秋傳》曰："奉承齊犧．"庶頑讒說不率是教者，舜皆有以待之．

la musique et de réciter les textes. Tout cela n'a plus cours, hormis la récitation.

D'après les propos de Shun, « la foule des hommes stupides et calomniateurs dont la conduite n'est pas juste, placez-les devant une cible pour les discerner, bastonnez-les pour qu'ils se souviennent de leurs faits, consignez par écrit leurs erreurs et faites qu'ils puissent se réformer et vivre avec nous. Faites chanter des poèmes aux musiciens qui contiendront leurs critiques et mettront en valeur [leurs qualités] au bon moment. Et si ces hommes s'amendent, recommandez-les et donnez-leur des charges ; sinon, inspirez-leur de la crainte »[4].

Le terme *ge* « s'amender » signifie « corriger », comme l'indique un passage des *Entretiens* : [Guidez par la vertu, harmonisez par les rites, le peuple] connaîtra la honte [de mal faire] et s'amendera[5]. » Quant au mot *cheng* « recommander », il a le même sens de « présenter » que l'on trouve dans une phrase du *Commentaire aux Printemps et Automnes* : « Présentez des victimes sacrificielles pures[6]. »

Envers la foule des obtus et des calomniateurs qui ne suivaient pas les instructions, Shun savait quelle attitude adopter.

---

4. Shun, un des modèles confucéen du gouvernement par la vertu, aurait régné de 2257 à 2207 av. J.-C. Su Shi cite le chapitre « Yiji » 益稷du *Livre des Documents*. Il reprend dans la suite du texte les gloses de son commentaire, le *Dongpo Shuzhuan* [東坡書傳, *juan* 4, *Livre de Yu* 虞書, chapitre 5]. On mesurera le travail interprétatif de Su Shi en comparant avec la traduction de Séraphin Couvreur (p. 27-28) : « Les nombreux insensés qui répandent des calomnies, ne sont pas de ceux (qui disent franchement la vérité). Employez la cible pour les discerner, les verges pour leur imprimer vos avertissements dans la mémoire, et les registres pour noter leurs fautes. Désirez qu'ils (se corrigent, n'encourent pas la peine capitale et) vivent longtemps avec vous. Que le chef de musique (pour les couvrir de honte) fasse chanter les paroles (qu'ils auront dites et) qui lui auront été rapportées ; qu'il divulgue sans cesse leurs sentiments. S'ils se corrigent, ils pourront être présentés et promus aux charges ; sinon, ils devront être punis sévèrement. »

5. *Entretiens*, II, 3.

6. La citation est extraite d'un passage de la 23e année du Duc Zhao de Lu 魯昭公 (529 av. J.-C.), voir *Zuozhuan* 左傳SSJZS, vol. 2, p. 2071c.

夫化惡莫若進善，故擇其可進者，以射候之禮舉之．其不率教甚者，則撻之，小則書其罪以記之，非疾之也，欲與之並生而同憂樂也．此士之有罪而未可終棄者，故使樂工採其謳謠諷議之言而颺之，以觀其心．其改過者，則薦之，且用之．其不悛者，則威之、屏之、僰之、寄之之類是也．此舜之學政也．

射之中否，何與於善惡，而曰："候以明之"，何也？曰：射所以致衆而論士也．衆一而後論定．孔子射於矍相之圃，蓋觀者如堵，使弟子揚觶而敘點[81]者三，則僅有存者．

81. [點]原作[黜]. 宋文鑑卷八十二作[點]；郎本卷五十二作[點]，註文作[點].

Or, si l'on veut corriger les mauvaises conduites, la meilleure méthode est d'inciter au bien. Voilà pourquoi il choisissait ceux qui pouvaient progresser en les mettant en valeur par le rituel du tir à l'arc. Les plus rebelles à l'enseignement, il les faisait battre par des verges ; ceux qui l'étaient moins voyaient leurs fautes consignées par écrit pour en garder mémoire, non pour les critiquer mais parce que Shun souhaitait les voir vivre parmi les hommes et partager leurs soucis et leurs joies. Ces lettrés fautifs ne pouvaient être, selon lui, définitivement rejetés : aussi il ordonnait à des musiciens de recueillir dans des chansons des remontrances exprimées à mots couverts, puis de les faire connaître pour observer leurs intentions. Ceux qui s'amendaient, il les promouvait et les employait ; quant aux autres qui ne changeaient pas, il leur imposait de la crainte, les écartait, les bannissait, les assignait à résidence ou prenait d'autres mesures de ce type. Telle était la politique éducative de Shun.

Toucher le centre au tir à l'arc n'a aucun rapport avec les conduites bonnes ou mauvaises. Pourquoi Shun considérait-il qu'il fallait les discerner en les plaçant devant une cible ? Je dirais ceci : le tir à l'arc permettait de convoquer les foules et d'évaluer les talents des gentilshommes, c'est-à-dire que la foule une fois réunie, on procédait à cette évaluation. Ainsi, lorsque Maître Kong « présida à un tir dans un jardin potager de Juexiang, les spectateurs étaient si nombreux qu'ils formaient comme un mur circulaire ; il ordonna à ses disciples par trois fois de lever leurs coupes et d'indiquer ceux qui devaient être éliminés, si bien qu'il resta à peine quelques gentilshommes »[7]. D'après cet exemple,

7. Quasi-citation du *Mémoire sur les cérémonies* [Liji 禮記], chapitre « Le Sens du tir à l'arc » [*Sheyi* 射義], traduction Couvreur, vol. 2, 2e partie, p. 674. Dans le texte original, les caractères Xu Dian 敘點 désignent un nom de personne. Su Shi lit, lui, « exposer *xu* 敍 ceux qu'il faut éliminer » *dian* 點 ou *chu* 黜. Zhu Xi a noté cette « erreur » en l'imputant à la vieillesse et au relâchement de Su Shi (*Zhuzi yulei*, vol. 8, *juan* 139, p. 3311).

由此觀之，以射致眾，眾集而後論士，蓋所從來遠矣.《詩》曰："在泮獻囚."又曰："在泮獻馘."《禮》曰："受成於學."鄭人游鄉校，以議執政，或謂子產："毀鄉校何如？"子產曰："不可. 善者吾行之，不善者吾改之，是吾師也."孔子聞之，謂子

c'était une coutume ancienne de convoquer les foules pour le tir à l'arc et, une fois qu'elles s'étaient réunies, de procéder à l'évaluation des talents. Les *Poèmes* disaient [déjà] :

Que dans le gymnase avec son bassin en demi-cercle
Soient offertes les oreilles gauches des ennemis.

ou encore :

Que dans le gymnase avec son bassin en demi-cercle
Soient présentés les prisonniers de guerre[8].

Et les *Mémoires sur les cérémonies* disent : « [Le fils du Ciel] préside dans l'école aux délibérations sur la paix[9]. »

Les gens de la principauté de Zheng [avait pour coutume] de se rassembler dans l'école provinciale pour délibérer [des mesures prises par] les gouvernants. Quelqu'un demanda à Zichan : « Que diriez-vous de détruire cette école ? – Impossible ! Les mesures qui sont approuvées, je les mets en pratique ; celles qui n'obtiennent pas l'assentiment, je les corrige. Ce sont les gens de Zheng qui sont mes maîtres. » Après avoir entendu cette réponse, Maître Kong, jugea que Zichan était humain[10].

---

8. Poème nº 299, *Panshui* 泮水, des « Hymnes de Lu » [*Lu song* 魯頌] dans le *Shijing* 詩經, trad. Couvreur, p. 373. La présentation des trophées et des prisonniers déterminaient les récompenses et la valeur des « gentilshommes ».

9. *Mémoire sur les cérémonies*, chapitre « Le gouvernement royal » [*Wangzhi* 王制], traduction Couvreur, vol. 1, 1re partie, p. 281.

10. Citation du *Commentaire de Messire Zuo* [Zuozhuan] ; 21e année du duc Xiang de Lu 魯襄公.

Zichan, ministre du pays de Zheng, mort vers 480 av. J.-C. Dans les *Entretiens* (V, 16), Confucius le caractérise ainsi : « Il possède quatre qualités de l'homme de bien : il est courtois dans son comportement habituel et déférent envers ses supérieurs ; au gouvernement, il assure le bien être du peuple avec générosité et le fait travailler avec équité » (Anne Cheng trad., p. 51).

產仁. 古之取士論政者, 必於學. 有學而不取士、不論政, 猶無學也. 學莫盛於東漢, 士數萬人, 噓枯吹生. 自三公九卿, 皆折節下之, 三府辟召, 常出其口. 其取士論政, 可謂近古, 然卒為黨錮之禍, 何也? 曰 : 此王政也. 王者不作, 而士自以私意行之於下, 其禍敗固宜.

朝廷自慶曆、熙寧、紹聖以來, 三致意於

Dans l'Antiquité, le recrutement des gentilshommes et la discussion de la politique devaient se faire dans les écoles. Celles qui ne remplissaient pas ces deux fonctions, en réalité, n'en étaient pas.

L'éducation a connu son plus grand essor sous la dynastie des Han de l'Est[11], période pendant laquelle des dizaines de milliers de lettrés redonnèrent vie à des études qui s'étaient desséchées. Tous, jusqu'aux Trois Ducs et aux Neuf Ministres[12], faisaient preuve de modestie et se contrôlaient, et ceux qui étaient choisis dans les trois Cours[13] étaient souvent recommandés par ces gentilshommes des écoles. Le recrutement des lettrés et la discussion de la politique s'approchaient des pratiques antiques. Pour quelle raison un tel système a-t-il désastreusement fini dans la lutte des factions[14] ? Je répondrais ceci : c'est l'affaire de la politique royale. Si le roi ne fait rien et que les lettrés, de leur propre chef, mettent en œuvre des mesures inspirées par des intentions personnelles, rien de plus naturel que s'ensuivent malheurs et échecs.

Par trois fois, la cour, pendant les règnes du *Calendrier prospère*, de la *Paix harmonieuse* et du *Continuateur de l'œuvre du Sage*, a manifesté son intention de réformer le système

11. La dynastie des Han de l'Est dure de 25 à 220.

12. Les trois ducs sont le commandant des armées [*taiwei* 太尉], le ministre de l'éducation [*situ* 司徒] et le ministre des travaux publics [*sikong* 司空] ; les neuf ministres sont leurs adjoints.

13. Les trois cours [*san fu* 三府] désignent les bureaux administratifs des Trois Ducs.

14. Sous le règne de Huandi 桓帝 (146-167) des Han de l'Est, le pouvoir des eunuques s'accroît et cette situation est violemment critiquée par des ministres comme Li Fu qui les fait enfermer et fait massacrer leur faction. Les eunuques répliquent en calomniant Li Fu 李膺. Sous Lingdi 靈帝 (168-189), il est à nouveau employé et tente sans succès de se venger. Il est alors exécuté avec une centaine de lettrés regroupés en faction. Voir *L'Histoire des Han postérieurs* [Houhanshu 後漢書], « danggu zhuan » [黨錮傳], vol. 8, *juan* 67, p. 2183-2224.

學矣. 雖荒服郡縣必有學, 況南安江西之南境, 儒術之富, 與閩、蜀等, 而太守朝奉郎曹侯登, 以治郡顯聞, 所至必建學, 故南安之學, 甲於江西. 侯仁人也, 而勇於義. 其建是學也, 以身任其責, 不擇劇易, 期於必成. 士以此感奮, 不勸而力. 費於官者, 為錢九萬三千, 而助者不貲. 為屋百二十間, 禮殿講堂, 視大邦君之居. 凡學之用, 莫不嚴具. 又以其餘增置廩給食數百人. 始於紹聖二年之冬, 而

scolaire[15]. Même les préfectures et les commanderies des territoires déserts devaient avoir des écoles et à plus forte raison, Nan'an[16], située à la limite méridionale du Jiangxi, où la richesse des arts confucéens est comparable à celle de Min et de Shu[17]. Le préfet, le Marquis Cao Deng[18], gentilhomme du service de cour, célèbre pour son gouvernement dans les provinces, se devait, là où il était envoyé en poste, de construire des écoles. De ce fait, celle de Nan'an occupe la première place au Jiangxi. Le marquis est une personne humaine et courageuse dans l'exercice de l'équité. En édifiant cette école, il y a mis tout son être et en a assumé la responsabilité sans se préoccuper des difficultés, n'attendant qu'une chose : son achèvement. Les lettrés, touchés par cette détermination, déployèrent leur énergie sans y être exhortés. Les dépenses de l'administration s'élevèrent à quatre-vingt-treize-mille sapèques, et il fut aidé sans avoir recours à l'argent des amendes. Furent construites cent vingt pièces, un palais pour effectuer les rites et une grande salle pour les conférences, regardées comme les demeures des souverains des grandes principautés. Du nécessaire à l'enseignement qui a été examiné avec soin, rien ne manque. En outre, Messire a utilisé les sommes restantes pour agrandir les greniers à grains et pourvoir aux besoins

15. Respectivement de 1041à 1049, de 1068 à 1078 et de 1094 à 1098. Pendant ces trois périodes, l'État a tenté de réformer le système scolaire en le faisant évoluer vers plus de compétences techniques (sous Wang Anshi, en particulier, furent créés des examens spéciaux en droit pénal ou en stratégies et arts militaires). De vastes chantiers de créations d'écoles ont par ailleurs été lancés. On notera la transition entre la lutte des factions sous les Han de l'Est et les Song. Su Shi, s'il est pour l'établissement d'institutions scolaires, considère cependant que le critère moral doit être essentiel pour le recrutement et que la technique administrative s'apprend à l'épreuve des faits.

16. Nan'an est situé dans le district actuel de Dayu 大庾 au Jiangxi.

17. Min désigne le Fujian 福建 et Shu le Sichuan.

18. Le personnage n'a guère laissé d'autres traces dans les sources historiques que celles données par Su Shi. L'école est en fait fondée entre 990 et 995 ; plusieurs fois déplacée, elle est agrandie par Cao Deng.

成於四年之春．學成而侯去，今為潮州．

軾自海南還，過南安，見聞其事為詳．士既德侯不已，乃具列本末，贏糧而從軾者三百餘里，願紀其實．夫學，王者事也．故首以舜之學政告之．然舜遠矣，不可以庶幾．有賢太守，猶可以為鄭子產也．學者勉之，無愧於古人而已．

建中靖國元年三月四日，朝奉郎提舉成都府玉局觀眉山蘇軾書[82]．

82. 據朗本補.

de centaines d'hommes. Les travaux commencèrent en hiver de la 2e année de l'ère du *Continuateur de l'œuvre du Sage* et se terminèrent au printemps de la 4e[19]. Une fois l'école achevée, le marquis quitta la ville ; il gouverne aujourd'hui la province de Chao[20].

Comme je revenais de l'île de Hainan, je suis passé par Nan'an et j'ai pris connaissance en détail de son œuvre. Les lettrés ne cessaient de louer les vertus du marquis et m'ont exposé les tenants et les aboutissants [de cette construction]. Les colporteurs de grains qui m'accompagnèrent pendant quelques trois cents lis souhaitaient que soient commémorés ces faits. Or, l'école est une affaire royale. Voilà pourquoi au début j'ai parlé de la politique éducative de Shun. Mais son époque est loin et l'on peut à peine s'en faire une idée… Un gouverneur sage, s'il existe, pourra cependant devenir un Zichan du pays de Zheng.

Vous qui étudiez, ne relâchez pas vos efforts et n'ayez pas honte de ne pas égaler les anciens !

Écrit le 4e jour du 8e mois, an 1 de l'ère de la *Fondation de l'Empire du milieu pacifié* par le dignitaire du service de cour, directeur du Temple taoïste de l'échiquier de jade[21] dans la province de rang supérieur de Chengdu.

---

19. Soit entre l'hiver 1095 et le printemps 1097.

20. Ville et préfecture de Chaozhou sur la rivière Ejiang 惡江 au Guangdong 廣東.

21. Il s'agit d'un titre honorifique que Su Shi reçoit au moment de l'accession de Huizong au trône. Le temple est l'un des plus célèbres de Chengdu. Il tient son nom du fait qu'un lit de jade aux pieds en forme d'échiquier de jade serait sorti de terre. Laozi, assis sur ce lit, y aurait expliqué à Zhang Daoling 張道陵 (actif la 2de moitié du IIe siècle), le fondateur de la religion taoïste, le *Classique du Boisseau du Nord et du Sud* [Nanbei dou jing 南北斗經].

N° 53

La Pointe de silex nouvellement trouvée dans le Temple du Roi-dragon des traversées sans encombres (3 mai 1101)

L'enquête que mène Su Shi ici sur une pointe de flèche est un exemple concret d'un des rôles de l'étude : identifier le réel, le voir véritablement et le reconnaître comme un bien précieux. Le savoir dont Su Shi fait preuve est comparable à l'expertise de Confucius tel qu'il est présenté dans les Discours des Royaumes, *texte attribué par la tradition à Zuo Qiuming et datant des Printemps et Automnes (722-481 av. J.C.)*

第五十三

順濟王廟新獲石砮記

建中靖國元年四月甲午，軾自儋耳北歸，艤舟吳城山順濟龍王祠下. 既進謁而還，逍遙江上，得古箭鏃，槊鋒而劍脊，其廉可劌，而其質則石也. 曰：異哉，此孔子所謂楛矢、石砮，肅慎氏之物也. 何為而至此哉！傳觀左右，失手墜於江中. 乃禱於神，願復得之，當藏之廟中，為往來者駭心動目詭異之觀. 既

N° 53

La Pointe de silex nouvellement trouvée dans le Temple du Roi-dragon des traversées sans encombres

Le jour *jiawu* du 4e mois, an 1 de l'ère de la *Fondation du l'Empire du milieu pacifié*, je quittai Dan'er[1] et retournai au Nord [sur le continent] ; j'accostai au pied du temple du Roi-dragon des traversées sans encombres dans la colline de Wucheng[2]. J'y pénétrai et fus invité, puis m'en retournai. Flânant librement sur la rive du fleuve, je trouvai un ancien fer de flèche semblable à la pointe d'une hallebarde et à l'arête d'une épée, dont le fil était tranchant mais fait de pierre.

« Étrange, me dis-je. C'est ce que Maître Kong appelait les flèches en bois d'argousier et les pierres de silex, armes de la tribu des Sushen[3]. Comment est-elle arrivée là ? » Je la fis passer à mon entourage pour qu'il la contemple, mais elle glissa de la main et tomba dans le fleuve. Je fis alors une prière à l'esprit, formant le vœu, si je la retrouvais, de la laisser en dépôt dans le temple et d'en faire une curiosité suscitant l'attention et la surprise des voyageurs. L'invocation

1. Dan'er, commanderie fondée en 111 av. J.-C., est l'actuelle Danzhou 儋州 sur l'île de Hainan 海南島 que Su Shi, bénéficiant d'une amnistie lors de l'accession au trône du nouveau souverain, Huizong 徽宗 (1110-1125) vient de quitter.

2. Le Roi-dragon est un serpent à tête de tortue du lac Pengli 彭蠡胡 (lac Poyang 鄱阳湖 du Jiangxi) qui, lorsque les marins le priaient avec ferveur, se plaçait sous leur navire et le portait sans obstacle sur des milliers de *li*. Il aurait été tué par Hao 昊 et Xu 許, deux Parfaits. Sous l'empereur Zhenzong 真宗 des Song (r. 997-1022), il est fieffé sur le Mont Wucheng. Shen Gua 沈括 (1031-1091) lui a consacré une notice dans le *Mengxi bitan* 夢溪筆談, *juan* 20, « shen qi ».

3. La tribu des Sushen désigne, sous la dynastie des Zhou, les ancêtres du clan des Ruzhen 女真 ou Djurtchet, tribu tangouse du Heilongjiang 黑龍江 actuel, qui s'emparera de la capitale, Bianjing 汴京, des Song en 1126.

禱，則使沒人求之，一探而獲.

謹按《禹貢》：荊州貢礪、砥、砮、丹及箘、簵、楛，梁州貢璆、鐵、銀、鏤、砮、磬．則楛矢、石砮，自禹以來貢之矣．然至春秋時，隼集於陳廷，楛矢貫之，石砮長尺有咫，時人莫能知，而問於孔子．孔子不近取之荊梁，而遠取之肅慎，則荊梁之不貢此久矣．顏師古曰："楛木堪為笴，今豳此北皆用之．"以此考之，用楛為矢，至唐猶然．而用石為

terminée, j'envoyai un plongeur la chercher, qui la trouva du premier coup.

Permettez-moi de remarquer respectueusement que, selon le *Tribut de Yu*, « dans la province de Jing, on offrait en tribut des pierres meulières, des pierres à aiguiser, des pointes de flèche de pierre, du cinabre ainsi que des bambous longs et minces *jun* et *lu* et l'argousier » et « dans la province de Liang, du jade précieux servant de litophone, du fer, de l'argent, de l'acier, des pointes en silex et des pierres musicales »[4]. Les flèches de bois d'argousier comme les pointes de silex étaient donc offertes en tribut dès le règne de Yu le Grand. Or, sous la période des Printemps et Automnes[5], un faucon pèlerin tomba dans la cour intérieure [du palais] du Duc de Chen, atteint par une flèche en bois d'argousier, dont la pointe de silex était longue d'un pied et huit pouces. Comme les gens d'alors ne pouvaient l'identifier, ils interrogèrent Maître Kong qui ne se référa pas aux proches provinces de Jing et de Liang mais à la tribu des Sushen[6]. Il faut en conclure que ces flèches n'étaient déjà plus depuis longtemps offertes en tribut dans ces deux provinces. Yan Shigu[7] écrivit : « Le bois d'argousier peut servir de fût de flèche et on l'utilise toujours au nord de Bin. »

D'après ces documents, on utilisait encore le bois d'argousier pour faire des flèches jusqu'à la dynastie des Tang,

4. Pour le « Tribut de Yu », chapitre du *Livre des Documents*, voir *La Source souterraine des Monts Hu de la Province de Qiong* (25 juillet 1100), et pour une traduction française, Séraphin Couvreur, *Chou-king*, p. 33-34.

5. De 722 à 453 av. J.-C.

6. Le fait et l'expertise de Confucius sont mentionnés dans la deuxième partie des « Discours de la principauté de Lu » 魯語下 des *Discours des Royaumes* [Guoyu 國語], anecdote n° 19, p. 228-230.

Le duc Hui 惠公de Chen règne de 533 à 508.

7. Yan Shigu (581-645) est un auteur et linguiste de la dynastie des Tang. Il commente en particulier *L'Histoire des Han* [Hanshu 漢書 dont est tirée la citation, *juan* 217 *xia zhi shang*下之上, p. 1464].

La région de Bin sous les Tang est située au nord-est du district de Bin 彬縣 au Shaanxi.

砮，則自春秋以來莫識矣．可不謂異物乎！兌之戈，和之弓，垂之竹矢，陳於路寢．孔子履藏於武庫．皆以古見寶．此矢獨非寶乎！

順濟王之威靈，南放于洞庭，北被于淮泗，乃特為出此寶．軾不敢私有，而留之廟中，與好古博雅君子共之，以昭示王之神聖英烈不可不敬者如此．

mais personne depuis les Printemps et Automnes n'a gardé en mémoire que l'on utilisait le silex comme pointe de flèche. Ne dira-t-on pas qu'il s'agit d'un étrange objet ?

« [Sous les Zhou,] la lance de Dui, l'arc de Huo et les flèches de Chui étaient disposés dans la salle principale du palais[8]. » Les sandales de Maître Kong furent conservées dans une armurerie[9]. Tous ces objets de l'Antiquité furent considérés comme des trésors, et cette flèche ne le serait pas ?

La puissance souveraine du Roi-dragon des traversées sans encombres s'exerce du Lac Dongting jusqu'au Nord entre la Huai et la Si[10], et il a tout spécialement fait apparaître ce trésor. Aussi, n'osant le garder pour moi, je le laisse dans le temple et le partage avec les hommes de bien nobles, cultivés et amateurs de l'antique pour rendre clair et manifeste à tous la sagesse divine et les hauts mérites de ce roi qu'il faut honorer.

8. Citation du chapitre 22 des Annales de la dynastie des Zhou, « Les dernières volontés » [*Guming* 顧命] dans le *Livre des Documents*. Traduction Séraphin Couvreur, p. 152.

9. Voir la note 7 au *Blanc-volant de la main de l'empereur Renzong* (1073).

10. Le Lac Dongting est un lac au nord du Hunan 湖南 et au sud du Fleuve Bleu dans lequel il débouche. La Huai est une rivière du Henan 河南 et de l'Anhui 安徽, la Si du Shandong 山東.

Nº 54

Le Studio de l'immobile constance

Cette commémoration est incontestablement la plus « abstraite » : aucun élément ne permet de dater et de situer la salle. Toutes les marques habituelles du genre sont supprimées. Le « thème » même est laissé dans l'indistinction. Si le vocabulaire et la rhétorique pastichent certains textes du Laozi, *il est cependant difficile d'identifier ce que Su Shi essaie de cerner. S'agit-il de la Voie taoïste, de l'esprit bouddhique, du Ciel confucéen, de la nature naturante, de la source abyssale des transformations du « vrai moi » ? Le jeu des contradictions indique cependant qu'il s'agit d'un Absolu, d'un* cela *qui dépasse l'entendement des hommes, partout présent, jamais visible, immuable et multiple, un et changeant, qui n'est pas donné dans l'Éveil, pas plus qu'il n'est atteint par l'effort continu, sans qualité et jamais épuisé, au-delà de la sagesse même.*

第五十四

靜常齋記

虛而一，直而正，萬物之生芸芸，此獨漠然而自定，吾其命之曰靜．泛而出，渺而藏，萬物之逝滔滔，此獨且然而不忘，吾其命之曰常．無古無今，無生無死，無終無始，無後無先，無我無人，無能無否，無離無著，無證無修．即是以觀，非愚則癡．舍是以求，非病則

N° 54

Le Studio de l'immobile constance

Vide et un,
Droit et orienté,
Tandis que toutes choses naissent et prolifèrent,
Cela seul,
Impassible et à lui-même sa détermination,
Je lui donne un nom : l'Immobile

Flou et manifeste,
Lointain et caché ;
Tandis que toutes choses meurent et s'écoulent,
Cela seul
Multiple et qui jamais ne s'oublie
Je lui donne un nom : le Constant

Sans passé ni présent
Sans naissance ni mort
Sans fin ni début
Sans après sans avant
Sans moi ni autre
Sans talent ni absence de talent
Sans réalisation ni pratique[1]

À s'en approcher pour les voir,
On devient hébété sinon sot ;
À les délaisser dans leur quête,
On devient fou sinon malade.

---

1. Les deux termes désignent l'expérience de l'Éveil [*zheng* 證] immédiat et indissociable de la pratique de la Loi et des *dharmas* [*xiu* 修] qui est, elle, graduelle.

狂. 昏昏默默, 了不可得. 混混沌沌, 茫不可論. 雖有至人, 亦不可聞, 聞為真聞, 亦不可知, 知為真知. 是猶在聞知之域, 而不足以彷彿. 況緣跡逐響以希其至, 不亦難哉! 既以是為吾號, 又以是為吾室, 則有名之累, 吾何所逃. 然亦趨寂之指南, 而求道之鞭影乎.

Obscur, obscur, silencieux,
Insu et incompréhensible
Chaotique, chaotique, informe,
Impénétrable et indicible.

L'homme accompli ne les entend pas,
Car les entendre serait l'entente véritable ;
Pas davantage il ne les connaît,
Car les connaître serait le savoir authentique.

Là, semble-t-il, entre l'entente et le savoir,
Qui pourtant manquent à leur donner forme.
Combien plus difficile encore de l'atteindre,
En empruntant leurs traces, en traçant leur écho !

J'en ai fait mon surnom, j'en ai aussi fait une pièce : comment échapperais-je aux entraves du langage ! Pourtant telle est la direction qui mène au silence et l'ombre furtive[2] du fouet qui engage sur la Voie !

---

2. L'expression bouddhique *Bianying* 鞭影 se trouve en particulier dans l'un des quatre soutras *Agama* de l'école du Theravada, le *Samyukta Agama Sutra* [Za Ahanjing 雜阿含經], exposé oralement par le moine indien Guṇ.abhadra (394-468) [Qiunabatuoluo] 求那跋陀羅puis traduit en chinois. Y sont distingués quatre sortes de moines, chacun comparé à un cheval : le premier se met en mouvement dès qu'il perçoit l'ombre de la cravache ; le second lorsque la cravache effleure sa queue ; le troisième quand un petit coup de fouet lui est donné ; le dernier doit être piqué et blessé jusqu'à l'os pour se mettre en route. Cf. T. 2, nº 99, *Za Ahanjing* 雜阿含經, *juan* 33, p. 234a. Le terme renvoie à une stimulation indirecte.

N° 55

La Salle principale

Cette pièce non datée mais antérieure à 1068 est un exemple des liens très étroits entre le bouddhisme et le pouvoir impérial sous les Song du Nord. Vraisemblablement écrite lors de l'accession au trône de l'empereur Shenzong, elle montre aussi combien pour Su Shi, mais aussi pour le moine, la doctrine bouddhique a désormais annexé une partie du corpus confucéen, peut se dire dans une autre langue que celle des soutras et s'est définitivement sinisé.

第五十五

方丈記

年月日，住持傳法沙門惟謹，重建方丈，上祝天子萬壽，永作神主，斂時五福，敷錫庶

N° 55

La Salle principale

Tel jour de tel mois de telle année, le supérieur du monastère et propagateur du *Dharma*, le *śramaṇa* Weijin[1], alias l'Attentif, fit reconstruire la salle principale. Il pria pour la longévité du Fils du ciel, pour qu'il soit éternellement un maître divin, « réunisse les cinq bonheurs et les diffuse chez ses nombreux sujets »[2], pour que les enfers et les palais célestes jouissent pareillement de la Terre pure[3]

1. Weijin, qualifié ici de moine et d'ascète (*śramaṇa*) est un ami du père de Su Shi, Su Xun et du moine Weijian pour lequel ont été écrites trois commémorations. Adepte du courant du bouddhisme *chan* « Yunmen » (雲門) dont l'enseignement prend la forme sous les Song de la réponse décalée et monosyllabique aux questions des disciples, il meurt un peu avant 1068. L'absence de date s'explique sans doute par le deuil de son père (d'une durée de vingt-sept mois) que vit Su Shi et qui l'interdit de publier tout écrit.

2. Su Shi cite « Le Vaste modèle » [*Hongfan* 洪範], du *Classique des Documents* [Shujing書經]: « Cinquièmement, la souveraine perfection qui convient à l'empereur. Prince, en donnant l'exemple de la plus haute perfection, vous obtiendrez les cinq bonheurs, et vous les ferez partager à vos nombreux sujets. Vos nombreux sujets imiteront votre sublime perfection, et vous aideront à la conserver » (trad. Séraphin Couvreur, in *Chou King, les Annales de la Chine*, p. 86).

Les cinq bonheurs sont la longévité [*shou* 壽], l'opulence [*fu* 富], la santé du corps et la paix de l'âme [*kang1ning* 康寧], l'amour de la vertu [*youhaode* 攸好德], une vie complète (c'est-à-dire, ni amputée d'un membre, ni abrégée des fautes ou des accidents [*kaozhongming* 考終命].

3. La secte de la Terre pure [*Jingtu*] prend forme dès le IVe siècle en Chine sous l'influence de Huiyuan 慧遠 (317-419). Populaire et prosélyte, il satisfait les aspirations communes à une rédemption et déploie un panthéon de divinités ainsi que l'imagerie de l'Enfer et du Paradis. Dès le VIIe siècle, l'accent n'est plus placé sur la libération et l'effort individuel des fidèles mais sur les pouvoirs transcendants de certains bodhisattvas. Deux divinités remplacent progressivement le culte du Sakyamuni et du bouddha de l'avenir Maitreya : le premier Amitâbha [Amituofo 阿彌陀佛] préside le Paradis de l'Ouest, créé par son amour infini des êtres vivants ; le second culte majeur concerne Avalokiteśvara [Guanshiyin 觀世音], le bodhisattva de la compassion qui, après de multiples transformations et une collusion

民. 地獄天宮, 同為淨土, 有性無性, 齊成佛道.

et que les êtres, dotés d'une nature ou non, parachèvent également la voie du Bouddha.

---

avec le tantrisme, prend sous les Tang la forme définitive d'une déesse de la fertilité. Un tel changement d'orientation fait glisser la doctrine d'une attente messianique à une échappée eschatologique hors du monde. Sous les Song, une nouvelle figure vient par ailleurs atténuer cette négation de l'ici-bas : le bouddha rieur et ventru Milefo 彌勒佛, avatar de Maitreya dont il ne conserve presque rien ; souvent représenté entouré d'enfants, au ventre censé contenir toutes choses sous le ciel, cette déité incarne l'idéal de vie chinois : famille nombreuse, paix et sérénité avec le monde, richesse et détachement.

Dans la pratique, la secte de la Terre pure réclame de ses fidèles la répétition mécanique des formules et du nom d'Amitâbha ; elle leur demande aussi de se pénétrer de la différence entre le monde de souillure, la Terre de Sahâ [*suopo shijie* 娑婆世界], notre monde, suite infinie de souffrances qu'il faut rejeter avec dégoût et le monde du Bonheur extrême [*jile shijie* 極樂世界] ou Paradis de l'Ouest, où la terre est d'or jaune, où la longévité n'a plus de limite. Cette école qui forme avec le *Chan* et la Terrasse céleste l'une des trois grandes sectes sous les Song du Nord est largement soutenue par la cour impériale, certains y ayant vu un moyen de tenir en sujétion le peuple. Elle est aussi le ferment commun de toutes les autres doctrines bouddhiques, une affiliation au *Chan* étant le plus souvent doublée d'une foi dans la Terre pure.

N° 56

Au dos d'une stèle sur Li Taibai

Li Bai 李白 (701-762), « l'immortel exilé sur la terre », l'un des plus grands poètes de la dynastie des Tang, est célèbre pour son style débridé et son absence de retenue. De nombreuses anecdotes le dépeignent, à la cour du souverain Xuanzong 玄宗 (r. 712-756) dont il jouit des faveurs, dans des comportements ouvertement anti-ritualistes. Bien que très admiré sous la dynastie des Song, rares sont les poètes qui l'imitent, ses vers étant jugés dans les formes anciennes indépassables. L'homme a une réputation plus contrastée et son sens des responsabilités et de la mission politique est sujet à caution. Su Shi choisit d'en faire un modèle de la liberté de conscience du lettré et l'intègre, comme il l'avait fait de Maître Zhuang, au champ de l'étude.

第五十六

李太白碑陰記

李太白，狂士也，又嘗失節於永王璘，此豈濟世之人哉. 而畢文簡公以王佐期之，不亦過乎！曰： 士固有大言而無實，虛名不適於用者，然不可以此料天下士. 士以氣為主. 方高

N° 56

Au dos d'une stèle sur Li Taibai

« Li Taibai est un lettré fou ; en outre, il a perdu toute mesure avec le Roi de Yong, Li Lin[1]. Et on en ferait un sauveur[2] ? Vraiment, n'est-il pas excessif que le Duc des lettres et de la simplicité Bi[3] ait souhaité qu'il fût le bras droit de l'empereur ?

– Certes il y a dans le monde de beaux parleurs qui n'ont jamais rien réalisé et des réputations qui ne se sont jamais mises à l'épreuve des faits, mais il serait faux d'évaluer de la sorte les lettrés. Un lettré se mesure à son souffle. Lorsque l'eunuque Gao Lishi[4] était aux affaires, les ministres d'État et

1. Li Lin, 16e fils de l'empereur Xuanzong (r. 713-754), est fieffé comme prince de Yong en 725 et devient commissaire impérial, c'est-à-dire gouverneur militaire d'un vaste territoire qui lui donne le contrôle sur le centre, le sud et une partie du centre-est de la Chine. Après la révolte d'An Lushan et l'abdication de Xuanzong, il pousse son avantage et offre un emploi à Li Bai qui le refuse et se voit retenu contre son gré au campement. Avec l'accession au trône de Suzong (r. 756-762), une expédition militaire est lancée contre lui par Guo Ziyi (697-781), général en chef de l'infanterie et de la cavalerie. Li Bai s'enfuit mais repris par la garde, il est conduit auprès de Guo qui défait lui-même ses liens.

2. L'expression « secourir le monde » [*jishi*] est employée dans les *Entretiens* pour désigner la mission de l'empereur Yao et son souci du monde.

3. Nom posthume de Bi Shi'an (940-1005), docteur en 966 ; il seconde l'empereur Zhenzong 真宗 auprès de Kou Zhun 寇準 (961-1023). La biographie que lui consacre l'Histoire dynastique des Song met l'accent sur son effacement, l'éloge appuyé qu'il fait du talent et des aspirations de Kou Zhun, comme de sons sens aigu de l'amitié (*Songshi*, vol. 27, *juan* 281, p. 9517-9522). Ses œuvres littéraires sont aujourd'hui perdues ; il est probable que la critique faite par l'interlocuteur de Su Shi renvoie à une stèle commémorative de Bi au dos de laquelle est écrite cette pièce.

4. L'eunuque Gao Lishi (664-762), maréchal de la garde impériale et Yang Guozhong 楊國忠 (mort en 756), le grand précepteur, avaient rejeté, lors de la présentation de Li Bai au doctorat, ses copies en affirmant que « cette sorte de lettré était juste bon à broyer de l'encre », ou pire « à enfiler leurs chaussettes ou à retirer leurs bottes ». La faveur de Li Bai auprès

力士用事，公卿大夫爭事之，而太白使脫靴殿上，固已氣蓋天下矣．使之得志，必不肯附權倖以取容，其肯從君於昏乎！

夏侯湛贊東方生云："開濟明豁，包含宏大．陵轢卿相，嘲哂豪傑．籠罩靡前，跆籍貴勢．出不休顯，賤不憂戚．戲萬乘若僚友，視

les hauts dignitaires luttaient pour entrer à son service ; Taibai, lui, le força à lui ôter ses chaussures dans la salle d'audience : son souffle avait vraiment couvert le monde ! S'il avait pu réaliser ses ambitions, à coup sûr il n'aurait pas profité d'un pouvoir adventice pour se donner une contenance et n'aurait pas suivi un prince dans la confusion… Xiahou Zhan[5], dans son éloge de Dongfang Shuo[6], écrivit :

Clair, ouvert, fin et libéral,
D'une vaste contenance,
Rival des chanceliers,
Narquois pour les héros,
Malgré pièges et nasses qui se resserrent
Il foule aux pieds les nobles positions.
Employé, sans éclat ni gloire,
Vil, sans souci ni affliction ;
Il joue avec les puissants
Comme entre amis et collègues,

---

de Xuanzong est telle qu'il obtient des années plus tard de leur infliger un tel outrage. Pour une version romanesque de ces événements déjà présents dans les deux Histoires dynastiques des Tang, ainsi que pour l'assignement à résidence par Li Lin, on pourra se reporter à Rainier Lanselle, *Spectacles curieux d'autrefois et d'aujourd'hui*, chap. 6, p. 168-200.

5. Xiahou Zhan (243 ?-291 ?) est un aristocrate de haut lignage au tempérament libre, adepte de la démesure mais sachant faire preuve d'économie dans la préparation de ses propres funérailles. Les indications qu'il laisse à son fils font de lui « un homme qui avait profondément compris les raisons de la vie et de la mort ». Son *Histoire des Wei* est aujourd'hui perdue ; « l'Éloge de Dongfang Shuo » est son œuvre la plus célèbre. *L'Histoire des Jin* lui consacre une biographie (*Jin shu* 晉書, *juan* 55, p. 1491-1499)

6. Dongfang Shuo (154-93 av. J.-C.) est sans doute le plus célèbre des blagueurs chinois. Érudit, épris des classiques et soucieux de politique, il choisit cependant d'adopter au palais de l'empereur Wu la posture de l'excentrique « évitant les tracas du monde à la cour », contrairement aux anciens qui se réfugiaient dans « les montagnes profondes ». Son arrogance, ses jeux de mots et son penchant pour l'alcool en font aussi un censeur enjoué et masqué des mœurs de son temps. Voir sa biographie dans les *Mémoires historiques*, vol. 10, *juan* 126, p. 2205-2208.

儔列如草芥. 雄節邁倫, 高氣蓋世. 可謂拔乎其萃, 游方之外者也."

吾於太白亦云. 太白之從永王璘, 當由迫脅. 不然, 璘之狂肆寢陋, 雖庸人知其必敗也. 太白識郭子儀之為人傑, 而不能知璘之無成, 此理之必不然者也. 吾不可以不辯.

Voit chiendent et sénevé
Dans les titres et les rangs.
D'une tempérance virile exceptionnelle,
D'un souffle noble couvrant le monde,
Homme qui s'extirpe de la multitude
Et randonne au-delà des règles et des normes.

J'en dirais de même de Taibai. S'il a suivi le prince de Yong, Lin, ce dut être sous la menace. D'ailleurs, un homme ordinaire aurait déduit, de la folle licence de Lin et de sa vulgarité, son échec, et Taibai contre toute raison, lui qui sut reconnaître la valeur et le courage de Guo Ziyi, n'aurait pu le pressentir ? Je ne pouvais laisser cet argument non débattu.

Nᵒ 57

Le Pays du sommeil

Ce texte non daté dont l'attribution est incertaine est une variation sur une commémoration écrite par Wang Ji 王績 (585-644), Le Pays de l'ivresse[1], *contrée dont le Souverain Jaune put connaître la capitale et qui fut perdue avec la suite des siècles.*

Su Shi suit très fidèlement ce modèle et en emprunte les principales caractéristiques : absence de frontières, de relief, de différences climatiques, morales ou émotionnelles. Tout semble être « sur le même plan » [qi 齊], terme essentiel de la philosophie du Zhuangzi *: hommes et animaux vivent ensemble ; les appareillages et autres développements techniques n'existent pas ; les hommes ne résident pas en société car tout sert de demeure aux hommes ivres ou endormis. Ce pays est en réalité un état d'âme et y retourner traduit le désir de revenir à un état de conscience antérieur aux distinctions et aux dichotomies, dans cet univers primitif, monde aussi de la lenteur opposé à la précipitation, à l'agitation et aux fastidieuses et multiples réglementations mondaines.*

1. Nous reportons en annexe la traduction de ce texte.

第五十七

睡鄉記

睡鄉之境， 蓋與齊州接， 而齊州之民無知者．其政甚淳，其俗甚均，其土平夷廣大，無東西南北，其人安恬舒適，無疾痛札癘．昏然不生七情， 茫然不交萬事， 蕩然不知天地日月．不絲不穀，佚臥而自足，不舟不車，極意而遠遊．冬而絺，夏而纊，不知其有寒暑．得而悲，失而喜，不知其有利害．以謂凡其所目見者皆妄也．

N° 57

Le Pays du sommeil

Les frontières du Pays du sommeil touchent, semble-t-il, la province de Qi[2], ce dont nul habitant n'a pourtant conscience. Le gouvernement y est très simple, les mœurs très équilibrées, le terrain plat, uni, vaste et immense, ouvert sur toutes les directions[3], les hommes y sont calmes et sereins, heureux et à l'aise, et ne souffrent pas plus de maladies qu'ils ne meurent d'épidémies. Confus, ils n'engendrent aucune des sept émotions[4] ; dans le flou, ils ne s'engagent en rien ; faciles, ils ignorent l'univers, le soleil et la lune. Les femmes ne filent pas, les hommes ne cultivent pas. Alanguis et autarciques, sans voile ni équipage, ils randonnent dans les lointains[5], au comble de leur élan. L'hiver, ils se vêtent du fin dolic et l'été de la bourre de soie, ignorant les saisons chaude et froide. Le gain les attriste, la perte les égaye, inconscients qu'ils sont des profits et de leurs désastres. Ils pensent que tout ce qu'ils voient de leurs yeux est aberrant.

---

2. Ancienne sous-préfecture du Shandong, actuelle Jinan. C'est aussi l'un des noms de la Chine. Su Shi y passe par deux fois : au début de l'année 1077 ; puis à la fin de 1085, avant d'être rappelé à la cour. Le fardeau des affaires et l'activité administrative qui l'accaparent comme préfet de Mizhou plaident plutôt pour cette seconde datation, tout comme la référence au *Zhuangzi* sur lequel il écrit une commémoration en 1078.

3. Ou « sans direction », signe de la salutaire désorientation du Pays du sommeil.

4. L'allégresse, la colère, la tristesse, l'effroi, l'attachement, la haine, le désir. La liste n'est pas stable : le souci remplace parfois la tristesse. La médecine chinoise accentue, pour ces sentiments qui perturbent la santé, la pensée inquiète.

5. Désignant originellement la transe de la chamane, ce voyage fantastique devient l'apanage de l'immortel allant et venant entre les phénomènes.

昔黃帝聞而樂之，閒居齋，心服形，三月弗克其治．疲而睡，蓋至其鄉．既寤，厭其國之多事也，召二臣而告之．凡二十有八年，而天下大治，似睡鄉焉．降及堯舜無為，世以為睡鄉之俗也．禹、湯股無胈，脛無毛，剪爪為牲，以救天災，不暇與睡鄉往來．武王克商還

Autrefois le Souverain Jaune[6], ravi d'en avoir entendu parler, se retira du pouvoir, fit le jeûne du cœur, soumit son corps et de trois mois ne s'occupa plus de gouverner. Las, il s'endormit et sans doute l'a-t-il atteint. Au réveil, dégoûté des multiples affaires de son Royaume, il convoqua les deux ministres et le leur signala. Pour vingt-huit ans, l'ordre régna dans un monde qui ressemblait au Pays du sommeil. À l'époque de Yao et de Shun réglée par le non-agir[7], les générations pensaient qu'elles en partageaient les coutumes.

Yu le Grand et Tang le Victorieux[8], les jambes glabres à force de courses inlassables, qui sacrifiaient leurs ongles dans les prières à la pluie, remédiant aux catastrophes célestes, n'eurent guère le loisir d'y aller en ambassade. Le Roi Martial[9],

---

6. L'un des souverains créateurs, inventeur de la hiérarchie, il est souvent montré dans la tradition taoïste en quête de la Voie, perdant puis retrouvant sans plus la chercher la « perle obscure », maître des rythmes qui font affleurer la voie. Le rêve de Huangdi est célébré dans le *Liezi* 列子 : il se rend dans la tribu des Gendres de la Chine (Huaxu shi 華胥氏), contrée analogue au Pays du sommeil. À son retour, l'ordre régna. Le jeûne de l'esprit, restriction mentale doublée de postures, diète des affirmations disjonctives, est parfois rapporté à sa quête de l'immortalité. Yang Bojun, *Liezi jishi*, chap.2, § 1, p. 39-46, et le *Zhuangzi*, XI, 3 ; XII, 3 ; XIV, 3 ; Liou, p. 158, 166, 188.

7. Le non-agir avant d'être taoïste est co-extensif au « gouvernement humain » (*renzheng* 仁政) caractérisé par l'effacement de la personne pour le bien commun. Les confucéens l'associent aux deux souverains qui marquent pour eux le début de la civilisation chinoise (*Entretiens*, XV, 4).

8. Les fondateurs des deux premières dynasties héréditaires, les Xia et le Shang. Dans le chapitre 33 du *Liezi*, « [Les familles de pensée] sous le ciel », les jambes de Yu sont glabres à force d'être plongées dans la boue, ses mains manient soc et charrue pour contenir le déluge (ZZJS, p. 467, Liou, p. 351). Le sacrifice des ongles et des cheveux de Yu le Grand est rapporté dans le deuxième chapitre du *Classique des Documents* : après avoir attaqué le tyran Jie 桀, une sécheresse sévit pendant sept ans. Quand un devin annonce qu'il faut invoquer le Ciel par un sacrifice humain. Tang choisit d'offrir des parties de son corps et soi-même. L'expression (*jian fa duan zhua, zi yiwei sheng* 剪髮斷抓, 自以爲生) est fréquente dans les prières pour la pluie.

9. Le Roi Wu (r. 1121-1115 av. J.-C.) fonde en acte la dynastie des Zhou, assume la mission morale de son père le Roi Civil (Wen *wang* 文王) et fait mettre à mort le tyran Zhou 紂.

周，日夜不寢，曰吾未定大業．周公夜以繼日，坐以待旦，為王作禮樂，伐鼓扣鐘，雞人號于右，則睡鄉之邊徼屢警矣．其孫穆王慕黃帝之事，因西方化人而神遊焉．騰虛空，乘雲霧，卒莫睹所謂睡鄉也．至孔子時，有宰予者，亦棄其學而遊焉，不得其塗，大迷謬而返．戰國秦漢之君，悲愁傷生，内窮於長夜之飲，外累於攻戰之具，於是睡鄉始丘墟矣．而蒙漆園吏

après sa victoire sur la dynastie des Shang et de retour chez lui, ne dormait ni le jour ni la nuit déplorant n'avoir accompli la grande mission. De jour en jour, assis jusqu'à l'aube, le Duc de Zhou créa pour son roi les rites et la musique de cour ; les tambours et les cloches de guerre résonnaient des combats à venir, les officiers des coqs[10] criaient à la droite du palais au point d'alarmer souvent le Pays du sommeil. Le Roi Majestueux [11] admirait la vie sous le règne du Souverain Jaune ; un magicien des contrées de l'Ouest l'y fit randonner en esprit, il s'éleva dans les airs, chevaucha les brumes sans finalement avoir observé ce qu'on l'on nomme le Pays du sommeil. Au temps de Maître Kong, un certain Zaiyu[12] abandonna aussi l'étude et s'y rendit sans en trouver le chemin, s'égara, se trompa et revint [dans l'école]. Avec les princes des Royaumes Combattants, des Qin et des Han[13] régnèrent tristesse, mélancolie et la vie fut atteinte, le palais s'épuisait dans de longues soûleries nocturnes, les provinces s'exténuaient dans la préparation des guerres offensives. Et pour la première fois, le Pays du sommeil se

10. Les officiers des coqs étaient chargés de les présenter pour les grandes cérémonies sacrificielles et de réveiller les dignitaires à l'aube du jour où elles avaient lieu. C'est un exemple parmi d'autres de l'invention et des règlements rituels mis en place par le Duc de Zhou pour le compte de son neveu le Roi Accompli (Cheng 成王) au début de la dynastie.

11. Le Roi Majestueux de la dynastie des Zhou (Mu, r. 1001-946) est transporté, dans le *Liezi*, par un « homme des transformations », l'espace d'un instant, avant même que les mets qui lui sont présentés aient refroidi, dans son palais d'or et d'argent construit au-dessus des nuages, puis au-delà du soleil et de la lune. Après son réveil, il délaisse les affaires de l'État, voyage au Pays de grands chasseurs qui lui baignent les pieds avec du lait de jument avant de visiter le château de Huangdi et d'être l'hôte de la Reine-mère d'Occident (Liezi Jishi, II, 1, p. 90-99 ; Grynpas, p. 425-427).

12. Zaiyu ou Zaiwo est caractérisé dans les *Entretiens* par son indolence, dormant en plein jour (V, 9), peu sourcilleux des rites et des règles prescrites pour le deuil (XVII, 21), inquiet d'être piégé par la vertu d'humanité (VI, 24) avant d'être connu pour son éloquence (XI, 2).

13. Respectivement de 453 à 222 av. J.-C., de 221 à 207, puis de 206 av. J.-C. à 8 de notre ère. Cette dernière dynastie dans sa première phase est marquée par une expansion militaire vers l'Ouest.

莊周者，知過之化為蝴蝶，翩翩其間，蒙人弗覺心. 其後山人處士之慕道者，猶往往而至，至則囂然樂而忘歸，從以為之徒云.

嗟夫，予也幼而勤行，長而競時，卒不能至，豈不迂哉？因夫斯人之問津也，故記.

couvrit de collines et de tumulus. Or, un gardien du Jardin des laques de la principauté de Meng, Zhuang Zhou, sut y passer et s'y transformer en papillon, voletant et ondulant[14], ce dont n'eurent jamais conscience ses compatriotes. Depuis, des amis du Tao parmi les ermites et les gentilshommes retirés, l'atteignirent souvent, oisifs et heureux d'y être, oublieux du retour, et, en conséquence, passent pour leurs disciples.

Hélas ! Diligent depuis l'enfance, adulte courant après le temps, je n'y parviendrai jamais ! Comme il s'éloigne…

Commémoré parce qu'un homme de ces contrées[15] m'en demandait le gué[16].

14. Allusion au célèbre rêve de Zhuang Zhou : ce devenir-papillon signe l'instabilité de ce que nous appelons le réel : rêve et veille, homme et papillon ne sont que de fausses équivalences et des identités suspectes qui doivent être intégrées dans un mouvement plus ample et à peine décelable : la métamorphose (*wuhua* 物化). ZZJS, II, 14, p. 53-53 ; Liou, p. 104.

15. Un homme ordinaire mais qui est certainement un résident de ce pays (*siren* 斯人) est le commanditaire de cette pièce, comme le seront à la fin de sa vie, les colporteurs qui s'enquièrent de la flèche, qu'il vient de trouver. Voir « La Pointe de silex nouvellement découverte du Temple du Roi des traversées sans encombres » (1101).

16. « Demander où est le gué » : l'expression vient des *Entretiens*, (XVIII, 6) où elle désigne le lieu de passage à l'autre rive très concrètement et aussi métaphoriquement le gué pour parvenir à l'Absolu.

N° 58

Transmettre l'esprit

Après avoir évoqué la peinture des bambous et de l'eau, Su Shi s'attaque à la peinture de personnage. Là encore, ce qu'il recherche, ce n'est pas l'apparence ou la ressemblance des formes et des traits, mais la « grande ressemblance » [dasi 大似], *la vérité ou le sens d'une personne, ce qui fait d'elle ce qu'elle est vraiment et qui réside dans le détail significatif et dans la saisie d'une attitude, d'un comportement ou d'un mouvement. Ce n'est pas seulement affaire de regard. Il faut aussi pour saisir le « ciel » de quelqu'un, sa nature profonde, le devenir, comme fit le bouffon Meng.*

Dans l'esthétique lettrée que construit Su Shi, peindre le sans-forme est, rappelons-le, une Voie, c'est-à-dire une manière de rejoindre l'Absolu et un élément essentiel de la culture de soi.

第五十八

傳神記

傳神之難在目. 顧虎頭云："傳形寫影，都在阿睹中." 其次在顴頰，吾嘗於燈下顧自見頰影，使人就壁模之，不作眉目，見者皆失笑，知其為吾也. 目與顴頰似，餘無不似者. 眉與鼻口，可以增減取似也. 傳神與相一道，欲得其人之天，法當於眾中陰察之. 今乃使人具衣冠坐，注視一物，彼方斂容自持，豈復見其天乎！凡人意思各有所在，或在眉目，或在鼻口. 虎頭云："頰上加三毛，覺精采殊勝." 則此人意思蓋在鬚頰間也.

N° 58

Transmettre l'esprit

Le plus difficile dans la transmission de l'esprit tient à la peinture des yeux. Gu, alias Tête de tigre[1] disait : « Si l'on veut transmettre les formes et en écrire les ombres, tout est là ![2] » Puis vient la peinture des pommettes et des joues. Un jour que j'avais vu, en me retournant, l'ombre de mes joues, je demandai à quelqu'un de la reporter sur le mur sans dessiner les sourcils ni les yeux ; tous ceux qui en virent [le tracé] éclatèrent de rire et me reconnurent. Si les yeux ou les pommettes et les joues sont ressemblants, tout le reste le sera. On peut aussi plus ou moins l'atteindre en peignant les sourcils ou l'espace entre la bouche et le nez.

Transmettre l'esprit et pratiquer la physiognomonie relèvent du même Tao. Pour saisir le *ciel* de quelqu'un, la méthode consiste à l'observer secrètement dans une foule. Or, de nos jours, on fait poser les modèles, assis, portant habits et coiffe, le regard fixé sur des objets. Comment, verrait-on, tandis qu'ils se composent un visage et règlent leur maintien, leur *ciel* ?

Le *sens* de quelqu'un a toujours un lieu propre ; pour certains, il est dans les sourcils, pour d'autres entre les lèvres et le nez. « Sur les joues, disait Tête de tigre, j'ai ajouté trois poils et la figure s'est éclairée d'une grâce exceptionnelle ! », et sans doute fallait-il trouver l'être de cette personne entre

1. Gu Kaizhi (345 ?-406 ?) est considéré comme le meilleur peintre de la dynastie des Jin. C'est l'homme aux trois qualités inimitables : le talent, le peintre et le fou.

2. L'expression *adu* 阿睹 écrite parfois 阿堵 signifie, dans la langue populaire et régionale des Six Dynasties, « ceci » ou « cette chose ». Elle désigne aussi la prunelle de l'œil.

優孟學孫叔敖抵掌談笑，至使人謂死者復生. 此豈舉體皆似，亦得其意思所在而已. 使畫者悟此理，則人人可以為顧、陸.

吾嘗見僧惟真畫曾魯公，初不甚似. 一日，往見公，歸而喜甚，曰："吾得之矣." 乃於眉後加三紋，隱約可見，作俛首仰視眉揚而頞蹙者，遂大似.

la barbe et les joues. Le bouffon Meng[3] étudia de Shusun Ao la manière de frapper ses paumes et de converser, au point que les gens croyaient le mort revenu à la vie. On est là bien loin de la simple ressemblance des gestes et du corps, le bouffon avait, en fait, saisi le *sens* de Shusun. Que les peintres s'éveillent à ce principe et tous pourront égaler Gu [Kaizhi] et Lu [Tanwei][4].

J'ai vu le moine Vérité[5] peindre le portait de Messire Zeng, Duc de Lu[6]. Au début, la ressemblance n'était pas très grande. Un jour, il alla le voir et au retour, rempli d'allégresse, s'écria : « Je l'ai ! » Il ajouta trois ridules derrière les sourcils, à peine distinctes, le montrant tête baissée, regardant vers le haut, sourcils levés et la racine du nez légèrement froncée ; il parvint à la grande ressemblance.

3. Le musicien Meng distrayait la cour du Duc Zhuang du pays de Chu et se lia d'amitié avec le ministre Shusun Ao (630 ?-593). Peu avant sa mort, Shusun prédit à son fils qu'il serait pauvre et qu'il trouverait un réconfort auprès de Meng. Pressé par la nécessité, le fils alla le voir et le bouffon apprit pendant près d'une année les gestes, la posture et l'élocution de Shusun avant de se présenter à la cour sous cette apparence. Ému par cette présence, le duc décida d'octroyer un fief au fils de Shusun. L'anecdote est rapportée dans la biographie que lui consacre Sima Qian dans ses *Mémoires historiques*, vol. 10, chap. 126, p. 3200-3202.

4. Lu Tanwei 陸探微 (*actif* 424-472) de la dynastie des Liu-Song doit, selon la tradition, être imité si l'on veut peindre la vertu ; réputé pour son talent à tracer ses œuvres d'un seul trait, il est aussi avec Gu Kaizhi, l'un des maîtres de « la communion spirituelle » [*shenhui* 神會], c'est-à-dire de la capacité, en oubliant son moi, à ressentir le monde.

5. Il n'y a pas d'autre occurrence dans l'œuvre de Su Shi de ce moine. Il semble de même avoir laissé peu de traces de son progrès spirituel, la littérature bouddhique n'enregistrant aucune de ses paroles significatives. Su Shi voit vraisemblablement le portrait au début de l'ère Xining (1068-1078).

6. Il s'agit de Zeng Gongliang (998-1078) déjà évoqué dans la pièce intitulée « Recommandation de la main impériale datant de l'ère de la Paix harmonieuse ».

南都程懷立，衆稱其能．於傳吾神，大得其全．懷立舉止如諸生，蕭然有意於筆墨之外者也．故以吾所聞助發云．

Le peintre de Nandu[7], Cheng Huaili, est réputé pour son habileté. En faisant mon portrait, il a saisi l'intégralité de cet art. Rien ne le différencie dans son maintien et son comportement d'autrui, sinon que son élan le conduit à aller, détaché et sans contrainte, au-delà des traits du pinceau et de l'encre. Aussi ai-je noté ce que j'ai appris pour le stimuler.

7. Actuelle ville de Nanyang 南陽 au Henan.

N° 59

La Salle de la méditation des merveilles

Dans cette pièce non datée, Su Shi poursuit sa critique de la méditation sur trois points. La réalité ultime, la « merveille », ne peut être un objet de méditation, car ce serait poser une distance avec elle et penser la rejoindre, alors qu'elle est déjà là, dans n'importe quelle activité, aussi simple et quotidienne soit-elle. De plus, à supposer que la méditation soit possible, ce n'est qu'un expédient, un outil dont il faut se débarrasser dès que la voie est trouvée. Enfin, être dans le merveilleux, ce n'est pas contempler le vide mais au contraire percevoir les différences et les singularités « d'un bond », être de plain-pied dans le divers des phénomènes.

Comme l'indiquent les noms des deux interlocuteurs, l'insouciance de l'esprit ne suffit pas à dire le tout de l'Absolu. L'homme accompli vit joyeusement.

第五十九

觀妙堂記

不憂道人謂歡喜子曰："來, 我所居室, 汝知之乎? 沉寂湛然, 無有喧爭, 嗒然其中, 死灰槁木, 以異而同, 我既名為觀妙矣, 汝其為我記之."

歡喜子曰："是室云何而求我? 況乎妙事了無可觀, 既無可觀, 亦無可說. 欲求少分可以觀者, 如石女兒, 世終無有. 欲求多分可以

N° 59

La Salle de la méditation des merveilles

Le Moine Sans-souci appela Maître Allégresse.

« Viens, tu verras mon intérieur, le connais-tu ? Un abîme de silence, intensément calme, loin des querelles et du vacarme, j'y fais, emporté, le deuil de moi-même, cendres froides et bois sec[1] – corps inerte, différent et le même. Puisque j'ai baptisé cette pièce « Salle de la méditation des merveilles », en rédigerais-tu pour moi la stèle commémorative ?

– Te fallait-il venir me chercher pour cette salle ? Et que dire de cette merveille où il n'y a rien à méditer ? Et s'il n'y a rien à méditer, y aurait-il encore quelque chose à dire ?

Si tu souhaites trouver des distinctions rares à méditer, tu n'en verras jamais dans le monde, comme sont impossibles les fils d'une femme stérile[2]. Si tu cherches des objets plus

1. Cette ouverture est une variation sur le début du deuxième chapitre du *Zhuangzi* (ZZJS, p. 21). Le moine Sans-souci ou Quiétude recourt au même vocabulaire pour dire l'oubli de soi, la transe, l'arrêt mental et physique, l'équivalence du même et du différent, le passage continu de l'un à l'autre.

2. L'expression, déjà employée par Su Shi dans la pièce intitulée *La Bibliothèque du Monastère du parfait phénomène* (1095), vient de *L'Enseignement de Vimalakīrti*. Le *bodhisattva* Mãnjuśrī [Wenshusheli 文殊舍利], idéalisation de la sagesse du monde, demande à Vimalakīrti [Weimojie 維摩詰] comment les bodhisattvas « regardent » [*guan* 觀] tous les êtres vivants. La réponse est une suite d'images, insistant sur le peu de réalité des phénomènes et l'illusion, confinant à l'absurde et à l'impossible, des apparences : « Comme un sage voit la lune dans l'eau, comme l'apparence des choses dans un miroir [...], comme un cinquième élément, comme un sixième agrégat, comme un septième sentiment [...], comme la trace des oiseaux dans le ciel, comme le fils d'une femme stérile... ». Cf. *Vimalakīrti-nirdeśa*維摩詰所說經, *juan* 2, chap. 7 « Contemplation de tous les êtres vivants » [*Guan zhongsheng pin* 觀衆生品], T. 14, n° 475, p. 547b.

說者，如虛空花，究竟非實. 不說不觀，了達無礙，超出三界，入智慧門. 雖然如是置之，不可執偏，強生分別，以一味語，斷之無疑. 譬用筌蹄，以得魚兔，及施燈燭，以照丘坑. 獲魚兔矣，筌蹄了忘，知丘坑處，燈燭何施.

fréquents de discussion[3], aucun ne sera réel, fleurs illusoires dans le vide[4].

Ne médite pas, ne parle pas,
Libre accès au cours des choses
Au-delà des trois mondes[5]
Entre par la porte de la sagesse.
Mais à laisser les choses ainsi,
Ne tiens pas à un seul coté,
Force-toi à créer des distinctions,
Parle d'une seule saveur[6]
Et tu jugeras sans faille.

On pose des nasses et des pièges pour capturer poissons et lièvres ; on tend lanternes et bougies pour éclairer les collines et les grottes. Les poissons et les lièvres pris, on jette les nasses et les pièges[7] ; le chemin des collines et des grottes connu, à

3. « Rares et nombreuses distinctions » (*shaofen-duofen*) : phénomènes singuliers et sujets ordinaires de la méditation ou de la perception, tous deux, pour Su Shi, sont déjà illusoires puisque la vraie méditation allie une activité et un geste.

4. « Les Fleurs dans le vide » sont d'abord celles que fait pleuvoir la déesse dans la chambre de Vimalakīrti et qui, avant de choir, l'effleurent tandis qu'elles adhèrent au vêtement de Mãnjuśrī, *dharmas* dont il n'est encore parvenu à se détacher. (*Ibid.*) Plus généralement, elles évoquent les phénomènes ou les petites hallucinations visuelles qui troublent la vue après un clignement prolongé.

5. Les trois mondes [*trilokadhātu*, *sanjie*] du désir [*karmadhātu* 欲界], de la forme [*rupaddātu* 色界], du sans-forme [*arupadhātu*無色界] qui sont autant d'états mentaux à transcender.

6. Dans le bouddhisme *chan* 禪, « la saveur unique » [*yiwei*] est l'Illumination pure et subite, celle qui s'obtient sans distinguer entre les goûts.

7. Reprise du *Zhuangzi*, chap. 26 « Les Choses extérieures » [*Waiwu* 外物] qui continue ainsi : « Les mots servent à dire le sens ; quand le sens est conçu, on oublie les mots. Où pourrais-je rencontrer quelqu'un qui oublie les mots et dialoguer avec lui ? » (ZZJS, p. 407). Dans la médiation entre la parole et le sens, un intermédiaire à « oublier », les signes du changement [*xiang* 象], instrumentaux et transitoires, a été inclus depuis Wang Bi 王弼 (226-249).

今此居室，孰為妙與！蕭然是非，行住坐臥，飲食語默，具足眾妙，無不現前．覽之不有，卻[83]之不無，倏知覺知，要妙如此．當持是言，普示來者．入此室時，作如是觀．”

83. 《外集》卷三十[卻]作[覩].

quoi sert la lueur des bougies et des lanternes ?

Tu loges dans cette salle mais qui y trouvera des merveilles ? Détaché du vrai et du faux, marcher, s'arrêter, s'asseoir, s'étendre, tantôt manger et tantôt boire, parler, ne rien dire, tout est déjà là, merveille sous tes yeux.

Insaisissable quand tu médites ;
Présente quand tu y renonces.
Comprends d'un bond, réalise d'un coup,
Unique manière d'être dans la merveille.

Tiens-toi à ces paroles et instruis ceux qui viendront. Que l'on n'entre plus dans cette salle pour méditer autre chose ! »

N° 60

Le Pavillon du zéphyr

Consacrée à un pavillon dont Su Shi ne sait rien et qui existe encore dans la capitale provinciale du Sichuan, cette commémoration est prétexte à une réflexion sur la possession et la dépossession. Depuis le Zhuangzi *et le début du 5*[e] *chapitre du* Liezi, *la critique d'un bien autonome, individuel et d'un corps propre s'est concentrée sur l'infinité du vide et la division irréductible des êtres : rien ne m'appartient car rien ne se tient. Cette dés-individuation a suscité dialectiquement un bien réel et authentique diversement conçu. Qu'il soit moral ou naturel, engendré par le sens de l'humain ou centré sur la vitalité, ce* gain *est par nature aporétique. Au mieux, il s'éprouve comme le vent.*

La rhétorique est caractéristique du bouddhisme chan *et du* Zhuangzi *: il s'agit de créer de la confusion et de la perplexité, conditionnements propices à l'accès au Tao.*

第六十

清風閣記

文慧大師應符，居成都玉谿上，為閣曰清風，以書來求文為記．五返而益勤，余不能已，戲為浮屠語以問之．

曰："符，而所謂身者，汝之所寄也．而所謂閣者，汝之所以寄所寄也．身與閣，汝不得有，而名烏乎施？名將無所施，而安用記乎？雖然，吾為汝放心遺形而強言之，汝亦放心遺形而強聽之．

木生於山，水流於淵，山與淵且不得有，而人以為己有，不亦惑歟？天地之相磨，虛空與有物之相推，而風於是焉生．執之而不可

N° 60

Le Pavillon du zéphyr

Le Maître *chan* du raffinement et de la sagesse, Ying Fu vit au sommet de la Ravine de jade à Chengdu ; il y a fait construire un pavillon qu'il a nommé « Zéphyr » et m'a fait parvenir une lettre pour me prier d'en rédiger la stèle commémorative. J'ai décliné cette commande par cinq fois avec pour seul effet d'augmenter son impatience. Comme il n'y avait pas moyen de l'arrêter, je me suis plu à l'interroger de bouddhiste manière :

Fu, ce que tu appelles ton corps est l'éphémère demeure où tu séjournes et ton prétendu pavillon l'éphémère demeure où séjourne ta très brève enveloppe charnelle. Tu ne peux les posséder durablement, pas plus ton corps que ton pavillon, comment pourrait-on leur donner un nom et, s'il n'y a rien à nommer, à quoi servirait une stèle ?… Soit, par considération pour toi, je veux bien libérer mon esprit, oublier mon corps et me forcer à en parler. Fais de même et efforce-toi de m'entendre.

Les arbres naissent dans les montagnes et les rivières s'écoulent hors des sources souterraines, et tandis qu'ils leur échappent, ne trouves-tu pas insensé que les hommes prétendent les posséder ? Le ciel et la terre se frottent l'un contre l'autre[1], le vide et les choses se poussent et le vent commence à naître, sans qu'on ne puisse le retenir ni le suivre, et voilà que toi,

---

1. L'expression est traditionnelle depuis le « Grand Commentaire sur les Formules attachées » du *Classique du changement* : la réalité est issue d'un brassage et d'un massage des énergies célestes et terrestres par imprégnation réciproque (*Xici dazhuan* 繫辭大傳, 1re partie, § 1).

得也，逐之而不可及也，汝為居室而以名之，吾又為汝記之，不亦大惑歟？雖然，世之所謂己有而不惑者，其與是奚辨？若是而可以為有邪？則雖汝之有是風可也，雖為居室而以名之，吾又為汝記之可也，非惑也.

風起於蒼茫之間，彷徨乎山澤，激越乎城郭道路，虛徐演漾，以汎汝之軒窗欄楯幔帷而不去也. 汝隱几而觀之，其亦有得乎？力生於所激，而不自為力，故不勞. 形生於所遇，而不自為形，故不窮. 嘗試以是觀之.”

tu en as fait ta demeure, la baptise et que moi, j'en rédige la stèle ! Fous que nous sommes !...Pourtant, ces possessions que le monde appelle réelles et qui ne sont pas déraisonnables, comment les distinguer de la tienne ? Est-elle vraiment telle que tu puisses la posséder ? Auquel cas il n'est plus insensé que tu prétendes posséder le vent, y faire ta demeure et la nommer, et pas davantage que j'en écrive la stèle.

Le vent se lève sur les steppes, circule entre les monts et les lacs, siffle sur les murailles et les routes, léger et insinuant, il vient, pour ne plus repartir, se jeter contre tes hautes fenêtres, cogner les balustrades et faire flotter les tentures. Accoudé à la basse table[2], quand tu contemples, où parviens-tu ? La force du vent lui vient de ce qu'il heurte, non de lui-même, aussi ne s'épuise-t-il pas ; sa forme lui vient de ce qu'il rencontre, non de ce qu'il se donne, aussi ne cesse-t-il pas. Tente de voir les choses ainsi.

2. Posture classique de la méditation relâchée depuis le 2e chapitre du *Zhuangzi*. C'est une expérience solitaire incluant l'oubli de soi, « la perte d'un partenaire », à l'écoute du vide et de la musique céleste « où les souffles viennent de mille manières et où chacun vient à lui-même de lui-même, dans une identité concertante » (ZZJS, p. 116).

N° 61

La Salle des neiges[1]

Ce texte, l'un des plus beaux et complexes en prose de Su Shi, s'inscrit dans sa recherche de l'Absolu et d'un état de conscience définitivement détaché de l'alternance des joies et des peines, recherche qu'il entend mener via la pratique picturale. À travers dialogue avec un interlocuteur retors et raisonneur, Su Shi prend conscience avec humour et une dose non négligeable de mauvaise foi assumée des dangers de la voie esthétique qu'il essaie de construire : loin de l'ouvrir à une méditation sur le Tao et à une libération, les images peintes, fussent-elles aussi pures que des paysages de neige, l'enchâinent, l'entravent et l'assignent à un lieu, là où il faudrait se laisser aller au nomadisme.

---

1. Cette pièce figure dans *La Forêt des aspirations et des souvenirs* [Dongpo zhilin 東坡志林, 129_133], une collection à l'histoire éditoriale complexe qui rassemble des proses écrites de son premier lieu d'exil en 1080 à la fin de sa vie, sous un autre titre : *Questions à Pan Binlao dans la Salle des neiges* [Xuetang wen Pan Binlao 雪堂問潘邠老], renvoyant expressément aux instants de recueillement que le « fermier » passe à partir de 1082 sur les hauteurs du bourg de Lingao 臨皋, sa résidence journalière. Pan Binlao est un lettré et un fonctionnaire déçu, lié à une famille de brasseurs qui aurait « obtenu son art poétique de Dongpo ». Ces quelques renseignements sur Pan Binlao sont extraits des notes qui accompagnent différents poèmes de Su Shi rassemblés in SSSJ, vol.4, p. 1077, 1087, 1105 et surtout 1190.

Si le lieu ne fait pas question, la date est en revanche plus problématique. Le texte évoque l'âge de cinquante-neuf ans pour Su Shi, ce qui daterait le texte de 1095, lors de son exil à Huizhou. Il est très probable qu'il ait retravaillé à l'époque des notes prises en 1082.

第六十一

雪堂[84]記

蘇子得廢圃于東坡之脅，築而垣之，作堂焉，號其正曰雪堂．堂以大雪中為之，因繪雪於四壁之間，無容隙也．起居偃仰，環顧睥睨，無非雪者．蘇子居之，真得其所居者也．蘇子隱几而晝瞑，栩栩然若有所適而方興也．未覺，為物觸而寤，其適未厭也，若有失焉．以掌抵目，以足就屨，曳於堂下．

客有至而問者曰："子世之散人耶，拘人耶？散人也而天機淺，拘人也而嗜慾深．今

84.《外集》卷三十[雪]上有[黃州]二字.

N° 61

La Salle des neiges

Sur un flanc de la Pente de l'est, Maître Su acquit un potager abandonné. Il l'aménagea, l'entoura de murs et y construisit une pièce d'audience qu'il nomma sur un panneau horizontal la Salle des neiges. Il avait peint sur les quatre parois, car elle fut faite pendant les Grandes Neiges, un paysage d'hiver ininterrompu. Qu'il se levât, s'assît, montât et descendît, regardât tout l'espace ou furtivement, tout n'était que neiges. Maître Su y résidait et il avait vraiment trouvé là sa place dans le monde.

Maître Su appuyé contre la table basse[2], abîmé en plein jour, les yeux fermés, en lui-même. Joyeux et plein, comme s'il allait quelque part, élan… Toujours inconscient, une chose l'effleura et l'éveilla. Il n'était pas allé assez loin et semblait avoir perdu quelque chose. Il se frotta les paupières avec les paumes, chaussa ses sandales et se traîna jusqu'aux marches.

Un hôte de passage vint.

– Es-tu un dispersé[3] ou un étriqué de ce siècle ? Les dispersés sont tout près de l'impulsion naturelle, les étriqués sombrent

---

2. Célèbre posture de la méditation dont « la Salle de la méditation des merveilles » avait déjà donné un exemple. Voir la note 1 à ce texte

3. Ou « l'homme épars ». L'expression est ancienne, puisqu'elle est mise dès le IVe siècle avant notre ère dans la bouche d'un « arbre épars ». Dans l'un des récits du « Monde des hommes », quatrième chapitre du *Zhuangzi*, un charpentier et son apprenti passent au lieu-dit du Brancard Tordu devant un marronnier sauvage qui sert de sanctuaire au dieu du sol. L'apprenti s'émerveille de la longévité, de la perfection et de l'immensité de l'arbre, « large de cent coudées, ombre pour mille bœufs », tutoyant les montagnes. Le maître n'y continue sans se retourner, puis justifie son indifférence par sa science des arbres : ce marronnier est « épars », c'est-à-dire

似繫馬而止也,　　有得乎而有失乎? ” 蘇子心

dans leurs appétits. Te voilà maintenant comme un cheval attaché, arrêté. Y as-tu gagné et perdu quelque chose ?

---

inutilisable, impropre à tout usage, vite vermoulu, suintant de résine, facilement abîmé. Après qu'il est rentré chez lui, cet arbre tutélaire lui apparaît en rêve et se lance dans une diatribe contre l'utile, son rôle mortifère, et conclut : « Et toi, homme épars moribond, tu saurais quelque chose d'un arbre épars ? » Le conte rebondit. Après avoir défini les cadres de l'interprétation et extrait la teneur mantique du rêve, le charpentier demande instamment à son apprenti de ne plus juger de cet arbre et de ne plus l'embarrasser sur son rôle de sanctuaire. Voir ZZJS, chap. 4, p. 77-80.

« L'homme épars » est d'abord une insulte presque méprisante, juste monnaie de sa pièce à un « arbre épars ». Épars veut dire inutile, et ce jugement est décrété par la connaissance – le métier du charpentier et son coup d'œil –, relatif au point de changer de signe. La vertu d'être inutile est cultivée comme une vitamine, une dimension sans aucun rapport ni mesure avec les critères de pertinence, de vérité ou de conduite, c'est dire qu'elle ne s'adapte pas. Enfin l'inutile n'est pas inutile. Il a un usage : l'arbre épars est un autel au dieu du sol où se rassemblent fêtes et foires, vaste territoire d'ombre et de fraîcheur ; les foules se rassemblent pour le voir. L'inutile crée du lien.

Il faut attendre Lu Guimeng 陸龜蒙 († 881) à la fin de la dynastie des Tang pour que la dispersion redevienne un thème. Ce poète que Su Shi connaît pour l'avoir imité dès 1078 est l'auteur d'une ballade et d'une « biographie » de l'Épars des rivières et des lacs. Il adopte ainsi le surnom moqueur que lui donnent les familles de fonctionnaire. Lu Guimeng est longtemps attaché au préfet de Huzhou, Zhang Tuan, avant de prendre résidence à Puli près de la Rivière des pins. Il adopte de multiples surnoms : le maître de Puli, le maître à la suite du ciel… Wei Zhuang 韋莊 (fin du IXe siècle) le considère comme un auteur de la classe de Meng Jiao 孟郊 (751-814).

La biographie construit une différence entre l'épars et le dense, et fait jouer la dispersion et son contraire à tous les niveaux. Elle va même jusqu'à regretter une dispersion de la nature tout entière dans le Grand Vide, jusqu'à espérer une anomalie dans les degrés du ciel et le désordre qui s'ensuivrait. La dispersion fonctionne pour toute réalité comme un principe d'utilité. Celle de l'eau est rosée, pluie, givre et neige ; sa rétention donne des marécages, des eaux stagnantes, putrides, usées. « Quand la terre se disperse, des tertres s'élèvent, des cavernes se creusent. Vivant, on en fait de l'art ; mort, on y entre[41]. » Dès qu'elle est dense, elle forme irréversiblement tel objet plutôt que tel autre. La dispersion devrait même être le principe actif, le verbe unique à associer à la conscience et ses pensées, au corps et à l'esprit.

On lira la biographie de Lu Guimeng dans le *Xin Tang shu*, Zhonghua shuju, 1984, *juan* 196, p. 5612-5613. Ses œuvres ont été rassemblées sous le titre *Puli xiansheng ji*, Sibu congkan. La biographie y figure au *juan* 16, p. 8a-9a ; la chanson au *juan* 17, p. 22a-24a.

若省而口未嘗言，徐思其應，揖而進之堂上．客曰："嘻，是矣，子之欲為散人而未得者也．予今告子以散人之道．夫禹之行水，庖丁之投刀，避衆礙而散其智者也．是故以至柔馳至剛，故石有時以泐[85]．以至剛遇至柔，故未嘗見全牛也．予能散也，物固不能縛，不能散也，物固不能釋．子有惠矣，用之於內可也．今也如蝟之在囊，而時動其脊脅，見於外者，不特一毛二毛而已．風不可摶，影不可捕，童子知之．名之於人，猶風之與影也，子獨留之．故愚者視而驚，智者起而軋，吾固怪子為今日之晚也．子之遇我，幸矣，吾今邀為藩外之游，可乎？"

85. 《外集》[以泐]作[而裂].

J'étais comme en examen de moi-même, comme si je n'avais jamais parlé. Je mis du temps à répondre, puis le priai d'entrer dans la salle.

– C'est donc cela ! Tu voudrais être un dispersé mais tu cherches encore. Je vais donc t'instruire de ses voies. Lorsque Yu le Grand fit s'écouler les eaux du déluge[4] et quand le cuisinier Ding maniait le couteau, ils contournaient les obstacles et dispersaient leur intelligence des choses. Aussi Yu fit-il courir le plus souple sur le plus dur, et les pierres finirent par se fendre ; et, en touchant les chairs molles de sa lame rigide, plus jamais Ding ne vit le bœuf entier.

Si je suis dispersé, rien ne saurait me contraindre
sinon, je ne pourrai me défaire des choses.

Tu es sage, tu pourrais faire quelque chose de cette maxime. Pour l'instant, tu es comme un hérisson dans un sac qui, de temps à autre, remue ses vertèbres dorsales et dont ne sont visibles au dehors qu'un ou deux piquants.

Un enfant sait qu'on ne capture pas le vent, qu'on ne saisit pas l'ombre. Or, le renom est aux hommes comme le vent et l'ombre. Pourquoi t'attaches-tu à lui seul ? Et ainsi les sots s'effraient à ta vue et les intelligents se lèvent et t'oppriment. Vraiment je m'étonne que tu en sois là aujourd'hui seulement. Quelle chance pour toi que je t'ai rencontré !... Si nous allions maintenant errer au-delà des haies...

---

4. Su Shi emprunte sans doute la référence à Yu le Grand au *Mencius* (IV, B, 26) : « Ce qu'il y a à reprocher aux hommes de discernement, c'est leur façon de forcer les choses. S'ils imitaient la façon dont Yu le Grand fit écouler les eaux, il n'y aurait plus rien à reprocher à leur discernement. Yu fit s'écouler les eaux là où il n'y avait aucun effort... » Traduction (légèrement modifiée) d'Anne Cheng, in *Histoire de la pensée chinoise*, Seuil, 1997, Paris, p. 159.

蘇子曰：“予之於此，自以為藩外久矣，子又將安之乎？”客曰：“甚矣，子之難曉也. 夫[86]勢利不足以為藩也，名譽不足以為藩也，陰陽不足以為藩也，人道不足以為藩也. 所以藩予者，特智也爾. 智存諸內，發而為言，則言有謂也，形而為行，則行有謂也. 使子欲嘿不欲嘿，欲息不欲息，如醉者之恚言，如狂者之妄行，雖掩其口執其臂，猶且喑嗚蹋蹙之不已，則藩之於人[87]，抑又固矣. 人之為患以有身，身之為患以有心. 是圃之構堂，將以佚子之身也？是堂之繪雪，將以佚子之心也？身待堂而安，則形固不能釋. 心以雪而警，則神固不能凝. 子之知既焚而燼矣，燼又復然，則是堂之作也，非徒無益，而又重子蔽

86. 《外集》[夫]作[子之如此].
87. 《外集》[人]作[子].

– Ici, je me sens depuis longtemps au-delà des haies, où veux-tu donc aller ?

– Ah ! Comme il est difficile de t'éclairer ! Les haies, ce ne sont pas les avantages de la situation, ni le nom et la réputation, pas l'alternance naturelle, ni le cours des choses humaines. Ce qui m'enferme n'est autre que mon intelligence.

Toute connaissance retenue en soi est produite au dehors en parole qui affirme ; ou bien elle se fige en une conduite qui est déterminée. Elle te fait désirer le silence et le repos, bientôt n'en plus vouloir, pareil à un homme ivre qui s'irrite en paroles, à un fou qui délire en acte ; mais, même si tu t'interdisais de parler et retenais tes gestes, tu irais bredouillant sans fin tes plaintes, toujours contraint. Voilà des haies dont il est bien plus difficile de sortir !

L'homme est soucieux parce qu'il a un corps ; et le corps est soucieux parce qu'il pense.

As-tu construit une salle dans ce potager pour délasser ton corps ? Cette neige[5] qui y est peinte délie-t-elle ton esprit ? Si ton corps a besoin d'une salle d'audience pour trouver la paix, vraiment tu ne pourras te libérer des rigidités de ton être ; si ton esprit attend d'être alerté par ces neiges, tu ne connaîtras pas la suprême efficience du gel de tes souffles[6].

Ton intelligence et ta science sont déjà réduites en cendres, et voilà qu'elles renaissent, et cette construction n'est pas

5. La Neige est un thème fréquent dans l'œuvre poétique de Su Shi : les « fleurs de neige » [xuehua xue 雪花] sont chez lui les signes de l'éphémère et d'une illusion féconde, d'une jouissance sans mélange des phénomènes. Sur le thème de la neige, de l'éblouissement et leur valeur symbolique chez Su Shi, voir en particulier le poème *Rêve de neige* « Meng xue » 夢雪, in SSSJ, vol. 8, 2586-87.

6. « Gel du souffle ou de l'esprit » : l'expression vient du *Zhuangzi*, chap. 19. Elle désigne ici l'absolu de la conscience, la dispersion limite, cristallisation unitaire et fractale où l'impulsion naturelle précipite.

蒙也．又見雪之白乎？則恍然而目眩．子見雪之寒乎？則竦然而毛起．五官之為害，惟目為甚．故聖人不為．雪乎，雪乎，吾見子知為目也．子其殆矣！”

客又舉杖而指諸壁，曰：“此凹也，此凸也．方雪之雜下也，均矣．厲風過焉，則凹者留而凸者散，天豈私於凹而厭於凸哉，勢使然也．勢之所在，天且不能違，而況於人乎？子之居 此，雖遠人也，而圃有是堂，堂有是名，實礙人耳，不猶雪之在凹者乎？”蘇子曰：“予之所為，適然而已，豈有心哉，殆也，奈何！”

客曰：“子之適然也，適有雨，則將繪以雨乎？適有風，則將繪以風乎？雨不可繪也，

seulement inutile, elle te rend plus sot et ignorant. Vois-tu la blancheur de la neige, ta vue se trouble comme sous un éblouissement ; en vois-tu la fraîcheur, tu frissonnes de crainte.

Des cinq organes, l'œil est le plus nocif[7], voilà pourquoi les sages ne s'y attachaient pas.

Neiges, neiges ! … Je vois que ton intelligence vient de l'œil. Le péril te guette !

Il leva son bâton et le pointa vers les parois.

– Ici c'est creux, là c'est bosselé. Pourtant la neige s'amoncelle également. Quand soufflent des vents violents, les creux la retiennent et les bosses la dispersent. Pourquoi le ciel aimerait-il les creux et détesterait-il les bosses ? C'est le terrain qui le veut ainsi. Si, face à telle configuration, même le ciel ne peut rien, qu'y feront les hommes ? En habitant ici, tu t'es éloigné d'eux, mais en construisant dans ce potager une salle qui porte un tel nom, tu restes en fait un homme bloqué, pareil à la neige retenue dans les creux.

– Ce que j'ai fait, je l'ai fait à l'avenant, sans intention, et si je suis en danger maintenant, qu'y puis-je ?

– À l'avenant ? Cela veut-il dire que s'il avait plu, tu aurais peint la pluie, et s'il avait soufflé, peint le vent ? On ne peut peindre la pluie mais le spectacle des rapides nuages[8] t'aurait

7. Pan Binlao tire ses arguments du *Laozi*, plus particulièrement des risques de la vue, de l'ouïe et du goût, des chasses à cour (§ 12) et de l'oubli du corps (§ 13).Voir le commentaire du frère cadet de Su Shi, Zhe (1139-1112), *Daode zhenjing zhu* 道德真經注, in *Daozang* 道藏, vol. XII, 691, p. 295c et p. 295c-296b.

8. Le roulis et le grondement des nuages sont, dans la tradition poétique, associés, dans une correspondance terme à terme, au déchaînement de la nature,

觀雲之洶湧，則使子有怒心．風不可繪也，見草木之披靡，則使子有懼意．睹是雪也，子之內亦不能無動矣．苟有動焉，丹青之有靡麗，水雪之有水石，一也．德有心，心有眼，物之所襲，豈有異哉？”蘇子曰：“子之所言是也，敢不聞命．然未盡也，予不能默．此正如與人訟者，其理雖已屈，猶未能絕辭者也．子以為登春臺與入雪堂，有以異乎？以雪觀春，則雪為靜．以臺觀堂，則堂為靜．靜則得，動則失．黃帝，古之神人也．游乎赤水之北，登乎崑崙之丘，南望而還，遺其玄珠焉．游以適意也，望以寓情也．意適於游，情寓於

irrité. On ne peut peindre le vent mais un regard sur les arbustes qui ploient et les herbes couchées t'aurait inquiété. À voir ces neiges, tu es immanquablement agité ; et dès qu'il y a perturbation, il n'y a plus aucune différence entre le lavis délicat de cette peinture et ces cascades dans la neige et les glaces.

Pensée dans la puissance
Œil de la pensée
Et pareillement pris
Dans les assauts si communs des choses

– Tu dis vrai, répondit maître Su, et qui se soustrairait à l'énoncé de son destin ? Pour autant ce n'est pas fini, bavard que je suis comme un récriminant querelleur qui, défait en raison, ne sait encore se taire.

Crois-tu que s'élever sur une terrasse au printemps et entrer dans la Salle des neiges soient choses différentes ? Si on médite dans les neiges la venue du printemps, ou regarde depuis un pavillon cette salle, ce sont les neiges et la salle qui procurent, immobiles, le calme. Or, tout calme implique un gain, et toute perturbation mène à une perte.

Le Souverain jaune était un homme-souffle de l'antiquité. Il évoluait au nord de l'Eau rouge, gravit les monts de la Trame obscure, regarda sa puissance vers le Sud, et sur le chemin du retour perdit la Perle noire.

Car il allait au-devant de ses pensées et logeait des sentiments[9] dans les paysages. Or, les arrière-pensées rencontrées

à la violente colère et à la « forêt majeure » (c'est-à-dire à sa puissance) de l'Empereur. Pour ces thématiques, on se reportera à la rhapsodie de Sima Xiangru 司馬相如, « Zixu fu » 子虛賦, éditée et traduite par Yves Hervouet in *Le chapitre 117 du Che-ki*, Presses Universitaires de France, 1972, Paris, p. 61.

9. Pour une expression similaire, voir *La Salle des dessins précieux* (13 août 1077).

望，則意暢情出，而忘其本矣．雖有良貴，豈得而寶哉．是以不免有遺珠之失也．雖然，意不久留，情不再至，必復其初而已矣，是又驚其遺而索之也．余之此堂，追其遠者近之，收其近者內之，求之眉睫之間，是有八荒之趣．人而有知也，升是堂者，將見其不溯而僾，不寒而栗，凄凜其肌膚，洗滌其煩鬱，既無炙手之譏，又免飲冰之疾．彼其趑趄利害之途、猖狂憂患之域者，何異探湯執熱之俟濯乎？

en voyage et les émotions logées dans le regard enflent et apparaissent au point qu'on en oublie la racine de l'existence. On perdrait à ce compte n'importe quel joyau. Il éprouva donc la perte de la perle.

Cependant, quand les pensées ne s'attardent guère[10] et que les mêmes émotions ne reviennent plus, on retourne immanquablement à l'état premier. Et c'est ainsi qu'il fut alarmé de cette perte et rechercha la perle.

Dans cette salle, quand je regarde les lointains paysages, je m'en approche, et les premiers plans, je les absorbe. Je cherche entre mes sourcils[11] et je suis emporté au-delà des déserts.

Un homme sage, s'il monte à cette salle, respirera moins bien sans s'élever, tremblera sans avoir froid, sa peau se glacera, ses oppressantes peines seront lavées, et il n'endurera pas les sarcasmes des arrogants et des puissants dont on craint les brûlures, ni les maladies des ignorants qui sucent la glace. Pour les autres, ceux qui errent follement sur les chemins de la fortune et dans les parages de l'anxiété et des tracas, diffèrent-ils des sots qui attendent de s'être brûlé les doigts pour se laver les mains ?

---

10. *Zhuangzi jishi*, chap. 12, § 4, p. 185. Jean-François Billeter, dans ses *Leçons sur le Tchouang-tseu*, traduit ainsi (p. 75) : « L'Empereur Jaune se rendit au nord de la Rivière rouge, escalada le Mont K'ouen-louen et du regard embrassa le sud. De retour chez lui, il s'aperçut qu'il avait perdu sa perle obscure. Il chargea Connaissance d'aller la retrouver, mais ce fut en vain. Il envoya Vue Perçante, mais elle revint bredouille. Il envoya Dispute, qui ne la trouva pas non plus. Il envoya finalement Sans Rien [littéralement "Oubli des phénomènes"], qui la retrouva. "Étrange, se dit-il, que ce soit Sans Rien qui l'ait retrouvée." »

11. L'expression est tirée du *Liezi*, chap. 4, § 2. Elle intervient dans un dialogue entre un haut dignitaire du pays de Chen et un disciple de Laozi capable de voir et entendre sans les yeux ni les oreilles. Cette faculté est atteinte par une régression du corps au rien en passant par l'esprit et le souffle vital. Voir Yang Bojun 楊伯峻 (éd.), *Liezi Jishi* 列子集釋, Zhonghua shuju, 1996 (1979), Pékin, 117-119.

子之所言者，上也．余之所言者，下也．我將能為子之所為，而子不能為我之為矣．譬之厭膏粱者，與之糟糠，則必有忿詞．衣文繡者，被之皮弁，則必有愧色．子之於道，膏粱文繡之謂也，得其上者耳．我以子為師，子以我為資，猶人之於衣食，缺一不可．將其與子游，今日之事，姑置之以待後論．予且為子作歌以道之．”歌曰：

雪堂之前後兮，春草齊．雪堂之左右兮，斜徑微．雪堂之上兮，有碩人之頎頎．考槃於此兮，芒鞋而葛衣．挹清泉兮，抱瓮而忘其機．負頃筐兮，行歌而采薇．吾不知五十九年之非而今日之是，又不知五十九年之是而今日之非．吾不知天地之大也，寒暑之變，悟昔日臞，而今日之肥．感子之言兮，始也抑吾之縱而鞭吾

Tu dis des choses la part supérieure, la mienne est inférieure. Mais je serai bientôt capable de faire ce que tu fais, contrairement à toi.

Sers à un riche qui se repaît de viandes grasses et de céréales de choix la lie des alcools et la balle des grains, il sera indigné ; habille un pair vêtu de brocarts chamarrés des parures d'un médiocre fonctionnaire, il en sera honteux. Tu montres le même mépris, car tu es parvenu au sommet de la voie.

Fais de moi ton matériau comme je fais de toi mon maître, car nous sommes aussi liés et nécessaires l'un à l'autre que les hommes à leurs vivres ou leurs habits.

Allons nous promener ! L'affaire d'aujourd'hui, laissons-la pour le moment, elle attendra bien un prochain argument.

Et pour ce maître je composai un chant, résumé et viatique.

Devant derrière la salle des neiges
Herbes égales du printemps
À gauche à droite sentiers en pente qui se dérobent
Dedans l'imposante stature d'un géant
Adossé à cette hutte en sandales de paille et vêtements de fibre
Allant puiser à la source pure
La jarre sur le ventre et dans l'oubli des machines de l'âme
La corbeille à fond plat sur le dos
Chantant et cueillant les osmondes

Avais-je raison pendant 59 ans et tort aujourd'hui, le contraire ?
J'ignore l'immensité du Ciel et de la Terre
Les hivers et les étés qui changent
Je comprends la maigreur d'hier et l'embonpoint d'aujourd'hui

Ah ! Profondeur de tes paroles
Au début tu freinais mes débordements et tu giflais mes lèvres

之口，終也釋吾之縛而脫吾之韁．是堂之作也，吾非取雪之勢，而取雪之意．吾非逃世之事，而逃世之機．吾不知雪之為可觀賞，吾不知世之為可依違．性之便，意之適，不在於他，在於群息已動，大明既升，吾方輾轉，一觀曉隙之塵飛．子不棄兮，我其子歸．

客忻然而笑，唯然而出，蘇子隨之．客顧而頷之曰：“有若人哉．”

Finalement tu défais mes liens et me libères des brides
Par la construction de cette salle
Je ne prétends pas m'inspirer du relief des neiges mais
[de leur portée
Je ne prétends pas sortir des affaires du monde mais de
[ses machines

Je ne sais si on peut voir et apprécier la neige
Si on peut aller contre ou avec le monde
Je sais seulement ceci
Le bon plaisir de ma nature et le hasard de mes idées
Là
Quand tous les souffles levés et la grande clarté
Déjà haute dans le ciel je me retourne alors
Et vois tout uniment le vol
Des poussières à travers les fissures de l'aube

Ceci, ne le perds pas et j'irai avec toi.

L'hôte rit de plaisir, sortit en acquiesçant. Je le suivis. Puis il se retourna et ajouta dans un consentement : « Dire qu'existe un tel homme… »

王績

醉鄉記

醉鄉去中國, 不知其幾千里也. 其土曠然, 無岸, 無丘陵阪險 ; 其氣和平一揆, 無晦明寒暑 ; 其俗大同, 無邑居聚落 ; 其人甚精, 無爱憎喜怒. 吸風饮飲露, 不食五穀. 其寢于于, 其行徐徐, 鳥獸鱼鱉雜居, 不知有舟車器械之用.

昔有黄帝氏嘗獲游其都, 歸而窅然喪其天下, 以爲結繩之政已薄矣. 降及堯、舜, 作爲千鐘百榼之獻, 因姑射神人以假道, 蓋至其邊鄙, 終身太平. 禹、湯立法, 禮繁樂雜, 數十代與醉鄉隔. 其臣羲和, 棄甲子而逃, 冀臻其鄉, 失路而道夭, 故天下遂不寧. 至乎末孫桀、紂, 怒而升其糟

ANNEXE

Wang Ji (585-644)

Le Pays de l'ivresse

Le Pays de l'ivresse est éloigné de la Chine de je ne sais combien de milliers de *li*. Ses terres, vastes, ne connaissent ni rives, ni collines, tertres, versants ou passes dangereuses ; son climat est harmonieux et doux ; là il n'y a ni obscurité ni clarté, pas de saison chaude ou froide ; ses mœurs sont très uniformes, là on n'habite pas dans des bourgs, des villages ou des hameaux ; ses habitants sont très fins et ne connaissent ni attachement ni haine, ni contentement ni colère ; ils respirent le vent et boivent la rosée, ne se nourrissent pas des cinq céréales. Leur sommeil est paisible et leur démarche lente ; ils vivent avec les oiseaux, les bêtes sauvages, les poissons et les tortues d'eau, et ignorent qu'on peut utiliser barques, chars ou machines.

Autrefois le Souverain jaune réussit à voyager dans sa capitale. Au retour, mélancolique, il perdit son empire, considérant que son gouvernement par le recours aux cordes à nœuds [et au décompte] était bien médiocre. Au temps de Yao et de Shun qui offraient des libations de coupes innombrables, les hommes-esprits du Mont Gushe purent en emprunter le chemin ; ils en atteignirent, me semble-t-il, les frontières et jusqu'à la fin de leur vie connurent la Grande Paix. Lorsque Yu [le Grand] et Tang [le Victorieux]

丘, 階級迂伊, 南向而望, 不見醉乡. 武王氏得志於世, 乃命周公旦立酒人氏之職, 典司三齊, 拓土五千里, 僅與醉鄉達焉. 三十年刑措不用. 下逮幽、厲, 迄于秦、漢, 中國喪亂, 遂與醉鄉絕, 而臣下之受道者, 往往而至焉. 阮嗣宗、陶渊明等數十人并游醉鄉, 没身不返, 死葬其壤, 中國已為酒仙.

嗟乎, 醉鄉氏之俗, 豈古華胥氏之國乎? 何其淳寂也. 如是, 余將游焉, 故為之記.

établirent les lois et multiplièrent les rites et les musiques, [la Chine] fut séparée du Pays de l'ivresse pendant plusieurs générations. Leurs ultimes descendants [les tyrans] Jie et Zhou, pleins de colère, s'élevèrent sur des collines de moût dont les degrés en étaient très éloignés ; ils regardaient vers le Sud mais ne virent jamais le Pays de l'ivresse. Lorsque le roi Wu réalisa son ambition, il ordonna au duc de Zhou, Dan, de fixer les charges de préposé aux alcools, géra les trois régions de la principauté de Qi et agrandit le territoire de cinq mille *li*, [mais] ne fit que s'en approcher : pendant trente années, il ne recourut pas aux châtiments. Puis vint le temps [des rois] Li et You, vinrent ensuite les dynasties Qin et Han, [périodes où] la Chine fut en perdition, en proie au désordre et définitivement coupée du Pays de l'ivresse. Quelques sujets qui reçurent la Voie purent souvent s'y rendre ; Ruan Sizong[1], Tao Yuanming[2] et quelques dizaines d'autres personnes y voyagèrent, y disparurent sans revenir, et sont inhumés sur ses terres ; on les tient en Chine pour des immortels [reclus dans] l'alcool.

Las ! Les mœurs des hommes du pays de l'ivresse ne sont-ils pas ceux du pays de Huaxu[3] ! Comme ils sont purs et silencieux ! S'il en est bien ainsi, j'irai, moi aussi, y voyager ! Voilà pourquoi j'ai composé cette commémoration.

---

1. *Alias* Ruan Ji 阮籍 (210-263), un des sept sages de la forêt de bambous.

2. Tao Qian 陶潛 (372-427), le poète qui démissionna de la vie publique et se retira pour mener une vie frugale et cultiver la terre. C'est à partir de l'exil à Huangzhou le poète dont Su Shi tentera d'imiter la vie et la simplicité de la diction.

3. Le clan de Huaxu qui est la mère de Fuxi renvoie à l'aube de la civilisation chinoise et, dans la tradition chinoise, à la tentation du primitivisme.

GLOSSAIRE

DES TITRES ET DES CHARGES

安撫使 *anfushi* : commissaire impérial chargé de pacifier et de mettre en ordre une région ; ou directeur militaire d'une région ; ou commissaire chargé d'enquêter sur les souffrances du peuple

安撫使司 *anfushi si* : bureau de ce commissaire

祕書丞 *bishucheng* : assistant exécutif de la bibliothèque impériale, R7b

朝奉郎 *chaofeng lang* : gentilhomme du service de Cour, Haut dignitaire *chaofeng*, ancien secrétaire auxiliaire des Ministères des travaux publics ou des rites (*houhang yuanwailang* 後行員外郎)

大理寺丞 *dali sicheng* : assistant de la cour suprême de justice, R8a

殿中 *dianzhong* : ministère de la Maison impériale

東頭供奉官 *dongtou gongfengguan* : Fonctionnaire à la disposition de l'empereur, R8b

府 *fu* : province de rang supérieur

駙馬都尉 *fuma duwei* : commandant des chevaux d'escorte de l'empereur, titre d'un gendre impérial

翰林學士 *Hanlin xueshi* : académicien de la Forêt des pinceaux, rédacteur des édits impériaux et souvent conseiller privé de l'empereur

節度副使 *jiedufushi* : vice-commissaire à l'approvisionnement d'une commanderie ; satrape

戶部侍郎 *hubu shilang* : vice-ministre des finances, R3b

錄事參軍 *lushi canjun* : administrateur-greffier ou inspecteur exécutif (préfecture)

龍圖閣學士 *Longtuge xueshi* : académicien du Pavillon du diagramme du dragon construit en 1008 dans le palais impérial pour la conservation des écrits de l'empereur Taizong (976-997). Le pavillon désigne ensuite un département des archives, de la pinacothèque et de la bibliothèque impériales

幕職 *muzhi* ou 幕職官 *muzhiguan* : officier de derrière le rideau, appellation des mandarins *xuanren* 選人, fonctionnaires subalternes affectés à des postes techniques

内殿崇班 *neidian chongban* : intendant du palais intérieur ; appellation changée sous Renzong (r. 1022-1063) en *neidian chengzhi* 内殿承制 : courrier de palais intérieur. Il s'agit généralement d'eunuques du palais

簽書判官n *qianshu panguan* : greffier du vice-préfet

僕射*puye* : juge, simple directeur d'un service gouvernemental dans les provinces.

簽署 *qianshu* : autre nom du précédent

尚書郎 *shangshu lang* : directeur d'un ministère dépendant de la chancellerie impériale (ou Département des affaires d'État)

尚書祠部員外郎 *shangshu cibu yuanwailang* : vice-directeur du ministère des sacrifices dépendant de la chancellerie impériale (ou Département des affaires d'État)

舍人 *sheren* : secrétaire rédacteur des documents officiels

司理參軍 *sili canjun* : administrateur du bureau judiciaire ou officier de paix de préfecture ou inspecteur de police, R, 8b ou 9b

待讀 *shidu* : lecteur [de la cour des lettrés de l'académie de la Forêt des pinceaux] ; répétiteur impérial, chargé d'expliquer les classiques aux princes

太常博士 *taichang boshi* : érudit en cérémonial ; spécialiste attaché à la Cour des sacrifices impériaux (époque des Six Dynasties)

太府寺承 *taifu si cheng* : assistant exécutif de la cour du Trésor impérial, principal financier du palais

太僕卿 *taipuqing* : chambellan des équipages impériaux ; directeur de la cour des équipages impériaux

太尉 *taiwei* : commandant en chef des armées

提点刑狱 *tidian xingyu* : surintendant judiciaire, commissaire provincial des affaires judiciaires au niveau d'un circuit *lu* 路

提舉茶場 *tiju chachang* : intendant chargé de la régie du thé à l'échelle d'un circuit

提舉常平倉 *tiju changping cang* : intendant de greniers régulateurs

通判 *tongpan* : inspecteur préfectoral chargé de surveiller l'administration et de contrôler le préfet ; vice-intendant

通守 *tongshou* : gouverneur adjoint d'une province ou d'une commanderie. Voir *tongpan*通判

同知樞密院事*tongzhi shumiyuanshi* : co-administrateur de la cour des affaires militaires, R2a

團練判官 *tuanlian panguan* : juge aux milices locales

團練使 *tuanlian shi* : commissaire ou sous-brigadier de la milice locale ; c'est sous les Song un titre, qui ne correspond à aucune fonction, souvent attribué aux fonctionnaires bannis

外補 *waibu* : occuper un poste vacant en province ; fonctionnaire des provinces

尉 *wei* : abréviation de *dianwei* 典尉, magistrat d'une préfecture

五曹 *wucao* : désignation collective des cinq ministères subordonnés : *hubu* 戶部, Ministère des finances, *libu* 禮部, Ministère des rites ; *bingbu* 兵部, Ministère de la guerre ; *xingbu* 刑部, Ministère de la justice ; *kongbu* 工部, Ministère des travaux publics

修起居注 *xiu qiju zhu* : secrétaire chargé de noter les faits et gestes de l'empereur

贊善大夫 *zanshan dafu* : conseiller censeur de l'héritier du trône, R 8A, nom antérieur du *tongzhilang* 通直郎

直史館權 *zhishi guanquan* : auxiliaire de la cour d'histoire d'État

知制誥 *zhizhigao* : rédacteur des édits impériaux (haut fonctionnaire chargé après un séjour d'un an à l'Académie, de rédiger les édits et les proclamations de l'Empereur ; poste supprimé par Shenzong des Song)

知諫院 *zhijianyuan* : administrateur de la cour des remontrances, censeur

直史館權 *zhi shiguan quan* : auxiliaire de la cour d'histoire de l'État

紫微舍人 *Ziwei sheren* : secrétaire des documents officiels des constellations pourpres et subtiles, désignation officieuse depuis les Tang de la Chancellerie (*zhongshu sheng* 中書省)

中書刑房 *zhongshu xingfang* : chambre de justice de la chancellerie

主簿 *zhubu* : assistant d'un magistrat ou secrétaire d'une préfecture : c'est généralement le premier poste attribué aux récipiendaires du doctorat

轉運判官 *zhuanyun panguan* : surveillant ou assistant des finances d'une province

轉運使 *zhuanyunshi* : intendant fiscal

轉運司 *zhuanyunsi* : bureau de transport ou des finances

INDEX

TABLE DES MATIÈRES

COMMÉMORATIONS

Ce volume,
le quatrième
de la collection « Bibliothèque Chinoise »,
publié aux Éditions Les Belles Lettres,
a été achevé d'imprimer
en septembre 2010
dans les ateliers
de l'imprimerie Jouve
11, boulevard de Sébastopol, 75001 Paris

Dépôt légal : octobre 2010
N° d'édition : 7123 - N° d'impression : 564511W
Imprimé en France